现代新儒家文论点评

侯　敏　主编

暨南大学出版社
JINAN UNIVERSITY PRESS

中国·广州

图书在版编目（CIP）数据

现代新儒家文论点评／侯敏主编．—广州：暨南大学出版社，2016.9
ISBN 978－7－5668－1788－4

Ⅰ.①现… Ⅱ.①侯… Ⅲ.①新儒学—研究—中国—现代 Ⅳ.①B261.5

中国版本图书馆 CIP 数据核字（2016）第 065492 号

现代新儒家文论点评
XIANDAI XINRUJIA WENLUN DIANPING
主编：侯 敏

出 版 人：徐义雄
策划编辑：杜小陆 刘 晶
责任编辑：刘 晶 李大强
责任校对：崔军亚
责任印制：汤慧君 王雅琪

出版发行：暨南大学出版社
电　　话：总编室（8620）85221601
营销部（8620）85225284 85228291 85228292（邮购）
传　　真：（8620）85221583（办公室） 85223774（营销部）
邮　　编：510630
网　　址：http：//www.jnupress.com http：//press.jnu.edu.cn
排　　版：广州良弓广告有限公司
印　　刷：佛山市浩文彩色印刷有限公司
开　　本：787mm×960mm 1/16
印　　张：21
字　　数：410 千
版　　次：2016 年 9 月第 1 版
印　　次：2016 年 9 月第 1 次
定　　价：44.80 元

导论：古代文论的现代阐释——新儒家的实绩

20世纪风云激荡、繁复多变，中国浮沉兴衰、除旧布新，于知识分子来说，尤其是一种深刻的磨难与砥砺。正是这个时代，一批风格迥异的中国文人脱颖而出。在20世纪中国人文学术发展过程中，一个重要现象不能不引起我们的高度关注。这就是，作为思想集群的现代新儒家，与文化激进主义派、文化自由主义派，构成鼎足而三的局面。从知识的具体构成及其历史演变来考察20世纪中国文论的学术构造和知识图谱，现代新儒家（简称“新儒家”）的学术个性和文论造诣，无疑是值得我们重视的研究对象。新儒家“返本开新”的学术宗旨，与当前文论界同仁正在努力思考的融汇古今，兼取中外之长，以建构本土化、民族化的文论体系目标又是不谋而合、遥契感应的。正因为如此，我们应该沉潜证悟，把握新儒家的思想精神与文论精髓。

一、现代新儒家的思想谱系

所谓现代新儒家，是指从20世纪20年代起，一批抱持传统文化本位主义立场而又具有现代学术意识的知识分子所发轫的“返本开新”的儒学新潮。这个新传统主义的思想流派，力图赓续原始儒学和宋明儒学的传统精髓，融汇化合西方文明及其学术方法，重建儒家的道德形上学，以抗拒全盘西化与全盘反传统思想的攻击，从而寻找中国现代化的理想途径。

现代新儒家是在文化畛域昂立时代中寻找精神家园、自觉自明又埋头苦干的一批学术大师。从思想发展背景看，现代新儒家主要是对“五四”新文化运动以来兴起的文化激进主义的文化回应。现代新儒家在20世纪的运衍之中形成了不绝如缕的思想谱系，按照刘述先的说法，即“三代四群”。具体情形如下：

第一代第一群：梁漱溟（1893—1988），熊十力（1885—1969），张君劢（1887—1969）。

第一代第二群：冯友兰（1895—1990），钱穆（1895—1990），方东美（1899—1977），贺麟（1902—1992）。

第二代第三群：唐君毅（1909—1978），牟宗三（1909—1995），徐复观（1903—1982）。

第三代第四群：余英时（1930— ），刘述先（1934— ），成中英（1935— ），杜维明（1940— ）。

不难看出，现代新儒家呈现出三个发展阶段。我们可以把它归纳为奠基与发轫阶段、造模与成势阶段、传播与迁延阶段。

（一）奠基与发轫

现代新儒家是在中国文化遭受西方文化猛烈冲击的时代背景下，主要从捍卫儒家思想和民族传统文化的角度来宣扬儒学的复兴和发展的。近百年来的危机，使人们对中国文化的自信丧失殆尽，文化的主体意识和自觉意识都降到了最低点。新儒家意识到，中华民族的复兴离不开中国文化的复兴，中国文化的复兴必先要有文化的自觉，作为中国文化主体部分的儒学具有现代转化和重构的价值。他们拒斥"全盘西化"派对于儒学和中国文化价值体系的否定，极力论证这个价值体系的合理性和它对中国乃至世界的必要性。

为了回答五四激进派陈独秀、胡适等人对孔教的责难，梁漱溟觉得自己有责任为孔子与儒家学说张目，为孔子与儒学辩护。在陈、胡等已经激烈地冲击"孔家店"之后，梁漱溟坚持要把"孔家店"再修复起来。在狂飙突进的反传统主义大潮中，梁漱溟挺身而出，发出了"狮子吼"。1918 年他在北大哲学研究所发起一个孔子思想研究会，接着开始在北大讲东西文化及其哲学这一专题。1921 年其《东西文化及其哲学》出版，揭开了现代新儒家学术思潮的序幕。

在《东西文化及其哲学》一书中，梁漱溟以复兴儒学为职志，"评判东西方各家学说，而独发挥孔子哲学"，给予孔子很高的评价，认为"中国文化中间以孔子作个枢纽，孔子以前的中国文化差不多都收在孔子手里。孔子以后的中国文化又差不多都由孔子那里出来"。因此，孔子在中国思想文化史上有着至高无上的地位。在中、西、印三种文化路向面前，梁漱溟所选择的是中国文化。而在中国文化里，又独钟儒家文化。梁漱溟手上所持的文化评价标准是儒家的道德尺度。在这一尺度的衡量下，他认为不仅西方文化有不可救药的病根，就是最高层次的印度文化也是违背"生命本性"的。中国文化的"意欲自为调和持中"之优点，在于它避免了西方人和印度人有关形而上学的错误认识。按照他的分析，中国的形而上学，有着自己的问题和解决问题的方法。孔子的形上学和伦理学绝非是二分的，伦理不仅是形上学说的落实，而且是与其一体的。在孔子的学说里，人生是生生不息的本体，人的生活就是走最适当的道路，其实质就是变化，就是流衍。在这一变化和流衍中，人生须得适中与调和。这在孔子那里集中体现为一个"仁"字。孔子儒学所倡导的"极有活动而稳静平静"的境地，意义伟大之处就在于它从根本上解决了人类身心关系问题。梁漱溟指出，孔子的人生道理原本是最好的，只可惜没有得到很好的落实，被后代儒生弄歪了、弄偏了，糟践了孔子学说的真义。当下最要紧的不是去向别人学习，而是复原孔子学说的真貌。这是中国新文化建设的必由之路。梁漱溟宣称“这书的思想差不多归宗儒家”，目的是要为孔子说个明白，把中国人和西洋人导向至美至善的孔子路上来，他甚至预测，在不远的将来，世界文化会走“孔家的路”，“世界未来文化恰将是中国文化的复兴”。

熊十力努力的方向是重建国人的终极关怀和价值信念。面对西方文化的猛烈冲击以及反传统主义者的菲薄固有、抛却自我、失所归依的激进倾向，他致力于传统文化精神价值的弘扬、发掘和重建。他赓续儒家的内圣心学的传统，宣称“吾以返本为学”，撰成《新唯识论》。他以重建中国儒学的本体论为使命，以系统的理论形式，对儒家思想作了创造性的发挥。他提出了翕辟成变、体用不二、理气统一、心体无别、性智自证以及本心之仁等一系列哲学范畴、命题，并以《易传》和阳明学为本，改造唯识学概念系统为方法，建立其“一元实体论”，强调“本心”“即用显体”“即心显体”，并使本体论、知识论、人生论三者合一，完成了一个中国本土性的现代哲学体系。

从《新唯识论》《体用论》《明心篇》三书所开创的哲学架构，到《原儒》《读经示要》《乾坤衍》所表述的人文精神意识，熊十力直陈儒家大义，希冀引导国人返归于自己固有的“本心”“性智”“良知”，深入自己的内在本性，掘发其内在无尽的宝藏，自本自根，自尊自信，自主自立，自开自发，挺立中国文化的精神价值，重建民族文化的主体性。熊十力作“狮子吼”，一方面呼吁人们对传统文化“好自护持，毋令断绝”，另一方面反对自暴自弃，随波逐流。正是在重建儒家形而上学的意义上，熊十力开启了现代新儒家之津梁。

在国势艰困、文运否塞之时，新儒家的学者们本于他们的闳识孤怀，以及对国家民族、历史文化、时代学术的感受，从头疏导民族文化生命的内在本性和发展途径。熊十力在流寓巴蜀之际，完成了《新唯识论》语体本的改写和《读经示要》的出版，他要借心性之学的本心、大易之天道，以重塑儒家本体论，以振兴民族哲学和文化。抗战时期，冯友兰援用《周易》“贞下起元”之意，著《新理学》《新原道》《新事论》《新世训》《新原人》《新知言》等所谓“贞元六书”，建立了自己的哲学体系。而这些著作是他任教西南联大期间，在极其艰苦的生活环境下撰写的。冯友兰重建形而上学的工作包含三个主要环节，它们分别是：现代的逻辑分析方法，经验事实和人生境界说。这最后一个环节是他所说的对宋明理学“接着讲”的著述。

方东美发表《哲学三慧》《生命情调与美感》后，即投入全民抗战运动，当时他以南京国立中央大学哲学教授的身份，应教育部邀请，在中央广播电台向国人倾心播讲中国人生哲学，激发人们热爱国家、民族及其文化的精神，奋起抗击侵略者。随即讲稿印成《中国人生哲学概要》发行。抗战时期钱穆对中国文化的研究是以昂扬民族精神为其主要内容的，强烈的民族意识是他这一时期文化思想的灵魂，《国史大纲》《中国文化史导论》即是这时期撰写出版的名著。钱穆之所以从历史研究转入文化研究，是希望通过对民族文化的研究去寻找抗战救国的文化资源。而对近代以来，特别是五四新文化运动以来全盘反传统思想的批判，则是他转入文化研究的动因。

在大多数新儒家那里，呈现出一种双重的回归：在思想上，是由西学向传统学养的回归；在心灵上，是由慷慨激昂向宁静致远的回归。他们在双重的回归中完成了自己的心路历程，蕴藏在他们心中的国魂开始觉醒。新儒家内心坚信中国文化的强劲生命力。他们把中华民族比作大地上的一株古梅，扶疏茂盛数千年，只因近代外国列强的侵略，才导致如今灾难，但中华古梅神木植根深远，集义永生，绝难摧残殆尽。因而，他们一方面弘扬中华要义，激发民众，另一方面埋首古代经典，投入对中国文化的探讨中。

贺麟在20世纪40年代一篇题为《儒家思想的新开展》的文章中，提出了“建设新儒家”和“儒家思想新开展”的口号，认为“一如印度文化的输入，在历史上曾展开了一个新儒家运动一样，西洋文化的输入，无疑亦将大大地促进儒家思想的新开展”。

把握文化形态，体察民族生命，是新儒家这个时期的用力之处。他们坚信，若非直通文化生命之本源，就不能立大信、昭慧命。在新儒家看来，民族首先是一个文化范畴，民族复兴本质上应该是民族文化的复兴。正是怀着这种“危机意识”，新儒家从事于民族文化自救运动。他们确信，这种文化自救的意义不仅在于中国文化的复兴，像宋明儒之复兴原始儒家那样，也不仅是关系到民族的自我生存，而且关乎世界文化的未来及其命运。

（二）造模与成势

在风云变幻的现代中国，知识分子即使是在边缘处思索，也会经历坎坷曲折的心路历程。1949年后，新儒家花果飘零，转蓬海外，易地发展。在中外文化的夹击下，牟宗三、唐君毅、徐复观等人，包括年长的钱穆、方东美，从中国文化如何适应时代要求、通过吸纳西方文化而走向现代化的角度，来阐扬儒学的复兴和发展。

怀着为中国文化延续命脉的心志，钱穆和唐君毅在香港创办新亚书院，筚路蓝缕，以启山林。新亚时期，既是钱穆和唐君毅一生中最忙碌的办学时期，也是他们著述、讲演硕果累累的时节。钱穆在这一时期先后完成和整理出版了20多部学术著作，如《中国历史精神》《宋明理学概述》《民族与文化》等，旁征博引，娓娓而谈。唐君毅则出版了代表作《中国文化之精神价值》《人文精神之重建》等，探本寻源，会通中西。唐氏对中国文化精神价值的发掘和显扬，特别是《中国文化精神价值》一书既包蕴甚广，又运思明晰，对中国的人生意趣、文艺境界、人格精神、宗教智慧，进行了广泛而又深入的剖析，力图撑起中国文化结构的巨伞。

这时期，方东美、牟宗三、徐复观等在台湾的大学执教。朝鲜战争以后，台海形势演变成为海峡两岸长期相峙之局，新儒家依托学院体制，教书育人，沉潜证悟，取得卓越的学术成就。方东美的《中国人的人生观》《生生之德》《原始儒家道家哲学》，牟宗三的《历史哲学》《才性与玄理》《心体与性体》，徐复观的《中国人性史》《中国艺术精神》《中国文学论集》，无论是思想脉络的疏解，还是义理范畴的厘清，都已达到前所未有的精明透彻。这些疏通中国思想史的著作，非同一般哲学的“照着讲”，而是处处显示着思想建构的努力，是对“根源性的文化生命”的提炼和凝聚。

流散在海外的新儒家不是单枪匹马，孤军奋战，而是相互呼应，透发心声。1958 年元旦，唐君毅、牟宗三、徐复观、张君劢联名发表长篇宣言《中国文化与世界》。新儒家张扬中国文化，反思过中国的学术文化和文学艺术，如何面对西方现代强势文化的冲击，又如何建构本土民族文化。唐君毅提出以“圆而神”的中国文化传统接纳“方以智”的西方文化精神的主张。理由是，如果圆而无方、神而无智，圆中缺少方形加以支撑，则圆必将萎缩，今日中国文化必需“纳方于圆”，以撑开一个大圆。这是现代新儒家义不容辞的时代使命。唐君毅在此对于时代哲学的期望，应该就是他对自己所创构的囊括人类各种生命心灵活动而又特别强调生命心灵的道德提升、将生命心灵活动的归宿系于心之本体之朗现的“生命三向与心灵九境”体系的自我期许。正是由于创构了这一具有深闳思想内涵和强烈现实关怀的哲学体系，面对中西文化从碰撞走向融合的时代要求，牟宗三指出“大综合”的必要性。未来中国的文化将进入一个大综合时期，这个大综合首先要彻底了解自己民族文化的命脉，挖掘自己民族文化的生命智慧，然后了解西方的传统，在综合的基础上进行创造。新儒家有着强烈的民族文化危机意识，竭力论证中国历史文化是一个活的精神生命存在。在中西文化冲突中，新儒家主张在肯定民族文化主体性基础上，尽量吸收西方文化之优长。他们不仅要返儒学之本，而且要开出科学与民主之新，集中体现了其“内圣外王”的现代追求特征。

（三）传播与迁延

第三代现代新儒家则把儒学放在世界发展的大趋势下进行探索，也就是在强调全球“文明对话”重要意义的前提下，从现代社会发展的国际大趋势来探索儒家传统的复兴和发展之路。由于意识到中国文化源远流长，有自己独特的文化运作谱系，所以他们在研究中特别重视挖掘和弘扬本民族的文化遗存，并将其推向世界。

余英时、刘述先、成中英、杜维明是海外新儒家的代表人物。他们较其前辈的最大不同，是更具有多元文化的视野和全球意识，对新儒学的精神本质有更理性、更冷静、更深刻的思考。他们认识到文化不是封闭的个体，而是不断变化发展的平台，研究本国的文化不应只局限于本民族的文化视野内，而应该扩展到与其他文化的“对话”当中。正是着眼于此，这批学者都十分重视对中国传统文化的研究，回返自身文化源头，寻求可资利用再生的资源。他们非常重视中华文化的特点和优势，如中国独特的思维形式、言说方式和文化遗产等，认为代表东方文化的中华文化一旦汇入新的世界格局之中，就可以成为多元文化景观中的不可忽视的一元。因此，杜维明重在思考儒学与现代文明的沟通、传统儒学的创造性转化和“文化中国”的意义阐释；刘述先则重在世界伦理建构的参与和对传统儒学基本概念范畴的精神意蕴的现代阐释，力图从“理一分殊”的思想模式中找到一条重建当代新儒学的出路；成中英致力于在世界哲学的背景下探讨中国哲学的世界化与现代化，主张从主客体之间的动态和谐和相互作用的创造性意义上对审美现象进行阐释，建立一个东西方人类审美体验的比较性、多元化的体系。第三代新儒家甚至同时可以从跨解释学、跨文化以及跨本体论的角度出发，更深层地去认识自然的本质和人类精神的本质，力争从儒学的丰富资源中发展出一种真正放眼全球的世界观和全球伦理。

五四运动以来，新儒学经过三代人的努力已涌现“一阳来复”的生机。杜维明承认，儒学从现代的风雨中一路走来，可以说是有生命力的传统了。但儒学作为近百年来中国学术、知识和文化界综合创新的一个例证，目前尚是一株幼苗，必须靠文化中国知识分子的通力栽培，才有健康成长的可能。只有经过各界知识分子的通力合作，逐渐形成具有批判精神的儒学群体，并采取既能“深造自得”又能“己立立人”的途径，新儒学才能有开花结果的明天。因此，在多元文化的背景之中，第三代现代新儒家竭力为文化中国创造新的精神资源。

自梁漱溟提出生命本体论的基本构想，经过熊十力的新唯识论、张君劢的新玄学、冯友兰的新理学、贺麟的新心学、方东美的大生命哲学的多层面、多向度的展开，再至牟宗三的德性形上学、唐君毅的仁道形上学、徐复观的人性论体系，现代新儒家在半个多世纪里，把文化哲学步步推向深入，显示了中国现代哲人的智慧。20 世纪 70 年代后，余英时、刘述先、成中英、杜维明等人在海外传播和弘扬新儒学，推进儒学的现代化和世界化，构成了余音缭绕、薪火相传的局面。

二、现代新儒家文论概述

新儒家是文史哲相融的大家，具有深刻的思想力度与学术修养，对精神世界进行了广度拓展和深度思考，包括哲学、道德、伦理、文化、美学等。新儒家是中国诗性哲学和文艺理论的思者，其文论话语得到宽博的民族哲学体系的支撑，构成一种大文论观，且与大文化观联系在一起。在他们身上体现了文化使命感、艺理兼重的精神以及诗性浪漫的气质。

从20世纪20年代开始，新儒家的许多成员表现出对文学艺术的美学关注，发表了不少独到的文艺理论见解。这些见解，或见于他们哲学论著的某个篇章，或显现在某些专门的美学论文和论著。梁漱溟的“略论文学艺术之属”“未来社会的艺术化”（见《人心与人生》）；熊十力的“原内圣第四”（见《原儒》）、“略说中西文化”；冯友兰的“文学美术”（《人生哲学》）、“艺术”（《新理学》）、“评艺文”（《新事论》）；钱穆的《中国文学论丛》《理学六家诗钞》；方东美的“中国人的艺术理想”“生命情调与美感”“生命悲剧之二重奏”《哲学三慧》；唐君毅的“中国文学与哲学”“文学意识的本性”《中国文化之精神价值》；徐复观的《中国艺术精神》《中国文学论集》《中国文学论集续编》；牟宗三的“理解、创造与鉴赏”“说诗一家言”“真善美的分别说与合一说”；刘述先的《文学欣赏的灵魂》；成中英的“从哲学看文学”“文学语言及哲学语言”“中国美学中的美的动态变化过程：诗画交融的创造性和谐”等。这些文论著述，珪璋既骋，英华乃见，对于中国文论话语进行了推陈出新的归纳，切问近思的印证。

（一）新儒家文论的精神品格

新儒家自觉地肩负起民族理论思维的重任，在他们身上，折射出共同的命运：难以磨灭的理想主义、博大的历史抱负，显示出相似的精神品质：浓厚的拯救意识、深广的思索。

1. 渊然厚重的学术境界

新儒家清醒地保持着现代学者的主体意识，展开了与自己民族传统相交融的理论建构。新儒家以整个中华文化智慧作底蕴开展学术活动。青年时代他们就在传统文化的熏陶中，对中国传统文艺有深切的体验，培养了较高的鉴赏力。在“西学东渐”中他们接触到西方文化。对西方文化的吸纳，开阔了他们的眼界。当面对西方文化的新观念和新思维时，新儒家并不保守，他们自觉或不自觉地进行着中西文化的对话，试图返本开新，援西学入儒学。在中西对话和交流中，西方现代学术思想在中国民族文化中得到了回应，中国文化传统也因此而获得了进入现代的途径。在中西文化的交会中，熊十力主张：贯中西而识大旨，尊德性而道问学，致广大而尽精微，极高明而道中庸，温故常而知新学。新儒家系统地思考和研究了中国古代的人性论、心性论、宇宙观和审美观，对于触机随缘式的中国文论话语，他们采取了慎思明辨的归纳，溯根穷源的体会，切问近思的印证，从中探索文化基因与审美基质，发现中国文论的气韵和丰神，进行卓有成效的现代转换和阐释。

对文化传统，新儒家不仅“照着讲”，而且“接着讲”。在“返本开新”中，新儒家用一种宏大的叙事来研讨中国文艺理论的特色和大法。在新的历史潮流面前，新儒家努力挖掘中国传统文论中具有历史价值和世界意义的资料，铸造出一种大境界文论观。

2. 自信自尊的独立人格

在新儒家的生命里，对道统与学统的承继与拓展，对西方文化的感触与发扬，衍生了中国现代史上独具一格的文人群体。五四新文化派对传统文化的弊端作全面的攻击，在当时，新思想者不假思索地揭发传统文化的疮疤，呈露出一种战斗意识和批判精神（当时激烈的反传统态度，在今天看来，是相当情绪化的）。他们对传统文化中一些对新文化、新社会仍具启发意识的美学内容及形式，甚至生活、伦理观念一并抹杀。在当时的激流中，要停下来不分新旧只辨好坏，客观而深思熟虑地去处理文学及其学术者，实在不多，而且也非当时的主流。

新儒家从文化的自我立场出发，反对“无根”的状态，试图发出自己的原创的声音，使儒学走出遭受现代性文化颠覆的阴影。从梁漱溟所说的“立国精神”，熊十力所揭示的“国性”“国魂”，钱穆所说民族文化之“生原”，方东美倡导的“中国慧心”，到牟、唐、徐提出的“内在超越”，均说明新儒家青睐中国文化之精神价值，希冀古老悠久的中华智慧在现代世界得以重光。唐君毅等人在《中国文化宣言》中提出：“记住我们从哪里来，才知道我们向何处去。对于一个伟大的民族来说，历史永远近在眼前。”唐君毅一生撰述一千余万字，始终贯穿三个母题：人生、中国、世界。唐氏的“三位一体”思想，用他自己的话来说：人当是人；中国人当是中国人；现代世界的中国人当是现代世界的中国人。此种宣示，展现出一种独立苍茫、顶天立地、奋发自强的气概。在学术文化研究中，新儒家主张不失自性，本着儒家的智慧以畅通中外文化生命之道路。他们以中国智慧的特质与西方对话，而不是以化归的方式向西学认同。

3. 博通中西的知识结构

究天人之际，通古今之变，观中西之学，成一家之言。这是现代新儒家的学术目标。他们在究天人之际方面探索中国哲学的心性、体用问题；在通古今之变方面探索传统与现代化问题；在观中西之学方面力图沟通中西文化问题；在成一家之言方面旨在建构具有中国特色的人文学术。

在贯通中外古今之学的基础上，新儒家对中国传统哲学进行了深入的研究，继承了原始儒家孔、孟的仁学经典，也吸收了老、庄思想的精华；赓续了宋明儒家程、朱、陆、王的心性与义理观念，也吸纳了禅宗与大乘佛学思想。新儒家坚信中国文化的精神价值不仅属于中华民族，同时也属于全人类。作为立场坚定而至死不渝的当代儒者，新儒家更多的是着重于正面疏通中国文化之精神与价值，捍卫儒学的宝贵传统，以纠正五四以来的民族文化虚无主义之弊。同时，新儒家又是睁眼看世界的现代知识分子，对西方哲学文化寄予深情的一瞥。例如，他们对柏拉图、亚里士多德、斯宾诺莎、康德、黑格尔、柏格森、罗素、杜威、怀特海、海德格尔等的哲学思想有所涉猎，并进行了观照式研究。新儒家既浸淫于中哲古典，又漫游于西哲精义，抱着打通中西，消泯畛域的雄心，建构文、史、哲融为一体，中、西、印冶为一炉的哲学体系。

（二）新儒家文论的范畴体系

新儒家对传统文论范畴及其体系之文化哲学精神作了深入而准确的阐发，其文论话语涉及传统思维模式、主体精神和价值取向，揭示了传统文化范畴及其体系之文化意蕴。

中国哲学的核心是道（气）。道（气）在中国哲学中，是最高的世界本体；在文艺中，是最高的境界形上学。作为本体的道（气）产生了自然、社会和个人，并又存在于三者之中，于是又有了层次略低的自然物理、社会伦理和个人情理。中国的文艺批评，即以道——理（自然物理、社会伦理和个人情理）为标准，以表现道——理的深浅程度定高下，因为文艺的功能就是据于道、依于德、游于艺。

“道”作为中华文化的精神原型和思想始基，在发展中呈现出多种形态。在以老子为代表的道家那里，则表征为宇宙的本根和宇宙运动的规律，在庄子那里则把“道”落实到社会人生，“道”成为融贯于现实人生的生活准则和精神之道。在儒家那里，这种“道”是一种天道，一种天则，它向人事的转化，就成为一种与天理相合的社会人生道德准则。如孔子推行“克己复礼”，来改变世道人心，最终实现仁德。孟子则倡导人的“浩然正气”及做人的准则，使“道”在儒家那里成为与“天道”相合、具有浓重的政治伦理色彩的道德之学和人格之学。到了宋明时期，由于理学家融合了儒、道、释诸家思想的因素，因而“道”在理学家那里，则表征为一个“理”字，“理”是宇宙的本根、人生的心源、道德的准则和审美的境界，这个“理”是“天理”，是存在于自然和社会之先的精神本体，万事万物由此派生出来，因而是先验的、本体的，是人人必须遵循的世界原则和伦理规范，这样，“道”在理学家那里，就成为一个支配一切、作用一切而自满自足的精神存在了。再加上从庄子、荀子、王充、张载，到王夫之等人对“气”为宇宙之基或生命之源的物质性或精神性的不同阐释，就使得“道”“气”“理”成了中国宇宙的始基和本源，它既作用于万事万物，也作用于社会人生，乃至人的精神世界和心灵深处，同时也成为中国艺术精神和中国诗学精神的思想支撑，“道”的显现也构成了中国艺术所追求的最高境界，并成为中国艺术、中国文论实现最高目标的出发点和原动力。

新儒家对中国古代的文学理论是有所发现的，并在此基础上予以继承和发展。新儒家在融会贯通而自成体系方面，为中国古代文论的现代转化做了有益的探索。他们在庞大的理论框架中营构一种大文论体系，即人化论、心化论、生化论、诗化论。

人化论。新儒家有着人文主义的情怀，倡导要坚守中国人文理念和人文传统，在文艺理论方面，他们坚持并发扬“为人生而艺术”，将人生、人性、人格、人伦与文艺之道紧密结合起来，实现“文学”与“人学”的对接，通过自我完善，与现代强调的个人独立、自我实现相契合，指向一种人格的、精神的目标，它指向内在德性的完成，并以人的内在心灵、精神境界的扩展为最终归宿。

新儒家认为中国古代人文主义最高的理想是天人合德，中国的艺术比西方有更浓厚的人文主义精神。中华民族深层文化心理结构的非宗教性，形成一种内在的人文主义机制，这对中国文学艺术有着重要影响。从人的角度看艺术问题，新儒家确信文艺作品是艺术家人格的表征，是人性本质力量的对象化；而从艺术活动看人，新儒家主张人生艺术化，迈向天地境界和圣贤人格。

心化论。新儒家坚信艺术的最高价值正在于主体心灵能契合宇宙精神，成就理想人格，走向天人之际。人之心灵，广取博采，融通万物，方可成其大；人之心灵，精思冥求、旁通统贯，方可直透宇宙之奥妙。人文知识分子综观一切胜境，方可成其广大和谐。唯有广大和谐的心灵，方可发挥“学统”的精神，显示真、善、美、神圣之价值。

儒家的文论始终以心性之美的培育为重心。从心性的角度看艺术问题，新儒家确认“万象自心出”，文艺作品是人的心灵旨趣的结晶，是仁心的发抒；从艺术活动考察心性，新儒家主张“自写胸中妙”，澄怀悟道，心境归一。

生化论。中国古代很早就有自己的“生生之道”，从《易·系辞》阐发的“生生之为易”“天地之大德曰生”，到宋明儒家主张“仁者，天地生物之心”“盈天地间只是一个大生”，都是强调宇宙是一个生机健动的整体。生命的健动，乃是生命的律动，宇宙生命与人类生命是融洽一体的。儒家对宇宙、人生所蕴含的真相有深切的体验，将生命活动视为价值的创造历程，主张

“小我”融入“大我”，自强不息，妙赞化育，与天地参，契合宇宙生命的美的创造，表现出生命境界的至善至美。新儒家注重人、艺术与大自然之间的关系，充满着一种对“大宇宙生命”的热爱，在“生香活意”中体味宇宙造化之伟力，在生意盎然中亲证“仁”的道德境界。

从“生”的角度看文艺问题，新儒家把文艺和美看作宇宙生命和人类生命和谐的感性显现。美与艺术的创造契合宇宙生命大化流行、生生不息的和谐精神，文艺以感性的形式恰当地把握了人的生命的跃动，将自然天真之态与浑然天成的机趣点染成一幅美丽动人而又妙不可言的审美意象。从文艺活动看自然生态和精神生态，新儒家主张人心与万物相通，追求仁心与生命的合一。

诗化论。诗性智慧是中国文论的重要根基，其内涵与功能是十分特殊的，它铸造了中国文论的感性超越精神。新儒家普遍推崇中国的诗意境界，借用诗的本性与方式来诠释美学与艺术的本体性问题，以寻求美的真正本源与艺术根基。他们认为，在描摹宇宙和人生中，艺术家表达一种难以言传的“象外之象”和“韵外之致”。一方面，他协和宇宙，参赞化育，深悟天人合一之道，昭示天地之大美；另一方面，又在语言符号的情思想象中，提升人的精神境界。因而，方东美认为文艺创作具有自身的审美追求：抒情则出之以美趣，赋物则披之以幽香，言事则造之以奇境，寄意则宅之以妙机。惟有如此，艺术家方能酿造醇美。

从诗性智慧看中国文学艺术，新儒家发现中国古代文论和美学的诗性言说，由诗性思维方式和诗性文化精神为支撑，表现为滋味、意境和韵致。从滋味、意境、韵致看中国艺术和美学，新儒家证明中国文论体系的独特性与丰富性。人们只有超越分析模式，理解诗性言说，才能体味中国文艺中的诗眼和画境。

如此，现代新儒家在赓续本土文化精神的过程中，以民族理论现代性的学术建构，既返本开新，又融合吸收，标示了一个中国文论的现代阐释范式。

今日学界有人慨叹中国文论得了“失语症”，其实，现代新儒家并未失语。他们在古代文论的现代转化方面做了卓有成效的工作。一方面是“资于故实”。他们善于转化众多古代文论、艺论中的概念范畴，如“境”“游”“神”“感兴”“滋味”“知人论世”“美善相乐”“气韵生动”等等，不但用来解释传统的诗文，而且使传统的概念范畴注入现代的意义，焕发出理论的生命力。另一方面是“酌于新声”，现代新儒家尝试中西文论话语的比较与对话，通过两种文论形态的融合，建构起一种具有鲜明中国特色的文论形态。新儒家的文论话语是由“人化论”话语——“心化论”话语——“生化论”话语——“诗化论”话语构成的大系统，是以“人化论”为焦点，“心化论”为旨归，“生化论”为祈向，“诗化论”为体悟的宏大叙述。

（三）新儒家文论的方法论

中国文论的主要范畴，都是对于道——理的不同理解、把握和不同层次的表现。古代中国文论对审美意象的把握方式，多半是直觉体悟的而非逻辑分析的，如澄怀味象、迁想妙得、涵咏等。中国古代大多数优秀文艺作品都以悲凉为情感特色，既少纵情狂歌，也少消极颓废，是“乐而不淫，哀而不伤”。这种悲凉的情感，源于中国人深沉的宇宙感、历史感和人生感。

按美籍华裔学者叶维廉在《中国诗学》一书中的说法，中国传统的批评和文论是属于“点，悟”式的，以不破坏诗的“心”为理想，在结构上用“言简而意繁”和“点到即止”去激发读者意识中诗的活动，使诗的意境重现，是一种近乎诗的结构。但是对于现代文论的建构来说，一个适当的文论研究型式必须对文艺作品的艺术性，对诗由感悟到表达之间所牵涉的许多美学上的问题有明澈的识鉴和掌握，既要用“点，悟”的方式，又要用逻辑化的辩证的程序。

新儒家既泛言文学的道德性和社会功能，又把握美学的锁钥，采用美学的历史的方法研究文艺现象，多数论文依循“始、叙、证、辨、结”的辨证论述程序来立论发声。冯友兰主张的“正的方法”和“负的方法”相结合的形上学体系，熊十力推崇的“量智与性智”相结合的境界形上学，唐君毅拟构的“圆而神”与“方以智”相结合的学术方向，牟宗三彰显的“智的直觉”的理论话语，均对传统文论的现代转化工作提供了方法论。台湾学者曾昭旭认为，如果梁漱溟、熊十力是现代新儒家的先驱，则唐君毅、牟宗三无疑是继起的中坚与重镇。唐君毅仁者型的生命倾于圆融浑厚而主情，学问性格上总是喜欢辩证而长于综合；牟宗三智者型的生命则是锐利孤峭而主理，学问路数以分解为主而精于辨析。两人恰可以象征或代表现代新儒学的本质——“新”与“儒”。新儒家正是在中国思想的内在性与超越性的统一中，承中有变，变中有承，走向内涵丰富、包容广阔、体系完善的文论建构。新儒家文论的方法论的价值在于，它一方面为中国文论完成自己的现代转化提供了具体的实例；另一方面它在促成中国文论的转型过程中昭示了“圆而神”与“方以智”结合的研究范式。

新儒家的文论在内涵上继承了中国民族形态的道德形上学美学的学理传统，在形式上吸收了西方认识论的理论形态。在文论建构中，新儒家既掌握本体也重视方法。他们主张中国文论必须在自己的主体性上进行自我提升与丰富，也必须在自己的主体性上吸收西方文化的营养成分，在时间向度上追求有民族特色的现代化，在空间向度上追求和而不同的世界化。新儒家的文论体系，确实是20世纪中国既植根传统，又接纳西学的文论话语；是既有个性，又成格局的文论一脉。

从文论语境和文论向度来看，新儒家的这个范畴集群和话语体系，与西方世界有着某些沟通之处。但是，更重要的是，这种“大文论”，不管是从文化背景，还是理论逻辑上讲，都带有明显的不同于西方的一系列本土化（中国化）特征。

三、本书编撰体例与点评宗旨

本书由“导论”和八辑文论组成，每辑所编选的新儒家文论篇章按主题划分，大致选编4－5篇新儒家文论（或整选，或节选），然后对所选文章进行导读。具体步骤如下：①注释。即解释文本中的疑难名词，如人名和事件、范畴和概念等。②点评。即对文本中的思想、观点进行概括和分析，以彰显新儒家文论的精髓与特色。③链接。即参考文献，主要链接新儒家的其他相关文论或论著目录，链接有关研究论文、论著目录，这是延伸性的阅读提示，旨在进一步提供学术范例，进一步扩大读者的阅读面和学术视野。

冯友兰曾把“精其选”“解其言”“知其意”和“明其理”四项基本原则作为读书经验，主张对经典文本反复阅读。我们在新儒家文论的选编与解读中，力图遵循这四项基本原则。

在“精其选”方面，我们一共选编了新儒家的文论三十八篇。新儒家是诗性哲学家和思想史家。他们在研究哲学、历史问题之时，在探讨纯理性的学术问题之余，不同程度地涉猎文学、文论。有的新儒家学者的文艺论文颇多。如何选择呢？当然是在这位新儒家学者有代表性的文化诗学的论述中挑选，而且这些文本在整个新儒家集群中也要有典型意义。新儒家文论精选的时间范围从20世纪20年代至21世纪初年，从一些报刊、文集中淘出来，结合其他版本进行文字的校勘。精选的标准是：自身的原创性、气度与视野、内涵性与兼容性等，而且要具有明确的问题意识。当然在精选中，由于唐君毅、徐复观两位学者文论较多，限于篇幅与数量，他们的有些佳作不能尽选，有“遗珠”之憾。为此我们只好利用“链接”，引导学生、读者进一步补充阅读。一些文本的篇幅过长，我们在不影响主要精神的前提下，略作删节，确保精粹。

在“解其言”方面，我们主要对新儒家文论中出现的历史人名、历史事件、文论术语、文论概念，作出简明扼要的注释，以帮助学生、读者理解文本，扫除阅读过程中可能会出现的障碍。新儒家博览群书，文中有一些艰深要眇之句，需要注解。对于广为人知的人名、事件、术语，我们一般不注释。因为注释的目的是释疑，没有必要过度注释。

在“知其意”与“明其理”方面，我们主要采用“点评”，这是我们编写此书最重要的内容。新儒家不是就文艺而论文艺，而是从哲学看文艺、从历史看文艺、从文化看文艺。但由于他们自身的文艺修养，其文论又不忽视文艺的特性。我们“点评”的方法是：①考镜源流，辨章学术。即在点评中，原始要终，寻其枝叶，究其所穷，发潜德之幽光，臻达征实、阐幽、尚通、资治之目标。②钩玄提要，大会细入。即在点评中，厘清脉络，提纲挈领，然后兼乎本末，酌乎繁简，既识总体，又看机栝，力避凭臆而断，穿凿附会。③熟读精思，直指奥窍。即在点评中，捕捉义理，领会精髓。文论解读无他，广获而精导而已。当然，在具体的点评中，限于学力，我们未必都能做到。可谓法乎其上，得乎其中。

中国学问早就分成考据、义理与辞章，这虽是学问的分类，但诸多学术大师往往把三种耦合在一起。新儒家就是文史哲兼容的大家。这为我们全面系统透析其文本系统提供了坚实的基础。我们把文本的“考据、义理、辞章”整合起来，看成解读文本的三个不同的阅读切入点，每一篇文本都需要有义理、考据与辞章三项不同的研究角度。“考据”即字辞典故的把握；“义理”是文本的思想底蕴；“辞章”是文学表达与文学修辞。它们共同构成了一个文本的开放性阐释系统。

近代学术大师黄侃说：“学问文章当以四海为量，以千载为心，以高明广大为贵。”我们认为，新儒家的文论庶近之也。需要指出的是，我们的点评，并不是一味地歌功颂德，也无意于把天下一切美好的字眼，都堆到新儒家头上。但我们也不认同专挑一些非本质的缺点而坐实为新儒家过失的做法。“道必本于全量，学必期于专精”，我们力图彰显新儒家文论的学术实绩。

我们选编与点评的新儒家文论，基本围绕一个主题：中国古代文论的现代转化。但愿新儒家的这三十八篇文论构成的现代版“文心雕龙”，能使我们开卷有益、掩卷思量，探索“返本开新”的文论之路。

目　录

第一辑　中国文化与世界格局

世界未来之文化与我们今日应持的态度

梁漱溟

世界文化三期重现说

质而言之，世界未来文化就是中国文化的复兴，有似希腊文化在近世的复兴那样。人类生活只有三大根本态度，如我在第三章中所说：由三大根本态度演为各别不同的三大系文化，世界的三大系文化实出于此。论起来，这三态度都因人类生活中的三大项问题而各有其必要与不适用，如我前面历段所说，最妙的是随问题的转移而变其态度——问题问到哪里，说持哪种态度；却人类自己在未尝试经验过时，无从看得这般清楚而警醒自己留心这个分际。于是古希腊人、古中国人、古印度人，各以其种种关系因缘凑合不觉就单自走上了一路，以其聪明才力成功三大派的文明——迥然不同的三样成绩。这自其成绩论，无所谓谁家的好坏，都是对人类有很伟大的贡献。却自其态度论，则有个合宜不合宜；希腊人态度要对些，因为人类原处在第一项问题之下；中国人态度和印度人态度就嫌拿出得太早了些，因为问题还不到。不过希腊人也并非看清必要而为适当之应付，所以西洋中世纪折入第三路一千多年。到文艺复兴乃始拣择批评地重新去走第一路，把希腊人的态度又拿出来。他这一次当真来走这条路，便笔直地走下去不放手，于是人类文化上所应有的成功如征服自然、科学、德谟克拉西都由此成就出来，即所谓近世的西洋文化。西洋文化的胜利，只在其适应人类目前的问题，而中国文化印度文化在今日的失败，也非其本身有什么好坏而言，不过就在不合时宜罢了。人类文化之初，都不能不走第一路，中国人自也这样，却他不待把这条路走完，便中途拐弯到第二路上来；把以后方要走到的提前走了，成为人类文化的早熟。但是明明还处在第一问题未了之下，第一路不能不走，那里能容你顺当去走第二路？所以就只能委委曲曲表出一种暧昧不明的文化——不如西洋化那样鲜明；并且耽误了第一路的路程，在第一问题之下的世界现出很大的失败。不料虽然在以前为不合时宜而此刻则机运到来。盖第一路走到今日，病痛百出，今世人都想抛弃他，而走这第二路，大有往者中世纪人要抛弃他所走过的路而走第一路的神情。尤其是第一路走完，第二问题移进，不合时宜的中国态度遂达其真必要之会，于是照样也拣择批评地重新把中国人态度拿出来。印度文化也是所谓人类文化的早熟；他是不待第一路第二路走完而径直拐到第三路上去的。他的行径过于奇怪，所以其文化之价值始终不能为世人所认识；（无识的人之恭维不算数）既看不出有什么好，却又不敢菲薄。一种文化都没有价值，除非到了他的必要时；即有价值也不为人所认识，除非晓得了他所以必要的问题。他的问题是第三问题，前曾略说。而最近未来文化之兴，实足以引进了第三问题，所以中国化复兴之后将继之以印度化复兴。于是古文明之希腊、中国、印度三派竟于三期间次第重现一遭。我并非有意把他们弄得这般整齐好玩，无奈人类生活中的问题实在有这么三层次，其文化的路径就有这么三转折，而古人又恰好把这三路都已各别走过，所以事实上没法要他不重现一遭。吾自有见而为此说，今人或未必见谅，然吾亦岂求谅于今人者。

在最近未来第二态度复兴，以后顺着走下去，怎样便引进了第三问题，这还要说一两句。我们已经看清现在将以直觉的情趣解救理智的严酷，乃至处处可以见出理智与直觉的消长，都是不得不然的。这样，就从理智的计虑移入直觉的真情，未来人心理上实在比现在人逼紧了一步，如果没有问题则已，如有问题，那么，这个问题就对他压迫得非常之紧。从孔家的路子[1]更是引人到真实的心理，那么就是紧凑。当初藉以解救痛苦的是他，后来贻人以痛苦的亦即是他；前人之于理智，后人之于直觉，都是这样。在人类是时时那里自救，也果然得救，却是皆适以自杀，第三问题是天天接触今人的眼睑而今人若无所见的，到那情感益臻真实之后，就成了满怀唯一问题。而这问题本是不得解决的，一边非要求不可，一边绝对不予满足，弄得左右无丝毫回旋余地！此其痛苦为何如？第三期的文化[2]也就于是产生；所谓印度人的路是也。从孔子的路原是扫空一切的问题的，因为一切问题总皆私欲；却是出乎真情实感的则不能。出乎这真情实感的问题在今日也能扫空，却是在那将来则不能。像这类出乎真情实感的第三问题在今日则随感而应，过而不留，很可以不成为问题；如果执着不舍必是私欲，绝非天理之自然。在将来那时别无可成为问题的，不必你去认定一个问题而念念不忘，他早已自然而然地把这一个问题摆在你的眼前，所以就没有法子扫空了。关于第三期文化的开发，可说的话很多；但我不必多说了，就此为止。本来印度人的那种特别生活差不多是一种贵族的生活，非可遍及于平民，只能让社会上少数居优越地位，生计有安顿的人，把他心思才力用在这个上边。唯有在以后的世界大家的生计都有安顿，才容人人来作，于自己于社会均没妨碍。这也是印度化在人类以前文化中为不自然的，而要在某文化步段以后才顺理之证。

我们现在应持的态度

我们推测的世界未来文化既如上说，那么我们中国人现在应持的态度是怎样才对呢？对于这三态度何取何舍呢？我可以说：

第一，要排斥印度的态度，丝毫不能容留；

第二，对于西方文化是全盘承受，而根本改过，就是对其态度要改一改；

第三，批评地把中国原来态度重新拿出来。

这三条是我这些年来研究这个问题之最后结论，几经审慎而后决定，并非偶然的感想；必须把我以上一章一章通通看过记清，然后听我以下的说明，才得明白。或请大家试取前所录李超[3]女士追悼会演说词，和民国八年出版的《唯识述义》[4]序文里一段，与现在这三条参照对看，也可寻出我用意之深密而且决之于心者已久。《唯识述义》序文一段录后：

> 印度民族所以到印度民族那个地步的是印度化的结果，你曾留意吗？如上海刘仁航先生同好多的佛学家，都说佛化大兴可以救济现在的人心，可以使中国太平不乱。我敢告诉大家，假使佛化大兴，中国之乱便无已；且慢胡讲者，且细细商量商量看！

现在我们要去说明这结论，不外指点一向致误所由，和所受病痛，眼前需要，和四外情势，并略批评旁人的意见，则我的用意也就都透出了。照我们历次所说，我们东方文化其本身都没有什么是非好坏可说，或什么不及西方之处；所有的不好不对，所有的不及人家之点，就在步骤凌乱，成熟太早，不合时宜。并非这态度不对，是这态度拿出太早不对，这是我们唯一致误所由。我们不待抵抗得天行，就不去走征服自然的路，所以至今还每要见厄于自然。我们不待有我就去讲无我。不待个性伸展就去讲屈己让人，所以至今也未曾得从种种威权底下解放出来。我们不待理智条达，就去崇尚那非论理的精神，就专好用直觉，所以至今思想也不得清明，学术也都无眉目。并且从这种态度就根本停顿了进步，自其文化开发之初到他数千年之后，也没有什么两样。他再也不能回头补走第一路，也不能往下去走第三路；假使没有外力进门，环境不变，他会要长此终古！譬如西洋人那样，他可以沿着第一路走去，自然就转入第二路；再走去，转入第三路；即无中国文明或印度文明的输入，他自己也能开辟他们出来。若中国则绝不能，因为他态度殆无由生变动，别样文化即无由发生也。从此简直就没有办法；不痛不痒真是一个无可指名的大病。及至变局骤至，就大受其苦，剧痛起来。他处在第一问题之下的世界，而于第一路没有走得几步，凡所应成就者都没有成就出来；一旦世界交通，和旁人接触，哪得不相形见绌？而况碰到的西洋人偏是个专走第一路大有成就的，自然更禁不起他的威凌，只有节节失败，忍辱茹痛，听其蹴踏，仅得不死。国际上受这种种欺凌已经痛苦不堪，而尤其危险的，西洋人从这条路上大获成功的是物质的财，他若挟着他大资本和他经济的手段，从经济上永远制服了中国人，为他服役，不能翻身，都不一定。至于自己眼前身受的国内军阀之蹂躏，生命财产无半点保障，遑论[5]什么自由；生计更穷得要死，试去一看下层社会简直地狱不如；而水旱频仍[6]，天灾一来，全没对付，甘受其虐；这是顶惨切的三端，其余种种太多不须细数。然试就所有这些病痛而推原其故，何莫非的的明明自己文化所贻害[7]；只缘一步走错，弄到这般田地！还有一般无识的人硬要抵赖不认，说不是自己文化不好，只被后人弄糟了，而叹惜致恨于古圣人的道理未得畅行其道。其实一民族之有今日结果的情景，全由他自己以往文化使然：西洋人之有今日全由于他的文化，印度人之有今日全由于他的文化，中国人之有今日全由于我们自己的文化，而莫从抵赖；也正为古圣人的道理行得几分，所以才致这样，倒不必恨惜。但我们绝不后悔绝无怨尤，以往的事不用回顾，我们只爽爽快快打主意现在怎样再往下走就是了。

（选自梁漱溟《东西文化及其哲学》，商务印书馆 1987 年版）

【注释】

［1］孔家的路子：即原始儒家的孔孟之道。在梁漱溟看来是一种与西洋、印度所走路向不同的，意欲自为调和持中的文化态度。

［2］第三期的文化：即梁漱溟所认为印度人所走的意欲转身向后的文化路向，用于解决人类自身存在的问题，如人生老病死的问题。

［3］李超：原名惟柏，又名惟璧，号璞真，生于 1895 年左右，苍梧县金紫庄（今大坡镇夜村）人。1918 年就读于北京女子高等师范学校，因家中催婚以致郁郁寡欢，忧劳成疾，于 1919 年 8 月 16 日因肺病不治身亡。胡适为之作《李超传》，认为她可以算作中国女权史上的一个重要牺牲者。

［4］《唯识述义》：梁漱溟的著作之一，1919 年出版，主要讨论唯识的来历、唯识学与佛教、唯识学与西方哲学等。

［5］遑论：不必论及；谈不上。

［6］频仍：连续不断；频繁发生。

［7］何莫非的的明明自己文化所贻害：意即指“的确是自己文化所造成的祸害”。

【点评】

鸦片战争后，西学东渐，国人对中西文化展开了比较性的认识。在《东西文化及其哲学》（1921 年）中，梁漱溟认为，人类生活中有三大项问题：一是人对物的问题，即如何征服这个物质世界，以保证人的基本生存问题；二是人对人之间的心灵沟通问题，即人与人之间和谐相处的问题；三是人对自身的问题，即人终需面对生老病死的因果法则问题。对于第一类问题，人们往往锐意进取，征服自然，以满足自身的物质需求。对于第二类问题，社会中的人采用意欲向前的态度并不奏效，只能“反求诸己”，反省自己，变换气质，使内心走向持中、调和，以求与他人达成同情和默契的关系。对于第三类问题，这根本是一个无法回避的问题，唯一能做的只有转身向后，遁入空门，修身祈福，以求来世。早期人类的三种文化形态——古代希腊文化、中国文化和印度文化——就是分别由这三种生活态度成就出来的。面对不同的问题持不同的态度，不同的态度成就不同的文化，所以就文化本身来说无所谓好坏，只有适宜与否的问题。当一种文化适宜于人类的生存与发展时，它的价值便体现出来了。

从人类社会发展的历史来看，人类遭遇这三大问题并不是同时的，而是有其先后次序，首先遭遇第一个问题，即人群蒙昧、物质匮乏，为自然所束缚，所以人必须认识自然、征服自然以求生存。等到第一个问题解决了，第二个问题对于人类的迫切性才会显现出来，这时人类不断培养自己处处为他人着想、时时反躬自省的精神，以营造一个人与人和谐相处的生活环境。但随后又出现了第三个问题，即人生的终极关怀问题——任何人都逃不过生死因果律，每个人的最终老死是谁也无法帮助解决的，于是只能采取转身向后的第三种态度。正因为人类三个问题存在，是以形成三种文化路径，依次转换。未来文化是要沿着这个路径走下去的。这三条路径古人都已经分别走过，所以称之为“重现”。

梁漱溟采用历史循环论的方式来看待中、西、印三种文化。近代中国历尽磨难，遭遇挫折，无论物质生产发展、学术文化进步，抑或民主政体建设，都比不上西方。但这并不是因为中国文化不好所造成的，而是因为当时的世界正处于第一问题之下，人类需要征服自然、发展科学、建设民主来解决这一问题。西方率先在第一条路上疾走，所以在这一个时期就显示出巨大的优势。中国文化是早熟的文化，在近代没有经过完善的科学文化阶段、没有完全解决好人的生存问题就进入了关注人与人的关系的伦理文化阶段。也就是说，中国文化在第一条路还未走完的情况下便转到第二条路上来，所以在第一问题的世界之下表现出很大的失败。但这失败不会是永久的，随着社会历史的不断发展，中国所面临的问题也会随之改变。西方文化向外扩张，虽然创造了发达的工业、技术、科学物质文明，但因其人为物所役，加剧了社会矛盾，造成了人的精神上、生活上的痛苦。随着人类生存问题的解决，西方的第一条路已经走到了尽头，不可能再给人们带来幸福，需要转到第二条路上去。这样原本在第一问题的世界之下不合时宜的“反求诸己”的中国路径便会显现出它的价值。当人类进入更高一级的“人对人的问题之时代”时，中国文化就会大放异彩了。所以我们不能妄自菲薄，盲目效仿西方，而要理性地反省自己，正确地认识自己，走出一条属于自己的道路。

梁漱溟的世界文化“三期重现说”，是他在世界文化语境中对自身文化的直觉反思。他将东西文化划分为西方、中国、印度三大系统，从“生活态度”或“文化路向”上进行了比较研究，使文化发展的民族性问题显豁起来，从而打破了文化研究上西方中心主义的维度。但也为那些反对新文化运动的守旧者提供了精致的理论炮弹。他的三大世界文化轮回演替的观点，大概是他佛学世界观的反映。其玄学式的文化观念与他最后提出要对西方文化全盘承受或根本改造的说法是自相矛盾的。

【链接】

1. 梁漱溟：《东西文化及其哲学》，商务印书馆 1987 年版。

2. 梁漱溟：《中国文化要义》，学林出版社 1995 年版。

3. 马勇：《梁漱溟评传》，安徽人民出版社 1992 年版。

4. ［美］艾恺：《最后的儒家：梁漱溟与中国现代化的两难》，江苏人民出版社 1996 年版。

略说中西文化

熊十力

文化的根柢在思想。思想原本性情。性情之熏陶，不能不受影响于环境。中西学术思想之异，如宗教思想发达与否，哲学路向同否，科学思想发展与否，即此三大端，中西显然不同。此其不同之点，吾以为就知的方面说，西人勇于向外追求，而中人特重反求自得。就情言，西人大概富于高度的坚执之情，而中人则务调节情感，以归于中和。不独儒者如此，道家更务克治其情，以归恬淡。西人由知的勇追，与情之坚执，其在宗教上追求全知全能的大神之超越感，特别强盛。稍易其向，便由自我之发见而放弃神的观念，即可以坚持自己知识即权力，而有征服自然，建立天国于人间之企图。西人宗教与科学，形式虽异，而其根本精神未尝不一也。中国人非无宗教思想，庶民有五祀[1]与祖先，即多神教[2]。上层人物，亦有天帝之观念，即一神教[3]。但因其知力不甚喜向外追逐，而情感又戒其坚执，故天帝之观念，渐以无形转化，而成为内在的自本自根之本体或主宰，无复有客观的大神；即在下层社会，祭五祀与祖先，亦渐变为行其心之所安的报恩主义，而不必真有多神存在，故祭如在之说，实中国上下一致之心理也。中国人唯反求诸己，而透悟自家生命，与宇宙元来不二。孔子赞《易》，明乾元统天，乾元，仁也。仁者，本心也。即吾人与万物同具之生生不息的本体。无量诸天，皆此仁体之显现，故日统天。夫天且为其所统，而况物之细者乎。是乃体物而不遗也。孟子言万物皆备于我。庄生言独与天地精神往来，灼然物我同体之实。此所以不成宗教，而哲学上，会物归己。于己自识，即大本立。此中己字，非小己之谓。识得真己，即是大本。岂待外求宇宙之原哉。此已超越知识境界，而臻实证。远离一切戏论，是梵方[4]与远西言宗教及哲学者所不容忽视也。中国哲学归极证会，证会则知不外驰。外驰即妄计有客观独存的物事，何能自证。情无僻执。僻执即起倒见，支离滋甚，无由返己。要须涵养积渐而至。此与西人用力不必同，而所成就亦各异。

科学思想，中国人非贫乏也。天、算、音律与药物诸学，皆远在五帝[5]之世。指南针自周公。必科学知识，已有相当基础，而后有此重大发明。未可视为偶然也。工程学在六国时，已有秦之李冰，其神巧所臻，今人犹莫能阶也。非斯学讲之有素，岂可一蹴而就乎。张衡[6]发明地震仪，在东汉初。

可知古代算学已精，汉人犹未失坠。余以为周世诸子百家之书，必多富于科学思想，秦以后渐失其传。即以儒家六籍[7]论，所存几何。孔门三千七十，《论语》所记，亦无灵语。况百家之言，经秦人摧毁，与六国衰亡之散佚，又秦以后大一统之局，人民习守固陋，其亡失殆尽，无足怪者。余不承认中国古代无科学思想。但以之与希腊比较，则中国古代科学知识，或仅为少数天才之事，而非一般人所共尚。此虽出于臆测，而由儒道诸籍，尚有仅存，百家之言，绝无授受，两相对照，则知古代科学知识非普遍流行，故其亡绝，易于儒道诸子。此可谓近乎事实之猜度，不必果为无稽之谈也。中国古代一般人嗜好科学知识不必如希腊人之烈。古代由儒家反己之学，自孔子集二帝三王[8]之大成以来，素为中国学术思想界之正统派，及道家思想与儒术并行之情形以观，正可见中国人知不外驰，情无僻执，乃是中国文化从晚周发原便与希腊异趣之故。希腊人爱好知识，向外追求，其勇往无前的气概，与活泼泼的生趣，固为科学思想所由发展之根本条件，而其情感上之坚执不舍，复是其用力追求之所以欲罢不能者。此知与情之两种特点，如何养成，吾以为环境之关系最大。希腊人海洋生活，其智力以习于活动而自易活跃。其情感则饱历波涛汹涌而无所震慑，故养成坚执不移之操。中国乃大陆之国，神州浩博，绿野青天，浑沦无间，生息其间者，上下与天地同流，神妙万物，无知而无不知。妙万物者，谓其智周万物而实不滞于物也。不琐碎以逐物求知，故曰无知。洞彻万物之原，故曰无不知。彼且超越知识境界，而何事匆遽[9]外求，侈小知以自丧其浑全哉。儒者不反知，而毕竟超知；道家直反知，亦有以也。夫与天地同流者，情冥至真而无情，即荡然亡执[10]矣。执者，情存乎封畛[11]也。会真则知亡，有知，则知与真为二。非会真也。而情亦丧。妄情不起曰丧。故无执也，知亡情丧，超知之境，至人之诣也。儒道上哲，均极乎此。其次，虽未能至，而向往在是也。

就文学言，希腊人多悲剧。悲剧者，出于情之坚执，坚执则不能已于悲也。中国文学以《三百篇》与《骚经》为宗。《三百篇》首《二南》[12]，《二南》皆于人生日用中，见和乐之趣，无所执，无所悲也。《骚经》怀亡国昏主托于美人芳草，是已移其哀愤之情，聊作消遣。昔人美《离骚》不怨君。其实，亡国之怨，如执而不舍，乃人间之悲剧，即天地之劲气也。后世小说写悲境必以喜剧结，亦由情无所执耳。使其有坚执之情，而于缺憾处，必永为不可弥缝之长恨，将引起人对于命运或神道与自然及社会各方面提出问题，而有奋斗与改造之愿望。若于缺憾而虚构团圆，正见其情感易消逝而无所固执。在己无力量，于人无感发。后之小说家承屈子之流而益下，未足尚也。要之中国人鲜坚执之情，此可于多方面征述，兹不暇详。

就哲学上超知之诣言，非知不外驰，情无僻执，无由臻此甚深微妙境界。然在一般人，并不能达于哲学上最高之境，而不肯努力向外追求，以扩其知。

又无坚执之情，则其社会未有不趋于萎靡，而其文化，终不无病菌之存在。中国人诚宜融摄西洋以自广，但吾先哲长处，毕竟不可舍失。

或问曰：西方文化无病菌乎？答曰：西洋人如终不由中哲返己一路，即终不得实证天地万物一体之真，终不识自性，外驰而不返，只向外求知，而不务反求诸己。知识愈多，而于人生本性日益茫然。长沦于有取，以丧其真。有取一词，借用佛典。取者，追求义略言之，如知识方面之追求，则以理为外在，而努力向外穷索，如猎者之疲于奔逐。而其神明恒无超脱之一境，卒不得默识本原，是有取之害也。欲望方面之追求，则凡名利权力种种皆其所贪得无厌而盲目以追逐之者，甚至为一己之野心与偏见，及为一国家一民族之私利而追求不已，构成滔天大祸，卒以毁人者自毁。此又有取之巨害也。是焉得无病菌乎！中西文化宜互相融和，以反己之学立本，则努力求知，乃依自性而起大用，无逐末之患也。并心外驰，知见纷杂，而不见本原，无有归宿，则其害有不可胜言者矣。中西学术，合之两美，离则两伤。

（原载《学原》1947 年第 1 卷第 4 期）

【注释】

［1］五祀：古代汉族祭俗中所祭的五种神祇，如户神、土神、门神、灶神、井神，各文献记载不一致。

［2］多神教：指同时信仰和崇拜许多神的宗教。

［3］一神教：只崇拜一位人格神的宗教。与多神教相对。

［4］梵方：指印度。

［5］五帝：指上古传说中的五位部族首领，即皇帝、颛顼、帝喾、尧、舜。

［6］张衡：张衡（78—139），字平子。东汉时期伟大的天文学家、数学家、发明家、地理学家、文学家。

［7］儒家六籍：指儒家六经，即《诗》《书》《礼》《易》《乐》《春秋》。

［8］二帝三王：二帝指唐尧和虞舜；三王指三代王，即夏禹、商汤、周文王和周武王。

［9］遽（jù）：急，急速，仓促。

［10］荡然亡执：指彻底放弃人生的执着。

［11］封畛（zhěn）：封地的边界，这里指固定的范围。

［12］《二南》：指《诗经》中的《周南》《召南》。周南是周公统治下的南方地域，召南是召公统治下的南方地域，二南包括长江、汉水、汝水流域的诗歌。

【点评】

熊十力的文章，具有一种峻洁清刚之气。积学之厚，腹笥之富，令人回味不已。在比较诗学的视野下，他认为中西文化的根本在于性情不同。具体从两个方面来说：一是知的方面，西方人勇于向外追求，而中国人重反求自得；二是情的方面，西方人富于坚执之情，而中国人善于调节感情，追求中和。西方人好极端；中国人主中庸。西人注重逻辑的方法和思辨的知识，偏于理智；中国哲学能够超越理智，从精神境界上给人以受用。因而西方的文学多具有追求真理的悲剧精神，悲剧是由情感的坚执所致并形之于艺术；而中国古典文学则多乐观精神，中国古代文学以《诗经》为宗，大多数诗歌是在人生日用中见和乐之趣，只有少部分有哀愤之情。乐观精神是人由反求自得而致中和节制所成的情感。

然而，导致中西性情不同的根本原因在于环境的殊异。熊十力认为，古希腊人靠海洋生活，他们具有探险精神，智力比较活跃，并且以宇宙和物质作为唯一的征服对象，故容易形成坚执之情，注重外驰；中国则是大陆国家，神州浩博，绿野青天，故不追求琐碎的知识，能够包容万物化育自然，故而情无偏执，注重自得。中西文化各有其长，各有其短。合之两美，离则两伤。中西文化理应互相融合，若无坚执之情，则社会将趋于萎靡，文化也无进取精神；若不知返回内心，则无法认识自己，人的精神将日益茫然，最终会走向追名逐利的泥潭，不能自拔。

熊十力的学术，走的是以哲学论文化的理路，他主张不要用“向外寻找东西的态度”对待人生，对待中国的文化传统。不要因为追求外在的物化的世界，而忘记了生命本来的意义。中国文化反对攫取外在的物质利益来破坏人生存的原本状态，重视人生的价值，主张在化育自然中实现自我。现代人如果拼命向外征服，不求返本，这样做是十分危险的。熊十力在《新唯识论》里阐述了自己对追求生命价值的看法，主张众生同源、万物一体，不论是个人的价值，还是整个中国文化价值都是相通的。在本土文化的基础上融合外来文化，以中国的反己之学立本，然后努力求知，本着中国人人具有的“性智”来开发“量智”。既知外驰，又知返己，将自己的主观能动性发挥到最大，又不偏离轨道，张弛有度才是高超的境界。

熊十力的“中西融合”的文化观，不同于“中体西用”论。他用“体用不二”论，批判了割裂体用的“中体西用”论，肯定了“西体”，赞成用西方的世界观和方法论来改造中国的文化，认为不论东方还是西方，都有精神文明和物质文明。如果我们把西方的文明归于物质文明，把东方归于精神文明，那种看法是浮泛且狭隘的。因为中西文明的路向不同，两者便可以取长补短，互相融合。中西之学，应当互相润济，而不可偏废。

读熊十力的文论，我们发现他性情深厚，慧解颖异，对中国文化和儒学的生命意义，理解甚深。他以超凡的理论魄力，将古儒的生命义理与诗性智慧，作出深刻而明晰的阐发，以期为中国文化的未来做主。

【链接】

1. 熊十力:《新唯识论》，中华书局 1985 年版。
2. 熊十力:《十力语要》，中华书局 1988 年版。
3. 宋志明:《熊十力评传》，百花洲文艺出版社 1993 年版。
4. 景海峰:《熊十力哲学研究》，北京大学出版社 2010 年版。

为中国文化敬告世界人士宣言（节选）

唐君毅等

前言——我们发表此宣言之理由

在正式开始本宣言正文之前，我们要先说明，我们之联名发出此宣言，曾迭经考虑。首先，我们相信：如我们所说的是真理，则用一人的名义说出，与用数人的名义说出，其真理之价值毫无增减。其次，我们之思想，并非一切方面皆完全相同，而抱大体相同的中西人士，亦并不必仅我们数人。再其次，我们亦相信：一真正的思想运动文化运动之形成，主要有赖于人与人之思想之自然的互相影响后，而各自发出类似的思想。若只由少数已有某种思想的人，先以文字宣称其近于定型的思想，反易使此外的人感觉这些思想与自己并不相干，因而造成了这些思想在散布上的阻隔。

但我们从另一方面想，我们至少在对中国文化之许多主张上是大体相同，并无形间成为我们的共信。固然成为一时少数人的共信的，不必也成为一时少数人的共信的，不必即是真理，但真理亦至少必须以二人以上的共信为其客观的见证。如果我不将已成为我们所共信的主张说出，则我们主张中可成为真理的成分，不易为世人所共见。因此，亦将减轻了我们愿为真理向世人多方采证的愿望。至于抱有大体相同思想的中西人士，我们在此宣言上未能一一与之联络，则为节省书疏往返之繁。但我们决不愿意这些思想只被称为我们几个人的思想。这是在此宣言正文之前，应当加以预先声明的。

在此宣言中，我们所要说的，是我们对中国文化之过去与现在之基本认识及对其前途之展望，与今日中国及世界人士研究中国学术文化及中国问题应取的方向，并附及我们对世界文化的期望。对于这些问题，虽然为我们数十年来所注意，亦为中国及世界无数专家学者政治家们所注意，但是若非八年前中国遭遇此空前的大变局，迫使我们流亡海外，在四顾苍茫，一无凭藉的心境情调之下，抚今追昔，从根本上反复用心，则我们亦不会对这些问题能认得如此清楚。我们相信，真正的智慧是生于忧患。因为只有忧患，可以把我们之精神从一种定型的生活中解放出来，以产生一超越而涵盖的胸襟，去看问题的表面与里面，来路与去路。

如果世界其他国家的学者们，及十年前的我们，与其他中国学者们，莫有经过同类的忧患，或是同一的超越而涵盖的胸襟，去看这许多问题，则恐怕不免为一片面的观点所限制，而产生无数的误解，因而不必能认识我们之所认识。所以我们必须把我们所认识者，去掉一些世俗的虚文，先在结论上宣告世界，以求世界及中国人士之指教。

我们之所以要把我们对自己国家文化之过去现在与将来前途的看法，向世界宣告，是因为我们真切相信：中国文化问题，有其世界的重要性。我们姑不论中国为数千年文化历史迄未断绝之世界上极少的国家之一，及十八或十八世纪以前的欧洲人对中国文化的称美，与中国文化对于人类文化已有的贡献。但无论如何，中国现有近于全球四分之一的人口摆在眼前。这全人类四分之一的人口之生命与精神，何处寄托，如何安顿，实际上早已为全人类的共同良心所关切。中国问题早已化为世界的问题。如果人类的良心，并不容许用原子弹来消灭中国五亿以上的人口，则此近四分之一的人类之生命与精神之命运，便将永成为全人类良心上共同的负担。而此问题之解决，实系于我们对中国文化之过去现在与将来有真实的认识。如果中国文化不被了解，中国文化没有将来，则这四分之一的人类之生命与精神，将得不到正当的寄托和安顿；此不仅将招来全人类在现实上的共同祸害，而且全人类之共同良心的负担将永远无法解除。

我们对于西方文化之期望及西方所应学习于东方之智慧者

西方文化是支配现代世界的文化，这是我们不能否认的事实。自十九世纪以来，世界各民族的文化都受到西方文化的影响，都在努力学习西方之宗教、科学、哲学、文艺、法律、实用技术，亦是不能否认的事实。但是毕竟西方文化之本身，是否能足够领导人类之文化？除东方人向西方文化学习以外，西方人是否亦有须向东方文化学习之处？或我们期望西方人应向东方文化学习者是什么？由此东西文化之互相学习，我们所期待于世界学术思想之前途又是什么？这是一个大问题。我们于此亦愿一述我们之意见。

照我们对于西方文化的看法，我们承认西方文化精神之最高表现，主要在其承受了希腊的科学哲学精神与希伯来之宗教精神[1]。希伯来之宗教精神，使西方之人心灵直接通接于上帝。希腊的科学哲学精神，使西方人能对宇宙间之数理秩序，对各种事物存在之普遍范畴与特殊法则，对人类思考运行所遵守之逻辑规律，都以清明之心加以观照涵摄，而人乃得以其认识的主体，居临于自然世界之上，而生活于普遍的理性之世界。近代之西方人最初是北方蛮族，而此蛮族又以其原始朴质之灵魂，接受此二文化精神之陶冶，而内在化之，于是此近代西方人之心灵，乃一方面通接于唯一之上帝之无限的神圣，一面亦是能依普遍的理性以认识自然世界。由此而转至近代文艺复兴时代，人对其自身有一自觉时，此二者即结合为个人人格尊严之自觉，与一种求精神上的自由之要求。由此而求改革宗教，逐渐建立民族国家，进而求自由运用理性，形成启蒙运动；求多方面地了解自然与人类社会历史，并求对自然之知识以改造自然，对人类社会政治文化之理想以改造人间。于是政治上之自由与民主、经济上之自由与公平、社会上之博爱等理想，遂相缘而生。而美国革命、法国革命、产业革命、解放黑奴运动、殖民地独立运动、社会主义运动，亦都相继而起。由科学进步应用于自然之改造及对社会政治经济制度之改造，二者相互为用，相得益彰。于是一二百年之西方文化，遂突飞猛进，使世界一切古老之文化，皆望尘莫及。凡此等等，盖皆有其普遍永恒之价值，而为一切其他民族所当共同推尊赞叹学习仿求，以求其民族文化之并流竞进者也。

然此近代之西方文化，在其突飞猛进之途程中，亦明显地表现有种种之冲突与种种之问题。如由宗教改革而有宗教之战争；由民族国家之分别建立而有民族国家之战争；由产业革命而有资本主义社会中劳资之对立；为向外争取资源，开发殖民地，而有压迫弱小民族之帝国主义行动等等。亚洲非洲之民族主义与共产主义相结合，以反抗西方国家，又适足以遂苏俄一国之野心。在今日科学已发展至核子武器，足以毁灭人类之时期，人类之前途乃惶惶不可终日。此皆近代西方文化之突飞猛进所带来之后果。则我们今日对西方文化，毕竟应如何重新估价？并对之应抱有何种希望？应为吾人所认真思考之问题。

从一方面看，由近代西方文化进步所带来之问题，亦多由西方人自身所逐渐解决，如由宗教自由原则之确立，宗教战争已不可再起。对劳资之冲突，西方文明国家，亦有各种政治上经济上社会上之措施。对狭隘的民族国家观念亦先后有国际联盟联合国之成立，希望由此加以破除。而自美国由殖民地成为独立国家以来，世界人类的良心，在廿世纪，亦皆同趋向于谋一切殖民地之独立。人类当前的问题，唯在共产之极权世界与西方民主国家间之对立，而亚非之民族主义，又可能与共产主义相结合。然此亦正为西方人士所竭心尽智以求解决者。但是照我们的看法，这许多问题虽多已解决，但其问题之根源于西方文化本身之缺点者，则今日依然存在。不过今只表现为苏俄之极权世界与西方民主国家之对立局势而已。

在今日苏俄之极权世界与西方民主国家之对立中，居于举足轻重之地位者，分明系亚非之民族之何去何从。本来亚洲之中国文化，印度文化，及横贯亚非之回教文化，在先天上皆非唯物主义，在理论上正应与西方之自由民主文化相结合，然其今日何以尚未如此，实值得西方人士作深刻的反省。

……（略）

又据我们东方亚洲人之所感觉，西方之个人，在本其此种心习来与东方人办理外交政治事务，以及传教或办教育文化之事务，而同时又在对东方作研究工作时，更有一种气味，为我们时时会接触，觉其不好受，而有不易表诸文字者。此即在其研究的态度中，把其承继希腊精神而来之科学的理智的冷静分析态度，特为凸出；而在此态度之后，则为其所存之于心的理想计划，预备在研究之后，去实施或进行者。于此情形下，东方人一方自觉成为西方人之冷静的研究对象，一方又觉其正预备以其理想计划，自上贯注下来，到我们身上。东方人在觉其自身只为一冷静的研究对象时，即觉为被西方人所推远而感到深细的冷酷。而在其觉西方正以其预定之理想贯注下来时，则感一精神上的压迫。而此种感觉，则更使东方人与西方人之直接的交际关系，亦归于貌合神离。而在西方人方面，如自信其理想是公的好的，亦是为东方人本身的，则恒以此种东方人之貌合神离，乃由东方人之不知其好意，或东方人对西方人有距离感自卑感，以及仇恨心，或为东方人之狭隘的民族国家意识文化意识，从中作梗。这些东西我们亦不能完全否认东方人之莫有，而且亦可能有得很多。但是西方人本身之态度，亦正有极大的关系。而此种态度，在根本上，正由西方所承受之希腊文化精神希伯来精神及近代之实用技术精神，三者之一种方式的结合之产物，此乃与西方文化之好处、西方人之长处虽难于分别者。当我们东方人了解到此点时，亦应当对西方人之此种态度，加以谅解。然而西方人如真欲其对人之态度，与其自身之精神，再进一步，或真欲与东方人亚洲人及非洲人接触以调整人类关系，谋取世界和平，以保西方文化本身之永远存在于人间世界，则我们认为西方人之精神思想，尚可再上升进一步，除由承继希腊精神希伯来精神而加以发展出之近代西方之精神以外，尚可有学习于东方之人生智慧，以完成其自身精神理想之升进者。此有五点可说。

西方人应向东方文化学习之第一点，我们认为是“当下即是”之精神，与“一切放下”之襟抱。西方文化精神之长处，在其能向前作无限之追求，作无穷之开辟。但在此向前追求，开辟之精神状态中，人虽能以宗教上之上帝为托命之所，而在真实生活中，其当下一念，实是空虚而无可在地上立足。由此念念相续，亦皆实空虚而无可在地上立足。于是西方之个人与国家，必以向前之追求开辟，填补其当下之空虚。当其追求开辟之力量，随自然之生命之限制，或外来之阻限而不能不停顿时，其个人之生命，国家之生命亦可能同时倒下。故西方之老人，多为凄凉寂寞之老人；而西方历史上之强国，当为一仆不起，或绝灭不世之强国。中国文化以心性为一切价值之根源，故人对此心性有一念之自觉，则人生价值，宇宙价值，皆全部呈显，圆满俱足。人之生命，即当下安顿于此一念之中，此即所谓“无待他求，当下即是”之人生境界。中国以知进而不知退为人生之危机，而此正西方文化之特点。其所以不知退，则因在其当下精神中实无可立足之地。则由当下即是之生活智慧可与西方人以随时可有立足之地，此即可增加西方文化自身之安全感与坚韧性。……这种放下的智慧之表现于印度之哲学宗教中、中国之儒道禅宗之人物之思想与风度中，及中国之文学与艺术中者，实值得西方人之先放下其文化传统中之观念，去体会、欣赏、涵泳，然后知其意味之无穷。而其根源仍在于当下即是，一切平等之人生境界。

西方人应向东方文化学习之第二点，是一种圆而神[2]的智慧。上所谓一切放下之智慧，是消极的。圆而神的智慧，则是积极的。所谓“圆而神”，是中国易经里的名词，与“方以智”[3]对照的。我们可说，西方之科学哲学中，一切用理智的理性所把握之普遍的概念理，都是直的。其一个接一个，即成为方的。这些普遍的概念原理，因其是抽象的，故其应用至具体事物上，必对于具体事物之有些方面，有所忽，有所抹杀，便不能曲尽事物之特殊性与个性。要能曲尽，必需我们之智慧成为随具体事物之特殊单独的变化，而与之宛转俱流之智慧。这种智慧之运用，最初是不执普遍者，把普遍者融化入特殊以观特殊，使普遍者受一特殊之规定。但此受某一种特殊之规定之普遍者，被人自觉后又成一普遍者。又须不执再融化入特殊中，而空之。于是人之心灵，可再进一步以使其对普遍者之执，可才起即化。而只有一与物宛转之活泼周遍之智慧之流行。因此中之对普遍者之执才起即化，即如一直线之才向一方伸展，随即运转而成圆，以绕具体事物之中心旋转。此即为一圆而神之智慧。或中国庄子思想所谓“神解”“神遇”，孟子所谓“所过者化，所存者神，上下与天地同流”。此神非上帝之神，精神之神。神者，伸也，人只以普遍之抽象概念原理观物，必有所合，亦有所不合。有不合处，便有滞碍。有滞碍则心之精神有所不伸。必人能于其普遍抽象之概念原理，能才执即化，而有与物宛转俱流之圆的智慧，而后心之精神之运，无所不伸。故谓之圆而神之智慧。此种智慧不只是一辩证法的智慧，而略近于柏格森[4]之所谓直觉。辩证法之智慧是以一普遍者规定一具体实在后，再即观其限制，而更涌现一较具体化之普遍者以观物。此中之普遍者仍是一一凸出于意识之前的。而此种圆而神之智慧，则可对一切普遍者之执，才起而不待其凸出，即已在心灵之内部超化。于是在人之意识之前者，唯是一与物宛转之活泼周运之圆而神的智慧之流行。故略近于柏格森之所谓直觉，但柏格森之直觉，只是其个人之哲学观念。而中国人则随处以此圆而神之智慧体会自然生命，观天地化机，欣赏赞美活的人格之风度，以至以此智慧观时代之风会气运之变，并本此智慧以与人论学，而应答无方，随机指点，如天籁之流行。而我们在中国之文学艺术，与论语、孟子、世说新语，禅宗语录，宋明语录，及中国先儒之论学书信中，皆可随处发现此种智慧之流行。是皆待于人之能沉潜涵泳于中国文化之中，然后能深切了解的。西方人亦必须有此圆而神之智慧，乃能真与世界之不同民族，不同文化相接触，而能无所阻隔，并能以同情与敬意之相遇，以了解其生活与精神之情调与心境，亦才能于其传统文化中所已认识之理型世界、知识世界、上帝世界、技术工业世界、分门别类的历史人文世界之外，再认识真正具体生命世界，与人格世界与历史人文世界中一切的感通。而西方之学者，亦才能于各自著书立说，自成壁垒之外，有真正的交谈，而彼此随时能相悦以解。

西方人应向东方文化学习之第三点，是一种温润而恻恻或悲悯之情。西方人之忠于理想及社会服务之精神与对人之热情与爱，都恒为东方人所不及，这是至可宝贵的。但是人对人之最高感情，不只是热情与爱。人之权力意志与占有之念，都可透入于人对人之热情与爱之中。要使此权力意志与占有之念不透入，在西方主要赖其宗教信仰中所陶冶之谦卑，及视自己之一切功德皆所以光荣上帝，服务于上帝，亦由上帝之恩典而来之种种心情。但是人之权力意志，亦可借上帝作后盾，自信自己之所行，已为上帝所嘉许，而更向前施展。人亦可以私心想占有上帝，如在战争中与人冲突时，祈祷上帝帮助自己。此处上帝之道与人心之魔又可俱生并长。于是基督教又有对敌人及一切罪人之宽赦，以求去此病。但是对人之绝对的宽赦，亦可化为对世间一切之“放弃”，而只求自己个人之道福。如要去此“放弃”之病，则仍须再重视爱与热情。此成了一圆圈，而爱与热情中仍可有权力意志与占有之念。问题仍无究竟之解决。要使此问题有究竟之解决，只有人在开始对人之热情与爱中，便绝去其权力意志与占有之念之根。要去此根，则爱必须真正与敬同行。爱与敬真正同行，其含义之一，是如我觉我对人之爱是源于上帝，其泉源是无尽的上帝之爱，则我们对他人之敬，亦同样是无尽之敬。而此中对人之敬，亦可是敬人如敬上帝。中国所谓仁人之“事亲如事天”“使民如承大祭”即此之谓。此处不容许一个回头自念，自己是信上帝的，知道上帝之爱的，而对方都不是。如此一想，则觉对方比我低一级，而我对人之敬则必有所不足。对人若须有真实之敬，则必须对人有直接的绝对的无条件的真视“人之自身为一目的”的敬，能有此敬，则人对人之爱，皆通过礼而表现之，于是爱中之热情皆向内收敛，而成温恭温润之德。而人对人最深的爱，则化为一仁者恻怛之情。此可通于佛家之悲悯。恻怛悲悯与一般之爱之不同，在一般之爱，只是自己之生命精神之感情，视人如己地向人流注。此处之视人如己，即可夹杂“对人加以占有之念”之泥沙并下。而恻怛悲悯，则只是自己之真实存在之生命精神，与他人之生命精神间之一种忐忑的共感，或共同的内在振动，此中，人对人自然有真正的同情，亦有情流向人流注……

西方人应向东方文化学习之第四点，是如何使文化悠久的智慧。我们以前已说，中国文化是世界上唯一历史久而又自觉其久，并原于中国人之自觉的求其久，而复久的文化。现代西方近代文化，固然极精彩灿烂，但如何能免于如希腊罗马文化之衰亡，已有不少的人忧虑及此。照我们的意思，文化是各民族精神生命之表现。依自然的道理，一切表现，都是力量的耗竭。耗竭既多，则无一自然的存在力量能不衰。人之自然的精神生命之力，亦然。欲其不衰，人必须一方面有一上通千古，下通万世之由历史意识所成之心量，并由此心量以接触到人心深处与天地万物深处之宇宙生生之原。此宇宙生生之原在西方人称为上帝。由西方之宗教生活，人亦可多少接触此宇宙之生生之原。但是一般宗教生活，只赖祈祷与信仰来接触上帝，上帝之对于人，终不免超越而外在，而人只想上帝之永恒，亦尚未必即能直下有上通千古下通世之历史意识所成之心量。且由祈祷信仰，以与此宇宙生生之原之上帝接触，乃是只以人之超越向上的心灵或精神与之接触，此尚非直下以吾人生命存在之自身与之接触。要使生命之存在自身与之接触，吾人还须有一段大工夫。此一段大工夫之开始点，乃在使吾人生活中之一切向外表现之事，不只顺着自然的道路走，而须随时有逆反自然之事，以归至此宇宙生生之原，而再来成就此自然，这正是我们以前所说之中国历史文化所以能长久所根之智慧，这个智慧不只是一中国哲学的理论，而是透到中国之文学艺术礼仪之各方面的。依这种智慧，中国人在一切文化生活上，皆求处处有余不尽，此即所以积蓄人之生命力量，使之不致耗竭过度，而逆反人之自然的求尽量表现一切之道路，以通接于宇宙生生之原者。而以此眼光看西方近代文化之只求效率之快速，这中间正有一大问题存在。在当前的世界，以中国人以前之尚宽闲从容之态度来应付，固然很多不适宜之处。但是近代西方世界，带着整个人类奔驰。人纵皆能乘火箭到星球世界，而一人飞上一个星球，还是终沉入太空之虚无，此并未得人类文化以及西方文化自身真正长久存在之道……

西方人应向东方文化学习之第五点，是天下一家之情怀。我们承认人类现在虽然有许多国家，而凡未能民主建国之国家，皆须一一先走上民主建国之道路。但是人类最后必然归于天下一家。所以现代人，在其作为一国家之公民之外，必须同时兼备一天下之情怀，而后世界真有天下一家之一日。在这点上说，东方人实更富于天下一家之情怀。中国人自来喜言天下与天下国家。为养成此情怀，儒家、道家、墨家、佛家之思想皆有所贡献。墨家要人兼爱，道家要人与人相忘，佛家要人以慈悲心爱一切有情，儒家要人本其仁心之普遍涵盖之量，而以“天下为一家，中国为一人”，本仁心以相信“人皆可以为尧舜”，本仁心以相信“东西南北海，千百世之上，千百世之下之圣人心同理同”。儒家之讲仁，与基督教讲爱，有相通处，因基督教之爱，亦是遍及于一切人的。

但是基督教要先说人有原罪，其教徒是本上帝之意旨，而由上至下，以救人。儒家则多信人之性善，人自身可成圣，而与天合德。此是一冲突。但教义之不同处，亦可并行不悖，而各有其对人类与其文化之价值。但在养成人之天下一家之情怀上，则我们以为与其只赖基督教思想，不如更兼赖儒家思想。此乃由以基督教为一制度的宗教，有许多宗派之组织，不易融通。基督教有天堂观念，亦有地狱观念，异端与不信者，是可入地狱的。则各宗派间，永不能立于平等之地位，而在自己之教会者与不在者，即分为二类。而一可上天堂，一可入地狱。如此，则基督教对人之爱虽以一无条件，仍可以有一条件，即信我的教。此处实有一极大之问题。照儒家的意思，则只要是人，同有能成圣而与天合德之性。儒家并无教会之组织，亦不必要人皆崇拜孔子，因人本皆可成圣而同于孔子，此即使儒家之教，不与一切人之宗教成为敌对。儒家有天地之观念，而无地狱之观念，亦无地狱以容异端。“万物并育而不相害，道并行而不相悖”乃儒家之信仰。则人类真要有一“天下一家”情怀，儒家之精神实值得天下人之学习，以为未来世界之天下一家之准备。此外，东方之印度之佛教婆罗教，同有一切人可成佛，而与梵天合一之思想，而可足养成人之天下一家之情怀者。此各种东方之思想，亦同连系于东方之文学艺术礼仪，而同值得西方人加以研究而学习者。

我们以上所说西方人应向东方学习者，并不能完备，尽可由人再加以补充。我们以上说的是西方文化如要完成其今日欲领导世界的目标，或完成其自身之更向上的发展，求其文化之继续存在，亦有须要向东方学习者。而这些亦不是在西方文化中莫有种子的。不过我们希望西方文化中这些种子，更能由对东方之学习，而开花结果而已。

我们对于世界学术思想之期望

我们如承认西方文化，亦有向东方学习的地方，则我们对于中国与世界之学术方向，还有几点主张可以提出。

1. 由于现在地球上的人类，已经由西方文化之向外膨胀，而拉在一起，并在碰面时彼此头破血流。我们想现代人类学术的主要方向，应当是我们上面所谓由各民族对于其文化缺点之自己反省，把人类前途之问题，共同当作一整个的问题来处理。除本于西方文化传统之多元，而产生的分门别类的科学哲学之专门研究之外，人类还须发展出一大情感，以共同思索人类整个的问题。这大情感中，应当包括对不同民族不同文化之本身之敬重与同情，及对于人类之苦难，有一真正的悲悯与恻怛之仁。由此大情感，我们可以想到人类之一切民族文化，都是人之精神生命之表现，其中有人之血与泪，因而人类皆应以孔子作《春秋》的存亡继绝的精神，来求各民族文化之价值方面保存与发展，由此以为各种文化互相并存，互相欣赏，而互相融合的天下一家之世界之准备。

2. 人类要培植出此大的情感，则只是用人之理智的理性，去对各种自然社会人类历史作客观的冷静的研究，便只当为人类学问之一方面。人类应当还有一种学问，这不是只把自然与人类自己所有之一切客观化为对象，而加以冷静的研究之学问，而是把人类自身当作一主体的存在看，而求此主体之存在状态，逐渐超凡入圣，使其胸襟日益广大，智慧日益清明，以进达于圆而神之境地，情感日益深厚，以使满腔子存有恻怛之仁与悲悯之心的学问。这种学问不是神学，亦不只是外表的伦理规范之学，或心理卫生之学，而是一种由知贯注到行，以超化人之存在自己，以升进于神明之学。此即中国儒者所谓心性之学，或义理之学，或圣学。此种学问，在西方宗教之灵修中，印度之所谓瑜伽行中亦有之。而西方由杞克果所谓之存在哲学之注重人如何成为基督教徒，而不注重人之入教会祈祷上帝之外表的宗教行为，亦是向人生存在自己之如何超化，而向上升进上用心的。但因西方之传统文化，是来源于理智之理性认识客观世界之条理之希腊精神，承受上帝之诫命而信托上帝之启示之希伯来精神，注重社会国家之法制组织之罗马精神，所以这一种学问，并未成西方之学术之核心。而人不能超化其存在之本身，以向上升进于神明，则人之存在本身不能承载上帝，而宗教信仰亦随时可以动摇。同时人亦承载不起其自身所造成之知识世界，与科学技术所造成之文明世界，故原子弹似随时要从人手中滑出去，以毁灭人类自己。人亦承载不起由其自身所定之政治社会之法制组织，对个人自由所反施之压迫。此即为现代之极权国家对个人自由所反施之压迫，而今之产业社会之组织对个人自由，亦同有此压迫。人类之承载不起人类自身之所信仰及所造的东西，此根本毛病，正在人类之只求客观的了解世界，以形成智识，本知识以造理想，而再将此理想不断客观化于自然与社会。于是如人生存在以外之文化物财不断积累加重，而自成一机械的外在桎梏，似非人力之所能主宰。而此处旋乾转坤的学问，则在人之主体的存在之真正自作主宰性之树立，而此主宰性之树立，则系于人生存在自身之超化升进。人有此一种学问，而后人乃有真正之自作主宰性之树立，亦即中国之所谓“立人极”之学问。人极之学问。人极立而后人才能承载人之所信仰，并运用人之所创造之一切，而主宰之。这是这个时代的人应当认识的一种大学问。

3. 从立人极之学所成之人生存在，他是一道德的主体，但同时亦是超化自己以升进于神明的，所以他亦是真能承载上帝而与天合德的。故此，人生存在，兼成为“道德性与宗教性之存在”。而由其为道德的主体，在政治上即为一民主国家中之一真正的公民，而成“政治的主体”。到人类天下一家时，他即成为天下的公民。即孟子所谓天民。而仍为天下中之政治的主体。在知识世界，则他成为“认识的主体”，而超临涵盖于一切客观对象之世界之上，而不沉没于客观对象之中，同时对其知识观念，随时提起，亦能随时放下，故其理智的知识，不碍与物宛转的圆而神的智慧之流行，而在整个的人类历史文化世界，则人为一“继往开来，生活于悠久无疆之历史文化世界之主体”。而同时于此历史文化世界之悠久无疆中，看见永恒的道，亦即西方所谓上帝之直接显示。这些我们以为皆应由一个新的学术思想之方向而开出。即为立人极之学所向往的究极目标，亦即是我们前文论中国文化及西方人所当学习于东方智慧者时，所望于中国文化之发展与世界文化之发展之目标之所在。而此目标之达到，即希腊文化中之重理智、理性之精神，由希腊之自由观念至罗马法中之平等观念发展出之近代西方文化中民主政治的精神，希伯来之宗教精神，与东方文化中之天人合德之宗教道德智慧，成圣成贤心性之学义理之学，与圆而神之智慧悠久无疆之历史意识，天下一家之情怀之真正的会通。此理想要何时实现，我们不知道。但是要有此理想，则我们当下即可有。当下有此理想而回到我们各人自己现实上之存在地位来作努力，则依我们中国人之存在地位，仍是如何使中国能承其自身文化发展的要求，而完成其数十年来之民主建国的事业，及中国之科学化工业化，以使中国之人生存在兼为一政治的主体与认识的主体。而西方人则应自反省其文化之缺点，而求有以学习于东方，同时以其今日之领导世界地位，更应以兴灭国继绝世之精神，来护持各民族文化之发展，并完成一切民族之民主建国之要求，使其今日先成为真正之公民，而在未来天下一家之世界，成为天民。而其研究中国等东方民族之学术文化历史之态度，亦当如我们前面所说应加以改变。

我们记得在十八世纪前的西方曾特别推崇过中国，而十九世纪前半的中国亦曾自居上国，以西方为蛮夷。十九世纪的后半以至今日，则西方人视东方之中国等为落后之民族，而中国人亦自视一切皆不如人。此见天道转圜，丝毫不爽。但是到了现在，东方与西方到了应当真正以眼光平等互视对方的时候了。中国文化，现在虽表面混乱一团，过去亦曾光芒万丈。西方文化现在虽精彩夺目，未来又毕竟如何，亦可是一问题。这个时候，人类同应一通古今之变，相信人性之心同、理同的精神，来共同担负人类的艰难、苦病、缺点与过失，然后才能开出人类的新路。

（原载香港《民主评论》1958 年第 1 期）

【注释】

［1］希伯来之宗教精神：希伯来人所创造的文化精神。希伯来文化对中世纪甚至是现在的欧洲影响都很大。希伯来精神追求公正、要求道德完善、坚持行为准则。而在信仰与个性之间可能会发生冲突，最严重的莫过于 16 世纪新教兴起后基督教对文艺复兴时期人文主义者狂放的思想和情感的谴责。

［2］圆而神：是一种修养，是一种无上的境界。“圆而神”是《易・系辞上》里的名词，与“方以智”对照。《易・系辞上》曰：“蓍之德，圆而神；卦之德，方以知；六爻之义，易以贡。”中国传统的知识体系是从宇宙观而来的。演易实际上就是重新推演人类

知识由宇宙天文知识（圆而神）到一般知识（方以智）再到具体知识（易以贡）的生成过程。“蓍之德，圆而神”，蓍草的茎是圆形的，这里是说圆的东西可以不断滚动，不断变化，所以蓍草的提示是非常圆通神奇的。“卦之德，方以知”，卦的性质在《周易》里是方正而明智的。“知”通智，六十四卦最后画出来的是方体，方形的东西是正直而刚健的，所以它集中了人类的智慧。

［3］方以智：参见以上注释。

［4］柏格森（1859—1941）：亨利·柏格森，法国哲学家，作品文笔优美，思想富于吸引力，曾获诺贝尔文学奖。主张生命哲学与反理性主义的直觉主义。《创造的进化论》是其代表作，书中论证了“生命冲动”的理论。

【点评】

数十年来，许多深识之士都对民族与文化之困顿有各种不同层次的反省与建言。流散到海外的新儒家，在“花果飘零”之中，致力于“灵根再植”。1958年元旦，唐君毅、张君劢、牟宗三、徐复观四位先生在香港《民主评论》发表《为中国文化敬告世界人士宣言》一文，这是一篇系统地反省中国文化、振兴中国文化、提示人类文化走向新生的宣言书。此宣言由唐君毅起草，参考其他三位先生意见修改而成。《宣言》共有十二部分：一、我们发表此宣言之理由；二、世界人士研究中国学术文化之三种动机与道路及其缺点；三、中国历史文化之精神生命之肯定；四、中国哲学思想在中国文化中之地位及其与西方文化之不同；五、中国文化之伦理道德与宗教精神；六、中国心性之学的意义；七、中国历史文化所以长久之理由；八、中国文化之发展与科学；九、中国文化之发展与民主建国；十、我们对中国现代政治史之认识；十一、我们对于西方文化之期望及西方所应学习于东方之智慧者；十二、我们对于世界学术思想之期望。《宣言》近四万字。本文选自《宣言》的前言和第十一、第十二部分。作为一篇辩驳和挑战的檄文，《宣言》凝聚了第二代新儒家的主要思想；作为一份历史文献，《宣言》是那场呼吁儒学复兴运动自觉展开的标志。

《宣言》多处强调儒家思想的“道统”，即“一本性”，构成中华文化绵延不绝、一脉相承之统绪。所以欲了解中国文化，必须透过其哲学核心去了解，而要真正了解中国哲学，又还须再由此哲学之文化意义去了解。以中国文化有其“一本性”，在政治上有“政统”，故哲学中即有“道统”。否则，便无从得知中国哲学中有历代相传之“道统”意义之所在，抹杀其内在的文化生命精神。

《宣言》反对西方从传教士、考据学、现实功利方面来看中国文化的态度与行为。四位现代新儒家大声疾呼，中国历史文化自有其精神生命与特色，且与西方不同，必须对之尊重，其意义才可能显发出来。中国文化未来之发展，必须吸纳西方的科学与民主，然而中国文化传统自有不可弃者在，不能因为它在近代史上不振而对之产生错误的观感与片面的认识。《宣言》最精彩的部分是反误解的内容，昭示中国文化是一个活的存在，尤其警策。实际上即使在今天，我们仍然时常看到有些西方汉学家以“遗物兴趣”钻牛角尖式的著述，对中国文化精神发表各种歪曲之见，更是屡见不鲜。中国文化的真如实相，要由中国学术来证明于世界。

《宣言》指出中国哲学之智慧集中在心性之学上。儒家的“心性”之学，是一种人性修养的学问。其要义是相信人的心觉之中有一种潜在的与天地创生之德相应的精神力量，不断经由自我的努力去开掘它、发明它，人可以在精神上与天地合德，人可以不借神力而成贤成圣。它对现代人生命所具有的意义，在新儒家高亢的道德理想主义那里得到认定。

《宣言》吁请西方人向东方文化学习以下五点：一、“当下即是”之精神与“一切放下”之襟抱；二、圆而神的智慧；三、温润而恻怛或悲悯之情；四、使文化悠久的智慧；五、天下一家之情怀。当然，这些思想并非在西方无种子，但在东方更蕴涵深厚，希望西方向东方学习而得以开花结果。

中国的传统文化，当然不可能尽善尽美，但仅就儒家为中心而显示的文化理想与精神方向而言，基本上可以看出中国文化能够“通物我、合天人、贯古今、彻幽明”。儒家思想具有包容性的特点。儒家的包容性，实际上反映了中华文化的包容性。儒家思想作为中华文化大传统的代表，处在不断被检讨和重新诠释之中，经过检讨、诠释，便有增加、有变易、有更新。变易与更新给儒家学说带来了活力。但儒家精神亦有不变的一面，即儒家的心性之学、德性精神与理性精神。《宣言》告诉世人：民族生命要安顿，要贞定；文化生命要开显，要放光。中国传统文化所开显的，是德性文化的光辉，而文化心灵中的知性主体，一直未能从德性主体的笼罩之下透显出来。今后，国人必须自觉地调整文化心灵的表现形态，立足于“圆而神”，把它与“方以智”结合起来。如此，“圆而神”之灵与“方以智”之光，交光互映，彰显中华文化的光辉。

四位学者的《宣言》所发议论，虽带有儒学人文“乌托邦”之色彩，但能够展望人类未来的前途：由立人极，以超化自己，走向至善神明。如此，人类文化臻达天人合德之境界，由无限而通于无限，踏上一条崭新的道路。尽管新儒家的申论，不免过于理想化，但他们以“海潮音”，发“狮子吼”，期盼中国文化“雄起”的勇气，诚然可嘉。《宣言》一出，随即在海外的华人圈子里产生了强烈的共鸣与回响。现代新儒家精诚弘毅、艰苦卓绝的精神，也在时风的对显中，渐渐明朗起来。人们终于感到，葆有凝聚而不散弛的心灵，才能坚守中国文化的价值；改善发展儒学，才能成就人文世界的核心价值。

【链接】

1. 唐君毅：《人文精神之重建》，台湾学生书局 1974 年版。

2. 方克立：《现代新儒学与中国现代化》，天津人民出版社 1997 年版。

3. 侯敏：《有根的诗学——现代新儒家文化诗学研究》，上海人民出版社 2003 年版。

4. 景海峰：《新儒学与二十世纪中国思想》，中州古籍出版社 2005 年版。

中国哲学的现代化与世界化

成中英

人类文化发展到今日，已面临许多问题，并遭受到极大的危机；要克服这些问题，要消弭这些危机，就不能不作深刻的思考，对人类的基本价值作一个反省，同时也对人类的生命活动作一个检讨。而中国哲学从过去四千年的发展来看，的确具有其重要意义，它不但说明了中国文化之所以源远流长，也说明了中国文化在遭受困难、危机的关头，仍能排除万难，以自强不息的精神创造出一条美好光明的道路。哲学是人类文化的理论基础，中国哲学当然是中国文化的理论基础，不仅此也，中国哲学甚至可以为当前世界文化的发展提供一个崭新的方向。这不但将是中国文化对世界文化的新贡献，也将是中国哲学对世界人类前途、价值取向与文化发展的贡献，这种贡献自然具有非常重大深远的意义。因此，中国哲学在今后世界文化潮流中必然占有一席重要的地位，自是毋庸置疑的事。

中国文化和中国哲学在19世纪末期到20世纪初期曾受到西方文化和哲学的冲击，西方人称之为“西方对中国的冲击”（The Impact of West on China)。然而，现在我却要指出：20世纪到21世纪中国文化与中国哲学将造成对西方文化与西方哲学的冲击；换句话说，我们即将面临一个新时代——一个中国文化与中国哲学对西方文化与西方哲学产生冲击的新时代！我认为中国哲学与中国文化对西方哲学的冲击，是一个自然的趋势，这一自然的趋势，一方面在西方文化遭受危机，必须谋求出路的情况下显露出来；一方面则由中国文化与哲学本身所独具的特性和优点可以窥出端倪。不过，这一自然趋势仍需要人类自己的努力，更需要中国人以及作为中国思想的研究者、发扬者去充分地努力，充分地发挥，而后才能够使中国哲学对西方哲学的冲击产生深广而有意义的影响。因为任何一种文化或思想，在时间上必有其历史特殊性，在空间上也有其范围的限制，虽然今天人类所遭遇的危机是世界性的，但中国文化与哲学仍然不免有它的历史特殊性和空间限制，要想使它对世界文化发生振衰起弊的作用，如果不经创发性的突破，那就无法达到目的。这种创发性的突破，可以说涵盖两方面的工作：一方面是深入中国历史的核心、根源，把中国的思想、经验、智慧挖掘出来，除了个别研究者做深入挖掘的工作之外，还要尽量集合多人之力，深入地去发掘中国哲学的智慧；另一方面乃是必须把我们的哲学智慧和精神贯注在现代人的生活之中，实际解决现代人所面临的无根无向的困扰，也去解决现实社会中专业化与机械化的各种问题。对于传统不仅不能泛论空言，而且一定要指出其理据之所在，并使它具有可行性的现代意义，而发出真正的光和热。

孔子曾说："工欲善其事，必先利其器。"我们希望利用中国哲学来解决与突破西方的问题和危机，究竟应先做哪些准备工作？把握哪些重要的工具？设使我们缺乏良好的工具，便不足以阐发中国哲学的历史意义，甚至也无由肯定中国哲学之所以伟大、深刻和具有普遍性。就时间而言，由于中国哲学的智慧隐藏在中国典籍当中，受古代文字的限制和各时代注释家的影响，因此，如何使中国哲学现代化，以满足现代人的需要，提供现代文化理论上的指针和理想的方向，是个亟须从方法上和观念上深入研讨的问题。当然，就空间上来说，加强开放的交流工作相当重要，因为在闭关自守的情况下，中国哲学是不可能广泛流传，产生影响，而成为世界哲学的主流的。

要想达到中国哲学的现代化与世界化，并使中国哲学成为世界哲学主流的目标，我认为一个从事这方面工作的学者至少应具备四个要件。

第一个要件是：必须对中国哲学有深刻的认识和体验以及诚恳的信心。因为对中国哲学若缺乏深刻的体验和了解，就不可能掌握中国哲学的精神；同样的道理，如果对中国哲学没有诚恳的信心，也就无法坚持中国哲学的立场。想具备这一个要件，不但必须要读古书，认真地研究古代哲学的思想，更要进一步从高处、远处、深处去体会、综合他们的智慧结晶，绝不可拘泥于教条或文字。

第二个要件是：必须对西方哲学具备深厚的素养。从特征上来讲，西方哲学着重在思想的范畴性和思考的系统化；因此，西方哲学能够提供我们思想的初步形式，它的长处即在于让我们能更完整、清晰且有系统地表现许多思想。西方哲学在本质上虽有它的缺点，但也有它的贡献，了解这些贡献和缺点，便可知道它的限制、弱点和问题症结所在，也从而了解中国哲学可以突破的限制何在。一则将使中国哲学在本质上更形丰富，再则可以透过中国哲学提出诚恳而具体的改良意见。基于这个看法，对西方哲学的素养在现代化与世界化中国哲学的过程中相当重要，它的价值是多重的，而且所涉及的方面也相当复杂，无法一言以蔽之。一个对西方哲学缺乏深厚素养的人，是不可能赋予中国哲学以现代的形式，使其内容充实，把它的精神发挥出来，以适合现代中国人或现代西方人的需要的。总之，对于西方哲学的研究，甚至对西方思想史或宗教的研究，都有使我们思路更清楚的功能，因而可以帮助我们对于真理的判断更为笃实，正所谓"他山之石，可以攻玉"[1]。换言之，借助西方哲学的了解，将可以取西方哲学的长处来充实中国哲学的内涵，由此更能够确定中国哲学现代化的方向，促使中国哲学成为世界文化的主流之一。

第三个要件是：必须使中国哲学在广泛的学术讨论中具备可以了解或沟通的内容与形式。哲学若是画地自限或自命清高，而拒绝与其他学问或传统沟通，是违反所谓“沟通原则”（Communication Principle）的。一位哲学家可以达到一个很高的境界，然而这种境界在原则上必须让所有的人都能共同欣赏，共同享有，才有意义；要达到这个目的，就必须经过媒介，加以传播。在欧美各地，哲学的大众传播近年来已屡见不鲜，譬如在美国，销路最广的《时代》[2]杂志即经常报道哲学界的消息，介绍新潮流、新思想，对于哲学知识的发展多少尽了几分传播之功，反观国内的报章杂志，对于哲学界的动态却少有报道，也因此而造成一般社会大众对哲学的误解、曲解和错觉，甚至以讹传讹。我以为，要提倡、发扬中国哲学，必然要将中国哲学逐渐大众传播化，利用各种媒体，透过通俗的文字和观念加以介绍和分析；同时与其他学科沟通，譬如与社会科学、自然科学等等进行观点上的交换，提出问题和意见，使哲学的价值与功能受到普遍的认识和重视。

其次，在各种国际会议上，我们也必须将中国哲学以现代的形式陈述出来，争取国际间的了解和注意。如果我们因为哲学的最高境界乃是所谓“欲辩已忘言”[3]，或所谓“文字道断”[4]、“言语路绝”[5]，而不加以任何传播，那么，这种最高境界永远只是“高处不胜寒”而已，不可能成为大众化的境界。境界不但要高，也要求其广；要求其广，就必得经过传播；要传播，便必须讲究形式，使得其有兴趣者能懂，使得一般人都知其所云，绝不可自视清高，而不屑于与大众或其他学科的人交往。这种自以为是的态度，只是知识上的狂妄与自满，正和道德上的狂妄与自满一样，终将成为社会进步、文化复兴的阻碍。

第四个要件是：要有开放的心灵和广阔的胸襟。在哲学教育中，接受某一学派、某一思潮时，当然需要有主断性，否则真理便难以显明。一个人能够对真理有主断的能力，当然是进步的条件，但是主断性却不包含固执和独断，也不应成为一种情绪上的痼结，而是要具备“自我批评的精神”，能容纳别人的意见，以理论理，惟理是从，就事论事，以事实断是非，而不以个人主见垄断其他的意见，不借重权威和权势来作为推广自己意见的凭借，相反地，绝对要以理性说服的方式来达到争取同意的目标，这即是“理性主义”，也是是非判断讨论过程中合理的要求。荀子一方面要人解除“知识”上的“蔽塞”，一方面则要人解除“情意”上的“私心”。“私心”（私）和“无知”（蔽）往往是相连不解，互为因果的，正因为“私心”盘踞，所以造成知识上的蔽塞；正因为“无知”的蒙蔽，所以仅凭私心垄断一切，由此可知，欲除蔽、解蔽，首先必须去私。一方面既要有开放的心灵、广阔的胸襟，另一方面也必须有批评、反省、审问的能力。因此，同时“去私”与“解蔽”

是发展中国哲学最主要的先决条件之一。

因之，要发展中国哲学同时需要一种理性和道德上修养，这种理性及道德修养即是中国哲学中所讲求的“知行合一”[6]。解除无知，就是一种“知”，去掉私心，就是一种“行”，两者兼备就是“知行合一”；如果没有“知行合一”的表现，没有“知”的功夫，也没有“行”的实践，中国哲学便无由推广。因此，在推广中国哲学的过程中，我们非在这一方面多下些功夫，多做些检讨不可。

以上所举的四个条件，都是中国哲学在现代化、世界化过程中所必备的要件，透过这四个要件，中国哲学的智慧才能够真实而完整地呈现出来，使全人类都能接受它的滋润，享用它的好处。无疑地，在现代化与世界化的过程中必然会遭遇到许多困难，无论是在经济方面、社会心理方面，甚或在知识权威方面，都可能有层层的阻逆。譬如一般人提出哲学时，总认为它与促进社会与经济发展风马牛不相及，其实不然。因为哲学本身乃是观念的思考与讨论，如果我们能从观念上彻底检讨各方面的问题，便一样可以对社会与经济发展有所贡献。何况社会与经济的发展也必须以观念作基础，更需要在某些观念上谋求沟通，哲学的检讨对于观念的突破显然是非常重要的。

现今西方哲学的发展有一种很有趣的现象，那就是：对现代科技文明提出哲学的批评与思考，譬如美国有一种新兴的学科叫作“技术哲学”[7]，主要在研究工业技术的应用范围、发生来源、立足点、基础，以及它的限制和对人类价值的贡献与对生命、文化的影响，还有如何控制、如何发展等问题。事实上，一位自然科学或社会科学的研究者如能对生命的意义有深入的了解，并对生态、能源等问题有正确的认识，那么，对于如何有效并平衡应用科学技术在人文和社会各方面建设上，必定能提出实际可行的方案，而产生极其有益的影响。至少，也可以作为引发追求一个完美观点的基础，使得社会科学、人文科学和自然科学不致各行其是，而蔽于一端。

不可否认地，西方和东方哲学在现代文论中都面临相当的困境。在西方，由于过度专业化的结果，使得哲学也趋向于专业的研究，以至成为技术性的工具，不再能对全盘或深刻的问题提供创造性的意见，这是西方哲学在过度专业化之下所受到的限制；西方哲学界事实上也注意到了这项缺憾，希望有所突破和补救。相对于西方哲学的专业化来说，中国的哲学则失之于过分地局限化，或可以说，中国哲学是过分地疏离化和玄奥化，于是和现代的社会、生活以及当前的问题脱节，乃至被社会大众所误解，所漠视，这都是非常不幸的事！不管是在东方或是在西方，我们当然都不希望看到哲学的没落，因为哲学的没落也即是文化的衰败，只有健康的哲学活力，人类才能拥有健康的文化，也才能迈向更健全的社会之路。

我非常希望：今后哲学不但能够从专业技术研究的胡同中走出来，同时也从一个缥缈高远的境界中走下来，走向社会大众，走向文化各部门，刺激、引导文化的发展，缔造人类文化的另一个新的突破，促使人类所面临的困难和危机均能获得满意的出路和解决，而中国哲学由于它深厚的智慧和深刻的生活经验，必定能在这一方面提供最大的贡献。

（选自成中英《从中西互释中挺立》，中国人民大学出版社 2005 年版）

【注释】

［1］他山之石，可以攻玉：语出《诗经·小雅·鹤鸣》。意为别的山上的石头，能够用来琢磨玉器。原比喻别国的贤才可为本国效力，后比喻能帮助自己改正缺点的人或意见。

［2］《时代》：也称《时代周刊》（*Time*），创立于 1923 年，它为日益增长的国际读者群开设一个了解全球新闻的窗口。《时代》是美国三大时事性周刊之一，内容广泛，主要对国际问题发表主张和对国际重大事件进行跟踪报道。

［3］欲辩已忘言：语出陶渊明《饮酒》其五，意即想要辨识，却不知怎样表达。但这里是指言意之辨，它最早由庄子提出，在魏晋玄学中被阐释。言意之辨分为“言不尽意”和“得意忘言”两种。“言意说”对意境的形成发展有重要意义。

［4］文字道断：即言道断绝。比喻事情成功以后就忘了本来依靠的东西。此处用来表示互相默契，心照不宣。出自《璎珞经》。

［5］言语路绝：同《璎珞经》“言语道断，心行处灭”。指意义深奥微妙，无法用言辞表达，后指不能通过交谈、谈判的方法解决问题。

［6］知行合一：明朝思想家王守仁提出的核心观点。不仅要认识（“知”），尤其应当实践（“行”），只有把“知”和“行”统一起来，才能称得上“善”。后来成为中国古代哲学中认识论和实践论的命题，关涉道德修养、道德实践。

［7］技术哲学：指研究技术的哲学理论。以技术为研究对象，是对哲学的技术思考。1877 年德国人卡普（E. Kapp）出版了《技术哲学纲要》一书，他被认为是技术哲学的奠基人。

【点评】

成中英是海外新儒学的代表人物之一，强调中国哲学研究的两大重点：现代化和世界化。这既是现代中国哲学努力的方向，也是中国古代哲学现代转化的必由之路。此文对中国文论的现代化与世界化问题，提供了富有启迪意义的思考。

“现代化”，不仅是一个时间观念，也不仅是一种生活方式，而且是一个有“合内外之道”（价值内涵）的与时俱进的观念。学术现代化的真实意义，是指知识的全幅展开与独立发展。

在《中国哲学的现代化与世界化》一文中，成中英特别提到现代化的形式的重要性。所谓现代化的形式，是要给这个哲学传统一个现代的概念上的内涵，也就是努力使中国的学术达到一种理性的逻辑的知识分类，用现代的语言给它一个概念的界定，再进一步以这个为基础，挖掘其中所包含的资源里面的一些重大意义，构成一种新的知识内涵。这就必须对中国哲学有深刻的认识和体验，使中国哲学在广泛的学术讨论中具备可以了解或沟通的内容与形式。这种工作需要我们在一个理性化的概念基础上彻底掌握中国的哲学传统，只有这样才能使它成为现代的一种东西，把传统中国哲学的意义开放成为现代的理论，为现代人所了解，为现代人所用。从学术的角度讲，就是给过去的文化或知识体系一种现代的组合、整理，让它日常的意义更显豁，即内存的关系更清楚，所指的对象、所意涵的方向更清楚。当然这绝非废弃中国哲学原有的形式与机理，只是透视这些形式与机理，提出新的诠释话语，或创造出新的理论认识与实用智慧，拓展中国哲学原理的生命与价值。

在中国哲学的诠释中，我们必须对西方哲学具备深厚的素养，即借鉴现代西方哲学的优长，来研究中国哲学，例如以西方哲学的知识论、方法论为参照，深入全面地认识中国哲学。之后，反过来批评地理解西方哲学，发掘问题，解决问题，凸显中国哲学的意义，实现中国——西方的心灵沟通。

成中英关于中国哲学的现代化的步骤是：把古代变成现代，把现代扩大成为东西方。借助于对西方现代哲学的了解来开拓中国哲学的资源或意涵，再反过来纠正西方的偏失，建立起一个现代的中国对西方的批判与整合，然后与西方进行一种新的融合，达到中西文化的共同开发，创造出一个新的成果。

“世界化”即让中国哲学走向世界，具有开放的心灵和广阔的胸襟。随着全球化的深入，国际交流和对话日益频繁，中西哲学之间的理解也从文本理解走向了更加全面立体的理解，这有助于中国哲学走向世界化，进而对一些基本问题形成共识。从理论上说，世界化的眼光是全球化时代人类文化深入交流的思想体现。全球化已经启动，在中外交流中，互通有无、辨章学术已经成为全球文化交往的常态。开放性的学术对话，求同存异，无疑将促进中外哲学的深度理解。但瞄准“世界化”，并不是要彻底泯灭民族个性，盲目地随大流。

现代化与世界化，在成中英看来，是中国哲学研究的两翼。哲学是一种创造，中国哲学不会因为这样一种交互影响的过程而损伤。“去私”与“解蔽”是发展中国哲学的必要途径。而我们今天谈这个哲学的现代化与世界化，是希望看到开出“左右逢其源，上下契其机”的路子。

与成中英提出的中国哲学的现代化与世界化的诉求一样，中国文论现代化与世界化，同样是紧迫的任务。中国文论的现代化，就是利用现代知识和方法来扩充古代文论的智慧与精神，理性的分析与解释有助于创造力的发挥。中国文论的世界化，就是走向中国文论的国际地位之获得。这种趋赴，并不是启用民族中心主义，而是世界主义，超越中西二元论，克服中西方文论的区域性盲视，中国文论将进一步融入全球化进程，输出中国话语，对接并修正西方文论体系，提取普适性内涵，以有效诠释世界文艺现象和文化现象。中国文论的现代化，一方面须向内求深度，另一方面须向外求表达形式，内外合一，我们就能看到中国古代文论资源的理论建设意义，也能看到文论研究获得新生的可能。

中国文论话语权是中国文艺话语权的核心，它是中国文论的理论自觉的思想表现。中国文论的现代建构，不是盲目追随西方中心主义，也不是一味抱持民族中心主义，而是超越中西二元论，克服中西方文论的区域性盲视，达到世界视野与中国特色的融合。20 世纪中国文论往往深陷后殖民泥潭无以自拔，其结果是民族虚无主义的横行。须知当代中国文论在全球化语境要有自己的文化自觉和审美自觉，但这种自觉不是民族中心主义的，它是民族性的，但具有开放性。中国文论的自我话语与他者言说的交往，是从双向对话、深度交流到共识建构的过程。

【链接】

1. 成中英：《中国文化的现代化与世界化》，中国和平出版社 1988 年版。

2. 成中英：《从中西互释中挺立——中国哲学与中国文化的新定位》，中国人民大学出版社 2005 年版。

3. 侯敏：《现代新儒家美学论衡》，齐鲁书社 2010 年版。

4. 陈伯海：《中国诗学之现代观》，上海古籍出版社 2006 年版。

第二辑　中国文化与儒学向度

儒家思想的新开展

贺　麟

在思想和文化的范围里，现代绝不可与古代脱节。任何一个现代的新思想，如果与过去的文化完全没有关系，便有如无源之水、无本之木，绝不能源远流长、根深蒂固。文化或历史虽然不免经外族的入侵和内部的分崩瓦解，但也总必有或应有其连续性。

儒家思想，就其为中国过去的传统思想而言，乃是自尧舜禹汤文武成康周公孔子以来[1]最古最旧的思想；就其在现代及今后的新发展而言，就其在变迁中、发展中、改造中以适应新的精神需要与文化环境的有机体而言，也可以说是最新的新思想。在儒家思想的新开展里，我们可以得到现代与古代的交融，最新与最旧的统一。

根据对于中国现代的文化动向和思想趋势的观察，我敢断言，广义的新儒家思想的发展或儒家思想的新开展，就是中国现代思潮的主潮。我确切看到，无论政治、社会、学术、文化各方面的努力，大家都在那里争取建设新儒家思想，争取发挥新儒家思想。在生活方面，为人处世的态度，立身行己的准则，大家也莫不在那里争取完成一个新儒者的人格。大多数的人，具有儒家思想而不自知，不能自觉地发挥出来。有许多人，表面上好像在反对儒家思想，而骨子正代表了儒家思想，实际上反促进了儒家思想。自觉地、正式地发挥新儒家思想，蔚成新儒学运动，只是时间早迟、学力充分不充分的问题。

中国当前的时代，是一个民族复兴的时代。民族复兴不仅是争抗战的胜利，不仅是争中华民族在国际政治中的自由、独立和平等，民族复兴本质上应该是民族文化的复兴。民族文化的复兴，其主要的潮流、根本的成分就是儒家思想的复兴，儒家文化的复兴。假如儒家思想没有新的前途、新的开展，则中华民族以及民族文化也就不会有新的前途、新的开展。换言之，儒家思想的命运，是与民族的前途命运、盛衰消长同一而不可分的。

中国近百年来的危机，根本上是一个文化的危机。文化上有失调整，就不能应付新的文化局势。中国近代政治军事上的国耻，也许可以说是起于鸦片战争，中国学术文化上的国耻，却早在鸦片战争之前。儒家思想之正式被中国青年们猛烈地反对，虽说是起于新文化运动，但儒家思想的消沉、僵化、无生气，失掉孔孟的真精神和应付新文化需要的无能，却早腐蚀在五四运动以前。儒家思想在中国文化生活上失掉了自主权，丧失了新生命，才是中华民族的最大危机。

五四时代的新文化运动，可以说是促进儒家思想新发展的大转机。表面上，新文化运动是一个打倒孔家店[2]、推翻儒家思想的大运动。但实际上，其促进儒家思想新发展的功绩与重要性，乃远远超过前一时期曾国藩、张之洞等人对儒家思想的提倡。曾国藩等人对儒学的倡导与实行，只是旧儒家思想的回光返照，是其最后的表现与挣扎，对于新儒家思想的开展，却殊少直接的贡献，反而是五四运动所要批判打倒的对象。

新文化运动的最大贡献在于破坏和扫除儒家的僵化部分的躯壳的形式末节，及束缚个性的传统腐化部分。它并没有打倒孔孟的真精神、真意思、真学术，反而因其洗刷扫除的工夫，使得孔孟程朱的真面目更是显露出来。新文化运动的领袖人物，以打倒孔家店相号召的胡适先生，他打倒孔家店的战略，据他英文本《先秦名学史》[3]的宣言，约有两要点：第一，解除传统道德的束缚；第二，提倡一切非儒家的思想，亦即提倡诸子之学。但推翻传统的旧道德，实为建设新儒家的新道德做预备工夫。提倡诸子哲学，正是改造儒家哲学的先驱。用诸子来发挥孔孟，发挥孔孟以吸取诸子的长处，因而形成新的儒家思想。假如儒家思想经不起诸子百家的攻击、竞争、比赛，那也就不成其为儒家思想了。愈反对儒家思想，儒家思想愈是大放光明。

西洋文化学术大规模的无选择的输入，又是使儒家思想得到新发展的一大动力。表面上，西洋文化的输入，好像是代替儒家，推翻儒家，使之趋于没落消沉的运动。但一如印度文化的输入，在历史上曾展开了一个新儒家运动一样，西洋文化的输入，无疑亦将大大地促进儒家思想的新开展。西洋文化的输入，给了儒家思想一个考验，一个生死存亡的大考验、大关头。假如儒家思想能够把握、吸收、融会、转化西洋文化，以充实自身、发展自身，儒家思想则生存、复活而有新的发展。如不能经过此考验，度过此关头，它就会消亡、沉沦而永不能翻身。

所以儒家思想是否能够有新开展的问题，就成为儒家思想是否能够翻身、能够复兴的问题，也就是中国文化能否翻身、能否复兴的问题。儒家思想是否复兴的问题，亦即儒化西洋文化是否可能，以儒家思想为体、以西洋文化为用是否可能的问题。中国文化能否复兴的问题，亦即华化、中国化西洋文化是否可能，以民族精神为体、以西洋文化为用是否可能的问题。

就个人言，如一个人能自由自主，有理性、有精神，他便能以自己的人格为主体，以中外古今的文化为用具，以发挥其本性，扩展其人格。就民族言，如中华民族是自由自主、有理性有精神的民族，是能够继承先人遗产，应付文化危机的民族，则儒化西洋文化，华化西洋文化也是可能的。如果中华民族不能以儒家思想或民族精神为主体去儒化或华化西洋文化，则中国将失掉文化上的自主权，而陷于文化上的殖民地。让五花八门的思想，不同国别、不同民族的文化，漫无标准地输入到中国，各自寻找其倾销场，各自施展其征服力，而我们却不归本于儒家思想而对各种外来思想加以陶熔统贯，我们又如何能对治这些纷歧庞杂的思想，而达到殊途同归、共同合作以担负建设新国家新文化的责任呢？

这个问题的关键，在于中国人是否能够真正彻底、原原本本地了解并把握西洋文化。因为认识就是超越，理解就是征服。真正认识了西洋文化便能超越西洋文化。能够理解西洋文化，自能吸收、转化、利用、陶烙西洋文化以形成新的儒家思想、新的民族文化。儒家思想的新开展，不是建立在排斥西洋文化上面，而是建立在彻底把握西洋文化上面。儒家思想的新开展，是在西洋文化大规模的输入后，要求一自主的文化，文化的自主，也就是要求收复文化上的失地，争取文化上的独立与自主。

根据上面所说，道德传统的解放，非儒家思想的提倡，西洋文化的输入与把握，皆足以促进儒家思想的新开展。兹请进而研讨儒家思想新开展所须取的途径。

不用说，欲求儒家思想的新开展，在于融会吸收西洋文化的精华与长处。西洋文化的特殊贡献是科学，但我们既不必求儒化的科学，也无须科学化儒家思想。因科学以研究自然界的法则为目的，有其独立的领域。没有基督教的科学，更不会有佛化或儒化的科学。一个科学家在精神生活方面，也许信仰基督教，也许皈依佛法，也许尊崇孔孟，但他所发明的科学，乃属于独立的公共的科学范围，无所谓基督教化的科学，或儒化、佛化的科学。反之，儒家思想也有其指导人生、提高精神生活、发扬道德价值的特殊效准和独立领域，亦无须求其科学化。换言之，即无须附会科学原则以发挥儒家思想。一个崇奉孔孟的人，尽可精通自然科学，他所了解的孔孟精神与科学精神，尽可毫不冲突，但他用不着附会科学原则以曲解孔孟的学说，把孔孟解释成一个自然科学家。譬如，有人根据优生学的道理，认为儒家所主张的早婚是合乎科学的。或又根据心理学的事实，以证明纳妾制度也有心理学根据。甚或根据经济学以辩护大家庭制符合经济学原理。亦复有应用物理学、化学的概念，以解释《易经》的太极阴阳之说的。诸如此类假借自然科学以为儒家辩护的办法，结果会陷于非科学、非儒学。这都是与新儒家思想的真正发展无关的。我们要能看出儒家思想与科学的息息相关处，但又要能看到两者的分界处。我们要能从哲学、宗教、艺术各方面以发挥儒家思想，使儒家精神中包含有科学精神，使儒家思想足以培植、孕育科学思想，而不致与科学思想混淆不清。

简言之，我们不必采取时髦的办法去科学化儒家思想。欲充实并发挥儒家思想，似须另辟途径。因儒家思想本来包含有三方面：有理学以格物穷理，寻求智慧；有礼教以磨炼意志，规范行为；有诗教以陶养性灵，美化生活。故求儒家思想的新开展：

第一，必须以西洋的哲学发挥儒家的理学。儒家的理学为中国的正宗哲学，亦应以西洋的正宗哲学发挥中国的正宗哲学。因东圣西圣，心同理同。苏格拉底、柏拉图、亚里士多德、康德、黑格尔的哲学与中国孔孟、老庄、程朱、陆王的哲学会合融贯，而能产生发扬民族精神的新哲学，解除民族文化的新危机，是即新儒家思想发展所必循的途径。使儒家的哲学内容更为丰富，体系更为严谨，条理更为清楚，不仅可作道德可能的理论基础，且可奠定科学可能的理论基础。

第二，须吸收基督教的精华以充实儒家的礼教。儒家的礼教本富于宗教的仪式与精神，而究竟以人伦道德为中心。宗教则为道德之注以热情、鼓以勇气者。宗教有精诚信仰、坚贞不二的精神；宗教有博爱慈悲、服务人类的精神；宗教有襟怀广大、超脱尘世的精神。基督教文明实为西方文明的骨干。其支配西洋人的精神生活，实深刻而周至，但每为浅见者所忽视。若非宗教的知“天”与科学的知“物”合力并进，若非宗教精神为体，物质文明为用，绝不会产生如此伟大灿烂的近代西洋文化。我敢断言，如中国人不能接受基督教的精华而去其糟粕，则绝不会有强有力的新儒家思想产生出来。

第三，须领略西洋的艺术以发扬儒家的诗教。诗歌与音乐为艺术的最高者。儒家特别注重诗教、乐教[4]，确具深识远见。惟凡各种艺术者皆所以表示本体界的义蕴，皆精神生活洋溢的具体表现，不过微有等差而已。建筑、雕刻、绘画、小说、戏剧，皆所以发扬无尽藏的美的价值，与诗歌、音乐亦皆系同一民族精神及时代精神的表现，似无须轩轾于其间[5]。过去儒家因乐经佚失，乐教中衰，诗教亦式微。对其他艺术，亦殊少注重与发扬，几为道家所独占。故今后新儒家的兴起，与新诗教、新乐教、新艺术的兴起，应该是联合并进而不分离的。

儒学是合诗教、礼教、理学三者为一体的学养，也即艺术、宗教、哲学三者的谐合体。因此，新儒家思想的开展，大约将循艺术化、宗教化、哲学化的途径迈进。有许多人，拾起“文人无行”“玩物丧志”等语，误认为儒家轻蔑艺术。或只从表面去解释孔子“敬鬼神而远之”，“未知生，焉知死”，“未能事人，焉能事鬼”等语的意义，而否认孔子有宗教思想和宗教精神。或误解“性与天道不可得而闻”一语，而谓孔子不探究哲学。凡此种种说法，皆所以企图将儒家偏狭化、浅薄化、孤隘化，不惟有失儒家的真精神，使儒家内容贫乏狭隘，且将使儒家思想无法吸收西洋的艺术、宗教、哲学以充实其自身，因而亦将不能应付现代的新文化局势。

譬如，“仁”仍是儒家思想的中心概念。固不仅是“相人偶为仁”[6]的文字学名词，如从诗教或艺术方面看来，仁即温柔敦厚的诗教，仁亦诗三百篇之宗旨，所谓“思无邪”是也。“思无邪”或“无邪思”，即纯爱真情，乃诗教的泉源，亦即是仁。仁即天真纯朴之情，自然流露之情，一往情深、人我合一之情。矫揉虚伪之情，邪僻淫亵之思，均非诗之旨，亦非仁之德也（复性书院之主讲马一浮先生近著《四书大义》，即以仁言诗教，可参考）。纯爱真情，天真无邪之思，如受桎梏不得自由发抒，则诗教扫地，而艺术亦丧失其精髓。从宗教观点来看，则仁即是救世济物、民胞物与[7]的宗教热诚。《约翰福音》[8]有“上帝即是爱”之语，质言之，上帝即是仁。“求仁”不仅是待人接物的道德修养，抑亦知天事天的宗教工夫。儒家以仁为“天德”，耶教以至仁或无上的爱为上帝的本性。足见仁之富于宗教意义，是可以从宗教方面大加发挥的。从哲学看来，仁乃仁体。仁为天地之心，仁为天地生生不已之生机，仁为自然万物的本性。仁为万物一体、生意一般的有机关系和神契境界。简言之，哲学上可以说是有仁的宇宙观，仁的本体论。离仁而言本体，离仁而言宇宙，非陷于死气沉沉的机械论，即流于漆黑一团的虚无论。

以上仅简略提示儒家所谓仁，可以从艺术化、宗教化、哲学化三方面加以发挥，而得新的开展。今试再以“诚”字为例。儒家所谓仁，道德意味比较多，而所谓诚，则哲学意味比较多。《论语》多言仁，而《中庸》则多言诚。所谓诚，亦不仅是诚恳、诚实、诚信的道德意义。在儒家思想中，诚的主要意思是指真实无妄之理或道而言。所谓诚，即是指实理、实体、实在或本体而言。中庸所谓“不诚无物”，孟子所谓“万物皆备于我矣，反身而诚”，皆寓有极深的哲学意蕴，诚不仅是说话不欺，复包含有真实无妄、行健不息之意。“逝者如斯夫，不舍昼夜”，就是孔子借川流之不息以指出宇宙之行健不息的诚，也就是指出道体的流行。其次，诚亦是儒家思想中最富于宗教意味的字眼。诚即是宗教上的信仰。所谓至诚可以动天地泣鬼神。精诚所至，金石亦开。至诚可以通神，至诚可以前知。诚不仅可以感动人，而且可以感动物，可以祀神，乃是贯通天人物的宗教精神。就艺术方面言，思无邪或无邪思的诗教即是诚。诚亦即是诚挚纯真的感情。艺术天才无他长，即能保持其诚、发挥其诚而已。艺术家之忠于艺术而不外骛亦是诚。总之，诚亦是儒家诗教、礼教、理学中的基本概念，亦可从艺术、宗教、哲学三方面加以发挥之。今后儒家思想的新开展，大抵必向此方向努力，可以断言也。儒家思想循艺术化、宗教化、哲学化的方向开展，则狭义的人伦道德方面的思想，均可扩充提高而深刻化。从艺术的陶养中去求具体美化的道德，所谓兴于诗，游于艺，成于乐是也。从宗教的精诚信仰中去充实道德实践的勇气与力量，由知人进而知天，由希贤、希圣进而希天，亦即是由道德进而为宗教，由宗教以充实道德。在哲学的探讨中，以为道德行为奠定理论基础，即所谓由学问思辨而笃行，由格物致知而诚正、修齐是也。而且经过艺术化、宗教化、哲学化的新儒家思想不惟可以减少狭义道德意义的束缚，且反可以提高科学兴趣，而奠定新科学思想的精神基础。

儒家思想的新开展，基于学者对于每一时代问题，无论政治、社会、文化、学术等各方面的问题，皆能本典型的中国人的态度，站在儒家的立场，予以合理、合情、合时的新解答，而得其中道。哲学上的问题，无论宇宙观、人生观、历史观与夫本体论、认识论等，皆须于研究中外各家学说之后，而求得一契合中国人精神与态度的新解答。

所以，在我们看来，只要能对儒家思想加以善意同情的理解，得其真精神与真意义所在，许多现代生活上、政治上、文化上的重要问题，均不难得到合理、合情、合时的解答。此所谓“言孔孟所未言，而默契孔孟所欲言之意；行孔孟所未行，而吻合孔孟必为之事”（明吕坤《呻吟语》[9]）。须将儒家思想认作不断生长发展的有机体，而非呆板机械的死信条。如是我们可以相信，中国许多问题，必达到契合儒家精神的解决，方算得达到至中至正、最合理而无流弊的解决。如果无论政治、社会、文化、学术上各项问题的解决，都能契合儒家精神，都能代表中国人的真意思、真态度，同时又能善于吸收西洋文化的精华，从哲学、科学、宗教、道德、艺术、技术各方面加以发扬和改进，我们相信，儒家思想的前途是光明的，中国文化的前途也是光明的。

（选自贺麟《文化与人生》，商务印书馆 1947 年版）

【注释】

［1］自尧舜禹汤文武成康周公孔子以来：指自尧、舜、禹、成汤、周文王、周武王、周成王、周康王、周公、孔子以来的古代圣王、圣贤。

［2］打倒孔家店：五四运动时期由吴虞首先提出的口号，意在批判儒学礼教，彻底地否定孔子的思想。

［3］《先秦名学史》：这是一部关于古代中国逻辑方法发展的著作，胡适 1915 年至 1917 年住在纽约时所写。

［4］诗教、乐教：诗教初指《诗经》的教育，孔子创立“诗教”理论，后来的儒家主张诗歌对君主的政治弊病进行中和委婉、温柔敦厚的批评。诗教成为人文教育之必要手段，其内容要求思想性、艺术性并重。乐教在中国上古即已有之。周代崇礼重乐，把“乐”列为教育内容的“六艺”之一，通过音乐教化民众，达到陶冶性情，培养德性的目的。

［5］无须轩轾于其间：指没有必要在其中分出优劣高下。轩轾：优劣、高低、轻重。

［6］相人偶为仁：指“仁”字为“二人”之组合。

［7］民胞物与：出自张载《西铭》：“民吾同胞，物吾与也”，意为世人皆为我的同胞；万物俱是我的同辈。后指爱一切人和物。

[8]《约翰福音》：是《圣经》新约的一卷书，共21章。记载了耶稣的生平。

[9]《呻吟语》：明代晚期著名学者吕坤（1536—1618）所著的语录体、箴言体小品文集。

【点评】

20世纪40年代初，贺麟首次提出了“儒家思想新开展”这个命题。识见之高，学力之到，令人耳目一新。他认为“广义的新儒家思想的发展或儒家思想的新开展，就是中国现代思潮的主潮”，因为，不论是在政治社会学术文化各个方面，大家都在争取建设和发挥新儒家思想。所以，五四新文化运动表面上好像是对儒学的批判，实质上则是促进了儒家思想的新开展，“他们并没有打到孔孟的真精神、真意思、真学术”，反而经过他们的洗刷，孔孟程朱的真面目得以显现。

中国文化能否复兴，关键在于儒家思想能否复兴。而儒家思想能否复兴，关键又在于“儒家精神为体西洋精神为用是否可能的问题”。对此，贺麟从个人和民族两个方面进行了阐释。就个人言，一个人如果要自由自主，有理性、有精神，就要以自己的人格为主体，以中外古今的文化为用具，发挥本性，扩展人格。就民族言，中华文化如果想自由自主，有理性、有精神，就必须要继承自己先人的遗产，儒化西洋文化，从而得以应对本国的文化危机。

贺麟认为，建设和发展中国文化，既要筛选出中国传统文化中能够融合西方文化的优秀部分，即传统的儒家文化，又要真正彻底原原本本地了解和把握西洋文化。中国人对西洋文化的误读，是导致与其对立的根本原因。理解了西洋文化，就能够吸收、融合、转化、利用西方文化来形成适应民族发展的新的儒家文化。对于西洋文化执着于科学物质文明，贺麟认为我们不必依样画葫芦，既不必求儒化的科学，也无须科学化儒家思想。西方科学和中国儒学各有自己的领域。儒家思想的新开展不是要摒弃西方文化，而是要取得文化上的自主权，把握、吸收、融会、转化西洋文化，以充实自身、发展自身，使儒家思想为体，西洋文化为用。

贺麟从文化学术方面，指出了新儒家思想开展所须取的三个方面的途径：“哲学化”“宗教化”“艺术化”。所谓“哲学化”，就是要以“西洋之哲学发挥儒家之理学”。西方“正宗”的哲学与中国“正宗”的儒学，都有相同的唯心主义实质，故而可以贯通之，从而以儒家思想去儒化西洋文化。所谓“宗教化”，即“吸收基督教之精华，以充实儒家之礼教”。贺麟认为，儒家礼教的家庭制束缚很大，缺乏鼓动性，而现代的基督教的殉道精神正好弥补了礼教的不足，使礼教趋向于社会化。所谓“艺术化”，即是“领略西洋之艺术以发挥儒家之诗教”。在贺麟开来，西洋艺术的浪漫主义精神可以中和儒家说教，使儒学更加艺术化，具有细腻的情感。儒学经过上面所说的哲学化、宗教化、艺术化的处理之后，儒学与西方哲学的汇通融合，就可以实现，儒家思想向着艺术化、宗教化、哲学化的方向开展，可将儒家思想推至一个更加深刻的高度。

由于贺麟熟悉西方哲学，特别是有黑格尔哲学的背景，所以他对中国传统哲学的理解，主要是借助于当时世界上盛行的“新黑格尔主义”来诠释的，并在此基础上，促进儒家思想的新开展。“儒家思想的新开展”一语，本是贺麟对现代新儒家思潮的称谓，但用在贺麟本人身上也颇为贴切，因为他以“新心学”，推进了儒家思想在当代的发展。

【链接】

1. 贺麟：《文化与人生》，商务印书馆 1988 年版。
2. 张岱年：《文化与哲学》，教育科学出版社 1988 年版。
3. 王志捷：《贺麟文化理论研究》，首都师范大学出版社 2007 年版。
4. 宋志明：《贺麟新儒学思想研究》，天津人民出版社 1998 年版。

与友论《新唯识论》

熊十力

新论[1]，语体本，比文言本，精密得多。此书极重要。科学总是各部门的知识。今人言综合各科学之原理，以求得哲学上普遍之根本原理。此其说非无似处，而实不通哲学。哲学是智慧的学问，非仅在知识上用功，可悟一贯之理。佛家必得要本智，而后起后得智。吾前儒主张先得一本，而后可达万殊，此彻底语也。盖哲学之究极诣，在识一本。而此一本，不是在万殊方面用支离破碎工夫，可以会通一本也。

新论建本立极，而谈本体。学不究体，自宇宙论言之。万化无源，万物无本。只认现前变动不居的物事为实有，而不究其原。是犹孩童临洋岸，只认众沤为实有，而不悟一一沤，皆在大海水为其本源。儿童无知不足怪，而成年人设如此，则可悲矣。

学不究体，自人生论言之，无有归宿。区区有限之形，沧海一粟。迷离颠倒，成何意义。若能见体，即于有限，而自识无限。官天地，府万物[2]。富有日新，自性元无亏欠。本来无待，如何不乐。

学不究体，道德无内在根源。将只在己与人，或与物的关系上，去讲道德规律。是由立法也，是外铄也。无本之学，如何站得住。悲夫，人失其性也久矣。残酷自毁，何怪其然。

学不究体，治化无基。功利杀夺，何有止期。若真了天地万物本吾一体者，科学知能，皆可用之以自求多福。

学不究体，知识论上，无有知源。且真极弗显，证量[3]不成。证量者，即本体或性智之自明自了。一极如如，炯然自识，而外无驰。佛家所谓正智缘真如，名为证量，应如是解。非可以智为能缘，如为所缘，判之为二也。二之，便是有对，是妄相。非真体呈露，何成证量。故知证量，依本体建立。若本体不立，证量无由成。宋人词曰，众里寻他千百度，回头蓦见那人正在灯火阑珊处。学者无穷思辨，无限知见，皆灯火也。皆向众里寻他千百度也。回头蓦见云云，正是性智炯然自识。真理何待外求。知见熄时，此理已显也。此言理智思辨，终必归于证量。至为剀切。学不知所止，理不究其极，阳明所谓悟道的学问[4]。可胜慨哉。

新论明体用不二。此是千古正法眼藏。一真法界，是体之名。变动不居，是谓之用。哲学家谈本体与现象，多欠圆融。新论以大海水，喻体。众沤[5]，喻用。即体而言，用在体。才说体，便知体必成用。譬如说大海水，即此现作众沤者是。不可离众沤而别求大海水。体必成用，不可离用觅体，义亦犹是。即用而言，体在用。才说用，便知用由体现。譬如说众沤，即是一一沤，各各揽全大海水为其体。不可只认一一沤为实物，而否认一一沤各各原是大海水也。用由体现，不可执用，而昧其本体，等亦犹是。妙哉妙哉。

……（略）

西洋哲学，新论可摄通处自不少。如数理派[6]哲学，以事素，说明宇宙。其说似妙，而实未见本源。新论明功能显用，有翕辟二极，顿起顿灭，刹那不住。自翕极而言。翕势，刹那顿现，而不暂住。以此明物质宇宙，本无实物。与事素说[7]，略可和会。而有根本殊趣者，与翕俱起，爰有辟极。转翕而不随翕转。即翕从辟，毕竟不二，而可说唯辟。辟势无在无不在，无二无别。清净而非迷暗。所谓神之盛也。是名宇宙大生命。亦即物物各具之生命。譬如月印万川[8]。万川各具之月，实是一月。所谓一为无量，无量为一是也。据此，则翕势顿现，可略摄事素说。而与翕俱起者则有辟。又翕终从辟，反而相成，故乃于翕辟毕竟不二，而见为本体之流行。克就流行言，则新新而不用其故。真真实实，活活跃跃，非断亦非常。神哉神哉。此非谈事素者所与知也。事素说者，不了体用，不识生命。但于翕之方面，刹那势速顿现，则与事素说，有少分相似。不识生命，则不足语于第一义。宇宙人生，不是虚浮无根柢。学不证体，终成戏论。

至于生命论派[9]之学者，大概体验夫所谓意志追求，或生之冲动处。此盖在与形骸俱始之习气上，有所理会，遂直以习气暴流，认为生命。殊不知，必于空寂中，识得生生不息之健，方是生命本然。而哲学家罕能见及此也。总之，言事素者，明物质宇宙非实在。新论可摄彼义。至于不达宇宙实相，则非进而求之新论不可也。生命论者，其所见，足与新论相发明者自不少。然未能超形与习，以窥生命之本然。无明所盲。覆蔽自性，常陷颠倒。可哀孰甚。新论融会佛老，以归于儒。明本体空寂，而涵万理，备万善，具生生不息之健。生命论者，未能探源到此。则夫子呵子路以未知生[10]，岂止为子路下当头棒耶。

……（略）

新论立翕辟[11]成变义。翕，即凝以成物，而诈现互相观待的宇宙万象。辟，则遍运乎一切翕或一切物之中，而包含乎一一物，故辟乃无定在而无所不在，无二无别，夐然绝待。翕辟，皆恒转之所为。但从翕之方面言，则似将物化，而失其本性。从辟之方面言，则是不改易其本性。常转翕从己，而终不可物化者。于此，而见翕辟毕竟不二。亦即于此，而识恒转。本来无实物，而诈现物相。毕竟非有相，非无相。神哉神哉。

……（略）

谈哲学，如不能融思辨以入体认[12]，则其于宇宙人生，亦不得融成一片，此中义趣渊微，难为不知者道也。体认极于证量。非克己或断障至尽，则性智不显，不得有体认也。性智，即本体之名。体认，即本体之炯然自识。故惟本体呈露，方得体认也。儒者言克己，佛氏言断障，障之与己，名异而实同。但佛家于此，发挥详尽，儒者却不深析之。己不克尽，障不断尽，则本体受蔽而不显，如何得有体认思辨，本性智之发用。然己私与障染未尽，体认未得，则思辨易失其贞明之本然，而有相缚之患。人生不能离开实用，故理智常受实用方面的杂染，每取着境相，易言之，思辨之行，恒构画成相，此相既成，还以锢缚自心，而不得脱然默契实理。故云相缚。如哲学家解释宇宙，其实，只是分析概念，此等概念，在哲学家思辨的心中，无往不是相缚。故非克己断障尽净，性智显而体认得，则思辨之行，终不能遣相缚，而至于思泉纷涌，而不取思相，辨锋锐利，而不着辨相，真与实理亲冥为合。故非克己。至此为句，所谓不能融思辨以入体认者此也。不能融思辨以入体认，则其于宇宙人生不得融一者，为其思辨心中所构画之宇宙，只是相缚，直将人生本来，与宇宙同体之真，无端隔截故也。既自系于相缚，便不能有孟子所谓万物皆备于我，及上下与天地同流之实际理也。譬如手足一旦受缚极重，便与全体血脉不相通贯，而成隔截之祸。又如蛛造网，蚕作茧，而自缚其中，遂与向所生焉息焉周通无碍之大自然隔截。此其可悲已甚。故谓宇宙人生不能融成一片也。

新论根本精神，在由思辨，趣入体认。即从智入，而极于仁守。此或为偏尚知的系统者所不得契，然理贞一是，学有正鹄[13]，不可徇俗而丧吾所持也。自新论文言，语体两本问世以来，十余年间，辄欲以一得之愚，与当世明哲商所向。天上之大，岂无与我同怀者乎。然而所期适得其反。汪大绅[14]自序曰，学既成而日孤也。余谓不孤，不足以为学，可无伤也。

（原载《学原》1947 年第 1 卷第 6 期）

【注释】

[1] 新论：即熊十力先生所作《新唯识论》，有两个版本，分别是 1932 年出版的文言文本和 1940 年出版的语体文本。该书是熊十力最主要的哲学代表作，全书分为明宗、唯识、转变、功能、成色、明心等篇章，标志着熊氏哲学思想体系的正式形成。

[2] 官天地，府万物：意指主宰天地，包容万物。语出《庄子・德充符》：“官天地，府万物，直寓六骸，象耳目，一知之所知，而心未尝死者乎！”

[3] 证量：佛教用语。量在佛法中分非量、比量、现量三种。证量指现前观察体验到的，而不是纯粹臆测、想象的。

[4] 阳明所谓悟道的学问：指王阳明“龙场悟道”，通过石墩而悟生死之念，创建心

学体系。

［5］众沤：熊十力常用“海水”与“众沤”的关系来比喻体用关系。沤，水泡。众沤，水中浮泡。熊氏以“众沤”比喻“用”，以“海水”比喻“体”，借“大海”与“众沤”比喻“体”在“用”中彰显，外求不得。

［6］数理派：即西方数理逻辑主义。具有代表性的是罗素和怀特海共同出版的《数学原理》一书。

［7］事素说：事素，指原子事实。熊十力称西方哲学家罗素的“逻辑原子主义”为“事素说”。罗素认为世界不是由物质构成的，也不是由精神构成的，而是由“原子”（事素）构成的。熊十力吸收了罗素的部分观点。

［8］月印万川：典出朱熹借用佛教“月印万川”说，强调“本只是一个太极，而万物各有秉受，又各具一个太极。如月在天，只一而已，及散在江湖，则随处可见，不可谓月已分也”。佛教和朱子都以此形象，说明一多相摄、理一分殊和万殊一本道理。

［9］生命论派：即法国哲学家亨利·柏格森的生命哲学，他认为人的生命是意识之绵延或意识之流，是一个整体，不可分割成因果关系的小单位。他对道德与宗教的看法，亦主张超越僵化的形式与教条，走向主体的生命活力与普遍之爱。

［10］夫子呵子路以未知生：典出《论语·先进》。子路问事鬼神，子曰：“未能事人，焉能事鬼?”子路又问死，子曰：“未知生，焉知死?”

［11］翕辟：语出《易·系辞上》：“夫坤，其静也翕，其动也辟，是以广生焉。”翕，闭合、收拢之意。辟，打开之意。

［12］融思辨以入体认：思辨，指运用逻辑推导而进行纯理论、纯概念的思考。体认，指主观与客观冥想合一的直觉认识境界和方法，“融思辨以入体认”，是熊十力主张的中国哲学精神。

［13］正鹄（gǔ）：原指箭靶的中心。画在布上的叫正，画在皮上的叫鹄。此处为目标之意。

［14］汪大绅：汪缙（1736—1796），现江苏苏州人，乾隆年间贡生，工古文，笃信佛教。著有《汪子文录》。

【点评】

《新唯识论》是熊十力的哲学代表作，奠定了熊十力儒家哲学的基础。在那个儒学价值崩坏的时代，他致力于重建儒学的本体论，重建人的自我道德，重建中国文化的主体性。这篇文章是熊十力写给友人（现代学者黎锦熙）的一封信，在信中，熊十力对《新唯识论》的创作宗旨、主题思想、学术境界作了精辟的解说。

熊十力尤为重视“本体”这个概念。本体是什么?“本体就是吾人固有的性智”。他所说的“本体”，是合天地万物于一体，将宇宙人生打成一片的整体。人的生命可以和宇宙的生命回复成一体，人的精神生命才可有所依托，道德意识才有内在根源。熊十力坚持“体用不二”论，就是肯定本体的唯一性和能动性，肯定本体与功能的一致性。他认为真实存在的本体只有一个——既是宇宙万象的本源，又是人们反求自识的真理。但是本体和现象又不是割裂的，本体不在现象之外或现象之上，而在生生化化的现象之中。

对于西方哲学的优长和局限，熊十力保持着清醒的认识。一方面，他批判了西方数理派“见物不见人”的哲学观，即完全脱离人的生命和社会生活而片面地追求表象；另一方面，他也与西方生命论派的学者们划清了界限，认为他们的体验只停留在意志追求和生命冲动上。因此，熊十力主张在儒家内圣心性之学的基础之上，依靠人内在的本性自我觉悟，重建人的生命本体。

“翕辟成变”论是熊十力“体用不二”论的逻辑发展。“翕”指下降的运动，是凝集、摄聚、固闭的力量，相当于“物”；“辟”指上升的运动，是健动、升进、开发的力量，相当于“心”，一翕一辟，成就宇宙间的大化流行。翕、辟，是同一功能的两个方面，浑然一体，不可分割。“翕辟成变”是在变动的宇宙万象之中去寻求“能变”，以人的生命本体作为万化之源。

那么，究竟如何去透识本体呢？熊十力认为要“冥悟证会，性修不二”。人们的道德意识，人们对于理想人格的追求，都不能通过逻辑、思辨、分析的科学方法去解决，只能用高一层的玄学方法——“证量”来解决。“性智”是和“量智”相对的一个概念，即是自己真正的觉悟。“量智”则是思量和推度，一种向外求理的工具。熊十力认为“若是不求诸自家本有的自明自识的性智，而只任量智把本体当作外在的事物去猜度，或则凭臆想建立某种本体，或则任妄见否认了本体，这都是自绝于真理的”。

熊十力不是仅用“体认”的方法去认识本体，而是提出“融思辨以入体认”，将西方哲学的逻辑、推理、概念融入中国哲学的体验、感悟、妙悟。如此，才能在透视宇宙之真的同时，将宇宙与人生融为一体，贯通无碍，圆融自如。

熊十力的哲学是一种对生命意义的终极层面的探求，充满了深厚的人本精神，强调以“人道”统摄“天道”，高扬人的生命价值，熊氏融会了佛老，以归于儒，在重建儒家哲学的基础上开辟一条中国现代人文主义之路。

【链接】

1. 熊十力：《新唯识论》，中华书局 1985 年版。

2. 熊十力：《体用论》，上海书店出版社 2009 年版。

3. 郭齐勇：《熊十力思想研究》，天津人民出版社 1993 年版。

4. 程志华：《熊十力哲学研究——“新唯识论”之理论体系》，人民出版社 2013 年版。

儒家的当前使命——开新外王

牟宗三

以现在的观点衡之，中国文化整个看起来，外王面皆不够。就整个中国文化的发展来看，以今日的眼光衡之，确实在外面不够，顾亭林那些人的要求外王、事功，也是对的。今天仍然有这个要求。可叹的是，今天不仅外王面不够，内圣面亦不够，儒家本身若有若无。但是儒家若为常道，则人类的良心不能让这个常道永远埋没下去，这得诉诸每个人的一念自觉。

儒家学术第三期的发展[1]，所应负的责任即是要开这个时代所需要的外王，亦即开新的外王[2]。“新外王”是什么意义呢？外王即是外而在政治上行王道，王道则以夏商周三代的王为标准。照儒家说来，三代的王道并非最高的理想，最高的境界乃是尧舜二帝禅让、不家天下的大同政治。儒家的政治理想乃以帝、王、霸为次序。帝指尧、舜，尧舜是否真如儒家所言，吾人不必论之，但此代表了儒家的理想则无疑，以尧舜表现、寄托大同理想。三代则属小康之王道。春秋时代的五霸则属霸道，以齐桓公、晋文公为代表。从前论政治，即言皇王帝霸之学。齐桓、晋文的境界虽然不高，但比得秦汉以后的君主专制要好；君主专制以打天下为取得政权的方法，在层次上是很低的。当初商鞅见秦孝公，先论三皇五帝之学，孝公不能入耳；而后言王道，仍嫌迂阔；最后言霸道，乃大喜。可见前人对于政治理想是有一定的次序。秦孝公之喜霸道，乃因它能立竿见影，马上见效，而儒家的学问往往不能满足这一方面外王、事功的要求。早在春秋战国，即有墨家因此而批评儒家，只承认儒家维持教化的责任。司马谈《论六家要旨》[3]中，亦批评儒家云：“博而寡要，劳而少功”。后来南宋陈同甫[4]与朱子争辩，亦是基于要求外王、要求事功的精神。而实际上，要求外王中，就涵着要求事功的精神。陈同甫以为事功须赖英雄，而讲英雄主义，重视英雄生命，推崇汉高祖、唐太宗。到了明末，顾亭林责备王学无用[5]，亦是秉持事功的观念而发。而后有颜李学派[6]的彻底实用主义。一般人斥儒家之无用、迂阔，评之曰：“无事袖手谈心性，临难一死报君王”，以为不究事功者最高境界亦不过是此一无奈的结局。这些都是同一个要求事功的意识贯穿下来的，这是一个由来已久的老传统，在中国文化中是一条与儒家平行的暗流，从墨子开始，一直批评儒家的不足。这个要求事功的传统再转而为清朝乾嘉年间的考据之学，则属要求事功观念的“转型”。乾嘉年间的考据之学以汉学为号召，自居为“朴学”[7]，以此为实用之学，以理学为空谈、无用，骨子里还是以有用、无用的事功观念为背景。

何以谓“朴学”为要求事功观念的“转型”呢？因为他们虽然批理学无用，而其本身实际上开不出事功来，这些考据书生没有一个能比得上陆象山、朱夫子、王阳明；这些理学家都有才干，都会做事，只是不掌权而已。然而考据家假“朴学”之名，批评理学无用，背后的意识仍是有用、无用，即可谓之乃事功观念的转型。事实上，这种转型更是无用，故实非事功精神之本义。由此转而到民国以来，胡适之先生所谈的实用主义，以科学的方法讲新考据，实仍属此一传统，背后仍是要求有用、斥责无用。我们可以看出，儒家这条主流，旁边有条暗流，这条暗流一直批评儒家无用而正面要求事功，这个传统从墨子说起，一直说到胡适之所倡的新考据的学风，可谓源远流长。但是这里面有个根本的错解，若是真想要求事功、要求外王，唯有根据内圣之学往前进，才有可能；只有根据墨子，实讲不出事功，依陈同甫的英雄主义亦开不出真事功。希望大家在这里要分辨清楚。

中国人传统的风气，尤其是知识分子，不欣赏事功的精神，乃是反映中华民族的浪漫性格太强，而事功的精神不够。事功的精神是个散文的精神，平庸、老实，无甚精彩出奇。萧何即属事功的精神，刘邦、张良皆非事功的精神，可是中国人欣赏的就是后者。萧何的功劳很大，所谓“关中事业萧丞相”，但因其属事功精神，显得平庸，故不使人欣赏。汉朝的桑弘羊[8]、唐朝的刘晏[9]皆为财政专家，属事功精神，然而中国人对这一类人，在人格的品鉴上总不觉有趣味。事功的精神在中国一直没有被正视，也没有从学问的立场上予以正视、证成。中国人喜欢英雄，打天下、纵横捭阖，皆能使人击节称赏……再高一层，中国人欣赏圣贤人物，不论是儒家式的或道家式的。中国人的文化生命正视于圣贤、英雄，在此状态下，事功的精神是开不出来的。事功的精神即是商人的精神，这种精神卑之无甚高论，境界平庸不高，但是敬业乐群，做事仔细精密、步步扎实。英美民族是个事功精神的民族，欧陆的德国则表现悲剧英雄的性格，瞧不起英美民族，但是两次大战战胜的却是这些卑之无甚高论的英美民族。所以这种事功精神是不能不正视的。

中国人的民族性格在某一方面就是缺乏这种英美民族的事功精神。英雄只能打天下，打天下不是个事功的精神，故不能办事，圣贤的境界则太高，亦不能办事。而中国人欣赏的就是这两种人，所以事功的精神萎缩，这里没有一个学问来正视它、证成它、开出它。所以现在我们想要从儒家的立场来正视它。儒家最高的境界是圣贤，圣贤乃是通过一步步老老实实地做道德实践、道德修养的工夫而达到的。儒家的立场是重视豪杰而不重视英雄，故从不高看汉高祖、唐太宗，故顺着儒家理性主义的发展，在做事方面并不欣赏英雄，我们在这里可以看出一个很好的消息。

但是在以前那种状况下，儒家的理性主义既不能赞成英雄，故其理性主义在政治上亦无法表现。儒家的理性主义在今天这个时代，要求新的外王，才能充分地表现。今天这个时代所要求的新外王，即是科学与民主政治。事实上，中国以前所要求的事功，亦只有在民主政治的形态下，才能够充分的实现，才能够充分地被正视。在古老的政治形态、社会形态下，瞧不起事功，故而亦无法充分实现。这种事功的精神要充分地使之实现，而且在精神上、学问上能充分地证成之，使它有根据，则必得靠民主政治。民主政治出现，事功才能出现。若永远在打天下取得政权的方式中，中国的事功亦只能永停在老的形态中，而无法向前开展。这句话请诸位深长思之。

要求民主政治乃是“新外王”的第一义，此乃新外王的形式意义、形式条件，事功得靠此解决，此处才是真正的理想主义。而民主政治即为理性主义所涵蕴，在民主政治下行事功，这也是理性主义的正当表现，这是儒家自内在要求所透显的理想主义。另一方面则是科学，科学是就“新外王”的材质条件，亦即新外王的材料、内容。科学的精神即是个事功的精神，科学亦是卑之无甚高论的。英雄不能做科学家，圣人则超过科学家，故亦不能做科学家。天天讲王阳明、讲良知，是讲不出科学的，因为良知不是成功科学知识的一个认知机能。然而科学亦可与儒家的理性主义相配合，科学乃是与事功精神相应的理性主义之表现。科学亦为儒家的内在目的所要求者，儒家并不反对知识，在以前的社会中，那些老知识也就足够应付了，然而今天的社会进步，往前发展、要求新知，亦属应当的要求。儒家内在的目的即要求科学，这个要求是发自于其内在的目的。何以见得呢？讲良知、讲道德，乃重在存心、动机之善，然有一好的动机却无知识，则此道德上好的动机亦无法表达出来。所以，良知、道德的动机在本质上实即要求知识作为传达的一种工具。例如见人重病哀号，有好心救之，然却束手无策，空有存心何用？要有办法，就得有知识。所以有人说西医中发明麻醉药者为大菩萨，菩萨讲慈悲，然若只是空讲慈悲，又有何用？发明麻醉药，使人减少多少痛苦，不是大慈大悲的菩萨吗？所以，不论佛教表现慈悲，或是儒家表现道德动机，要想贯彻其内在的目的，都得要求科学、肯定科学。

科学知识是新外王中的一个材质条件，但是必得套在民主政治下，这个新外王中的材质条件才能充分实现。否则，缺乏民主政治的形式条件而孤离地讲中性的科学，亦不足称为真正的现代化。一般人只从科技的层面去了解现代化，殊不知现代化之所以为现代化的关键不在科学，而是在民主政治；民主政治所涵摄的自由、平等、人权运动，才是现代化的本质意义之所在……假如在这时代，儒家还要继续发展，担负他的使命，那么，重点即在于本其内在的目的，要求科学的出现，要求民主政治的出现——要求现代化，这才是真正的现代化。

……（略）

最后，我们做一个总结，来看今日中国知识分子所应做的工作。首先，要求现代化先得有现代化的头脑，每一个概念各归其自身，每一个概念都有恰的意义，分际清楚而不混滥，事理明白而不搅和，这就是“正名”的工作……利用名不正来搅乱天下，形成意识形态的灾害。这种大混乱是要不得的。通过正名的工作，每一个概念有一定的意义，讲道理的分际一点不乱，这样子，我们的生命得到一个大贞定。假如中国文化还能有贡献于人类，即是以此为基础而可能的。

再进一步，和西方文化相摩荡，即是个最高的判教的问题。在此，每一个文化系统皆有其双重性，一个是普遍性，一个是特殊性，每一个民族都该如此反省其自身的文化。只要它是个真理，它就有普遍性。但是真理并不是空挂着的，而必须通过生命来表现。通过一个生命来表现，就有特殊性。通过这双重性来进行最的判教，也可以渐渐地得到一个谐和。

（选自牟宗三《时代与感受》，鹅湖出版社 1984 年版）

【注释】

[1] 儒家学术第三期的发展：牟宗三在《儒家学术之发展及其使命》一文中将儒家学术发展分为三个时期。第一期为先秦原儒，处于礼崩乐坏的现实困境而寻求一统天下之道，于是开启内圣的人格境界，以内圣来贞定外王，就成为中国学术人文精神的源头。第二期为宋明儒家，这一时期被他称为“彰显绝对主体性时期”，并演进为“三系”，即由周敦颐开端，张载、程颢成其大，至胡宏、张南轩、刘宗周为第一系；由北宋程颐到南宋朱熹为第二系；而陆王心学为第三系。第三期即为现代新儒家。

[2] 外王：即“内圣外王”，最早出自《庄子·天下篇》。宋代开始用“内圣外王”阐释儒学。所谓“内圣”，是从人内在的人性道德修养而言；“外王”是从人的社会功用而言。牟宗三主张从儒学家的“内圣外王”开出“新外王”，由“道统”开出“政统”。

[3] 司马谈《论六家要旨》：司马谈，西汉史学家，曾任太史令。司马迁之父。写有《论六家要旨》，对先秦战国以来的儒、道、墨、名、法、阴阳六家的思想特点，作了深入的分析和评价。

[4] 陈同甫：陈同甫（1143—1194），原名汝能，后改名陈亮，字同甫，人称龙川先生。婺州永康（今属浙江）人。南宋思想家、文学家，为永康学派的代表人物。提倡“实事实功”，有益于国计民生，并对理学家空谈“尽心知性”，讥讽为“皆风痹不知痛痒之人”。与朱熹多次进行论辩。所作文章，说理透辟，笔力纵横驰骋，气势慷慨激昂。著有《龙川文集》《龙川词》。

[5] 顾亭林责备王学无用：明末清初思想家顾炎武主张“经世致用”的“实学”，反

对朱熹的“理学”和王阳明“心学”，认为那些学术空泛而且无用。

［6］颜李学派：是十七世纪在中国北方形成的一个重要的唯物主义学派，创始人为清初北方著名学者颜元与李塨。颜李学派标举“实学”，主张“实文、实行、实体、实用”，与清初官方提倡的宋明理学相对立，在学界和社会上有着重大影响。

［7］朴学：汉时泛称经学为朴学。清代学者对古籍文字音义及典章名物制度进行考证时，继承汉儒实事求是的学风，反对宋儒的空疏，因此清代考据之学亦称“朴学”。

［8］桑弘羊：桑弘羊（前152—前80）西汉法家人物，专长为财政事务管理。写有著名的《盐铁论》。

［9］刘晏：刘晏（715—780）中唐杰出的理财家，主管全国财政工作达20年之久，在盐政、漕运、赋税、铸币、平抑物价等方面进行了一系列的财政经济改革。

【点评】

在现代新儒家中，牟宗三是把“本体如何建立”与“外王如何开出”这两个基本问题综合起来思考的思想家。在中外文化的夹击下，牟宗三从中国文化如何适应时代要求、通过吸纳西方文化而走向现代化的角度，来宣扬儒学的复兴和发展。为此，他花了几十年的精力来构筑自己庞大的思想体系。当然，他也承认儒学和中国文化在发展过程中所存在的欠缺，例如缺乏“知性”“政道”等环节。因此，牟宗三主张，为了中国文化的现代化，必须从传统儒学的“德性主体”，转出“知性主体”，从“内圣”开出“新外王”，发展科学与民主。

在儒学发展史上，原始儒家追求“内圣外王之道”，以“内圣”为本根，统一“外王”，以“内圣”为宗旨贯通“外王”，以“内圣”为根基，推出“外王”，即由所谓“修身、齐家”而“治国、平天下”，由内而外。在具体实践中把“内圣”与“外王”结合为一体。“内圣”之道，即本于儒家道德哲学，而所谓“外王”之道，则是“内圣”之道的外在实践和实现。“外王”代表了儒家“王道”政治的最高理想，“内圣”则是儒家的立命所在。问题在于，理想固然高悬，现实中“内圣”与“外王”的有效结合总是不能尽如人意，而常常处于分离的状态，如牟先生所言“自孔子为素王起，君师两系即已分途”。在学理上，牟宗三对儒家“内圣外王”进行了历史的深切省察。在他看来“内圣”与“外王”之所以不能有效的统一起来，其原因在于：一、在儒学发展的第一期，先秦儒家由“内圣”推出“外王”的方式是“直推”的，然而，由“内圣”并不能“直推”出“外王”；二、在儒学发展的第二期，宋明儒家出于时代的需要，为应对专制权力的扩张与强化（南宋高宗时）以及来自佛教禅宗的挑战，儒学逐渐转向内在，“无事袖手谈心性，临危一死报君王”成了许多知识分子无奈而现实的选择，过分注重心性之学，造成“内圣”强而“外王”弱的局面。故而，以现在的观点衡之，中国文化中的“外王”层面皆确实不够。

“新外王”即是针对以往儒学的“外王”弱而提出。而在此要求中，内含事功的精神。虽然，从墨子起，及至清代朴学，再到胡适之所倡导的新考据学风，中国文化传统中一直都有着事功的要求，以实用主义观念对儒学的无用、迂阔进行着批评与补足。牟宗三在对这一思潮检讨之后认为这种事功的观念依然是没用的，因此“若是真想要求事功、要求外王，唯有根据内圣之学往前进，才有可能”。据此，他深切认识到：“事功的精神在中国一直没有被正视，也没有从学问的立场上予以正视、证成。”分析其原因，主要有二：一是中华民族的传统风气，浪漫有余而事功精神不足；二是中国文化的道德传统，文化生命只重视圣贤、英雄。英雄只能打天下，圣贤的境界则太高，亦不能办事，所以事功的精神萎缩了。

在“现代化”语境下，牟宗三提出“三统之说”——“道统”“学统”“政统”。其中，学统和政统以开出新外王为目的，即通过“良知自我坎陷”，于“内圣”上实现儒家道德体系的重建，并由此“内圣”开出“新外王”，承载事功精神而获得现代化的民主与科学。而就学统与政统的关系来讲，牟宗三将其理解为形式与内容或形式条件与物质条件的关系。他认为，民主政治乃是“新外王”的第一义，属于新外王的形式意义，而科学则是“新外王”的物质条件，或可称之为新外王的材料、内容。科学知识必须套在民主政治下才能充分实现。缺乏民主政治的形式条件而孤立地讲科学，则不能称之为真正的现代化。故而，现代化之所以为现代化的关键在民主政治，而不在科学。也是在这层意义上，牟宗三提出了“民主政治就是现代化”的著名论断。

【链接】

1. 牟宗三：《时代与感受》，鹅湖出版社 1984 年版。

2. 牟宗三：《历史哲学》，香港强生出版社 1959 年版。

3. 牟宗三：《生命的学问》，台北三民书局 1970 年版。

4. 颜炳罡：《整合与重铸：牟宗三哲学思想研究》，北京大学出版社 2012 年版。

从多元的现代性看儒学创新

杜维明

近年来，因为各种机缘和道友们针对四个大议题展开讨论：（一）文明对话；（二）文化中国；（三）儒学创新；（四）启蒙反思。表面上，这些议题各自独立，不相管属，但从深层来看，它们之间有错综复杂的关系，和今天重组全球社群的大思潮，如文明冲突、全球化与本土化、民族主义、现代性中的传统、现代化的多元取向和西方之外的现代模式也有联系。当然，和华人世界的切身问题，特别是两岸三地的互动，以及中华民族兴起的文化信息的相关性就更紧密了。

文明对话论影响深远

文明对话早在亨廷顿的“文明冲突论”[1]（1993 年）在国际论坛引起重大回响之前就进行了。我相信源远流长的世界精神文明，如基督教、伊斯兰教、佛教、印度教[2]、犹太教[3]、道家和儒家的总趋向是多元互补。由误会或无知所引起的冲突，不可避免，但仍需靠对话来化解。排外和同化的策略无法普世化，而融合及渗透的大趋向则势不可挡。任何文明如不接受多元文化的事实而抗拒外来的影响，终必自取灭亡。把伊斯兰和儒家传统刻画为西方基督教文明的威胁，或许可以暂时满足冷战心态所需要的假想敌，但绝无可能成为世界秩序重组的理论基础。

其实，从地缘政治的立场，把世界地图分划为八九种文明类型，并根据北美和西欧如何应付外来挑战的问题意识，而得出伊斯兰和儒家两大文明圈将来会对西方基督教文明造成威胁的结论，既不符合实际，又和人类生存之道大相径庭。基督教已传布世界各地，东亚“儒教”文化圈中的韩国已拥有百分之二三十的信徒。伊斯兰目前大有成为美国第二大宗教的趋势。据说在巴黎的回教徒比基督新教的信仰者还多（当然法国以天主教为主）。至于儒家伦理若能通过东亚移民传入北美，不仅对儒学创新有深长的意义，对美国社会的价值重整，应当也大有助益。

我认为，国际间的冲突原因甚多。根源性的“认同政治”，如环境、族群、语言、地域、阶级，或宗教所引发的暴力冲突最为惨烈。这类暴力冲突常因文明差异而更严重，但同文同种同宗之内的残杀也屡见不鲜。异质文明未必导致冲突，而同质文明也未必保证和谐。但文明之间通过对话和继续不断地沟通，方能减少误会，增进了解，避免冲突和形成共识。这种为建构全球伦理而努力的必要性却由于文明冲突论而显得更明朗、更迫切。

华夏民族的人文精神

文化中国和大中华经济圈最关键的不同，是文明对话论的基本理据。文化是认同的基础，但也可超越族群、地域和政权的限制。我们不必只从地缘政治来考虑中华民族的前途。一个有古有今而且承继性特别坚韧的民族，不应只从经济和政治力量的扩展来衡量其再生的潜势。

如果得有更深刻的文化信息，那么中华民族的兴起并不能改变弱肉强食的国际游戏规则——“人为刀俎，我为鱼肉”的历史苦难，至少应为我们提供不把自己的快乐建筑在他人的痛苦之上的恕道原则。但是，假若我们不能突破以富强为评断文化价值的唯一标准，我们即使形成了可以凌驾美、日、欧三地的经济圈，我们仍不能消解帝国主义的霸权心态。

孟子的人禽、夷夏、义利和王霸之辨，可以为我们提供一条考虑此类问题的思路。假若恻隐之心[4]（同情）是人的本质定义，那么真能推展此“不忍之心”的仁端，即是华夏民族的人文精神。夷夏的分别，也就是野蛮和文明的分别，绝非由血统、地域或政权来决定。能以公义扩充同情之心，并采取“己所不欲，勿施于人”的恕道的群体才是文明；相反，以弱肉强食的逻辑只为一己之私的个人、家庭或国族利益而宰制天下资源的集团，即是野蛮。王霸之辨，根据这一思路，已判然明确。假如我们不以富强为评断文化价值的唯一标准，那么如何才能通过生活实践来体现以公义王道为内涵的华夏人文精神呢？

首先人们必须化解百余年来受尽欺压屈辱而郁积在民族心灵中的哀怨和羡憎之情。这个工作极为困难，竭力发掘深厚的传统资源是不可或缺的途径。

文化中国的精神资源

在多元文化的背景之中，为文化中国创造新的精神资源，正是儒学第三期发展的艰巨任务。从五四运动以来，儒学经过三代人的努力已逐渐涌现一阳来复的生机。根据芝加哥大学希尔斯教授的论点，两传之后还能继续扩展的思潮，可以够得上是有生命力的“传统”了。但儒学作为近百年来中国学术、知识和文化界综合创新的一个例证，目前尚是一株幼苗。必须靠文化中国知识分子的通力栽培，才有健康成长的可能。由学术、媒体、企业、政府、民间社会及公众运动各领域中的知识分子的通力合作，逐渐形成具有批判精神的儒学群体，并采取既能“深造自得”又能“己立立人”的途径，方有开花结果的一天。

儒学创新可以从人间佛教，入世基督教，参与社会改革的伊斯兰，进行现代转化的印度教，强调社群伦理的犹太教、新道家及各种民间信仰中吸取资源；同时儒家传统的创新也可为世界各地的精神文明提供参考。在文明对话中，既然出现了“儒家的”基督徒、回教徒、佛教徒或犹太教徒的概念，“儒家的”这一形容词的意蕴便值得我们作进一步的分疏和界定。

海内外不少学者吐露出促成目前中国大陆三种思潮——社会主义、自由民主和新儒家健康互动的心愿，我对此乐观其成。从冯契的《智慧三说》[5]，王元化信守“为学不作媚时语”的原则[6]，及冯友兰回归张载的终极关怀，“为天地立心，为生民立命，为往圣继绝学，为万世开太平”的迹象看来，古今中西之争的论域会愈来愈扩大，传统资源的开发会愈来愈深化，比较文化的研究也会愈来愈多元多样。

西方启蒙心态须反思

西方的启蒙心态是当前最具影响力的价值取向。资本主义和社会主义的意识形态皆是18世纪以来西方启蒙运动的产物。现代社会的利益领域：科技、市场、学府、企业、媒体、政府都和这一运动有血肉相连的关系。现代西方文明的突出价值，如自由、平等、理性、人权和法治也都是启蒙精神的体现。

不过，启蒙心态虽在构成西方现代性中起了积极的作用，它和现代西方以动力横决天下的帝国、殖民和霸权主义也有千丝万缕的联系。职是之故，从同情理解到彻底扬弃的立场对启蒙心态进行反思的欧美知识分子亦大有人在。

我从儒家人文精神的角度对西方的启蒙心态进行反思，既属回顾，又是前瞻。首先，我想检视东亚兴起的文化含义。假如儒教文化圈的经济发展一方面受到儒家伦理的促进作用，而另一方面又为儒学更新创造了有利的条件，韦伯命题[7]所坚持的只有新教伦理才可以发展工业资本精神便只是特定时空中的历史解释，并不能阐述当前东亚的发展动力。放眼未来，伊斯兰教、印度教、佛教乃至其他精神文明面对外来的挑战，也都可以通过自身内部的创造转化来发展其特殊的现代性。儒家伦理在东亚现代性中的积极和消极因素应可成为东南亚、南亚、拉美、非洲乃至世界其他地区走向现代的借鉴。

更值得探讨的是，儒家传统中有什么资源可以为人类社群的全球伦理提供养分。换句话说，针对启蒙心态目前所面临的困境也就是欧美社会本身的价值危机，我们如何因应，如何自处？固然想用“封建礼教”来拯救资本主义的精神失落是幼稚可笑的，但把儒家的人文精神判定为“封建礼教”也难逃武断和极端之讥。

儒家传统必须充分接受启蒙精神的洗礼（这一进程方兴未艾），但抛却自家无尽藏，一味想借助外力来达到脱胎换骨的彻底更新，则既不可行，又无必要。儒学创新是一条荆棘丛生的思想道路，但如果虽然经挫折而刚健自强，不仅可以为我们在文明对话中引来源头活水，为文化中国积蓄社会资本，培育生活智慧和开辟精神价值，也可以为我们在进行启蒙反思时作出创建性的回应。

（原载《明报》（北美），1997年4月17日）

【注释】

［1］文明冲突论：指美国哈佛大学教授萨缪尔·亨廷顿（1927—2008）于20世纪90年代早期提出的、后来一直争论不休的“文明冲突”理论。此理论构成主要集中在他的《不是文明，又是什么?》《西方文明：是特有的，不是普遍的》《文明冲突与重建世界秩序》等专著中。

［2］印度教：源于古印度韦陀教及婆罗门教，是世界主要宗教之一，主要流行于印度，现在所谓“印度教”是产生于印度文化圈上的宗教、哲学、文化和社会习俗的综合称谓。

［3］犹太教：是世界三大一神信仰（天启宗教）中最古老的宗教，也是犹太民族的生活方式及信仰。犹太教的主要诫命与教义，来自《托拉》，即圣经的前五卷书。

［4］恻隐之心：出自《孟子·告子上》：“恻隐之心，人皆有之。”指人所具有的同情之心。

［5］冯契的《智慧三说》：冯契（1915—1995），浙江诸暨人，当代著名哲学史家、哲学家、美学家、教育家。著有《中国古代哲学的逻辑发展》《怎样认识世界》，主编《辩证唯物主义和历史唯物主义》。《智慧三说》即冯契的“智慧说三篇”：《认识世界和认识自己》《逻辑思维的辩论法》《人的自由和真善美》。

［6］王元化信守“为学不作媚时语”的原则：王元化（1920—2008），湖北武昌人。当代著名学者、思想家、文艺理论家。在中国古代文论研究、当代文艺理论研究、中国文学批评史、中国近现代思想学术史研究上做出了开创性的贡献。著有《抗战文艺论文集》《文艺漫谈》《向着真实》《文心雕龙创作论》《文学沉思录》等。“为学不作媚时语，独寻真知启后人”，是清朝大儒戴震的名言，这是王元化所守信的治学做人的原则。

［7］韦伯命题：指马克斯·韦伯关于“儒家伦理阻碍东方资本主义发展”的命题。马克斯·韦伯（1864—1920）是德国的政治经济学家和社会学家，被公认是现代社会学和公共行政学最重要的创始人之一。

【点评】

杜维明在全球文化发展的大背景下考察儒学的发展前景，对儒学的现代性作了充分的肯定。他很欣赏雅斯贝尔斯提出的“轴心文化”的理念，并从中找到了推进儒学发展的信心。从本文可以看出，杜维明试图通过发展儒学的现代性精神，以建构一个有别于“经济中国”、“政治中国”的“文化中国”，这个文化中国在当今处处充斥着“文明冲突论”的世界中可以作为中国文化安身立命的基本根据。“文化中国是认同的基础”，在文中杜维明将“文化”的概念限定于“儒家文化”当中，中国是作为“儒学”的发源地而存在的，“儒家文化”所辐射的地域、人种都可以隶属于这个范畴之中，他意图建立一个站在“反思西方启蒙”立场上的、能够走向全人类终极关怀的“文化中国”形象，这一概念大大突破了政治上的地域分界。

杜维明注意到，在1993年亨廷顿提出“文明冲突论”之后，越来越多的学者将关注的重点转向了伊斯兰教文明与儒家文化，但他反对这种站在政治立场上所进行的文化权力对抗。中国知识分子在审视多元化的“西方资源”时，要厘清其中作为对象的“的”与作为方法的“矢”，才能够真正地丰富“文化中国”的精神资源。杜维明的“文化中国”可以说是一种以儒家文化为原则的对“中国”形象的一次更新升级，这个概念突破了“五四”以来所建立的“民族国家”的思维，打破了地缘政治疆界，并消除了由“政治”“经济”上的冲突带来的文化对话阻隔。杜维明看到了中国文化不能一味地借助于外力来达到更新的目的，只有通过对传统资源的挖掘才能真正地建立属于自己的文化自信。

与前辈新儒家被动防守中国传统文化相比，第三代现代新儒家则是主动出击，深入西方文化内部去探讨儒家传统文化的现代化之路，这开拓了他们的思路和研究范围。杜维明将儒学思想的现代转化分为“儒学创新”“文明对话”“文化中国”“全球伦理”“人文精神”“启蒙反思”等主导话题。其思考聚焦于在多元文化的背景中以及全球化及本土化交互影响的氛围里，如何为儒学第三期拓展理论和实践的空间。

文明对话与沟通如何可能呢？在杜维明看来，这首先是民族文化精神的自觉自识。如果某种非西方文明或所有的非西方文明丢失了本己性，成为强势文明的附庸，恰恰使文明对话成为不可能之事。杜维明认为，儒学的基本精神是以人为主，代表一种涵盖性很强的人文主义，和西方那种反自然、反神学的人文主义有很大不同。这种人文主义提倡天人合一、万物一体，正是这种结合个人、社会、自然以及天道四个层面的人文精神，可以为现代社会文明之间的对话提供资源。

杜维明指出，儒学若有第三期发展的可能，它不仅是中国的和东亚的，也应该是世界的精神资源。但是，面向21世纪，儒家传统不会也不必唯我独尊，而应该效法荀子以“仁心说，学心听，公心辨”的平正胸襟和世界各地的精神传统进行互惠互利的对话、沟通，在多元化各显精彩的“后现代”社会中，以不卑不亢的胸怀、不屈不挠的志趣和不偏不倚的气度，走出一条充分体现“沟通理性”的、既利己又利人的康庄大道来。

【链接】

1. 杜维明：《现代精神与儒家传统》，生活·读书·新知三联书店1997年版。

2. 杜维明：《二十一世纪的儒学》，中华书局2014年版。

3. 杜维明：《儒学第三期发展的问题》，台北联经文化事业公司1989年版。

4. 胡治洪：《全球语境中的儒家论说——杜维明新儒学思想研究》，生活·读书·新知三联书店2004年版。

文学理论的文化及哲学因素

成中英

就一般文学理论而言，我们总是探入其文化及哲学的背景及理论动机，以对之更有所了解。每一个文学理论都多少适合于反映及指引人的文学需求及其时代的文学观念。正是这种文化与哲学的心智状态，使得一个文学理论能达到及说出其问题及标准。试想，在英美文学界中的新批评运动[1]。这个运动所提出的学说，清楚地反映了20世纪早期英美的心智趋向和哲学看法。从理性及客观的观念，就文学作品为一结构上的整体而加以分析之的新批评之主要原则呈现了30年代英美哲学界中逻辑分析的一般实证哲学。新批评的另一着重点是将诗的语言当作批评及鉴定的对象之原则，同样也反映了20世纪早期一般哲学上的看法，如罗素[2]、维特根斯坦[3]、奥斯汀[4]、卡尔纳普[5]、艾耶尔[6]等人的著作所示者。因此，在考虑建立一文学及批评的现代理论时，我们必须保持对我们所处时代的心智趋向及需求之敏感度，并发掘此理论必须满足的条件，以应付由文化及哲学的潮流和困境所构成的挑战。

一个有关于现代文学理论的条件，便是综合中国（或东方）传统及西方传统，以使一足以解释文学作品的个体发生及全体现象，以及一有足够资格在人性普遍基础上评估文学优劣的文学理论得以发展建立。不幸的是，在这方面没有任何文学理论曾被提出。虽然，不可否认的，这是一项最艰难的工作；然而，这仍为一个现代文学理论家迫切的及最具挑战性的工作，尤其是对那些在其文化及心智生活上，时常面临东方及西方价值选择上的问题之人。为了与上述我所说有关其他现代文学理论的条件一致，我将在此试着指出在中国传统中，有关文学的适应方向及其哲学基础的一些典型及应考虑的重要事项：上述所言应于一现代文学理论中加以综合。

如我已经指出的，哲学气质和态度是建立文学理论所必需的。它们在引导文学创作方面同等重要。证明我们所说的人性和人类境况，我们就知道：哲学中有来自人性及人类境况的永恒不变的主题及问题，就如同文学中，也有永恒不变主题及问题。既然这些主题及问题是包含在一个带有特异性的语言及文化传统里，文学就像哲学一样，必定带有其文化上的特异性及影响。的确，诚如哲学比文学在呈现观念方面更具有活动的意识，我们可以将哲学当作一单指出某一而非其他文化传统的特性之文化特异性指标。同样的，我们必须小心：这并不是否认一个传统中人类意义及真相的普遍性，而是进一步肯定其普遍性必须存在于某一或其他文化及哲学态度的特异点中。

文学作品于其中的文化及哲学内涵，不必被视为文学创作或其价值的限制。相反的，这些是创作文学及表露文学活动价值活动的唯一机会及刺激。除去这些，任何文学创作都不可能；没有任何文学创作能在文化及心智的真空状态下发生。文学所自然"表达"及呈现的人类意义及人性真相，将有超越人类历史及社会之文化及心智的一面，以及普遍人类的一面。一部文学作品的伟大及其具有价值的程度，端赖于其如何能成功的体现一个传统，且同时揭露人性及人类境况的深度。后项努力或可导致一项针对传统中已被接纳规范的挑战。

如此说来，我们首先可以注意到：在中国文学传统里，早自远古就已建立及影响中国社会、历史和中国人生活形式的文学价值和哲学倾向，曾深深地与中国文学理论、批评，并创造融合在一起。其融合于中国文学传统中，更甚于主要西方哲学、文化及心智传统的融合于西方文学应用之中。所谓融合，我指的是哲学传统与文学传统中的持久存在，且可预期之和谐、顺应或一致。为说明上述所言，我首先将指出，中国文学传统的本质乃由中国两个主要的心智哲学潮流所定形及指引——儒家及道家。

从西方之前6世纪到现在，儒家在为受教育者定义及描述文学目标及价值方面，一直具有影响力，这点是不必提及的。举一例而言，子曰："不学诗，无以言。""不知言，无以知人也。"很明显，孔子视诗（即他所编纂的《诗经》及一般文学集成的诗）为个人教育的必须部分。诗和礼一样，能使人行社会礼节，也能建立人与人之间的了解。在此，诗的隐含理论便是：诗为人性发言，诗是为了具有"大我"而超越"小我"所必须知道的人性语言。

在肯定学诗的社会及人性价值时，孔子一点也不迟疑；此外，还隐约肯定创作诗的附带价值。由下段文字中，孔子清晰地陈述了诗的社会、教育及人性价值："兴于诗，立于礼，成于乐。""小子！何莫学夫诗？诗，可以兴，可以观，可以群，可以怨。迩之事父，远之事君；多识于鸟、兽、草、木之名。"[7]

孔子指出"兴"为了解和欣赏诗的重要观念。他认为人皆有仁心，而"仁"就是关心他人。正如孟子所引诗语，仁即"他人有心，予忖度之"。然而，如果一个人不修养自己的感情，他如何对别人的感情有所反应？因此，"兴"是培养仁或人性的先决条件。教养一个人使其具人性，乃当务之急。孔子视诗为自我完成、自我成长、人类社会的完成及成长之不可或缺因素。虽然，似乎孔子只要求其学生学习存于当时的颂诗及歌谣，却毫无任何迹象显示，学诗对孔子而言只是了解其诗意，或是运用理智分析它便算了解。这个"兴"的观念似乎暗示，孔子愿意将诗的创作看成人的最高使命：作诗是为了展示人性及扩大之。没有任何证据能说明孔子自己创作诗；但在诗经中，他对学作诗的深厚鉴赏力，一定早已肯定了一种欣赏及再创作的过程，而这也使最上乘的情感修养具体化。

孔子对诗的看法在孟子及荀子的正统儒家传统中得以延续；对于后两者我们无暇再作讨论。虽然孔子的观点似乎在暗示，诗在其本身心智及创作的模式中，为人性的完美提供了道德意义；就这层意义而言，诗在道德上是良善的。在正统的儒家观点中，没有迹象显示，人必须为了预先指定的道德目标而学诗或作诗。这是很重要的一点但也常被误解；它导致很多文学批评家和评论家站在道德立场上，针对诗的写作或文学写作而加以批评。我希望强调，这既非孔子原先的看法，也非其直接继承人的看法。

正统的儒家观点是：诗就揭露人性而言，扮演一个了解及改善人性的角色；在此，诗是良善的。这与我们所说有关文学创作着重于“表达”或呈现人性及人类境况是一致的。因此，诗的创作目的，在于人性及人类境况的表达，这将导出对人及其渴望完善和改革的道德了解。所以，我将就孔子意义中的“兴”来具体说明这个用主观模式或透视之法以“表达”或呈现人性及人类境况的观念。用这种方法，我们可以解释我们曾说过的诗之个体发生。当后进的儒家力辨及提倡诗及文学的目的在于把握“道”（文以载道）的真相时，事实上已误入歧途；因为，他可能视“道”为一种在文学中被具体表现出的外在真相，而因此剥夺了文学活动中为文学创作所必需的自律自发性。如同已确实发生的，这可以导致六朝时代的文学理论中所曾显示的“对自己不必要及同样错误的反应”。

总括来说，诗能兴发人的感情，使人说出心中想说的话：这点儒家所认为诗与真理（道）之间的关系。如同诗序所指出的“诗乃人情之所止，心之所有为情，以语言表之即成诗”。因此，若个人情感（之止）为真，且个人心灵为纯洁及真实，则情感与心灵皆应表现出“道”，且与真理一致。因此，接踵而来的即：当一个人真正参与文学活动时，就等于参与事实的揭发，因而，与“心”“道”在内容及本质上合一的前提下，诗与一般文学就成为真理的工具，如同其成为个人情感及心灵的工具一样。依我个人的意见，对“文以载道”的再释，不仅正确地再建了儒家观点，且亦指出了文学创作的真正价值——特殊及普遍的统一。

现在我们来看看儒家对文学创作的观点。就老子及庄子的解说，万物所由生的道，视真实为无限、无数、含混及空虚的。无定的“空虚”（无）如同万物回归休息之处，是创造的来源。“道”（无的实体）的运行包含所有，且存于阴柔、微妙、显著及阴晦之中。生命的创造力不为事物的有限形式及色彩所阻挡及滞碍的运行。由此而观，一个人唯有由无限的“道”中取其精神以自由运行及体验世上最微妙的变化，方能具有创造力。要想具有创造力，其所能做的就是超越自己的界限及自我，且与道（即创造力的来源）合一。在与“道”合一方面，他将处于一经验自然事物的真实状态之立场。自然是“道”的显现，也因此表达了事物的真实性。这种对事物真实性及真相的表达，在创造力本身，是一项无穷喜乐，也是个人的自我满足或自我实现。

当个人与“道”合一及探究事物的生命起源时，即打破了主观自我的界限，且达到客观与主观的合一。就这层意义而言，他将经验及展示生活中的纯洁及单纯。如同张钟元[8]所说，他将会有一种“人类与宇宙合一所经由的经验”。这项视“道”为实在的无限不定来源，及就万物生成与回归而言的创造力量，在老子《道德经》皆有充分的说明。庄子更进一步的解释，人类就与（道）合一而化为其他事物，及超越有限透视的先观性及主观性，以蕴含“道”（所有透视中的透视）的无限透视及主观意识。每个人在问及两位作者时，都会感到，他们对“道”及其创造力的解释，为文学创作提供了一最刺激但也最稳固的基础。事实上，中国诗学及艺术（如绘画）就广义而言，均为道家哲学对“道”的想象及理想所影响，正如同其亦为儒家对人性的想象及理想所影响一样。

道家哲学经验的影响及具体实现，乃在下列几项：

（1）诗的经验乃为具体实现自然界中事物的存在真相。它要求诗人去经验精神的（形而上学的）运行以及自然界中事物的创造力；如此，诗人才能表达此种运行，而非运行的事物。

（2）“道”是清净、纯正、质朴的；它充满活力，但在创造力方面又是非常隐匿的。因此，真正诗的经验必须反映质朴、纯正、清净及如同自然般的活力。

（3）“道”由其自发性及自由性而生成万物，因此，一首好诗必须含有自发及自由的特性。

（4）虽然“道”深邃而微妙，但由其所创出的东西，纵使充满各种可能性，也还是明显易了的。因此，一首好的诗必须让一般人了解，且应显示真相的一面，以求反映及对真相本身的再体认。“道”本身是不可分的整体、不被扰乱的虚静，因此，好诗应该展现整体性及虚静性。

（5）“道”本身是不可分的整体及不被扰乱的虚静，因此，一首好诗应该单纯质朴地展现整体观念及虚静观念。

（6）“道”不限于主观个人，它必须统合主观与客观。因此，一首好诗不可以使主观遮盖了客观，相反的，必须使主观的情感成为陈述显露客观的内在境域。在这层意义上，我们只有客观地明晰展现，而不见个人的涉入。

（7）“道”的客观性充满了宇宙整体的生命与精神。因此当我们不带主观的阻碍，尽可能自然好的表现诗中之客观性时，我们所表现的方能具有生动的人性意义。

这些为诗的创造而属“道”的原则及观念，导向艺术观念的形式，且引申出中国文学理论及文学理论的特征。为了说明起见，我们可以提出两项主要的观念及其附带特征。其中的一项就是为张钟元解释成“神韵”的精神韵律。“神韵”就诗及绘画的运用而言，指的是诗人或画家，在写作诗或创造艺术中所体验的震动韵律。它表示一种无限精神的活动。这份创造的经验将主观渗透入客观，反之亦然。它也表示，“道”的运行已经达成其最微妙的会悟，正如同树上新叶的生长。张钟元以如是之观念解说成“诗人的主观与物体的客观真实性间的混成结果”。

另一项观念则为“境界”，张钟元将其解释为“诗人之内在领域，而神韵动乎其中”。换言之，“境界”是人在对本体的经验之中对本体的经验与参悟既深达且玄奥所达到的内心世界。如果他的经验肤浅又有限，则其“境界”也同样的是肤浅及有限的。最玄奥乃至上的“境界”孕生于诗人与“道”的本体相融为一体之诗，且在整体中藉由事物及其性质外显。这项内心上的成就在反映诗的意象及其创作之中，已将“道”的本质及“道”的自发性带入语言的形式中。这项将“境界”视为诗人潜在价值之观念，与诗本身的潜在价值有关。诗表现人，正如同诗人借诗的创作表现诗。其间的关系即：诗人（表现）——诗（创作）；诗（表现）——诗人（鉴赏）。

再可指出，诗的创作是个人自我实现的一项成就及索引。在诗中，我们发现诗的创作即如以下过程：形而上（道）——形（诗）。而诗的鉴赏即为以下过程：形（诗）——形而上（道）。此又再度显示，中国诗学对“境界”的观念，有一隐匿或基本的“道”之前提。

中国诗学批评家及理论家已为中国诗及中国人开展了分类及评价方面的复杂体系。有关此体系的佳例，有如六朝时代的钟嵘《诗品》及皎然《诗式》。根据这些体系，我们可以依据诗及诗人揭发事实的能力及诗人自我实现的层次，按着他们的价值差异来判断诗及诗人。这一观念似乎很普遍，即：诗的最高成就就是由“至高”“至远”“自发”等字所代表的质朴、自发性及自然。根据这些标准，一些诗人势必要较其他诗人“高”及“远”。晚近的朱熹也支持如是之主张。

现今，我们已有王国维“有我之境”及“无我之境”的著名区分。后者掌握了道家永不为辞藻而受累的自然及自发之观念。一般相信，据此样式，将得以展现及传达最高层次的真相及意义（即道）。事实上也可如此假定：当一首诗完成于自然及自发的情况下，将可自然展现其中的生动性，及传达存于事物的生动性中之道的真谛。在诸如此类的诗中，诗人的内心世界与“道”的精神合一，且不在对事物的显露上，扮饰其自身或外物。这就是王国维所谓的“无我之境”。由对此观念的理解及依此标准，陶潜、李白、谢灵运才够得上是一流的诗人。

由表面上看，道家与儒家对诗的观点似相矛盾。儒家批评及诗人着重于外述的重要性，他们由社会及道德历史的内涵去表现人性及人类境况；而道家批评及诗人则主张超越上述种种界限，以表现及了解道在一切自发之自然及生命中所具有的真实性。

儒家及根植于对人性及人类境况的了解之道家，皆存有对创作诗的不同意见；然而，此意见的不一，靠着儒道双方为了解人性及人类境况所共享的努力，即可加以统合及协调。就儒道所各表现到的意义之人性真谛及人性意义而言，其双方的意见皆同样真实且为人所接受。诗所能陈述及“表达”的事物相当丰富。为“表达”真实中一切的真相所做之真正及成功的努力，势必将证诸我们对人性及其境况与其想象及喜乐的了解方面而具有意义。倾向儒家的诗将激起我们对人性及人类状况的深远共鸣。倾向道家的诗则将带领我们走向对个人精神自由及个体发生喜乐的满足状态之参悟。

人性有许多相关的层面。如果我们承认人性的多元性及其潜在的相关性，则准能够认清儒道对诗的观念之一致。儒道的不同处，成为洞察人性及人类经验的丰富及深奥之一项来源。伟大的诗人，不论其崇儒或向道，总是有鉴赏的能力。儒道的批评家在下属观点是一致的：诗是诗人的一种投射，它应该反映诗人的真实人格及其内心精神世界；如此，才可说，诗的伟大之处及由其本身之伟大而生成。诗人在反映真相及人性，或以最敏锐及自然的方式将其表现出来之前，必须要修养自己去探查真相及关怀人性。

在儒、道观点中写作好诗，诗人有必要做一番修养。因而，一位好的诗人，能经由不同的形式及想象力，表现人性及人类境况，或与不同的情况发生关联。因而，他唤醒读者的心灵，也将读者带向人性更高更广的层面。儒道两家的诗都能达到此一作用。因此，所有伟大的诗人，无论是“倾儒”的杜甫，或是“倾道”的陶潜，他们在洞察人生及真相方面，都同样伟大，只不过其一较具社会意识，而另一则较诉诸个人。这道理也适用于其他诗人及文学家，如白居易、王维、屈原，同样也适用汉魏古诗。

前面我们已表示过，文化与哲学的倾向如何在中国传统中体现于文学作品的不同类型，以及文学和诗学标准上的不同类型。我们也举出，在文学上创作诗的综合理论中（其强调表现人性及人类境况的重要性），诗及文学的呈现模式如何发展并竭力解决或协调人性及人类境况的不同目标。事实上，这些不同的存在，为文学理论的综合力量，提供了一项好的实验。现在，我们须在理解东方（中国）与西方在设立一概括性及作用性的文学理论之时，面对所有的文化及哲学的代沟及不同之处。在这篇长文里，我们无暇再详述西方文化及哲学的特质，以期接触中国文化及哲学，或在自觉的文学理论重视用其调和。但我们可对两样事情做一样概述。

首先，西方对文化及哲学所持的态度通常与中国不同。西方文化及哲学的一大特质在于强调，视以神为中心的宗教及超越哲学为启发、畏惧、吸引人的一种永恒理想及超越主义及理论倾向，以及分别有希腊及犹太民族发展造成，且大大决定了西方在生命及文化的不同领域内之思想方式。当一些早已定型或由客观超越意识所提出的不同观点在竞争中得以发展时，他们就带向许多冲突及压力。

一个现代哲学（从文艺复兴时代至目前）的读者，不能为来自生命、社会及历史的各色各样竞争观点而遭受打击。较妥当的说法是，由各样的主题，诸如：多样性、冲突、进步理想、神为超越客体及客观真相，都表达出西方人对人类生命及命运的想象。这些主题不只在西方哲学中为人所讨论，其本身亦试图表现西方文学活动的特征。就西方人而言，文学活动或许可说是出于以杰出的方法去探究或解决冲突之冲动，而非出于中国式的人性或人类境况之个体体验。这是第二项有关西方文化及哲学态度的观察。

心中存有此两项观察，则我们便可解释，为何在目前西方的现代社会中，诗愈来愈不及小说或似小说的非小说，能成为观察现代人的生活及文化真相之工具。由于现代社会的发展及人类越来越感觉得到身于其中的困境，客观的描述观点似乎渐渐取代了主观的描述观点。一个现代文学理论，毫无疑问的，必须注意到西方文化及哲学的状态，及在现代社会中发展对西方文学的个体发生及种类进化之解释，以与古典西方或传统中国做一比较。这些问题势必将带向诸多有效的观察，及对文学创作、批评理论和其在现代社会中所有具有的地位之了解。他们也将带我们去了解孕育于其中的一项文学理论，如何能在现代世界中提供对人类情景所有的问题之参悟。

（选自成中英《本体与诠释：美学、文学与艺术》，浙江大学出版社2011年版）

【注释】

［1］新批评运动：英美现代文学批评中最有影响的思潮之一，20世纪20年代在英国发端，30年代在美国形成，并于四五十年代在美国蔚成大势。50年代后期，新批评渐趋衰落，但新批评提倡和实践的立足文本的语义分析仍不失为文学批评的基本方法之一，对当今的文学批评尤其是诗歌批评产生了深远的影响。

［2］罗素：伯特兰·罗素（1872—1970），20世纪英国哲学家、数理逻辑学家、历史学家，无神论或者不可知论者。现代西方最著名、影响最大的学者和和平主义社会活动家之一，罗素也被认为是与弗雷格、维特根斯坦和怀特海一同创建了分析哲学。他与怀特海合著的《数学原理》对逻辑学、数学、集合论、语言学和分析哲学有着巨大影响。1950年，罗素获得诺贝尔文学奖，以表彰其“多样且重要的作品，持续不断的追求人道主义理想和思想自由”。他的代表作品有《幸福之路》《西方哲学史》《数学原理》《物的分

析》等。

[3] 维特根斯坦：路德维希·维特根斯坦（1889—1951），出生于奥地利，后入英国籍。哲学家、数理逻辑学家，语言哲学的奠基人，20世纪最有影响的哲学家之一。他的主要著作《逻辑哲学论》和《哲学研究》分别代表了横贯其一生的哲学道路的两个互为对比的阶段。前者主要是解构，让哲学成为语言学问题。后者又把哲学回归哲学，在解构之后是建构，哲学的本质应该在日常生活中解决，在“游戏”中理解游戏。

[4] 奥斯汀：约翰·朗肖·奥斯汀（1911—1960），英国哲学家，牛津日常语言学派的代表人物之一。主要哲学著作《哲学论文集》《如何用言语行事》《感觉和可感觉物》。奥斯汀深受摩尔和维特根斯坦哲学的影响，在研究哲学时从对日常语言的仔细分析入手。在语言哲学方面，反对把意义看作一种实体，分析命题与综合命题的区分是无根据的。命题的真实性在于它与有关事实相符。奥斯汀影响最大的理论是言语行为理论。

[5] 卡尔纳普：鲁道夫·卡尔纳普（1891—1970），美国哲学家。逻辑实证主义的主要代表，维也纳学派的领袖之一。他是学物理和数学出身的，在耶那大学曾受业于弗雷格，研究逻辑学、数学、语言的概念结构。他的代表作品有《空间·论科学哲学》《论物理学的任务和简化原则之应用》《世界的逻辑结构》等。

[6] 艾耶尔：阿尔弗雷德·艾耶尔（1910—1989），英国哲学家，逻辑经验主义者。艾耶尔是最早在英国传播逻辑实证主义的人之一，他的《语言、真理与逻辑》一书，曾经被视为通俗阐述逻辑实证主义观点的教材，在当时的英国哲学界引起很大震动。艾耶尔早期完全接受维也纳学派的意义理论，认为哲学仅仅是一种分析活动，其正当任务主要是从事语义分析、定义分析、认识论分析、辩护分析、构成分析和语言的日常用法分析。

[7] 出自《论语·阳货》。

[8] 张钟元：美国华裔学者，哲学家。1963年在美国出版《创造性与道教》。该书考察了道教思想对艺术和诗歌的影响。张钟元重视海德格尔哲学思想与道家思想的深层次应和关系。

【点评】

本篇文章是成中英的早期论文，是其长篇论文《论现代文学理论的适当条件——一项哲学性的探讨》的第五部分，阐述了文学与哲学、文化等意识形态具有共同的主题及所关怀的问题。

谈到从事文学理论的适当条件，成中英以为必须提到一个重要条件，即敏锐而深刻的洞察力或哲学的悟性。只有凭借敏锐而深刻的洞察力和悟性，文论家才能走出困惑。在这个意义上，洞察就是一种体验，悟性就是一种探索，它使文论家能从各种习见的日常生活和文艺现象中一下子领悟到深层的意义，将文艺的思维活动从常识水平提升到与哲学思辨同样的高度上。哲学家也时常谈及并重视艺术的形而上学，正如海德格尔所言，艺术从根本上说就是揭示真理，是一种对此在的昭示和创造，人们在艺术中逼近了本源，回到了存在的家园。成中英就是这种探求艺术真理的诗性哲学家。在他看来，哲学文化与诗歌艺术之间无法给出断然的区分，两者相互阅读，相互支撑，共同探求意识、历史、世界意义的归属。

对文学的文化哲学思考，可以而且应该超越文学，但这种思考却又总是植根于历史之中。成中英是顺着儒、道思想特点及其对传统审美意识的内在影响这一角度来展开思路并深入考察的，其理由是儒、道两家的文化思想，在中国古代文化中占有主导的地位，它们都有严密而完整的理论形态，在长期不断互相激荡的进程中，形成中华传统文化的主体结构，并使中国古代文化上升为具有理论体系的传统，在历史发展中产生了巨大的影响。成中英就是在儒道两家文论的“前理解”结构中进行的。一方面，他认为孔子清晰地陈述了诗的社会、教育以及人性的价值，即“兴于诗，立于礼，成于乐”。儒家重视人的德性，导向善美的建构，儒家伦理是中国诗学的基础，美如果没有善，就缺乏实在性，也因而缺乏价值。另一方面，他也注意到道教的审美价值，认为道家青睐自然，在自然的事物当中找到自己生命的意义和同一性，把天地、草木、山川等各种自然事物看作美的载体。道家主张虚实相应，只有在空灵的背景下，充实之美才更为可爱，在充实的生命活动中，宇宙人生才能透露出虚灵之美，儒家的充实与道家的空灵，构成中国诗学之为本体诗学的两种维度。从儒家、道家的具体历史发展来看，我们可以制定出美之为美的三对重要范畴：阳刚与阴柔，充实与空灵，理趣与气韵。因此，我们可以发现“充实”与“空灵”被表现为“有无之境”中的两极。在中国传统文化中，这两极各自被儒家和道家所秉持。而这两家又正好是中国哲学、美学中的两大流派。尽管我们把它们称作“两极”，从本体论层面来看它们在“有无之境”中仍拥有相互渗透的属性。

文学当然以成就美感价值为首选和主轴。但这并不是说审美功能是它的唯一功能，我们阅读一篇文学作品，除了领略其美感外，还可体味作者所欲传达的意义。所以，文学作品的美感与意义，乃是密不可分的。所谓意义，是作品的灵魂，文学作品的价值，即在于它本身就是人类探索意义、发掘意义、建构意义的理想媒介。人类文化是一个意义系统，语言文字是这个意义系统的核心，文学家营造生动的形象和优美的意境，以探寻人的存在和意义，就是在这文化的核心处进行书写文化生命的工作。没有任何文学创作能在文化及心智的真空状态下发生。一部文学作品的伟大及其具有价值的程度，依赖于其如何能成功地体现一个文化传统，且同时彰显人性及人类境况的深度。

成中英的研究暗示这样一个结果：思想与文学的相互影响已经存在于一个漫长的历史时期中，任何后来的书写者（无论是诗人还是哲学家）都无法避免在“诗—思”这个双面体的精神场域中进行各自的创造活动，这个一体两面所给予的，乃是一个具有精神属性却有着巨大引力的空间，庄严的哲学与醇美的文学运行其中，它们以双向反馈的方式扩展自身的领域，从而既确证自身，又丰富自身。

【链接】

1. 成中英：《本体与诠释：美学、文学与艺术》，浙江大学出版社 2011 年版。

2. 成中英：《合外内之道——儒家哲学论》，中国社会科学出版社 2001 年版。

3. 刘昌元：《文学中的哲学思考》，台北联经图书公司 2002 年版。

4. 周宪：《超越文学——文学的文化哲学思考》，生活·读书·新知三联书店 1997 年版。

第三辑　中国文化与哲性诗学

读 经

熊十力

经书难读，不独名物训诂[1]之难而已。名物训诂一切清楚，可以谓之通经乎？此犹不必相干也。此话，要说便长，吾不愿多说，亦不必多说，吾只述我少年读《诗经》的一个故事。

我在少年读《诗经》之先，已经读过《四书》[2]，当然不甚了解，却是当读《诗经》时，便晓得把孔子论《诗》的话来印证。《论语》记孔子曰："《关雎》乐而不淫，哀而不伤。"我在《关雎》章中，细细玩索这个义味，硬是玩不出来。《论语》又记夫子说："诗三百，一言以蔽之，曰思无邪。"我那时似用《诗》义折中的注本，虽把朱子《诗传》中许多以为淫奔的说法，多改正了。而还有硬是淫奔之诗，还能变改朱子的说法的。除淫奔以外，还有许多抒发忿恨心情的诗，如何全说无邪？《论语》又记，"子谓伯鱼，汝为《周南》《召南》矣乎！人而不为《周南》《召南》，其犹正墙面而立也欤"。朱注：正墙面而立者，物无所见，一步不能行。易言之，即是不能生活下去的样子。人而不为二《南》，何故便至如此。我苦思这道理总不知夫子是怎生见地，朱注也不足以开我胸次，我又闷极了。总之，我当时除遵注疏，通其可通的字面而外，于《诗经》，得不到何种意境。又想借助孔子的话来印证，无奈又不能了解孔子的意思。

到后来，自己稍有长进，仿佛自己胸际有一点物事的时候，又常把上述孔子的话来深深体会，乃若有契悟。我才体会到孔子是有如大造生意一般的丰富的生活，所以读《关雎》便感得乐不淫哀不伤的情味。至于思无邪的说法，缘他见到宇宙本来是真实的，人生本来是至善的。虽然人生有很多不善的行为，却须知不善正是从善对照出来的。而善也待不善才显发的。不善与善相对，毕竟是显发一个绝对的善来。吾夫子从他天理烂熟的理蕴去读诗，所以不论他是二《南》之和，《商颂》[3]之肃，以及《郑》[4]之淫，《唐》[5]之啬，《秦》[6]之悍，《雅》之怨等等，夫子却一概见为思无邪。原来《三百篇》都是人生的自然表现，贞淫美刺的各方面，称情流露，合而观之，毕竟见得人生本来清净。夫子这等理境，真令我欲赞叹而无从。宋儒便追寻不到。反说什么善的诗可以劝，恶的诗可以惩。用这般狭隘的见解，来推测圣怀，也就不会读《三百篇》。

再说人而不为《周南》《召南》，何故便成面墙。我三十以后，渐渐识得这个意思，却也无从说明。这个意思的丰富与渊微，在我是无法形容的。郭象《庄子注》，所谓“彰声而声遗，不彰声而声全”[7]，就是这般滋味。如果要我强说一句，我只好还引夫子的话：“道不远人，人之为道而远人，不可以为道。”这个意义，广大精微，孔子哲学底根本主张就可如此探索得来。他确是受过二《南》的影响。话虽如此，但非对孔子底整个思想有甚深了解的人，毕竟不堪识此意味。我又可引陶诗一句，略示一点意思，就是“即事多所欣”[8]一句。试读《葛覃》[9]《采蘋》[10]诸诗，潜心玩味，便见他在日常生活里，自有一种欣悦和适勤勉温柔敦厚庄敬日强等等的意趣，现前具足，用不着天国与涅槃来安慰。我们读二《南》，可以识得人生的意义与价值，大步走上人生的坦途，直前努力，再不至面墙了。这是孔子所启示于我的。

孔子论诗是千古无两。唯孔子以他的理境，去融会三百篇《诗》的理境。唯三百篇《诗》是具有理境的诗，才能引发孔子的理境。这两方面的条件，缺一不行。

我想我个人前后读《诗经》和《论语》的经验，我深信读经之难，不仅在名物训诂。训诂弄清了，还不配说懂得经。这是我郑重向时贤申明的苦心。

（选自熊十力《原儒》，上海龙门联合书局 1956 年版）

【注释】

［1］名物训诂：用训诂学的方法对名物的解释和考证。所谓名物，早期的狭义说法是指草木鸟兽虫鱼等生物的名称，后来逐步扩大到车马、富室、冠服、星宿、山川、郡国、职官和人的命名等领域。

［2］四书：《论语》《孟子》《大学》《中庸》的合称。

［3］《商颂》：《诗经》“风”“雅”“颂”中的颂篇之一，为先秦时代的宋国诗歌。

［4］《郑》：指《郑风》，《诗经》十五国风之一，为先秦时代郑地汉族民歌，共二十一篇，其中写男女爱情的诗篇居多。

［5］《唐》：指《唐风》，《诗经》十五国风之一，为先秦时代唐国（晋国）华夏族民歌，共十二篇。

［6］《秦》：指《秦风》，《诗经》十五国风之一，为秦地汉族民歌，共十篇。

［7］彰声而声遗，不彰声而声全：出自郭象《庄子注》，意指人越是刻意言说则离道越远，与道为一的最好办法就是“无言”，齐物方可达道，无言最是逍遥。

［8］即事多所欣：出自陶渊明的《癸卯岁始春怀古田舍》一诗。指劳作已经使我十分开心。

［9］《葛覃》：《诗经·周南》的一篇，为先秦时代华夏族民歌。这是一首劳动人民的诗歌，描写女子准备回家探望爹娘的情景。

［10］《采蘋》：《诗经·召南》的一篇，是一首先秦时代的汉族诗歌。此诗描述了女

子采摘蘋草、水藻，置办祭祀祖先等活动，真实记载了当时女子出嫁前的一种风俗。

【点评】

熊十力的宗趣在学问本身，在保存并发扬儒学血脉，在于赋予社会世人更多的古儒精神。对于六经，熊十力既著《原儒》，又有《六经是孔子晚年定论》的专文，故其对“六经”的尊奉，自是不待言说的。他所常常提及的“根本巨典”“固有宝藏”，从历史的角度看，也是首先指儒家的六经。

儒学作为中国人自有的文化体系和精神世界，是以儒家文化成人或德性人格理想塑造为主脉之一，在儒释道三教争鸣融合的基础上结晶而成的中国传统人生智慧。千百年来，儒学始终坚持以人文教化和培育新人为己任。春秋末年，孔子编订了《诗》《书》《礼》《易》《乐》《春秋》六经，成为儒生们学习的范本，但当时经学并未产生。自从汉武帝罢黜百家，独尊儒术之后，确立了儒家经典的经的地位。于是《诗经》《尚书》《礼记》《周易》《春秋》这五经成了官学，设五经博士，从经生中选拔官吏，诏书、奏议、议论和言谈“莫不援引经义以为据依”。经学由此正式诞生。经学一词最早见于《汉书·邹阳传》：“邹鲁多经学，齐楚多辨智。”后多指注解经书，阐明其义理的学问。现所说的儒家经典，是指十三经，即《诗经》《尚书》《周礼》《仪礼》《礼记》《周易》《春秋左传》《春秋公羊传》《春秋谷梁传》《论语》《孝经》《尔雅》《孟子》。

熊十力以自己读经的体验来告诉我们，读经的难，不仅难在名物训诂上面，更难在于理解古人们真正的胸怀，这需要有深厚的功底和对人生的透彻感知，不是一朝一夕可以达到的境界。

读经的根本要素在于理境。这理境便是极高的道德修养、极深的学识修养和极强的人生感知力。若人没有这理境，经书的理境是难以体会得到的。熊十力在少年的时候读《诗经》，无论如何也不能体会孔子所说的“思无邪”，正是因为没有孔子的理境，他所处的境界还只是局限于人生的善恶和喜怒哀乐的表象，而孔子则是见到了宇宙和人生的本质：善与恶是相对而存在的，人生的贞淫美刺都是真情流露，是自然的表现。《论语》中孔子对“二南”的评点的要旨是“明性情之真净，见道德之崇宏，显发人生无上甚深境界”。而所谓“兴观群怨”，则是对生民穷困悲吟之所由的洞悉，所以，“与民同患”必然是孔子诗传的主要精神。

熊十力认为读经是不易的，只有具备了读经的条件，才算没有白读。中学生读经要慎重，如有好的教员加以引导，可选读一些，通晓经书的理境亦能对身心大有裨益。

在熊十力看来，对《诗经》乃至儒学真谛的把握，不应该只是局限于文献的搜集、校勘、训诂和考释上，如这样做，只能理解得经书最表面浅显的意思，流于世俗的见解，至于背后的圣人的真意却失了，“莫识自然之趣，则心思则已陷于小知间间，不得超脱”，结果自然不解经书之大意。

“六经”义理内涵所呈现的，就是中华文化的道德理性精神。《庄子·天下篇》写道：“《诗》以道志，《书》以道事，《礼》以道行，《乐》以道和，《易》以道阴阳，《春秋》以道名分。”其对“六经”义理宗趣的阐释，不失为得义之言。在浩瀚的儒学经典中，《诗》的德行风雅、《书》之于治国理政、《礼》之于制度规范、《乐》的和美理念、《易》之于思辨哲理和《春秋》表征的历史文化，无不蕴含着提升认定心智的化育禀赋。儒学的育人宗旨，在于涵养人格，大学之道在于“明明德”。两千多年来，一代代中国人就是在人生实践中塑造人格，在塑造人格之中探索真理，从而演绎出华夏民族灿烂的文化历史，也提炼出内涵丰富的人生修养境界。因此，熊十力标称，“六经”是中国人做人和立国的基本依据。

【链接】

1. 熊十力：《原儒》，中国人民大学出版社 2006 年版。
2. 熊十力：《读经示要》，中国人民大学出版社 2006 年版。
3. 郭齐勇：《天地间一个读书人——熊十力传》，上海文艺出版社 1994 年版。
4. 聂民玉：《体用不二：熊十力经学思想研究》，人民出版社 2010 年版。

中国文化与中国文学（节选）

钱　穆

一

“文化”乃指人类生活多方面的一个综合体而言，而“文学”则是文化体系中重要之一部门。欲求了解某一民族之文学特性，必于其文化之全体系中求之。换言之，若我们能了解得某一民族之文学特性，亦可对于了解此一民族之文化特性有大启示。此下所述，乃在就中国之文化特性而求了解中国文学特性之一种尝试，而所述则偏重在文学之一面。

二

试分六端逐一述说之：

甲　就表达文学之工具言

文学必赖文字为工具而表达，而中国文字正有其独特之性格。与其他民族文字相比较，其他民族语言与文字之隔离较相近，而中国独较相远。但语言随地随时而变，与语言较相近之文学，易受时地之限制，而陷于地域性与时间性。中国文学则正因其文字与语言隔离较远，乃较不受时地之限制。

就《诗经》言，雅、颂之与十五国风，其所包括之地域已甚广大，但论其文学之风格与情调，相互间实无甚大差异。是中国文学在当时，实已超出了地域性之限制，可谓已形成了当时一种世界性、国际性的文学。秦代统一，书同文，此下中国长为大一统的国家，亦可谓乃有大一统的文学；此其基于文字之影响者特大，可无烦详论。

再就《诗经》之时代言，其作品距离现代，最远当在三千年以上，最近亦在两千五百年之外。但今日一初中学生，只需稍加指点，便可了解其大义。试举例言之。如：一日不见，如三秋兮。此句除末尾一“兮”字外，上七字，即十一二龄之幼稚学生亦可懂。故此一语，遂得成为二千五百年来中国社会一句传诵不辍之成语。又如：昔我往矣，杨柳依依。今我来思，雨雪霏霏。此两语，除“思”字外，“依依”、“霏霏”四字，须稍经阐释，而此两千五百年以前之一节绝妙文辞，其情景，其意象，直令在两千五百年以下之一个十一二龄之幼稚学生，亦可了解，如在目前，抑不啻若自其口出。又如：投我以木瓜，报之以琼琚，匪报也，永以为好也。此一章，惟“琼琚”二字须略加说明，全节含义，跃然纸上，十一二龄之幼稚生，仍可领会。

以上不过随拈三例，其他类此者尚多。若使一聪慧之高中学生，年龄在十七八左右，获得良师指导，可以不费甚大功力，而对于此两千五百年以前之一部最高文学，约可以诵习其四分之一，当无困难。国人习熟，视若固然。然试问，世界尚有其他民族，亦能不费甚大功力，而直接诵习其两三千年以上之文字与文学如中国之例否？

中国文学可谓有两大特点：（一）普遍性：指其感被之广[1]。（二）传统性：言其持续之久。其不受时地之限隔，即是中国文化之特点所在。此即《易传》所谓之“可大”与“可久”。而此特点，其最大因缘，可谓即基于其文字之特点。

本此观点而专就文学立场言，此即中国文学上之所谓“雅俗”问题。“雅”本为西周时代西方之土音，因西周人统一了当时的中国，于是西方之雅，遂获得其普遍性。文学之特富于普遍性者遂亦称为“雅”。“俗”则指其限于地域性而言。又自此引申，凡文学之特富传统性者亦称“雅”。“俗”则指其限于时间性而言。孰不期望其文学作品之流传之广与持续之久，故中国文学“尚雅”一观念，实乃绝无可以非难。

乙　就表达文学之场合言

文学表达，每有一特定之场合，指其有特定之时空对象，此乃连带及于文学之使用问题。就广义言，文学应可分为四项：

（一）唱的文学：原始诗歌属之。此殆为世界各民族所有文学之一种最早的共同起源。

（二）说的文学：原始神话与故事小说属之。

以上两项，亦可称为“听的文学”，乃谓其表达于他人之听觉。

（三）做的文学：即表演的文学，原始舞蹈与戏剧属之。亦可称为“看的文学”，乃谓其表达于他人之视觉。

（四）写的文学：此始为正式形之于文字之文学。亦可称为“读的文学”。此与上述第三项不同。因看表演与读文字不同。读的文学亦可称为“想的文学”，因读者必凭所读而自加以一番想象。此亦可谓其表达于他人之心觉。

若我们称前三项为原始直接的文学，则第四项表达之于文字之文学，实乃一种后起而间接之文学。若我们认为第四项表达之于文字之文学始为正式的文学，则前三项仅是一种原始的文学资料。

继此又有一问题连带发生，即此一民族所发明之文字，苟其与此民族本有之语言相距不甚远，则甚易把其原所本有之前三项直接的文学资料，即用文字记录而成为写的文学。故世界各民族一般文学之起始，往往以诗歌与神话、故事、小说及戏剧为主，职以此故。

但若此一民族之文字与语言，相隔距离较远，则便不易将其在未有文字以前之许多原始文学材料，用文字记录而成为写的文学。于是此一民族之正式的写的文学，亦易与前三项唱的、说的、做的原始文学隔离，而势须别具匠心，另起炉灶，重新创造。此乃中国文学起源所由与其他民族甚有所不同之主要一因。此事固当从文化全体系中之各方面而阐说之，而文字之影响，要为其极显然者。

今姑名前一种为较直接的文学，后一种为较间接的文学，当知两者间可有甚大之不同。前一种文学之对象，因其常为直接当前之群众，故创作者与欣赏者之间，易起一种活泼动荡之交流。而后一种文学，其对象则常非对面觌体[2]，直接当前，读者则仅在作者之心象中存在，故此项文学之创作者与欣赏者之间，相隔距离较远，其相互间之心灵交流亦较不易见，因此亦较不活泼，而转富于一种深厚蕴蓄之情味。

从另一面言之，前一种文学，因其对象直接当前而较多限制性，此即前文所谓时地之限制。因于此种限制，而作者内心所要求于读者之欣赏程度，亦不能不有所限制。故此种文学之内容，必然将更富于通俗性，更富于具体性与激动性。而此项文学之写成，则往往可以经历长时期多人之修改与增饰。因此项文学之主要特性，乃偏向外倾，常须迁就于当前外在之欣赏者而变动其作品之内容。后一种文学，其对象既不直接当前，因此较广泛，较少时地限制，在作者内心所要求于读者之欣赏程度，较可由作者之自由想象自由选择而提高。因而此种文学之内容，则较不受外在欣赏者之影响。因欣赏者既不当前，则所谓“以俟知者知”[3]，如是则较富于内倾性。而此辈知者，既常不在一地，乃至不在一时，因此其文学内容，亦比较多采抽象性，重蕴蓄，富于沉思性与固定性，乃由作者自造一批心象中之读者，可以不顾有否外在之读者而自抒心灵。此种文学，则必待读者方面之深思体会，而始可以了解作家之内心。

我常言中国文化为偏向于内倾型者，而中国文学正亦具此特性。上述前一种较直接的文学，如神话、故事、小说、戏剧等，在中国古代文学开始，乃不占重要地位，亦并无甚大发展。此亦当于中国文化之全体系中之各方面而求其理解，此则亦仅就文学史立场言。

即就《诗经》三百首言，雅颂可不论。即十五国风，亦已经政府采诗之官，经过一番“雅化”工夫而写定。即如《周南》首篇《关关雎鸠》，其题材纵是采于江汉之民间，然其文字音节殆已均经改写，决不当认为在西周初年江汉民间本有此典雅之歌辞。采诗之官，亦仅有采集之责，而润饰修改之者则犹有人在。是则中国古代文学，一开始即求超脱通俗的时地限制，而向较不直接的雅化的趋向而发展，亦可断知。

复有另一分辨当继此申述者。上述前一种文学，比较多起于人类社会之自然兴趣与自然要求。近代人则多称此种文学为“纯文学”，盖因其不为社会之某种需要与某种应用而产生，此乃一种无所为而为者。亦可谓是由于人类心性中之特有的文学兴趣与文学需求而产生，故谓之为是纯文学性的文学。而后一种文学则不然，大体言之，乃多应于社会上之其他需要与特种应用而产生，此种文学乃特富于社会实用性。因而此种文学乃易融入社会其他方面，而不见其有独特发展与隔别自在之现象。而中国文学之早期发展，则显然属于此一类。故经、史、子、集之次序，亦以集部[4]之兴起为最后。经、史、子三部皆非纯文学，由其皆具特殊应用性，皆应于社会之某一种需要而兴起而成立。

“六经皆史”[5]，“史”指官文书言，可谓是一种政治文件，或政府档案，此皆有其在政治上之特殊使用。诗三百首，不外颂扬讽刺，皆有政治对象，皆于政治场合中使用。其他诸经可以例推。史则属于历史记载，子则属于思想著录，是皆具备某种应用性而非可归之于纯文学之范围，亦不烦详说。

集部之正式开始，严格言之，当起于晚汉建安之后。故范晔[6]《后汉书》乃始有《文苑传》。若求之古代，惟屈原《离骚》，可谓是一种纯文学作品。但若从另一方面看，亦可说屈原乃由于政治动机而作《离骚》。其内心动机，仍属于政治的。太史公《屈原列传》发明其作意，可谓深切著明。故就屈原个人言，决不当目之为是一纯文学家，而《离骚》亦不得目之为是一种纯文学作品。中国之有纯文学家与纯文学作品，严格言之，当自建安以后。因此在中国历史上，开始并没有一种离开社会实际应用而独立自在与独立发展之纯文学，与独特之文学家。此亦正如在中国历史上，开始亦并没有分离独立之宗教与哲学，以及分离独立之宗教家与哲学家等。盖中国文化主要在看重当前社会之实际应用，又尚融通，不尚隔别。因此中国文学乃亦融入于社会之一切现实应用中，融入于经、史、子之各别应用中，而并无分隔独立之纯文学发展。此正为中国文学之特性，同时亦即是中国文化之特性。

丙　就表达文学之动机言

中国古代文学，乃就于社会某种需要、某种应用，而特加之以一番文辞之修饰。故曰：“言之无文，行之不远。”又曰：“修辞立其诚。”[7]此种意见，显本文辞修饰之效能言。至若纯文学之产生，则应更无其他动机，而以纯文学之兴趣为动机；此乃直抒性灵，无所为而为者。此等文体，则大率应起于建安之后。屈原《离骚》，非由纯文学动机来，前已言之。汉赋似当属于纯文学，然仍非由纯文学动机来。汉赋之使用场合，仍在政治圈中，而实乏可贵之效能。故扬雄晚而悔之[8]，转变途向，模拟经籍，是仍未脱向来传统。尝草《太玄》，人讥其艰深，世无好者，谓仅可覆酱瓿[9]。雄言：“无害也。后世复有扬子云，必好之矣。”此一语，始启以下文学价值可以独立自存之一种新觉醒。曹丕《典论·论文》谓：“文章经国之大业，不朽之盛事。”当知曹氏前一句，乃以前中国传统文学之共同标则；而后一句，乃属文学价值可以独立自存之一种新觉醒。此之所谓“不朽”，已非叔孙豹[10]立言不朽之旧观念。若论立言不朽，叔孙豹所举如臧文仲[11]，此下如孔、孟、庄、老，下至扬雄作《法言》《太玄》，亦皆立言不朽；惟其着意于文辞修饰，实已隐含有文章不朽之新意向，至曹丕而始明白言之。故曰：“年寿有时而尽，荣乐止乎其身，未若文章之无穷。”此种文学不朽观，下演迄于杜甫，益臻深挚。其诗曰：“但觉高歌有鬼神，焉知饿死填沟壑。”世无好者，乃始有饿死之忧，然无害也。至于后世是否仍有杜子美，亦可不计。引吭高歌，吾诗之美，已若有鬼神应声而至。此种精神，几等于一种宗教精神，所谓“推诸四海而皆准，质诸天地鬼神而无疑，百世以俟圣人而不惑”。不仅讲儒家修养者有此意境，即文学家修养而达于至高境界，亦同有此意境。中国文化体系中本无宗教，然此种自信精神，实为中国文化一向所重视之人文修养之一种至高境界，可与其他民族之宗教信仰等视并观。而中国文学家对于其所表达之文学所具有之一种意义与价值之内在的极高度之自信，正可以同时表达出中国内倾型文化之一种极深邃之含义。

此种精神，推而外之有如此。若言其收敛向内，则又必以作家个人为中心。所谓“道不虚行，存乎其人”也。请再举陈子昂一诗阐说之。子昂诗有云：“前不见古人，后不见来者，念天地之悠悠，独怆然而涕下。”此种文学家意境，实即中国文化中所一向重视之一种圣贤意境也。此诗从一方面看，则只见一怆然独泣之个人；然从另一方面看，在此个人之意境中，固是上接古人，下待来者，有一大传统存在之极度自信。彼之怆然独泣，实为天地悠悠之一脉之所存寄。金圣叹批《西厢》，在其序文中，有《思古人》《赠后人》两文。遇见最高文学索解无从之际，便易起此等感想。而子昂此诗之意境犹不止此，盖子昂身世，适值武后当朝，彼之《感遇诗》，正如嗣宗[12]《咏怀》，各有茹痛，难于畅宣。其忧世深情，立身大节，实非具有不求人知之最高修养，勿克臻此。上言中国文学为一种内倾性之文学，此种文学，必以作家个人为主。而此个人，则上承无穷，下启无穷，必具有传统上之一种极度自信。此种境界，实为中国标准学者之一种共同信仰与共同精神所在。若其表显于文学中，则必性情与道德合一，文学与人格合一，乃始可达此境界。而此种境界与精神，亦即中国文化之一种特有精神。苟其无此精神，则又何来有可大可久之业绩？

丁　就表达文学之借材言

此即文学之内容，属于题材选择方面者。中国之经、史、子三部，此皆有特定内容，皆有所为而发。而中国集部之最高境界，亦同贵于有所为，此亦文化体系中一大传统。故中国文学家最喜言有感而发，最重有寄托，而最戒无病呻吟。论其取材方面，则亦有其独特之匠心。盖中国文学题材，多抽象，少具体。多注重于共相，少注重于别相。此层已在上文约略述及。试再举例，如汉乐府“上山采靡芜，下山逢故夫”，此即一种共相。至于此故夫与此弃妇两人之个性如何，生活背景如何，相结合与相离弃之经过如何，凡属具体之分别相，要为中国文学所不重视。中国文学正因其较不受时空限制，乃亦不注重特定之时间与空间之特殊背景，与夫在此特殊时空背景中所产出之特殊个性。而求能超越时空与个性而显露出一个任何时地任何个性所能同鸣同感之抽象的共相来。此亦中国文化到处可见之一种共有精神。

请试再举中国之戏剧为例。戏剧亦文学中一支。中国戏剧发展较迟，并少获文学界之特别注意，然亦不脱中国文学之传统意境与共有精神。故中国戏剧亦深富一种特殊性，与其他民族之戏剧有所不同。戏剧表演应属最富具体性者，应重别相，而中国戏剧固不然。我尝言，中国戏剧，乃“语言音乐化，动作舞蹈化，场面绘画化”，此皆从注意抽象共相方面发展而来。故中国戏台无特定而具体之时空布景。戏中角色，使用面具，成为脸谱，将人类各各个性略去，而归纳出几个共相。所表演之故事，其实亦大同小异，忠奸义利，死生离合，悲欢歌哭，仍是侧重在抽象与共相方面。因此使观者得以遗弃迹貌，直透内情。纵使不了解其戏情本事，不熟悉其唱辞内容，亦能受甚深感动。盖已摆脱净了人世间种种特殊情况，而直扣观者之心弦，把握到人心一种超越而客观之同情，是亦中国传统文学中理想的一种最高境界，而中国戏剧亦莫能自外。

然戏剧与小说，在中国文学史上，发展较迟，并受外来影响。若论中国文学正宗，其取材又必以作者本身个人作中心，而即以此个人之日常生活为题材。由此个人之日常生活，而常连及于家国天下。儒家思想所谓修身、齐家、治国、平天下，亦从个人出发，而文学亦然。此个人之日常生活与其普通应接，皆成为此一家文学之最高题材。此一作家，务求将其日常人生能熔铸入其文学作品中；而其作品，则又全属短篇薄物，旁见侧出，而不失为一作家本身之最高中心。中国文学重在即事生感，即景生情，重在即由其个人生活之种种情感中而反映出全时代与全人生。全时代之心情，全时代之歌哭，以及于全人生之想象与追求，则即由其一己之种种作品中透露呈现。此文学家之一生，即其全时代之集中反映之一焦点，即全人生中截取之一镜，而涵映有人生全体之深面者。故时代酝酿出文学，文学反映出时代，文学即人生，人生即文学，此一境界，特藉此作家个人之生活与作品而表现。故中国文学之成家，不仅在其文学之技巧与风格，而更要者，在此作家个人之生活陶冶与心情感映。作家不因于其作品而伟大，乃是作品因于此作家而崇高。中国文化精神，端在其人文主义；而中国传统之人文主义，乃主由每一个人之真修实践中而表达出人生之全部最高真理。故曰："人能弘道，非道弘人。"[13]故非了解中国文化之真精神，将不能了解一中国文学家。而苟能于中国一文学家有真切了解，亦自于了解中国文化有窥豹一斑之启示矣。

由于上之所述，而有所谓"诗史"之观念[14]。然当知杜诗固不仅为杜甫时代之一种历史记录，而同时亦即是杜甫个人人生之一部历史记录。因此中国文学家乃不须再有自传，亦不烦他人再为文学家作传。每一文学家，即其生平文学作品之结集，便成为其一生最翔实最真确之一部自传。故曰"不仗史笔传"，而且史笔也达不到如此真切而深微的境地。所谓文学不朽，必演进至此一阶段，即作品与作家融凝为一，而后始可无憾。否则不朽者乃其作品，而非作家。作家之名特附于其作品而传。此乃一种反客为主。此乃外倾型文化之所有。而中国文化之传统精神，则不在此。此亦所谓"人能弘道，非道弘人"也。

因此乃有专为文学家作专集编年之工作兴起。而此一工作，实甚重要。若不能由读编年诗文而进窥此文学家之成就，即为不了解中国文学家之最高造诣与最大成就者。换言之，若此一专集，缺乏有为之作编年之必要，是即证此作家之尚未能到达理想之最高境界。

由此言之，欲成为一理想的文学家，则必具备一种对人生真理之探求与实践之最高心情与最高修养。抑不仅于此而已，欲成为一理想的大文学家，则必于其生活陶冶与人格修养上，有终始一致，前后一贯，珠联璧合，无懈可击，无疵可指之一境，然后乃始得成为一大家。其实能到达此境界与否，则只须将其生平作品编年排列，通体观之，便成为一最科学最客观之考验，而更无遁形。

故中国之集部，若分别观之，则全是些零章短简，小品杂作，若无奇瑰惊动之致，此虽大家亦不免。然果会合而观，则《中庸》所谓"君子尊德性而道问学，致广大而尽精微，极高明而道中庸"。凡成为一文学大家，亦莫不经此修养，遵此轨辙而后成。兹试举一例言之。东坡前后《赤壁赋》，固已千古传诵，脍炙人口，妇孺皆晓矣。然试就东坡编年全集循序读下，自徐州获罪而下狱，自狱释放而贬黄州，自卜居临皋而游赤壁，此三数年间之生活经过，真所谓波谲云诡，死生莫卜，极人世颠沛困厄惊险磨折之至。若依次读其诗词信札，随笔杂文，关于此段经过，逐年逐月，逐日逐事，委屑毕备，使人恍如亲历。读者必至是乃始知东坡赤壁之游之一切因缘与背景，然后当时东坡赤壁之游之真心胸与真修养，乃可了然在目，跃然在心。然试思之，方其掌守徐州，固不知有乌台之案[15]。方其见囚狱中，固不知有黄州之谪。方其待罪黄州，亦不知有赤壁之游，更不知此下之岁月与遭遇。此实人生遭际所最难堪者。读者必循此而细诵其诗文之所抒写，又必设身处地而亲切体会之，然后始知一个文学作品之短篇薄物，彼之所为随时随地而随意抒写者，其背后具备有何等胸襟，何等修养。盖其全人生之理想追求，与夫道德修养，纳入于此一短篇薄物之随意抒写中，固不求人知；抑且其全人生之融凝呈露于此日常生活与普通应接中者，在彼亦已寻常视之，并无可求人知；故在其当时，亦仅是随意抒写而止。至此始是中国文学家之最高的理想境界，此亦“君子无入而不自得”之境界。而中国文化关于人文修养之一种至高极深之意义与价值，亦即可于文学园地中窥见之。

（原载于香港《人生杂志》1958 年第 15 卷第 9 期）

【注释】

［1］感被之广：意指影响广泛。感被，感应，覆盖。

［2］对面觌体：觌（dí），相见。觌体，见面，面对面。

［3］以俟知者知：语出韩愈《与冯宿论文书》。俟，等待。本文特指作品不为当下人了解，要等待以后能欣赏的人来赏读。

［4］集部：我国古代图书四部分类法（经史子集）中的第四大类。“集部”收录历代作家的散文、骈文、诗、词、曲和文学评论等著作。

［5］六经皆史：清代章学诚在其《文史通义·内篇·易教上》明确提出：“六经皆史也。”即认为《易》《书》《诗》《礼》《乐》《春秋》六经皆为中国古代史书。

［6］范晔《后汉书》：范晔（398—445），字蔚宗，顺阳（今河南南阳淅川）人，南朝宋史学家、文学家。著有《后汉书》，与《史记》《汉书》《三国志》并称“前四史”。

［7］修辞立其诚：出自《周易·乾》：“修辞立诚，所以居业也。”这是意指写文章应表现出作者的真实意图。

［8］扬雄晚而悔之：扬雄（前 53—18），字子云，西汉学者早期长于辞赋，作歌颂宫廷的《甘泉赋》《羽猎赋》，晚期改研经籍。著有《太玄》《法言》等。

［9］覆酱瓿：《汉书·扬雄传下》：“时有好事者载酒肴从游学，而巨鹿侯芭常从雄居，受其《太玄》《法言》焉。刘歆亦尝观之，谓雄曰：‘空自苦！今学者有禄利，然尚不能明《易》，又如《玄》何？吾恐后人用覆酱瓿也。’”“酱瓿”原指盛酱的器物，后用为“覆酱瓿”之省，喻著作的价值不为人所认识，只能用来盖酱瓿而已。

［10］叔孙豹：叔孙豹（？—531），姬姓，叔孙氏，名豹，谥号曰“穆”，春秋时鲁国大夫。有“三不朽”之说流传于世，即“太上有立德，其次有立功，其次有立言，虽久不废，此之谓不朽”。

［11］臧文仲：臧文仲（？—617），姬姓，臧氏，名辰，谥号曰“文”，臧哀伯次子，故死后又称臧文仲。春秋时鲁大夫，世袭司寇，执礼以护公室。臧文仲历事鲁庄公、闵公、僖公、文公四君。曾废除关卡，以利经商，于国于民，尽职尽责。其博学广知而不拘常礼，思想较为开明进步，对鲁国的发展起过积极的作用。

［12］嗣宗：阮籍（210—263），字嗣宗，陈留（今属河南）尉氏人，三国时期魏诗人。竹林七贤之一。

［13］人能弘道，非道弘人：语出《论语·卫灵公》，意谓人能够使道发扬光大，却

不能用道来光大人。

［14］所谓“诗史”之观念：诗史，指能反映某一时期重大社会事件且有历史意义的诗歌，泛指能反映社会现实的其他样式的文学作品。“诗史”是唐宋人敬献给杜甫最崇高的诗歌桂冠，也是诗歌史上一种重要的诗学观念。古人对“诗史”的理解，一是以诗纪史，以诗证史；二是诗歌中的史家笔法。

［15］乌台之案：即乌台诗案，发生于宋元丰二年（1079 年），时御史何正臣上表弹劾苏轼，奏苏轼移知湖州到任后谢恩的上表中，用语暗藏讥刺朝政，御史李定也指出苏轼四大可废之罪。此案件先由监察御史告发，后在御史台狱受审。所谓“乌台”，即御史台，因官署内遍植柏树，又称“柏台”。柏树上常有乌鸦栖息筑巢，乃称乌台。所以此案称为“乌台诗案”。

【点评】

钱穆对中国古代文化有着“同情的理解”。同样，他对中国文学的分析也有个人的体悟与独特的见解。本文中钱穆为文化做了一个界定，是指人类生活多方面的一个综合体。文学作为人类生活的一方面，属于文化体系当中的一个重要部门。二者关系十分紧密，双面合体，如影随形。如果想要了解一个民族的文学特征，一定要结合这一民族的文化体系来寻求。反之亦然，了解了一个民族的文学特征，对于了解这一民族的文化特性也会有很大的启示。为此，钱穆从各个方面探讨了中国文化与中国文学的关系。即：

一、作为文学的表达工具，文字对文学的影响是最为基础的。中国语言与文字相辅相成，不易受时地的限制。自秦代统一文字，千百年来虽然语言随地随时而变，但文字却没有大的变化，正是这种文字的统一性，铸就了中国文学的普遍性与绵延性，文学作品流传之广，文学传统持续之久，世所罕见。

二、中国悠久的历史培育出各种文学样式，即唱的文学、说的文学、演的文学和写的文学。因为中国语言与文字相隔较远的缘故，中国写的文学占据主要地位。写的文学的创作者与欣赏者时地相隔较远，所以作者内心所要求的读者的欣赏程度会因自己的自由想象自由选择而提高。因此中国文学的内容比较重视蕴藉，富于沉思性与固定性，作者与读者的心灵交流也有了一种深厚蕴蓄的情味。中国古代文学呼应社会现实，又与经史相融合，富于社会实用性，从而分隔独立的纯文学没有发展起来。

三、中国文化的内倾性特点决定了中国文学家重心性修养，反映在中国文学中，则是性情与道德合一，文学与人格合一。要成为一名理想的文学家，必须提高自己的内在修养，追求人生真理，知行合一。钱穆认为作家的伟大不由他的作品而决定，但作品却可以因为作家的伟大而变得崇高，突出了作为人的作家的重要性。

四、中国文化精神决定了中国文学家追求“尊德性而道问学，致广大而尽精微，极高明而道中庸”的精神境界。钱穆认为中国文化精神，主要来源于中国的人文主义；而中国传统的人文主义，是每一个人从自己的真实生活体验中表达出人生的最高真理。中国文学家把他个人生活的种种情感融入作品中，反映出全时代的心情与歌哭以及全人生的想象与追求。所以，如果不能了解中国文化的真精神，便不能了解中国的文学家；而如果对于中国的文学家有真切的了解，那么对于了解中国文化则会有较大的启示。

中国文学与中国文化体系紧密相连，不可分割，提倡新文学即是提倡新文化的一个重要课题。钱穆主张，中国文化必须与外来文化多接触，才能使其文化传统更丰富更充实。中国新文学的创造必须寻根求源，从中国传统文化中吸取养分与精髓，方能焕发出新的精神风貌。

【链接】

1. 钱穆：《中国文学论丛》，生活·读书·新知三联书店 2002 年版。
2. 钱穆：《中国文学讲演集》，台北三民书局 1968 年版。
3. 余英时：《钱穆与中国文化》，上海远东出版社 1994 年版。
4. 徐国利：《一代儒宗——钱穆传》，湖北人民出版社 2011 年版。

论风流

冯友兰

风流[1]是一种所谓的人格美。凡美都涵有主观的成分。这就是说，美涵有人的赏识，正如颜色涵有人的感觉。离开人的赏识，不能有美，正如离开人的感觉，不能有颜色。此所谓不能，也不是事实的不能，而是理的不能。人所不能赏识的美是一个自相矛盾的名词，人所不能感觉的颜色，亦是一个自相矛盾的名词。

说一性质有主观的成分，并不是说它没有一定的标准，可以随人的意见而变动，例如说方之性质，没有主观的成分，红之性质有主观的成分，但什么是方有一定的标准，什么是红也有一定的标准。血是红的，不是色盲的人，看见血都说是红。美也是如此，美虽有主观成分，但是美也有一定的标准。如其不然，则即不能有所谓美人，亦不能有艺术作品。不过我们也承认，也许有一小部分人本来没有审美的能力。对于这些人，没有美。正如有一小部分人本来没有分别某种颜色的能力。对于这些人就没有某种颜色。这些人我们名之为色盲。有色盲，也有美盲。

不过没有主观成分的性质的内容，是可以言语传达的。有主观成分的性质的内容，是不可以言语传达的。我可以言语告诉人什么是真，什么是善，但不能告诉人什么是美。我可以说，一个命题与事实相合即是真。一个行为与社会有利即是善。但我不能说，一个事物有什么性质是美。或者我们可以说，凡能使人有某种快感的性质是美。但是那一种快感是什么，亦是不能说的。我只能指着一个美的事物，说这就是美。但如我所告诉的人，是个美盲，我没有方法叫他知道什么是美。此正如我可以言语告诉人什么是方，但不能告诉人什么是红。我只能指着一个红的东西说，这就是红。但如果我所告诉的人，是个色盲，我没有法子叫他知道什么是红。

美学所讲的是构成美的一部分的条件。但是对于美盲的人，美学也是白讲。因为他即研究美学，他还不能知什么是美。正如色盲的人，即研究了物理学，知道某种长度的光波是构成红的条件，但他还不知什么是红。

风流是一种美，所以什么是可以称为风流的性质的内容，也是不能用言语传达的。我们可以讲的，也只是构成风流的一部分的条件。已经知道什么是风流的人，经此一讲，或者可以对于风流之美，有更清楚的认识。不知道什么是风流的人，经此一讲，或者心中更加糊涂，也未可知。

先要说的是：普通以为风流必与男女有关，尤其是必与男女间随便的关系有关，这以为是错误的。我们以下“论风流”所举的例，大都取自《世说新语》[2]。这部书可以说是中国的风流宝鉴。但其中很少说到男女关系。当然说男女有关的事是风流，也是风流这个名词的一种用法。但我们现在所论的风流，不是这个名词的这一种用法的所谓风流。

《世说新语》常说名士风流。我们可以说，风流是名士的主要表现。是名士，必风流。所谓“是真名士自风流”。不过冒充名士的人，无时无地无之，在晋朝也是不少。《世说新语》说：“王孝伯言，名士不必须奇才，但使常得无事，痛饮酒，熟读《离骚》，便可称名士。”（《任诞》）这话是对于当时的假名士说的，假名士只求常得无事，只能痛饮酒，熟读《离骚》。他的风流，也只是假风流，嵇康阮籍等真名士的真风流若分析其构成的条件，不是若此简单。我们于以下就四点说真风流的构成条件。

就第一点说，真名士，真风流的人，必有玄心。《世说新语》云：“阮浑长成，风气韵度似父，亦欲作达。步兵曰：‘仲容已预之，卿不得复尔。’”刘孝标[3]注云：“《竹林七贤论》曰：‘籍之抑浑，盖以浑未识己之所以为达也。’”“是时竹林诸贤之风虽高，而礼教尚峻。迨元康中，遂至放荡越礼。乐广讥之曰：‘名教中自有乐地，何至于此?’乐令之言，有旨哉。谓彼非有玄心，徒利其纵恣而已。”“作达”大概是当时的一个通行名词，达而要作，便不是真达。真风流的人必是真达人，作达的人必不是真风流的人，真风流的人有其所以为达。其所以为达就是其有玄心。玄心可以说是超越感。晋人常说超越，《世说新语》说：“郭景纯[4]诗云：‘林无静树，川无停流。’阮孚云：‘泓峥萧瑟，实不可言。每读此文，辄觉神超形越。’”超越是超过自我。超过自我，则可以无我。真风流的人必须无我。无我则个人的祸福成败，以及死生，都不足以介其意。《世说新语》说：“郗太傅（鉴）在京口，遣门生与王丞相书，求女婿。丞相语郗信：‘君往东厢，任意选之。’门生归白郗曰：‘王家诸郎，亦皆可嘉。闻来觅婿，或自矜持。惟有一郎，在床上，坦腹卧，如不闻。’郗公云：‘正此好。’访之，乃是逸少，因嫁女与焉。”（《雅量》）又说：“庾小征西（翼）尝出未还。妇母阮，是刘万安妻，与女上安陵城楼上。俄顷，翼归。策良马，盛舆卫。阮语女：‘闻庾郎能骑，我何由得见。’妇告翼。翼便为于道开卤簿，盘马。始两转，坠马堕地。意色自若。”（《雅量》）王羲之闻贵府择婿而如不闻。庾翼于广众中，在妻及岳母前，表演马术坠马，而意色自若。这都是能不以成败祸福介其意。不过王羲之及庾翼所遇见的，还可以说是小事。谢安遇见大事，亦是如此。《世说新语》说：“谢公与人围棋，俄而谢玄淮上信至。看书竟，默然无言徐向局。客问淮上利害。答曰：‘小儿辈大破贼。’意色举止，不异于常。”（《雅量》）能如此，正是所谓达，不过如此的达，并不是可以“作”的。

就第二点说，真风流的人，必须有洞见。所谓洞见，就是不借推理，专凭直觉，而得来的对于真理的知识。洞见亦简称为“见”。“见”不是凭借推理得来的，所以表示“见”的言语，亦不须长篇大论，只需几句话或几个字表示之。此几句话或几个字即所谓名言隽语。名言隽语，是风流的人的言语。《世说新语》说：“阮宣子（修）有令闻。太尉王夷甫见而问曰：‘老庄与圣教同异?’对曰：‘将无同。’太尉善其言。辟之为掾，世谓三语掾[5]。”（《文学》）《世说新语》亦常说晋人的清谈，有长至数百言数千言，乃至万余言者。例如：“支道林[6]、许（许询）、谢（谢安）盛德，共集王（王濛）家。谢顾谓诸人，‘今日可谓彦会，时既不可留，此集固亦难常。当共言咏，以写其怀’。许便问主人：‘有《庄子》不?’正得《渔父》一篇。谢看题，便各使四座通。支道林先通，作七百许语。叙致精丽，才藻奇拔。众咸称善。于是四座各言怀毕，谢问曰：‘卿等尽不?’皆曰：‘今日之言，少不自竭。’谢后粗难，因自叙其意，作万余言。才峰秀逸，既自难干[7]。加意气拟托，萧然自得。四座莫不厌心。”（《文学》）支道林谢安等的长篇大论，今既不传，是可惋惜的。但何以不传？大概因为长篇大论，不如名言隽语之为当时人所重视。《世说新语》谓：“客问乐令（乐广），旨不至者，乐亦不复剖析文句，直以麈尾柄确几曰：‘至不?’客曰：‘至。’乐又举麈尾曰：‘若至者，哪得去?’于是客乃悟服。乐词约而旨达，皆此类。”（《文学》）又说张凭见刘真长。“顷之，长史诸贤来清言。客主有不通处，张乃遥于末座判之。言约旨达，足畅彼我之怀。”（《文学》）“言约旨达”，或“词约旨达”，是当时人所注重的。真风流的人的言语，要“不著一字，尽得风流”。真风流的人谈话，要“谈言微中”，“相视而笑，莫逆于心”。若须长篇大论，以说一意，虽“文藻奇拔”，但不十分合乎风流的标准，所以不如“言约旨达”的话之为人所重视。

就第三点说，真风流的人，必须有妙赏。所谓妙赏，就是对于美的深切的感觉。《世说新语》中的名士，有些行为，初看似乎是很奇怪，但从妙赏的观点看，这些行为，亦是可以了解的。如《世说新语》说：“王子猷（徽之）出都，尚在渚下。旧闻桓子野（伊）善吹笛，而不相识。遇桓于岸上过，王在船中，客有识之者云，是桓子野，王便令人与相闻云：‘闻君善吹笛，试为我一奏。’桓时已贵显，素闻王名，即便回下车，踞胡床，为作三调。弄毕，便上车去。客主不交一言。”（《任诞》）王徽之与桓伊都可以说是为艺术而艺术。他们的目的都在于艺术，并不在于人。为艺术的目的既已达到，所以两个人亦无须交言。……（略）

《世说新语》又云：“谢太傅问诸子侄：‘子弟亦何预人事，而正欲使其佳?’诸人莫有言者，车骑（谢玄）答曰：‘譬如芝兰玉树，欲使其生于阶庭耳。'”（《言语》）子弟欲其佳，并不是欲望其能使家门富贵，只是如芝兰玉树，人自愿其生于阶庭。此亦是专从审美的眼光，以看佳子弟。

《世说新语》又说：“支道林常养数匹马。或言道人畜马不韵。支曰：‘贫道重其神骏。'”（《言语》）他养马并不一定是要骑。他只是从审美的眼光，爱其神骏。

就第四点说，真风流的人，必有深情。《世说新语》说：“卫洗马初欲渡江，形神惨悴，语左右云：‘见此茫茫，不觉百端交集。苟未免有情，亦复谁能遣此。'”（《言语》）又说：“桓公北征，经金城，见前为琅琊时种柳，皆已十围。慨然曰：‘木犹如此，人何以堪。’攀枝执条，泫然流泪。”（《言语》）又说：“王长史（廞）登茅山，大痛哭曰：‘琅琊王伯舆终当为情死。'”（《任诞》）桓温[8]说：“木犹如此，人何以堪。”八个字表示出人对于人生无常的情感。后来庾信《枯树赋》云：“桓大司马曰：‘昔年种柳，依依汉南。今逢摇落，凄怆江潭。树犹如此，人何以堪。'”虽二十四个字，但是主要的还只是“树犹如此，人何以堪”八个字。

桓温看见他所栽的树，有对于人生无常的情感，卫玠看见长江，“见此茫茫，不觉百端交集”。他大概也是有对于无常的情感。不过他所感到的无常，不是人生的无常，而是一切事物的无常。后来陈子昂《登幽州台歌》诗：“前不见古人，后不见来者。念天地之悠悠，独怆然而涕下。”这都是所谓“一往情深”。“一往情深”也是《世说新语》中的话。《世说新语》谓：“桓子野每闻清歌，辄唤奈何。谢公闻之曰：‘子野可谓一往有深情。'”桓子野唤奈何，因为有一种情感，叫他受不了。这就是王廞所以痛哭的原因。他将终为情死，就是他也是受不了。这是对于人生有情的情感。

真正风流的人有深情。但因其亦有玄心，能超越自我，所以他虽有情而无我，所以其情都是对于宇宙人生的情感。不是为他自己叹老嗟卑。桓温说“木犹如此，人何以堪”，他是说“人何以堪”，不是说“我何以堪?”假使他说“木犹如此，我何以堪”，他的话的意义风味就大减，而他也就不够风流。王廞说，王伯舆终当为情死，他说到他自己。但是他此话与桓温卫玠的话，层次不同。桓温卫玠是说他们自己对于宇宙人生的情感，王廞是说他自己对于情感的情感。他所有的情感，也许是对于宇宙人生的情感。所以他说到对于情感的情感时，虽说到他自己，而其话的意义风味，并不减少。

真正风流的人，有情而无我，他的情与万物的情有一种共鸣。他对于万物，都有一种深厚的同情。《世说新语》说：“简文入华林园，顾谓左右曰：‘会心处不必在远，翳然林水，便自有濠濮间想也，觉鸟兽禽鱼，自来亲人。'”（《言语》）又说：“支公好鹤，住剡东岇山。有人遗其双鹤。少时翅长欲飞，支意惜之，乃铩其翮。鹤轩翥不复能飞，乃反顾翅，垂头视之，如有懊丧意。林曰：既有凌霄之姿，何肯为人作耳目近玩。养令翮成，置使飞去。”（《言语》）又说：“王子敬（献之）云：‘从山阴道上行，山川自相映发，使人应接不暇。若秋冬之际，尤难为怀。’”（《言语》）这都是以他自己的情感，推到万物，而又于万物中，见到他自己的怀抱。支道林自己是有凌霄之姿，不肯为人作耳目近玩。他以此情感推之鹤，而又于鹤见到他自己的怀抱。这些意思是艺术的精义，若简文帝只见“翳然林水”，不觉“鸟兽禽鱼，自来亲人”，王子敬只见“山川映发”，不觉“秋冬之际尤难为怀”，他们所见的只是客观的世界。照《世说新语》所说，他们见到客观的世界，而又有甚深的感触。在此感触中，主观客观，融成一片。表示这种感触，是艺术的极峰。诗中的名句，如“池塘生春草，园柳变鸣禽”“春草无人随意绿”“空梁落燕泥”，皆不说情感而其中自有情感。

主要的情感是哀乐。在以上所举的例中，所说大都是哀的情感。但是有玄心的人，若再有进一步的超越，他也就没有哀了。一个人若拘于“我”的观点，他个人的祸福成败，能使他有哀乐。超越自我的人，站在一较高的观点，以看“我”，则个人的祸福成败，不能使他有哀乐。但人生的及事物的无常，使他有更深切的哀。他若从一更高的观点，从天或道的观点，以看人生事物，则对于人生事物的无常，也就没有哀了。没有哀乐，谓之忘情。《世说新语》说：“王戎丧儿万子，山简往省之。王悲不自胜。简曰：‘孩抱中物，何至于此？’王曰：‘圣人忘情，最下不及情，情之所钟，正在我辈。’简服其言，更为之恸。”（《伤逝》）能忘情与不能忘情，是晋人所常说的一个分别。《世说新语》云：“张玄之顾敷是顾和中外孙。皆少而聪慧，和并知之，而常谓顾胜。亲重偏至，张颇不惬。于时张年九岁，顾年七岁。和与俱至寺中。见佛般泥洹[9]像，弟子有泣者，有不泣者。和以问二孙。玄谓：‘被亲故泣，不被亲故不泣。’敷曰：‘不然。当由忘情故不泣，不能忘情故泣。’”（《言语》）能忘情比不能忘情高，这也是晋人所都承认的。

忘情则无哀乐。无哀乐便另有一种乐。此乐不是与哀相对的，而是超乎哀乐的乐。陶潜有这种乐，他的诗：“结庐在人境，而无车马喧。问君何能尔，心远地自偏。采菊东篱下，悠然见南山。山气日夕佳，飞鸟相与还，此中有真意，欲辩已忘言。”[10]这诗所表示的乐，是超乎哀乐的乐。这首诗表示最高的玄心，亦表现最大的风流。

在东晋名士中渊明的境界最高，但他并不狂肆。他并不“作达”。《世说新语》云：“王平子（澄）胡毋彦国（辅之）诸人，皆以任放为达，或有裸体者。乐广笑曰：‘名教中自有乐地，何为乃尔也。’”（《德行》）渊明并不任放，他已于名教中得到乐地了。

宋儒亦是于名教中求乐地。他们教人求孔颜乐处[11]，所乐何事。《论语》曾皙言志，“暮春者，春服既成。冠者五六人，童子六七人，浴乎沂，风乎舞雩，咏而归”。“夫子喟然叹曰：‘吾与点也。’”宋儒说曾皙“即其所居之位，乐其日用之常，而胸次悠然，上下与天地同流，有万物各得其所之妙，故夫子叹息而深许之”（朱子注）。不管曾皙的原意如何，照宋儒所讲，这确是一种最高的乐处，亦是最大的风流。

（选自冯友兰《三松堂学术文集》，北京大学出版社 1984 年版）

【注释】

［1］风流：风流之意大体有三：一、有功绩而又有文采的；二、有才学而不拘礼法；三、跟男女情爱有关的轻浮放荡。冯友兰在此是指一种富有人格魅力的优秀品质。

［2］《世说新语》：中国传统的志人小说名著，内容主要是记录魏晋名士的逸闻轶事和玄言清谈，也可以说这是一部记录魏晋风流的故事集，是中国魏晋南北朝时期“笔记小说”的代表作。由南朝宋临川王刘义庆（403— 444）组织一批文人编写。

［3］刘孝标：刘峻（462—521），字孝标，山东平原人，南朝梁学者兼文学家，以注释刘义庆等编撰的《世说新语》而著闻于世。

［4］郭景纯：郭璞（276—326），字景纯，山西闻喜县人，两晋时期著名文学家，长于赋文，尤以“游仙诗”名重当世。

［5］三语掾：掾，属官的通称。三语掾，谓凭三个字就被征为僚属的人。“三语”指“将无同”三字。

［6］支道林：支遁（314—366），字道林，世称支公，也称林公，陈留（今河南开封市）人，一说河东林虑（今河南林县）人。东晋高僧、佛学家、文学家。362 年，在建康东安寺讲《道行般若经》，宣扬“即色是空”，是当时般若学的代表人物。

［7］难干：干，冒犯。难干，难以辩驳。

［8］桓温：桓温（312—373）字元子，谯国龙亢（今安徽省怀远县龙亢镇）人，东晋杰出的军事家。

［9］般泥洹（bò niè huán）：亦作“般涅槃”，略作“涅槃”。意为脱离生死，入于寂灭。佛教认为般泥洹是脱离一切烦恼、进入自由无碍的最高境界。佛般泥洹像，指释迦牟尼圆寂之像，即卧佛像。

［10］此中有真意，欲辩已忘言：出自陶渊明创作的组诗《饮酒二十首》的第五首。

［11］孔颜乐处：典出《论语》。孔子、颜回安贫乐道，达观自信。宋儒推崇这种精神操守与境界。后来“孔颜乐处”成为儒学关于人格理想与道德境界的命题。

【点评】

中国传统文人自古都有一种自我欣赏的人格理想。在魏晋时代，名士们向往一种不拘一格、率性纵横、风流潇洒的风度。这种生活作风和人格形象当然是和他们的澄明之境相联系的。冯友兰在本文中分析了风流之人具备的几个条件。首先要明确的是，冯友兰此处所讲的风流不是普通意义上的男女风流韵事。这里的风流是一种人格美。人的精神个体形式不是完全用语言来传达的。风流作为一种美，也不能完全用言语传达，但构成风流的一些条件却是可以了解的。通过了解这些条件，人们可以感受到风流的人格美。风流有真假，真风流需具备四个条件。

第一，必有玄心。玄心是一种超越自我的心灵状态。超越自我，则人可以无我。无我则个人的祸福成败，以及死生都不足以介意。有此玄心，则世间的名缰利锁不能束缚自己，人们行为处事不碍初心，挥洒自如。玄心的外在表现是放达，如王羲之坦腹东床、庾翼坠马无愧色、谢安遇喜不形于色等。这些表现都是真实不伪的，如果有意为之，则是做作，那便算不上是风流了。第二，必有洞见。目光短浅、不通事理的人，固然是不风流的；那些精明的人颇有心机又好发议论，也算不得风流。日常的谈吐，能做到“词约旨达”“谈言微中”，不拖泥带水，方能意韵悠长，耐人寻味，尽得风流。如果说放达是风流的人的行为举止，那么精言隽语则是风流的人的言语表现。第三，必有妙赏。风流的人对于美要有深切的感觉，看待事物要有艺术审美的眼光，不能掺入世俗功利的目的。如此才不堕入世俗的男女风流韵事。如阮籍醉酒睡于邻女之侧，单从行为来看是不检点，但阮籍对邻妇只是纯粹的美的欣赏，不掺杂世俗的情色，这般的风流洒脱，所以使邻妇之夫不怀疑其人品。第四，必有深情。在拥有玄心、洞见、妙赏的基础上，风流的人格美表现为超越自我，进入天地境界。他们的情感已不再局限于一己的小我，而是与宇宙人生融为一体。如高僧支道林素有凌霄之姿，不肯为人所缚，钟情于鹤，以鹤为媒介来抒情。如此，人与物之间情感往来，极富风流意味。

风流是具有灵性、慧性气质的人表现于外的，别人从他们身上或阅读他们的作品中可以感觉得到或看得到的精神境界。风流在魏晋玄学文化语境中呈现出活力的审美趣味和风格，其审美特征主要表现为清逸脱俗、玄远深邃的道玄气质。冯友兰把风流人生与艺术化结合起来，认为风流的人，具有精神境界且富有审美风度。从这四个条件来看，真风流的人在看人生事物时，站在天或道的高度，与天地融为一体，如陶渊明《饮酒》诗中所表现的“悠然见南山”的至乐。真风流的人“民胞物与”，主体与对象冥合无间。诗人感应自然，直抒胸臆，是真实不“作”的。这样的诗歌便能表示最高的玄心，表现最大的风流，从而达到艺术至境。

在整个社会的文化结构中，理想人格与审美人格无疑是最具底蕴意味的深层结构，它似明镜能够照见一个民族、一种文化的精神质地。“风流”这一审美趣味深刻地渗透到中国古代的文学、艺术、文论与美学之中，使得中国的古典艺术中蕴含着一种深邃蕴藉的东方式精神境界。冯友兰对“风流之美”的发现，俨然是他的诗性哲学观的亮点。

【链接】

1. 冯友兰:《新理学》，商务印书馆 1942 年版。
2. 冯友兰:《新原道》，北京大学出版社 2014 年版。
3. 冯友兰:《三松堂自序》，生活·读书·新知三联书店 1984 年版。
4. 汤用彤:《魏晋玄学论稿》，中华书局 1983 年版。

哲学三慧（节选）

方东美

甲、释名言

1. 太初有指，指本无名，熏生力用，显情与理。

1.1 情理为哲学名言系统中之原始意象。情缘理有，理依情生，妙如连环，彼是相因，其界系统会可以直观，难以诠表。

1.2 总摄种种现实与可能境界中之情与理，而穷其源、搜其真、尽其妙，之谓哲学。

1.3 哲学意境内有胜情，无情者止于哲学法门之外；哲学意境中含至理，违理者逗于哲学法门之前，两俱不入。

2. 衡情度理，游心于现实及可能境界，妙有深造者谓之哲学家。

2.1 情理境界有远近、有深浅、有精粗、有显密，出乎其外者末由窥测，入乎其内者依闻、思、修之程度而定其等差，故哲学家有大小之别。

2.2 人类含情而得生、契理乃得存，生存原为人类根本权利，故哲学之在宇内，势用可以周遍圆满。其有反对哲学，轻心以求生存者，常堕于无明，人之大患端在无明！

3. 人生而有知，知审乎情合乎理，谓之智。智有所缘之谓境，境具相状，相状如实所见，是谓智符。人生而有欲，欲称乎情切乎理，谓之慧。慧有所系之谓界，界阒精蕴，精蕴如心所了，是为慧业。

3.1 智与慧本非二事，情理一贯故。知与欲俱，欲随知转，智贯欲而称情合理，生大智度；欲随知而悦理怡情，起大慧解。生大智度，起大慧解，为哲学家所有事，大智度大慧解为哲学家所托命。

3.2 知有是非，故智分真伪；欲有净染，故慧分圆缺。演事理而如如，趣于真智，挈性情而化化，依乎圆慧[1]，是哲学家之理想生活。

4. 此标三慧，非闻思修，“闻所成慧、思所成慧、修所成慧”，乃哲学境界之层次，哲学工夫之梯阶。闻入于思，思修无间，哲学家兼具三慧，功德方觉圆满。闻所成慧浅，是第三流哲学家；思所成慧中，是第二流哲学家；修所成慧深，是第一流哲学家。修而不思，思而无闻，为哲学之倒行；思不与闻修俱，为哲学之逆施；闻不与思修俱，为哲学之竭泽而渔。

4.1 哲学智慧生于各个人之闻、思、修，自成系统，名自证慧[2]。哲学智慧寄于全民族之文化精神，互相摄受，名共命慧。本篇诠释依共命慧[3]，所论列者，据实标名哲学三慧：一曰希腊，二曰欧洲，三曰中国。

乙、建议例

Ⅰ. 标总义

1. 观摩哲学可分两边：一、智慧本义；二、智慧申义。共命慧属本义；自证慧属申义，共命慧统摄种种自证慧；自证慧分受一种或多种共命慧。

2. 成慧赖有天才，共命慧依民族天才，自证慧仗个人天才。个人天才又从民族天才划分，民族天才复用个人天才集积。共命慧为根柢，自证慧是枝干。兹舍枝干，独详根柢。

2.1 希腊人以实智照理，起如实慧。

2.2 欧洲人以方便应机，生方便慧。形之于业力又称方便巧。

2.3 中国人以妙性知化，依如实慧，运方便巧，成平等慧。

3. 实智照理，方便应机，妙性知化，三者同属智慧现行，摄持现行更有种子。

3.1 太始有名，名孚于言；太始有思，思融于理，是为希腊智慧种子。

3.2 太始有权，权可兴业；太始有能，能可运力，是为欧洲智慧种子。

3.3 太始有爱，爱赞化育；太始有悟，悟生妙觉，是为中国智慧种子。

4. 智慧种子未起现行，寄于民族天才，深藏若虚，是为民族灵魂。种子变现，熏生行相，趣令个人天才各自证立思想系统，创造赓续、革故取新，其势若水，流衍互润，其用如灯，交光相网，融成理论文化结构。

4.1 希腊如实慧演为契理文化，要在援理证真。

4.2 欧洲方便巧演为尚能文化，要在驰情入幻。

4.3 中国平等慧演为妙性文化，要在挈幻归真。

5. 命慧意义深密，常藉具体民族生命精神为之表彰；而民族生命精神之结构又甚复杂，包容许多因素，要而言之，各得三种决定成分。

5.1 希腊民族生命之特征可以"大安理索斯""爱婆罗""奥林坪"[4]（Dionysius，Apollo，Olympic）三种精神为代表。大安理索斯象征豪情、爱婆罗象征正理、奥林坪象征理微情亏，虽属生命晚节，犹不失为蔗境，三者之中以爱婆罗精神为主脑。

5.2 欧洲民族生命之特征可以"文艺复兴""巴镂刻"[5]"罗考课"[6]（The Baroque，The Rococo）三种精神为代表。文艺复兴以艺术热情胜，巴镂刻以科学奥理彰，罗考课则情理相违，凿空蹈虚而幻惑。兼此三者为浮士德精神[7]。

5.3 中国民族生命之特征可以老（兼指庄，汉以后道家趣入邪道，与老庄关系甚微）、孔（兼指孟、荀，汉儒卑卑不足道，宋明学人非纯儒）、墨（兼别墨）为代表。老显道之妙用；孔演易之“元理”；墨申爱之圣情，贯通老墨得中道者厥为孔子。道、易、爱三者虽异而不隔。老孔墨而后，杂家（取义极广，非仅歆、固所谓杂家）隳堕，语道趣小不尽妙，谈易入魔而堕障，说爱遗情而无功。

6. 共命慧之圆成，常取适可之形式以显示体、相、用。体一相三而用运体相，因应咸宜。

6.1 希腊慧体为一种实质和谐，譬如主音音乐中之主调和谐。慧相为三叠现，慧用为安立各种文化价值之隆正，所谓三叠和谐性。

6.2 欧洲慧体为一种凌空系统，譬如复音音乐中之复调对谱。慧相为多端敌对，慧用为范围各种文化价值之典型，所谓内在矛盾之系统。

6.3 中国慧体为一种充量和谐、交响和谐。慧相为尔我相待，彼是相因，两极相应，内外相孚。慧用为创建各种文化价值之标准，所谓同情交感之中道[8]。道不方不隅、不滞不流、无偏无颇、无障无碍，是故谓之中。

……（略）

6.31 一种意境，不论景象虚实如何，其神韵纡余蕴藉，其生气浑浩流衍者，名曰充量和谐，此在中国谓之同情交感之中道，其意趣空灵、造妙入微，令人兴感，神思醉酡。中道明通周普，其旨易解，交感义稍晦涩，可譬以情词：“尔侬，我侬，忒煞情多，情多处热似火，把一块泥捻一个你，塑一个我，将咱们两个一齐打破，用水调和，再捻一个你，再塑一个我，我泥中有你，你泥中有我，生同一个衾，死同一个椁。”（管仲姬[9]）

6.311 中国人之宇宙形成一种冥合赅备之格局，包裹万物、扶持众妙、布运化贷、均调互摄，滓溟而大同。老子冲虚周行之妙道、孔子旁通统贯之大易、墨子尚同一义之兼爱，皆为此谊所摄，至于百家之言，凡宗老孔墨而得其一面之真者，亦莫不以此为归宿。前称中国慧体为交响和谐，盖寓言也，实则中国宇宙太和之意境，大方无隅，大公无私，尚同无别，窒碍都消，形迹不滞，天地为官，万物成材，至人圣能，一体俱化，巧运不穷，推于天地，通于万物，施于人群，尽属精神之理序，顿显空灵之妙用矣。

6.312 中国历代圣王明君，建国治人，立政教众，必尚中和。自唐尧以降，内之平章百姓，外之协和万邦，皆以允执厥中[10]、保合大和[11]、顺天应人之道本为矩矱。《易》所垂诫，《诗》所歌咏，《书》所诏诰，《礼》所敷陈，以及《春秋》之训示，诸子之阐述，莫不以中和建国者为盛德，其故盖可知矣。

6.313 中国人顶天立地，受中以生、相应为和，必履中蹈和，正己成物，深契“非彼无我，非我无所取”之理，然后乃能尽生灵之本性，合内外之圣道，赞天地之化育，参天地之神工，完成其所以为人之至德。

6. 314 此同情交感之中道正是中国文化价值之模范。《周礼》六德之教，殿以中和（《大司徒》郑注："忠言以中心。"），其著例一也。诗礼乐三科之在六艺[12]，原本不分，故诗为中声之所止，乐乃中和之纪纲，礼是防伪之中教，《周礼·礼记》言之綦详，其著例二也。中国建筑之山回水抱，得其环中，以应无穷，形成园艺和谐之美，其著例三也。六法境界之分疆叠段，不守透视定则，似是画法之失，然位置、向背、阴阳、远近、浓淡、大小、气脉，源流出入界划，信乎皴染，隐迹立形，气韵生动，断尽阂障，灵变逞奇，无违中道，不失和谐，其著例四也。中国各体文学传心灵之香，写神明之媚，音韵必协、声调务谐、劲气内转、秀势外舒，旋律轻重孚万籁，脉络往复走元龙，文心开朗如满月，意趣飘扬若天风，一一深回宛转、潜通密贯，妙合中庸和谐之道本，其著例五也。

Ⅱ. 立别义

1. 哲学生于智慧，智慧现行又基于智慧种子，故为哲学立义谛，必须穷源返本，以智慧种子为发端。希腊人之"名理探"[13]，欧洲人之"权能欲"[14]，中国人之"爱悟心"[15]，皆为甚深甚奥之哲学源泉。

2. 哲学之成立，其影响布濩弥漫，普及于全民族，决定整个文化之理论结构。希腊文化之契理、欧洲文化之尚能、中国文化之妙性，揆厥缘由，都有的解，譬如观水，溯流可以逢源；譬如升木，循木可以达梢。

3. 三慧之流露，虽各包举三重决定成分，但决定成分中之最胜决定又贞夫一。此所谓一，俨然形成全民族文化与哲学之宗主，继承共命慧之大统。

4. 爱波罗精神、巴镂刻精神（浮士德精神之主脑）、原始儒家（宗孔子，秦汉以后儒家）精神，横亘奥衍，源远流长，各为希腊人、欧洲人、中国人文化生活中灵魂之灵魂。此处建立哲学智慧之别义，特以"宗主共命慧"为依据，所以示限制也。

5. 民族之气运有盛衰，哲学之潮流有涨落，盛衰涨落均非依稀恍惚，出于偶然。当其盛且涨也，人人服膺哲学之胜情至理；当其衰且落也，人人堕入无明之迷途。坐是之故，民族生活可划分哲学鼎盛期与哲学衰微期。复兴民族生命，必自引发哲学智慧始，哲学家不幸生于衰世，其精神必须高瞻远瞩，超越时代以拯救时代之隳堕。……（略）

6. 中国人知生化之无已，体道相而不渝，统元德而一贯，兼爱利而同情，生广大而悉备，道玄妙以周行，元旁通而贞一，爱和顺以神明。其理体湛然合天地之心，秩然配天地之德，故慧成如实；其智相辟宏天下之博，翕含天下之约，故善巧方便。存其心如生，成其德无息，博者因其博，约者应其约，无有偏私隐曲，故运智取境，平等平等，成慧摄相，亦平等平等。准此立论，中国之哲学，可以下列诸义统摄焉：

（1）生之理。生命包容万类，绵络大道，变通化裁，原始要终，敦仁存爱，继善成性，无方无体，亦刚亦柔，趣时显用，亦动亦静。生含五义：一、育种成性义；二、开物成务义；三、创进不息义；四、变化通几义；五、绵延长存义。故《易》重言之曰生生。

（2）爱之理。生之理，原本于爱，爱之情取象乎《易》。故易以道阴阳、建天地人物之情，以成其爱。爱者阴阳和会、继善成性之谓，所以合天地、摩刚柔、定人道、类物情、会典礼。爱有五相四义。五相者，一曰雌雄和会，二曰男女媾精，三曰日月贞明，四曰天地交泰，五曰乾坤定位。四义者：一曰睽通，二曰慕说，三曰交泰，四曰恒久。（此处有删节）。

（3）化育之理。生为元体，化育乃其行相。元体是一而不局于一，故判为乾坤，一动一静，相并俱生，尽性而万象成焉。元体摄相以显用，故流为阴阳（阴阳者翕辟之势，义非阴阳五行说所摄），一翕一辟，相薄交会，成和而万类出焉。生者，贯通天、地、人之道也，乾元引发坤元，体天地人之道，摄之以行，动无死地，是乃化育之大义也。

（4）原始统会之理。生之体是一，转而为元。元之行孳多，散为万殊。老子曰："道生一，一生二，二生三，三生万物。"道乃能生，能生又出所生，所生复是能生，如是生生不已，至于无穷。品类之分歧至于无穷可谓多矣，然穷其究竟，万类含生以相待，浑沦而不离。《易大传》所谓天下之动贞夫一。《道德经》所谓"抱一为天下式"，并属此义。宇宙全局弥漫生命，生命各自得一以为一，一与一相对成多，多与多互摄，复返于一。王弼曰："统之有宗，会之有元，故繁而不乱，众而不惑。"颇得大易妙道之微义也。

（5）中和之理。中和之理实为吾国哲学甚高、甚深、极广大之妙谛。故《易》尚中和，诗书礼乐尚中和，修齐治平亦莫不尚中和。不偏为中，相应为和，语其要谊，可得五点：一、一往平等性；二、大公无私性；三、忠恕体物性（同情感召性）；四、空灵取象性；五、道通为一性。

（6）旁通之理。大易之用，大道之行，全在旁通。旁通一词统摄四义：一、生生条理性；二、普遍相对性；三、通变不穷性；四、一贯相禅性。《易大传》剖析旁通之理，最得要领。

……（略）

中国哲学家之思想向来寄于艺术想象，托于道德修养，只图引归身心、自家受用，时或不免趋于艺术诞妄之说，囿于伦理锢蔽之习，晦昧隐曲，偏私随心。原夫艺术遐想，道德慈心，性属至仁，意多不忍，往往移同情于境相，召美感于俄顷，无科学家坚贞持恒之素德，颇难贯串理体、巨细毕究、本末兼察、引发逻辑思想系统。

丙、判效果

1. 吾于首段敷陈信念，标出智慧一词，据为哲学典要，藉以证验多种境界之情理。复在上部凭所浅知，剖析希腊、欧洲、中国三种哲学之体相用，略显其在文化生活中之影响，并就个别思想主潮，衡论其得失。兹当悬揣将来，预测哲学发展之前途。

2. 哲学之在今世，尚犹有前途否？并世学人颇多疑惑。吾尝遐想过去，觉哲学实为民族文化生活之中枢。现前种种纵有抛弃智慧，削弱哲学势用之倾向，终亦不能灭绝人类智种、阻遏伟大新颖哲学思想之重光，然则吾又何难据前世之已验，测未来之可能。

3. 时间狂澜，汹涌前趋，越过去以入现在，现在又奔腾勇往，引进于将来。吾人寄迹世宙、体时序之创化、感慧心之振奋，自不能拘墟束缚、回向过去、墨守旧闻。是则指点前程，触发新机，光大哲理，助益文化，事属分内，责无旁贷也已。

4. 希腊思想实慧纷披，欧洲学术善巧迭出，中国哲理妙性流露，然均不能无弊。希腊之失在违情轻生，欧洲之失在驰虑逞幻，中国之失在乖方敷理。矫正诸失，约分两途：一者自救，二者他助。希腊人应据实智照理而不轻生，欧洲人当以方便应机而不诞妄，中国人合依妙悟知化而不肤浅，是为自救之道。抑有进者，希腊人之所以逃禅、欧洲人之所以幻化、中国人之所以穿凿，各有历史根由深藏于民族内心，仅凭自救，或难致果，他山取助，尤为切要。希腊之轻率弃世，可救以欧洲之灵幻生奇；欧洲之诞妄行权，可救以中国之厚重善生；中国之肤浅蹈空，又可救以希腊之质实妥帖与欧洲之善巧多方，是为他助之益。

……（略）

准此可知哲学未来发展，不难以历史智慧之总摄受推进之，使抵于完美境界也。

（选自方东美《生生之德》，台北黎明文化事业公司 1979 年版）

【注释】

［1］圆慧：佛学用语，意为智慧圆满。

［2］自证慧：是指个人依据他自身的闻、思、修而获得的系统的哲学智慧。

［3］共命慧：指各民族的精神或文化系统，代表着各民族文化精神的核心价值体系。

［4］大安理索斯、爱婆罗、奥林坪："大安理索斯"今译"狄俄尼索斯"，古希腊神

话中的酒神。“爱婆罗”今译“阿波罗”，古希腊神话中的太阳神。“奥林坪”今译“奥林匹斯”。

［5］巴镂刻：今译“巴洛克”，17 世纪初至 18 世纪上半叶流行于欧洲的一种艺术风格，其特征是雕琢、华丽、浓艳、新奇，追求装饰美和形式美。

［6］罗考课：今译“洛可可”，18 世纪 20 年代产生于法国，是流行于法国贵族之间的一种艺术风格。它是在巴洛克建筑的基础上发展起来的。其特点是精致而烦琐，细腻而柔媚。

［7］浮士德精神：源自于德国歌德的歌剧《浮士德》。浮士德精神首先是一种笃于实践的入世精神，其次是一种不甘堕落、永不满足的追求精神。浮士德充满自信，敢与魔鬼打赌，走出象牙塔，最终找到满足与幸福。

［8］同情交感之中道：交感，指相互感应。唐代韩愈《祭董相公文》：“五气叙行，万汇顺成，交感旁畅，圣贤以生。”人与天地万物同情同感，彼此相因相应，而达不方不隅、不滞不流、无偏无颇、无障无碍的境地。

［9］管仲姬：管仲姬（1262—1319），原名道升，字仲姬，一字瑶姬。浙江德清茅山（今干山镇茅山村）人，另一说华亭（今上海青浦）人，元代著名女性书法家、画家、诗词创作家。

［10］允执厥中：指言行符合不偏不倚的中正之道。出自《尚书·大禹谟》：“人心惟危，道心惟微，惟精惟一，允执厥中。”

［11］保合大和：出自《周易·乾卦·象传》中的“乾道变化，各正性命，保合太和，乃利贞”。乾道指天道，天道的阴阳变化，使万物各得其性命的运行规律，这就是太和，也就是和顺的意思。

［12］六艺：出自《周礼·保氏》：“养国子以道，乃教之六艺：一曰五礼，二曰六乐，三曰五射，四曰五御，五曰六书，六曰九数。”公元前 1046 年周王朝制定的贵族教育体系，要求学生掌握六种基本才能：礼、乐、射、御、书、数。

［13］名理探：希腊人热烈追求和探寻人与万物的真理，性质伟大，价值崇高，莫与伦比。

［14］权能欲：近代欧洲人崇权尚能，格物致知，探索奥秘，一境深似一境，一相精似一相，穷极根柢，犹不止息。

［15］爱悟心：中国人知晓一切生命的心灵精神：生生不息，大化流行，广大而悉备，爱利而同情交感，爱体悟而旁通统贯。

【点评】

方东美是诗性哲学家，其趣向主要表现在两个方面：一是对各种哲学理论和文化现象的悟解，显示了一个纯粹哲学家的澄明心智；一是对审美境界的陶醉，抒发了一个诗人的内在激情。这两方面的结合，使得他既能以大魄力疏解哲学文化，又能以大气概担当文化理想。方东美的《哲学三慧》1937 年发表之初，即在当时学界引起很大反响。宗白华先生在《学灯》“编者按”中称：方东美“以就梁漱溟《东西文化及其哲学》比较来说，无疑是一进步”。确实，方东美的《哲学三慧》是又一部东西方比较文学的佳作。

《哲学三慧》分“释名言”“建议例”“判效果”三部分，三者构成了从抽象到具体的演绎系统。笔者统计《哲学三慧》中出现了慧解 2 次，智度 2 次，智 22 次，慧 29 次，智慧 27 次，共命慧 13 次，自证慧 6 次，平等慧 3 次，如实慧 3 次，方便慧 3 次，慧体 4 次，慧用 3 次，慧相 3，智相 1 次，如实智 1 次，哲学智慧 3 次，民族智慧 1 次，历史智慧 1 次。

何谓“智”？又何谓“慧”？“释名言”中从哲学情理双融的角度定义了智与慧的内涵，智与慧也非二事，“人生而有知，知审乎情合乎理，谓之智”，“人生而有欲，欲称乎情切乎理，谓之慧”。“智贯欲而称情合理，生大智度；欲随知而悦理怡情，起大慧解”。方东美从情理知欲四个方面对“智”“慧”概念进行了疏解，探讨了智与慧的认知、直观内悟特点及与生命的层层递升关系。之后，他指出哲学家的任务就是终生追求“大智度大慧解”。

那么，何谓“三慧”？“三慧”乃指“闻所成慧，思所成慧，修所成慧”。闻入于思，思修无间，方能功德圆满。只能“闻所成慧”则是“慧浅”，为第三流哲学家。“思所成慧”，则成“慧中”，也只能是第二流哲学家。唯有“修所成慧深”，才能成为第一流哲学家。故而强调要“闻、思、修”并举。哲学智慧生于各个人的闻、思、修，形成思想系统从而形成自证慧。哲学智慧寄托于全民族的文化精神，相互摄取、接受，形成共命慧。“共命慧”可标明世界民族文化精神有“三慧”——古希腊智慧、近代欧洲智慧、中国智慧。方东美会通了希腊智慧、近代欧洲智慧与中国智慧的文化资源，提出世界各民族文化之间应需“他助”与“自救”。

在《哲学三慧》20 世纪 30 年代发表时，中西方文化冲突和融合已步入了一个新的阶段，无论在理论方面还是在实践层面都远较“五四”时期深广得多。方东美不太赞同梁漱溟先生的“西方是物质文明，东方是精神文明”的一般性概括。他努力从西方学术的角度来整合中国传统文化，努力从民族文化的“共命慧”和“自证慧”来解释世界文化的未来发展图式。比如从研究视野来说，方先生对中土文化精神的概括就兼儒、道、墨三家；对西方文化也是探本求源，自古希腊的酒神精神、阿波罗精神和奥林匹克精神至近代欧洲的文艺复兴精神、巴洛克精神和各种西方哲学思潮。另外，方东美当时没把释家作为讨论的对象，而实际上在文中他处处借用了释家的术语来解释智慧和三慧，如“智度”“慧解”“圆慧”“无明”。此文的重要性在于方东美较早在世界视域下探讨中国“哲学—美学”的民族特色和现代转化问题。

从文本话语的形式看，《哲学三慧》刻意追求语词古雅、句式韵律，讲究语言的立体结构，形成四言、七言、九言叠错态势，给人以美感。从文本内容看，《哲学三慧》体现了方东美哲学的宏伟构架：奔放的情思、典雅的文字和冲远的境界。刘述先在《方东美先生哲学思想概述》一文中说得好：“东美师所笼罩的范围绝不止于传统哲学的故域。他的方法犹如老鹫搏云，自提其神于太虚而俯之，科学、哲学、文学与人生整个熔为一炉，他的文字思想自成一种风格，从此成为绝响。”

【链接】

1. 方东美：《生生之德：哲学论文集》，中华书局 2013 年版。
2. 方东美：《方东美文集》，武汉大学出版社 2013 年版。
3. 宛小平：《方东美与中西哲学》，安徽大学出版社 2008 年版。
4. 蒋国保、余秉颐：《方东美思想研究》，天津人民出版社 2004 年版。

真善美之分别说与合一说

牟宗三

美主观地说是妙慧之直感，客观地说是气化之光彩，并不依于理性上。因为是妙慧之直感，故与认知机能无关；因为是气化之光彩，不依于理性上，故和目的性原则为不切。因此，下文先作真善美之分别说，然后在作真善美之合一说，最后再论此两种说之关系以达最后之圆成。

真善美之分别说

分别说的真指科学知识说，分别说的善指道德说，分别说的美指自然之美与艺术之美说。三者皆有其独立性，自成一领域。此三者皆由人的特殊能力所凸显。陆象山[1]云："平地起土堆。"[2]吾人可说真善美三者皆是经由人的特殊能力于平地上所起的土堆：真是由人的感性、知性，以及知解的理性所起的"现象界之知识"之土堆；善是由人的纯粹意志所起的依定然命令而行的"道德行为之土堆"；美则是由人之妙慧之静观直管所起的无任何利害关心，亦不依靠任何概念的"对于气化光彩与美术作品之品鉴"之土堆。

依康德，现象是对人而现，由人之感性所挑起或绉起而陈列于那作为感性之形式的时空中，并由人之立法的知性以其所自供的范畴来决定之。这样凸起的现象只是对人而言，并非对神而言。依康德，在上帝之神心面前只是"物之在其自己"（物如），而并无现象可言。……故客观的现象全由人之感性与知性这"人能"所凸起，知识之"真"全寄托在这凸起上。

依康德，分别说的善即寄托在"道德的应当"之确立，此首先由人之纯粹意志（自由意志）所决定。自由意志先依其所自立的道德法则命令吾人必须遵守之。……关此，儒者之教至为准当。释道两家并非由道德进路入，但其最高之离境亦可与此无违。

分别说的美由人之妙慧直觉那"在认知道德以外而与认知与道德无关"的气化之光彩而凸起。这一凸起遂显美之为美相以及"愉悦于美"之愉悦相。这一愉悦相既无任何利害关心，亦无混于"义理悦心"，且亦远离于激情妩媚，自是一种纯美之愉悦，即妙慧静观中直感于气化之光彩之自在闲适之愉悦。如苏东坡《赤壁赋》所说"唯山间之明月，江上之清风，耳得之而为声，目遇之而成色，此造物者之无尽藏，而吾与子之所共适”，正是说的此美境……

分别说的“真”是生命之窗户通孔，生命之“呼吸原则”，但只通至现象而止，未能通至物如[3]，故虽显“真”之独立意义，亦有其限制。

分别说之“善”是生命之奋斗，生命之提得起，是生命之“精进不已之原则”但亦只在精进中，未至全体放下之境，虽显善之独立意义，但亦常与其他如真与美相顶撞，未臻通化无碍之境。

分别说的“美”是生命之“闲适”原则，是生命之洒脱自在。人在洒脱自在中，生命始得生息，始得轻松自在而无任何畏惧，始得自由之翱翔与无向之排荡。但此是妙慧静观之闲适，必显一“住”相。若一住住到底，而无“提得起”者以警之，则它很可以颓堕而至于放纵恣肆（讲美讲艺术者常如此，遂失妙慧义，故云“非妙慧者不能言感”，盖无妙慧之感只是感性之激情之感而已）。

真善美之合一说

此所谓合一不是康德所说的“以美学判断沟通自由与自然之两界合而为一谐和统一之完整系统”之合一，乃是于同一事也而即真即美即善之合一。此一“合一”之妙境非西哲智慧所能及。吾人以为美学判断担当不了康德所想的那责任，故其所说“合目的性”之原则全不切合；而审美之事既属妙慧心（诗有别才，非关学问），故美的对象固非内合地决定于理性，且非外离地遥依于神智。像康德那样硬牵合以合目的性之原则，并最后“美为善之象征”，这是说不通的，故有种种的窒碍与不顺适。因此，吾人不能这样硬说。康德之说之所以说是硬说，因少一回环故。因此，我们继分别说，再进而作合一说。然后再看分别说中的真善美与合一说中的真善美间之关系如何。如是方可顺适而调畅。

真善美三者各有其独立性，然而导致“即真即美即善”之合一之境者仍在善方面之道德的心，即实践理性之心。此即表示说道德实践的心仍是主导者，是建体立极之纲维者。因为道德实践的心是生命之奋斗之原则，主观的说是“精进不已”（纯亦不已）之原则，客观而绝对地说是“於穆不已”之原则，因此其极境必是“提得起放得下”者。“尧舜性之”是此境，“大而化之之谓圣”亦是此境。“天地之常以其心普万物而无心，圣人之常以其情应万事而无情”，亦是此境道家玄智，佛家般若智皆含有此境。禅家“即心是佛，无心为道”亦函此境。此龙树中观之所以必讲“空空”，而天台家[4]十法成乘必殿之以“无法爱”也。惟释道两家不自道德心立教，虽其实践必函此境，然而终不若儒圣之“以道德心之纯亦不已导致此境”之为专当也。盖人之生命之振拔挺立其原初之根源惟在道德心之有“应当”之提得起也。此一“提得起”之“应当”亦合乎康德之“以实践理性居优位”之主张，惟康德系统中未达此“合一”之境，以其不认人可有“纯智的直觉”（玄智、般若智、良知明觉之性智），故吾人亦永不能接触到“物之在其自己”之“实相”也。

依儒家内圣之教，吾人一切道德实践惟在挺立“大体”以克服小体或主导小体，此是第一关，即“克己复礼”关。如此，吾人之生命始能不囿制于感性而自感性中解脱出来而显其“大体”。孟子说：“充实而有光辉之谓大。“此”大“是崇高伟大之大，是综合的表示。此为第二关。孟子又说：“大而化之之谓圣。”圣境即化境。到此境便是无相原则之体现，此为第三关，即“无相”关。到此无相关时，人便显得轻松自在，一轻松自在一切皆轻松自在。此即“圣心”即函有妙慧心，函有无相之原则，故圣人必曰“游于艺”。在“游于艺”中即函有妙慧别才之自由翱翔与无向中之直感排荡，而一是皆归于实理之平平，而实理亦无相，此即“洒脱之美”之境也。故圣心之无相即是美，此即“即善即美”也。

王龙溪[5]之四无即是此化境。四无者，“无心之心其藏密，无意之意其应圆，无知之知其体寂，无物之物其用神”。是则“体用显微只是一机，心意之物只是一事”。心与知两者是体是微，意与物两者是用是显。但只是一机，只是一事，则亦可用庄子之语调而谓之曰：“俄而心意知物矣，而未知心意知物之果孰为心孰为意孰为知孰为物也”。此是化境中的心意知物，亦即是“即真即美即善”之境也，此亦可用庄子之语调而谓之曰：“俄而真美善矣，而未知真美善之果孰为真孰为美孰为善也”。在此合一之化境中，不惟独立意义的道德相之善相与独立意义的现象知识之真相被化掉，即独立意义之妙慧别才之审美之美相亦被化掉。如“无声之乐”，“但得琴中趣，何须琴上音”“天下皆知美之为美，斯不美矣”等皆是表示分别说的独立意义的美相被化除之境。现象知识之“真”相被化除，即显“物如”之如相之“真”相。道德相之“善”相被化除即显冰解冻释之“纯亦不已”之至善相。妙慧别才中审美之“美”相被化除，则一切自然之美（气化之光彩）皆融化于物之如相中而一无剩欠。分别说中的美（气化之光彩）对知识与道德而言为多余，然而在合一说中，则无所谓多余。既无所谓多余，则亦无所谓“剩”。既无剩，自亦无“欠”。无欠即一无欠缺，即示一切皆非分解地溶化于如相中而一是皆如，无一可废。美的花固仍是花，而且是非分解的花。山间之明月，江上之清风，固仍是其若是之清风明月，而且是非分解的若是之清风明月。只有如相中之物始保住此一切光彩而一无剩欠，盖以其无光彩故。如此始能说“即善即美”。而如此之“真”固即是明觉感应中无物之物之“如相之真”也；而明觉之感应本即是至善的良知天理之自然流行，因而其中无物之物之如相之真固即是“即善即真”之真，而同时亦即是“即真即美”之美也。此化境中“即善即真即美”之美即是庄子所谓“天地之美，神明之容”（《庄子·天下篇》）。黑格尔说“艺术是上帝之形式”，此固近之，但尚不是庄子所说的“天地之美，神明之容”。因为他缺少一非分别说的合一境，亦正如康德直说“美是善之象征”之生硬，亦因其缺少一非分别说。上帝之形式即上帝之容。上帝那里有容？要说上帝之容必须在非分别说之无相中而说那“即真即善”的美，直就此美而说其容，此容即是庄子所说的“天地之美，神明之容。”非艺术之有相之美而可为上帝之容也。依庄子，艺术是技，必“技也而进于道矣”，始可进至无美相之美。至此无相之美，则虽妙慧而亦道心，虽道心而亦妙慧心，至此方可云“天地之美，神明之容。”盖在此无相之境中，审美之品鉴力与创造艺术之天才力固皆溶化于至善之流行与如相之真中而转成合道心之妙慧心，含藏妙慧心之道心，而一是皆无相，而无论自然之美或艺术之美亦皆转成“天地之美，神明之容”而亦归于无相也。此即是美之即于真，即于善。美，固无可自恃，善亦无可子衿，而真亦无可自傲。故美即于真即于善，善亦可即于真即于美，真亦可即于美即于善……中国往哲之智慧特显非分别说，极尽精微之能事。故那些玄语必须谛认，亦非可以率尔之心而轻之也。

分别说的真善美与合一说的真善美之关系

分别说的真美善既各有其独立的意义，是三种各依人之主体能力而凸显的土堆，是则三者可各不相干。美既非一认知对象之属性，与现象之知识无关，则现象之知识亦无求于美，与美亦无关。真属于“自然”，善属于“自由”，真无求于善，善亦无求于真。美无与于善之确立，善亦无与于美之对象或美之景色之呈现。是则三者可各不相干而自行其是，虽不必相冲突，亦不必相函。要想通过返照判断力与决定判断力之分别而说反照的审美判断力所成之审美判断可沟通自由与自然之两界而使之谐和而为一，这是做不到的。意志自由所决定出的“应当”，通过实践，固可是一个“落在自然界”的结果，此一结果既服从自然之机械性，又可上通于智思界之自由，此种勾连，目的论的判断可以尽其责，审美判断是担当不了的。康德依违于此两者之间而欲以作为审美判断之超越原则的“合目的性之原则”把美之对象上通于智思界之自由意志（或神意或超越的理性），这在目的论的判断方面较切合，而在审美判断方面决不切合。然而康德却并不以返照的目的论的判断勾通两界，而是以返照的审美判断担负此责，其以审美判断担负此责却又依“目的论的判断”或“上帝存在之自然神学的证明”之进路建立审美判断之超越的原则，此即吾所谓依违于两种判断之间而游移滑转混漫于其中，故有种种不顺适之穿凿与强探。那个“合目的性之原则”是建立不起来的。因为自由意志所决定的“结果”固然在自然中，然而此作为自然现象的结果却不必即是美，而此结果中所蕴藏的种种“美的形相”或“美的景色”，由妙慧之审美品味而凸现者，亦不必遥通于那智思界的自由意志，为自由意志所早已规制好。那合目的性原则是并不能把这些美的形相或美的景色通上去的。因此，我们在分别说的美中，美是并不依恃于理性的。

美的形相或美的景色不是理性之事，而是气化之多余的的光彩（所谓多余意即无关于知识之构成，也无关于道德之构成）。中国文学品题中所谓“诗有别才，非关学问”，意即非关于“理性之事”。在诗，这“别才”是审美品味与“天才”之结合；在自然之美，这“别才”即是人之特有的妙慧与气化之多余的光彩之相遭遇。此非神心之所有，亦非纯动物之所有（依康德）。凡此皆是分别说。若在非分别说中，则妙慧被吸纳于道心，而光彩亦被溶化而归于“平地”，此时只成一“即真即善即美”之境地：真是“物如”之存在，善是“天理”之平铺，美是“天地之美，神明之容”，美无美相。因为本是多余之光彩而单为人类之妙慧所遭遇（因此而形成艺术审美之独立领域），是故在人之全部精神生活之实践过程中，这光彩可被溶化而归于平地，而妙慧亦可被消融而归于无声无臭。因为美本是一“闲适之原则”，其本身显一静观之住相，它本不是一建体立极之主导之原则，是故它是必要的，又可被消融。

以上这一总说明意在表示美既是气化之多余的光彩，而又无关于理性，是故我们不能通过“合目的性之原则”硬说“美是善之象征”，而审美判断之辩证的背反亦多余而无关。我们只能说：分别说的美是合一说的美之象征，分别说的真是合一说的真之象征，分别说的善是合一说的善之象征。其详如下：

象征者具体地有相可见之意。易系曰：“天垂象见吉凶，圣人则之。”象征之“象”即是“天垂象见吉凶”之象。“上天之载无声无臭”，是绝对的玄德[6]，本无任何相可见。此一机是荀粲[7]所谓“蕴而不出”者，亦是陆象山所谓“平地”。但是天德固然尽藏以显其妙用，但亦正因其自发之妙用，（所谓天命不已），始有其“垂象”之必然，此是莱布尼茨[8]所谓“形而上的必然”。有“垂象”可见，始有种种分别决定（吉凶）可言。此种无声无臭之天命不已以及其必然的垂象，道家是以“无”与“有”表之。

“天垂象见吉凶”可概括真善美之三领域而言。于“真”方面之垂象即是气化之遭遇吾人之感性与知性而成的“现象之存在”；于“善”方面之垂象则是气化底子中人类这一理性的存有之经由其纯粹而自由的意志决定其为一“道德的存有”；于“美”方面之垂象，则是气化底子中人类这一“既有动物性又有理性性”的存有经由其特有的妙慧而与那气化之多余的光彩相遇而成的“审美之品味”。于“现象之存在”处，显一“认知的我”乃至“逻辑的我”；于“道德存有”处，显一“道德的我”；于“审美品味”处，显一“美感”的我。这都是“圣人则之”[9]中所立的事，亦是“开物成务”[10]中所成的事。

既开出如此等之事，则此等事便返而使那无声无臭的天命不已之“平地”成为彰显可见者。经过这一彰显，那无声无臭之无尽藏之丰富内容即可逐渐或圆顿地朗现于吾人之面前。因此，吾人说那分别说的真即是那无尽藏之“无相的真”[11]（有相可见的相）之象征；那分别说的善即是那无尽藏之“无相的善”之象征；那分别说的美即是那无尽藏之“无相的美”（天地之美，神明之容）之象征。

在分别说之下，真美善各不相干，因此皆无面对面侧目而视之紧张；而通过无相之原则，而苏东坡与程伊川之冲突亦可被化解而归于“默逆于心，相视而笑”。

人之渺然一身，混然中处于天地之间，其所能尽者不过是通彻于真美善之道以立己而立人并开物成务以顺适人之生命而已耳。张横渠[12]所谓“为天地立心，为生民立命，为往圣继绝学，为万世开太平”之宏愿尽在于此矣。

（选自牟宗三译《康德：判断力批判》序言，台湾学生书局1981年版）

【注释】

[1] 陆象山：陆九渊（1139—1193），字子静，号象山，江西抚州人。南宋著名理学家、思想家和教育家，宋明两代“心学”的开山之祖。明王守仁继承发展其学说，形成“陆王学派”，对后世影响极大。著有《象山先生全集》。

[2] 平地起土堆：语出《象山语录》，“平地”是主体之物自身，“土堆”则是现象。

[3] 物如：指事物的本源。

[4] 天台家：指天台宗，中国佛教宗派之一。因创始人智顗常住浙江台州的天台山而得名。其教义主要依据《妙法莲华经》，故亦称法华宗 。

[5] 王龙溪：王畿（1498—1583），字汝中，号龙溪，学者称龙溪先生。明代思想家。浙江山阴（今绍兴）人。师事王守仁。为王门七派中“浙中派”创始人，著有《龙溪全集》二十卷。

[6] 玄德：指含蓄不露的品德，或自然无为的品质。

[7] 荀粲：荀璨（209？—238？），字奉倩，颍川颍阴县人。三国时期著名玄学家，东汉名臣荀彧幼子。

[8] 莱布尼茨：戈特弗里德莱·威廉·莱布尼茨（1646—1716），德国哲学家、数学家，历史上少见的通才，被誉为17世纪的亚里士多德。

[9] 圣人则之：出自《易·系辞上》：“河出图，洛出书，圣人则之。”意思是圣明的人能根据一些征兆进行研究推理，得出一系列理论性的东西，构成章法规则。

[10] 开物成务：语出《易·系辞上》：“夫《易》开物成务，冒天下之道，如斯而已

者也。”指通晓万物的道理并按这道理行事而得到成功。

［11］无相的真：佛学术语，又作真空妙有、无相真有、无相如常。即指法相宗所说三性中之“圆成实性”。圆成实性系远离“我”“法”二执所显现之真理，以此真如之理具空（无相）、有（真实）二义，故称无相真实。无相，谓圆成实性真如之理，离一切妄想。

［12］张横渠：张载（1020—1077），字子厚，陕西眉县横渠镇人。北宋哲学家、思想家、教育家，理学创始人之一。世称横渠先生，尊称张子，封先贤，奉祀孔庙西庑第38位。

【点评】

牟宗三的学问不仅贯通儒释道，且积数十年之功精研康德，仅就以一人之力独立翻译了康德的“三大批判”之举，便堪称是盖世无双。牟宗三采取与康德对话的方式，对“道德的形上学”作了理论论证。“两层存有论”是牟宗三通过康德“现象与物自身”的区分超越所造出来的理论架构。牟宗三儒学上的一大贡献是对道德在“存有”层面的推进。这是指存有论、圆善论、合一说三个部分。

本文选自牟宗三为他本人所翻译的康德《判断力批判》所作的长篇“商榷”序言。在文中，牟宗三分析了审美活动中真善美的“分别说”（康德）的缺失，在对比观照中阐明了真善美“合一说”（儒学）的精髓。牟宗三强调的是，本体界与现象界的圆融无碍。

牟宗三认为，康德“分别说”的“真”“善”“美”（自然之美与艺术之美），三者皆有其独立性，自成一领域。即依据陆象山“平地起土堆”的说法，把三者皆称为本体（平地）所起之土堆。三者都是人的特殊能力之凸现。分别说的真善美就是现象意义的“土堆”，他们是“平地”之凸现。分而言之：一、分别说的“真”是现象界的知识。人通过理性分析、逻辑、概念等对客观的现象获得认识的真，是由人的感性与知性这一特殊的“人能”所凸起，知识之“真”全寄托在这“凸起”上。对现象而言，“物之在其自己”就是“平地”；对物自身而言，知识之“真”是没有意义的，完全消融在“理智的知解”或“直觉的知性”之中，现象之真归于平地之真。二、分别说的“善”，即是康德所说的“道德的应当”。这是由人的纯粹的自由意志所决定的，这种自由意志所决定的道德法则须显一种“命令相”而使人人必须遵守。但这与现实的人的意念形成一种紧张冲突的关系，道德的善即由此分裂而显。三、分别说的“美”是一种超越了欲念、功利、逻辑分析的妙慧静观，所遵循的是生命的“闲适原则”。这种美虽然可以使人获得轻松自由的生命生息状态，然因其常显一“住”相，“闲适”而无道德的“善”的警示，则易滑向放纵恣肆的颓堕。

“合一说”是针对康德借助审美来沟通自然与自由两大关系来讲的。康德就审美判断的超越原则“合目的性”强力推出“美是善的象征”，却因有种种窒碍与不顺畅而难以说通。牟宗三认为康德之所以如此硬说，是因为他只有真善美的分别说，而没有真善美的合一说。事实上，天心本体原可以创造自然世界，而且在创造的同时还能够欣赏自己的创造，这种欣赏就是审美。所以在本体处，真、善、美是圆成合一的——即真即善即美。

根据儒家学说，牟宗三认为道德实践的心是真善美合一的主导。孔子所说的“兴于诗，立于礼，成于乐”与“志于道，据于德，依于仁，游于艺”是儒家的主要精神所在。“游于艺”既是“志于道，据于德，依于仁”三者的补足，又是前三者的完成。正如“游于艺”放在最后一项一样，“成于乐”也是在“兴于诗”、“立于礼”的后面，即经过了严整的道德意识之支撑（“提得起”），最后是成“乐”的境界。亦即王阳明说所说“乐是心之本体”，谐和艺术的境界，是心灵的完成。

回到中国“心学”传统，王龙溪有“四无”句：“无心之心则藏密，无意之意则应圆，无知之知则体寂，无物之物则用神”。牟宗三以为这可以用来“贯通”真、善、美三者“合一”的依据。这里的“藏密”“应圆”“体寂”“用神”，都具有超越性，是一种超越了具体的“心”“意”“知”“物”的同一境界，故王龙溪又说“心、意、知、物只是一事”。“一事”即一种同一境界之事。佛教《般若经》云：“实相一相，所谓无相，即是如相。”“实相”者，即具体的一物相；“无相”者，即“物自身相”。孔子所谓“从心所欲不逾矩”，“大而化之之为圣”，“践仁尽性到化”的境界、“成于乐”的境界，亦即庄子之“齐物”“逍遥游”的境界。在此，通过中国心性哲学中“智的直觉”（儒释道皆含）使道德意志之有向的目的性之凸出便自然融化到“自然”上来而不见其“有向性”，而亦成为无向之目的，无目的之目的。是性体、心体、自由、意志之因果性彻底呈现所达到的纯圆熟的化的境界、平平的境界。“自然”亦不是那认识论系统中的自然，而是全部融化于道德意义中的“自然”，为道德性体心体所通澈了的“自然”。于此，就是真善美之真实的合一，而美则只是由这化的境界而显出。这一化境，也就直达“浴于沂，风乎舞雩”——人的生命大美境界。

牟宗三力论“真善美”三者合一的理论。他认为，“分别说”的“真”“善”“美”是“合一说”的“真”“善”“美”的“象征”，即“现象”是“物自身”的象征。在真善美“分别说”中，真有真相，善有善相，美有美相，在“合一说”中，真无真相，善无善相，美无美相，它们各自把自身的殊相化掉了，“真善美三个领域都是通过人类主体三个不同方面的能力所皱起、所凸显。既然可以皱起，也可以平伏下去，到合一境界就平伏下去了。平伏下去的时候，独立的领域没有了，它就消融到即真即美即善合一中去了。”到合一境界，物就成其自身，去除“外相的遮蔽，成其本来面目，而趋向一种形上的圆融境界”。

从有机构成的系统看，真善美实际上是主体认识和感知对象时的三种不同的判断方式和视角，但这种区分更多的是理论意义上的，即是一种认识态度，在实际上是无法完全区分的。我们的精神世界是一个整体性存在，因而我们的每一个认识和感知活动也是整体性的，即是各种官能并用的，不仅仅是知情意并用，而且所有的感官也都会参与其中，甚至是整个身心都参与其中。就真善美而言，三者构成一个整体，它们是相互隐含的，也就是说，在我们的任何认识和感知活动中，都包含着所有的判断形式，当我们判定某种活动为审美活动还是认知活动时，根据的是该判断在这一活动中所占据的地位，假如审美成分占主导地位，我们就判定为审美判断。因此，我们所说的审美判断、审美活动并非与真和善无关，它们只是隐藏在美的后边，作为一种背景存在着；同样地，在认知（求真）活动中，也存在着美和善的因素，但隐而不显。总之，它们共同构成了我们的任何一种感知和认知活动的全体。真善美之间的关系与此是类似的：真善美各自具有特质，但同时其他两者也都参与了其中任何一个的构成活动。我们的每一个认知活动、审美活动或意志活动，都是一种全体性的活动，是我们每个个体的全部的“世界”在这里的显现。

辨章学术、考镜源流，是牟宗三这篇文论的特色。在古今学理沟通的基础上，他进行有根底的创造性发挥，阐释了“即真即善即美”的中国文论之道。牟宗三早年受怀特海影响，而以后他的一生都在消化康德哲学中，体悟中国天道性命之学的精髓，进而以中土之学反哺康德之理性之学。儒家美学传统培育了牟宗三消化康德美学的活力。牟宗三在比较中与西学对话，寻求中西美学会通之道，在深化儒家美学传统中消化西方美学，建构了既深化传统又消化西学的思想体系。

【链接】

1. 牟宗三：《康德：判断力批判》，台湾学生书局1981年版。

2. 冯契：《人的自由与真善美》，华东师范大学出版社1996年版。

3. 陈迎年：《智的直觉与审美直觉——牟宗三美学批判》，上海人民出版社2012年版。

4. 王兴国：《契接中西哲学之流：牟宗三哲学思想渊源探要》，光明日报出版社2006年版。

第四辑　中国文学与哲学精神

中国文学与哲学（节选）

唐君毅

今天我要来和诸位讲的题目，是叫作“中国文学与哲学”。这个题目，记得在32年前我也用它来写过一篇考试论文。后来我又换了一个角度写过一篇性质类似的文章[1]，在一杂志上发表，但都觉得不甚满意。现在我在30年后再来讲这题目，乃再换一角度来谈一谈。此题本太广泛，亦无一定的讲法。在今短短的时间中，只能提一些意思启发大家的思想……

中国文字不因时间、格位、人称、多数少数而有语尾之变化[2]，中国哲学亦重讲普遍于各时代，对你我他、对一人与多数人、对主体客体同真的道理。中国哲学喜讲常道而非变道，喜讲“人”之道而非“个体自我”之道，喜讲天人合一之道而非主客对峙之道。中国文学亦乐描述万古不易之常情，而非怪异特出之情；喜表达你我他相通之情，而非我与你他相敌对之情；喜表达主客天人物我合一之境，而非主客天人物我对峙之境。而依中国文字之无此种种语尾之变化，亦实宜于表达此种哲学之理趣与文学之意境。此种哲学之理趣与文学之意境，亦原是相通的。

以上我们是从形式方面讲了中国文字、中国文学、中国哲学三者之密切相关之处，现在我再从内容方面指出，中国文学与中国哲学之一点密切相关之处。此一点亦可说是由前所提到的中国文字之第一种性质，而联想到的。

在我们讲中国文字之性质时，我们讲到中国文字之声变韵转所成之新字，其义亦相通的情形。今我们可以臆造二名词，于一字之声不变而韵转，以成新字时，名之曰“化”，如由“莫”化为“梦”；于一字之声变而韵不转以成新字时，名之曰“生”，如由“情”而“清”、而“琴”。故凡双声字[3]皆可相化，叠韵字[4]皆可相生。生表示韵之来复，化表示韵之转变。中国文字无不有其双声字，亦无不有其叠韵字，故皆可相生相化。诸位学中国文字学音韵学，皆可知道。而中国哲学中之一大道理，我们可说是生化之道理。中国哲学以儒道二家为主流，佛家可与道家合为一类。儒道二家都在讲生化，但我们可说儒家所长者，偏在讲生；道家所长者，偏在讲化。生是相继相续，此是生命之韵律之来复；化是转易变化，此是生命中之韵律之转变，合以成生命之节奏。稍多说几字，我们可说儒家思想善于讲如何使宇宙人生之庄严的一面，能生生相续下去；道家思想善于讲如何从宇宙人生之平凡庸俗一面，超拔转化出来。孔子言“四时行，百物生”[5]；孟子言“生则恶可已”[6]；《易传》讲生生，是重生的意思。老子言反复，庄子言变化无常，游于变化之途，是重化的意思。而中国之文学，如从内容上看，亦可说是受儒家之影响，或受道家之影响。至于法家墨家名家等，则对中国文学之影响，可谓全说不上，不必说他。我们今只拟讲，大约受儒家影响者之中国文学，多善于表现“生”之情，而以性情胜、气象胜，受道家影响之中国文学，多善于表现“化”之意，而以神韵胜、胸襟胜。此又各可分为四种形态以说之。兹先讲表现“化”之意之四种道家型文学。

一、超尘俗以自化于自然

这一类的文学，是属于道家思想的形态。如陶渊明亦有儒者之心情，有儒者型的诗，此以下再讲。但他似更富于道家的心情，如他所作的田园诗，就多是表现道家型的超尘俗的精神，而自化于自然的心情者。他这类的作品是很多的，如：“久在樊笼里，复得返自然。”（《归园田居》）“白日掩荆扉，对酒绝尘想。”（同上）“采菊东篱下，悠然见南山。”（《饮酒》）“啸傲东轩下，聊复得此生。”（同上）这些诗都是归园田居的生活下写出来的，都表示一种由尘俗中超拔，或化除种种尘想，以返于自然的心情。又如王维称“诗佛”[7]，但其诗文亦多同于道家之情调。如“下马饮君酒，问君何所之，君言不得意，归卧南山陲，但去不复问，白云无尽时”（《送别》）。归卧是超尘俗，说白云无尽时，即心自化于白云，以与白云俱无尽。如说此白云无尽时，是浮云蔽白日之意，此又暗示馋险当道。此便又是回念尘俗，就不是表示一超拔尘俗之心情的诗了。再如李白之“我本楚狂人，狂歌笑孔丘”（《庐山谣寄卢侍御虚舟》），此是假定孔丘还在世俗，故要笑他。李白笑孔子而啸傲于自然，然却并不去答复他何以要啸傲于自然。故有诗说“问余何事栖碧山，笑而不答心自闲”（《山中问答》）。然他虽不答，他却亦知“桃花流水杳然去，别有天地非人间”（同上）。此非人间而寄情于别有天地，即一超尘俗以自化于自然之心情也。此如庄子所说“君其涉于江而浮于海，望之而不见其崖，愈往而不知其所穷，送君者皆自崖而返，君自此远矣”（《庄子·外篇·山木第二十》），同是人超离尘俗自化于自然的心情。

二、化自然物之质实以归于虚灵

这一类之文学之形态，亦是一道家的形态。这一类的文学，重在将一一质实之自然物，化于空灵的意境中。如王维之“空山不见人，但闻人语响。

返景入深林，复照青苔上”（《鹿柴》），钱起之“曲终人不见，江上数峰青”（《临江仙》），苏东坡词之“时见幽人独往来，缥缈孤鸿影”（《卜算子》）。在这些诗词中，诗人乃将实在之人，都化为一声音、一影子、一似有还无的东西。这就形成了空灵的意境。此如庄子《齐物论》[8]之化庄子为蝴蝶，又化蝴蝶为庄周。于是庄周、蝴蝶，皆似有还无了。

三、取美化之自然物与人物以入文学

道家型之文学不仅擅于化质实之物，以归于空灵，而且亦最长于取本来善化之人物以入文学。如云、水、烟霞、花草、鹤鸿，等等，这些都在自然界中本来善于变化往来的东西。高人逸士，侠客神仙，居无定所，行无定踪，是善化的人物。这都是道家型之文学的题材。如庄子之人物之可化左臂为鸡，右臂为弹，是人是物，皆无所不可。

四、将人间惊天动地之历史化入寂天寞地

这一类文学，亦是属于道家型。如苏东坡《念奴娇》[9]词由“大江东去，浪淘尽千古风流人物”开始，下面再说周郎事；《赤壁赋》先说曹孟德与周郎之战，后再说“固一世之雄也，而今安在哉”，便将惊天动地之三国时之史事，皆纳入寂天寞地中，而加以超化。而陶渊明之《桃花源记》，说桃花源中人，“不知有汉，无论魏晋”，则汉魏晋之无数历史上惊天动地之大事，轻轻一笔便带过去了。其超化“人间历史”之本事更大。七十回本的《水浒》，亦把无数惊天动地之好汉，一梦中，加以收束，亦是善化。此我曾在《中国文化之精神价值》一书中，有更多之发挥，今不再多说。《庄子》所说“参万岁而一成纯”[10]，亦即包括历史中一切复杂喧嚣之事物，皆可化归纯一，而归于虚无寂寞的意思。

上面是讲善于表现“化”的道家型文学，现在我们再来讲“生”的儒家型文学之四种。

第　，赞美人之自然生命之延续之文学。

这类文学，乃表现人对自然生命之“生”的本身，加以赞叹赞美的诗文，《诗经》中《大雅》[11]、《颂》等文学中赞美祖先之长寿，以及子孙之众多等是也。如《大雅·文王》之“有命自天，命此文王。于周于京，缵女维莘。长子维行，笃生武王”；如《行苇》[12]之“曾孙维主，酒醴维醹。酌以大斗，以祈黄耇。黄耇台背，以引以翼。寿考维祺，以介景福”；乃赞美生命之长久，生活之充盛，亦连带说到道德，如《既醉》[13]之“既醉以酒，既饱以德。君子万年，介尔景福”。此皆由儒家重视人生之思想之一本原，亦后来一切庆

贺颂美之文学之本原。

第二，体验人与自然中之生意相通之文学。

这是指从人自己之生命与自然界之生命之相感，而生意相通，有所寄意之文学。如陶渊明，我们前说亦有儒者之心情。如其读《山海经》之“众鸟欣有托，吾亦爱吾庐”，便可为例。此诗言鸟托于树，树绕吾庐，而吾居庐中，观鸟之欣有托，亦即吾之欣鸟之有托，与自欣吾之有托。此即一鸟树之欣欣此生意，相通相融而如相环抱之象，而见一儒者之心情。中国一切表示天地之化机、生机之诗，皆此一类。朱子[14]尝称道石曼卿[15]之“乐意相关禽对语，生香不断树交花”[16]，亦因其所表现之思想，正为儒家之物我之生意相通之思想也。

第三，从人现在之生命与往古或过去之生命相通所成之文学。

此种所谓就人现在生命，与往古或过去之生命之相通所成之文学，与道家型之文学，从过去之在现在莫有了，而观其化者不同。此是依于觉过去虽逝，然我现在之怀念，便使过去者，若复活于现在，亦永生于现在。陶渊明《咏荆轲诗》[17]说“其人虽已殁，千载有余情”。吾人于千载之后有余情，则没者未尝没。而中国之一切咏史、怀古、思旧、伤逝，以及哀祭碑帖之文学，亦皆是所以使往者不往，逝者不逝，而复活永生于当下之咏之怀之思之伤之之心情之中者。如孟浩然诗曰：“人事有代谢，往来成古今。江山留胜迹，我辈复登临。”[18]人事自有代谢与古今，然我辈今日复登临此胜迹，则此胜迹中之往事与古人之原型，亦在我之此登临之心情中，虽有代谢与古今，而实无代谢与古今矣。须知人之怀古念旧等，并非只是留恋过去，而是要成就一现在生命与过去的往古的世界之相通，使我们更认识一生生相续的世界之存在。此亦即由儒家所谓尚有千古、不忘故旧、事死如事生、事亡如事存之意发展而来。

第四，个人之生与他人之生相感相生之文学。

“生”可指我们自己个人之生，亦可指我与他人相感相生之生。如人在夫妇、父子、兄弟、朋友、君臣等伦理关系中之相通相感之生。由此而中国有很多表现夫妇、父子、兄弟、朋友、君臣之情之文学。而此种表现儒家思想，是很明白的。但我今天特要说的一点，是中国文学中，又常把各种伦理之情，亦彼此加以贯通起来，加以表现，夫妇朋友君臣之情便都可相贯通。如《旧题苏武诗四首（其三）》之“结发为夫妻，恩爱两不疑”[19]，古人即以此喻朋友之情。又如辛稼轩词“君莫舞，君不见玉环飞燕皆尘土”[20]，皇帝见了便知是怨君。诸葛亮之《出师表》，亦兼表现师友之情与君臣之情。此类之例不胜举。此种把不同的情加以贯通起来的表现法，乃依于一类之情可引生他情。此种情之相生，尤为儒家之文学之所重。此情之相生，亦尚有其他之种种形态。如杜甫之诗中，即充满了各种之情之表现，而此各种之情又互相错综，相依相结，以增其情之蕴藉的强度。如杜甫《北征》之诗，便将各种对家国之忧喜之情，都互相错综加以表现。知情之相生而表现之，此情即成至情而见至性。此性情中之相生，亦是一种生，而且可能即一种最高的生。是见性情之文学，亦即最高之文学。此种文学属于儒家型，亦甚易明白。因儒家之教，即性情之教。这不必多加解释了。

对于道家之表现化之文学与儒家之表现生之文学。我今天各讲四型，这都是从最简单最基本的形态上去讲，此外自然尚有他形态及各种复杂的形态之儒道家之文学。而除以生、化二字来表示此二种文学之不同外，当然亦可以其他字来表示其不同。此可由大家另想另讲，我今天就只说此几点，以供大家思索参考。

（选自香港《人生杂志》1964 年第 4 期）

【注释】

［1］写过一篇性质类似的文章：指唐君毅早年写的《中国哲学对中国文学之一般影响问题》，发表在 1932 年《建国月刊》上。

［2］中国文字不固时间、格位、人称、多数少数而有语尾之变化：这里主要指中国语言文字与西方语言文字（例如英语）不同，字词没有时态、格位、人称、单复数之分。中国文字不受时态、主客体、单数复数等限制。

［3］双声字：一个双音节词中两个字的汉语拼音的声母相同，就是双声。也就是同声母的字可以构成双声。

［4］叠韵字：汉语拼音的韵母与用此韵母拼音所得的字，就是叠韵。也就是同韵母的字可以构成叠韵。

［5］孔子言“四时行，百物生”：出自《论语》。子曰：“天何言哉？四时行焉，百物生焉。天何言哉?”意思是说，天哪里说话了，四季依旧生长着，老百姓一样的生活着，这是自然天道啊。

［6］孟子言“生则恶可已”：出自《孟子》：“乐则生矣，生则恶可已也，恶可已，则不知足之蹈之，手之舞之。”

［7］诗佛：指唐代诗人王维。

［8］《齐物论》：是庄子的代表篇目。齐物论包含齐物与齐论两个意思。庄子认为世界万物包括人的品性和感情，看起来是千差万别，归根结底却又是齐一的，这就是“齐物”。庄子还认为人们的各种看法和观点，看起来也是千差万别的，但世间万物既是齐一的，言论归根结底也应是齐一的，没有所谓是非和不同，这就是“齐论”。“齐物”和“齐论”合在一起便是本篇的主旨。

［9］《念奴娇》：词牌名。

［10］参万岁而一成纯：出自《庄子》，“参万岁”意思是糅合历史的长久变异与沉浮。纯：精粹不杂，指不为纷乱和差异所乱。人们总是一心忙于去争辩是非，圣人却好像

十分愚昧无所觉察，糅合古往今来多少变异、沉浮，自身却浑然一体不为纷杂错异所困扰。

［11］《大雅》：《诗经》二雅之一，共三十一篇。作品大部分作于西周前期，作者大都是贵族。

［12］《行苇》：《诗经·大雅》中的一篇。全诗八章，每章四句。歌颂周族先代睦亲敬老，仁及草木。

［13］《既醉》：《诗经·大雅》中的一篇。全诗八章，每章四句。诗歌描述周代统治者祭祀祖先，祝官代表神灵向主人表示祝福，祭祀完毕后周王和诸侯尽情宴饮。

［14］朱子：朱熹（1130—1200），字元晦，号晦庵，南宋徽州婺源（今属江西）人，是一位儒学集大成者，世尊称朱子。主要作品有《四书章句集注》《楚辞集注》等。

［15］石曼卿：石延年（994—1041），曼卿是他的字，别号葆老子，河南商丘人。北宋初年著名文学家和书法家，工诗，善书法。著《石曼卿诗集》。

［16］乐意相关禽对语，生香不断树交花：出自石延年《金乡张氏园亭》一诗，意思指有相同兴趣的话题或者心意就连飞禽都相对而语，两朵相交而开的花散出的香味不断。

［17］《咏荆轲诗》：作者陶渊明，诗人以极大的热情歌咏荆轲刺秦王的壮举。诗写得笔墨淋漓，慷慨悲壮，在以平淡著称的陶诗中另具特色。

［18］人事自有代谢，往来成古今。江山留胜迹，我辈复登临：出自孟浩然《与诸子登岘山》诗，此诗因作者求仕不遇心情苦闷而作，诗人登临岘山，凭吊羊公碑，怀古伤今，抒发感慨，想到自己空有抱负，不觉分外悲伤，泪湿衣襟。全诗借古抒怀，融写景、抒情和说理于一炉，感情真挚深沉，平淡中见深远。

［19］结发为夫妻，恩爱两不疑：出自汉代诗作《旧题苏武诗·结发为夫妻》，写一对青年男女正沉浸在新婚的欢愉之中。"结发"指古代男子二十束发加冠、女子十五束发为笄，表示成年的一种仪式。青年男女到了这个人生的美好时刻便结为夫妻，"恩爱两不疑"，婚后生活过得十分美满、幸福。

［20］君莫舞，君不见玉环飞燕皆尘土：出自辛弃疾的《摸鱼儿》，"玉环飞燕"是指杨玉环和赵飞燕，一个缢死在马嵬坡下，一个被废为庶人后自杀，告诫统治者江山之虞。

【点评】

唐君毅毕其一生踯躅于仁道哲学的慧性思考，巨大的理论激情演绎出文论的诗学精神。在这篇论文中，唐君毅从形式和内容两个角度分析了中国文字与中国文学、中国哲学的密切关系。

在形式方面，中国文字与中国文学的关系主要体现在四个方面：一是中国文字是音义结合体，双声叠韵等形式多样，其形旁和义旁分别代表不同意义，从而使文学语言充满形象性和音律性。这一特点远远不同于西方拼音文字，后者缺乏直接形象性，因此，中国语言更加适宜文学。二是中国文字的形象性渗透着抽象意义。从文字的造字法看，象形字、会意字、指事字、形声字都在综合的结构中包含着丰富的抽象意义。而西方文字只能靠介词、连词的结合，表现抽象关系。中国文字的铺陈叙述、名词与名词的直接陈列都使语言的形象性不断增强，是最适合文学的文字。三是中国文字中地名和人名都有特定的含义。因为中国文字是音义结合体，都具有一定的形象和意义，使地名和人名都具有特定的含义。如“姑苏城外寒山寺”中，“姑”“苏”“寒”“山”都有自己的意义，在这里“姑苏”又是一地名，能引起读者丰富的想象和联系。四是中国文字不受时态、主客体、单数复数等限制，具有多重解读的可能性，所表现的意义复杂多样，运用在文学中，更能表现出文学作品中不同的情态和境界。唐君毅文论的可贵之处，在于提出了中国的“字”思维，以及中国文学中的修辞、练字的美学技巧。

中国文学与中国哲学的关系也表现在四个方面：一是中国文字因为是兼用形音表义的，在哲学语言中，文字也具有形象性、暗示性和象征意义，非常贴近文学语言；二是中国哲学不重视抽象逻辑关系的分析，重视具体事物中渗透的抽象意义，中国哲学也借助文学的形象性和象征性表情达意，所以有“文以载道”“歌以咏志”之说；三是中国哲学在具体地名人名中，也赋予了文学意义，在文学表达中也赋予了哲学内涵，比如“长安”一名，是长久平安的意思，意味着永保安定平安之意；四是中国哲学不因时间、人称、主客体、多数少数之别而有哲学意义上的差别，是哲学意蕴和文学意境有机整合。

在内容方面，唐君毅将中国哲学的内在关系概述为“生化之道”，儒家主要侧重在“生”，生是相继相续，强调生命韵律；道家主要侧重在“化”，化是转易变化，合成生命的节奏。儒家的“生”，在文学上往往表现“生命情怀”，而道家的“化”，在文学上多表现神韵和意境。在道家“化”的哲学影响下，文学样式分以下四种类型：一是超尘俗自化于自然。多表现超拔脱俗的精神和自然闲适的心情，陶渊明的“采菊东篱下，悠然见南山”诗句，一个“见”字将悠然自得和淡然心境表现得淋漓尽致。被誉为“诗仙”的李白，也在“桃花流水杳然去，别有天地非人间”中表现出超越尘俗，回归自然的心境。二是化自然为虚灵。将自然之物化为空灵的意境之中，实现“天人合一”的美学意境。庄周化蝶中，在自由翩跹中悠然忘返，甚至忘记自己是谁，达到了忘我的精神状态。三是将自然物和人物美化进入文学中。运用拟人拟物等艺术手法，结合自然界中烟霞、云彩、花草等变化万千的形象来象征高山逸士、侠客神仙等艺术形象。四是将历史典故幻化到寂寥天地间，将历史中的复杂喧嚣事件内化为一，归于寂寞虚无之中。

在儒家“生”的哲学影响下，文学样式也分以下四种类型：一是赞美生命的自然延续。强调生命力的强大，赞美生命长久，生活充盈，是儒家思想重视人生价值和道德意义的表现，比如《诗经》中的《雅》和《颂》。二是赞美人与自然生命相通的文学。人们在自然中感悟到自身生命的意义，同时在体认自身生命的价值时也看到了自然生命的意义，表现出物我相融的人生意义。三是将历史生命与现时生命相融相通的文学。通过对过去历史的追忆，想到自身生命的意义，抑或是通过历史的追忆，感念过去生命的价值。陶渊明的“其人虽已殁，千载有余情”，以极大的热情歌咏荆轲刺秦王的壮举，在对奇功不建的惋惜中，将自己对黑暗政治的愤慨之情，赫然托出。四是将个人与他人的生命情感相融相通的文学。“人是社会关系的总和”，在兄弟、朋友、君臣、夫妇中形成各种各样的情感类型，表现出对生命理解和感悟，有妻离子散的生命惋惜，有朋友别离的生命慨叹，有家国情怀的生命哀思。

清人徐增在《而庵诗话》中说：“诗总不离乎才也。有天才，有地才，有人才。吾于天才得李太白，于地才得杜子美，于人才得王摩诘。太白以气韵胜，子美以格律胜，摩诘以理趣胜。太白千秋逸调，子美一代规模，摩诘精达虚灵之学，篇章自居，皆合圣教。”唐君毅对深层次的古典诗学精神也予以重视，认为儒家的伦理之情，道家的自然之思，都是奠定这种诗学精神的文化根基和哲学依据。即：受儒家影响者之中国文学，多善于表现“生”之情，而以性情胜、气象胜；受道家影响之中国文学，多善于表现“化”之意，而以神韵胜、胸襟胜。唐君毅的这番文论之思，可谓言高而旨远，辞约而义妙。

【链接】

1. 唐君毅：《人文精神之重建》，台湾学生书局 1984 年版。
2. 唐君毅：《文化意识与道德理性》，中国社会科学出版社 2005 年版。
3. 唐君毅：《心物与人生》，亚洲出版社有限公司 1956 年版。
4. 张祥浩：《唐君毅思想研究》，天津人民出版社 1994 年版。

《红楼梦》悲剧之演成

牟宗三

一

《红楼梦》之被人注意，不自今日始。最初有所谓红学大家之种种索隐附会[1]之谈，这已经失掉了鉴赏文学的本旨。后来有胡适之先生的《红楼梦考证》[2]，把那种索隐的观点打倒。用了历史的考据法，换上了写实主义的眼镜，证明了《红楼梦》是作者的自述，是老老实实把自己的盛衰兴亡之陈迹描写出来。这虽然是一个正确的观点，然而对于《红楼梦》本身的解剖与理解，胡先生还是没有做到。这只是方向的转换，仍不是文学本身的理解与批评。所以胡先生的考证虽比较合理，然究竟是考证工作，与文学批评不可同日而语。他所对付的是红学家的索隐，所以他的问题还是那红学家圈子中的问题，不是文学批评家圈子中的问题。因为我们便开始安心鉴赏《红楼梦》本身的技术，与其中所表现的思想，那些圈子外的问题便不容易发生。圈子外的问题，无论合理与不合理，在我们看来，总是猜谜的工作，总是饱暖生闲事，望风捕影之谈。

近年来注意《红楼梦》的人，方向又转变了。从圈子外转到圈子里。这确是文学批评家的态度。不过据我所见，这些作家们所发表的言论又都只是歌咏赞叹《红楼梦》的描写技术与结构穿插之巧妙，对于其所表现的人生见地与支持本书的思想之主干，却少有谈及。这种工作并非不对，也是分内事。不过我以为这只是咬文嚼字的梢末文章。若纯注意这等东西，其流弊所及便是八股式的文学批评法[3]，与金圣叹批《水浒》批《西厢》，同一无聊而迂腐。而且这一种批评，其实就不是批评，它乃实是一种鉴赏。中国历来没有文学批评，只有文学鉴赏或品题。品诗品文与品茶一样，专品其气味声色风度神韵。品是神秘的，幽默的，所谓会心的微笑，但却不可言诠。所以专注意这方面，结果必是无话可说，只有赞叹叫好。感叹号满纸皆是，却无一确凿的句子或命题。

这种品题法[4]是中国历来言之特别起劲的。我并不反对这种品题工作，而且因为近二十年来人们攻击得太厉害。这种学问几乎成了绝响，所以我不忍其沦亡，也曾作文以阐发（即在《再生》二卷六期上发表过的《 理解、创造与鉴赏》)。在这篇文章里，我说明了理解的直接对象便是作品本身。由此作品本身发见作者的处境，推定作者的心情，指出作者的人生见地。我也说明了创作的全部过程，最后以集文学品题之大成的桐城派[5]为根据而解说鉴赏。所以我并不反对鉴赏或品题。不过叫我论鉴赏可，叫我实际鉴赏也可。惟叫我说鉴赏之所得，却实在有点难为情。我是说不出来的。因为这不是说的东西。所以我只能说我所可说的。如其能说必须清楚地说之，如不能说必须默然。可说的说出来不必清楚，但默然的却实在难说。人家去说我也不反对，但那可说而却未经人说的。我现在却要说说。

二

在《红楼梦》，那可说而未经人说的就是那悲剧之演成。这个问题也就是人生见地问题，也就是支持那部名作的思想主干问题。

在中国旧作品中，表现人生见地之复杂与冲突无过《红楼梦》。《水浒》，《金瓶梅》却都非常之单纯。所以《红楼梦》之过人与感人，决不在描写之技术。技术的巧妙是成功作品的应当的本分，这算不得什么。要不然，还值得看么？这是起码的工作。文通字顺当然算不得杰作的所在。脑袋十分空虚，纯仗着摆字眼，玩技巧以取胜，结果只是油滑讨厌，最大的成绩不过是博得本能的一笑而已。

人们喜欢看《红楼梦》的前八十回，我则喜欢看后四十回。人们若有成见，以为曹雪芹的技术高，我则以为高鹗[6]的见解高，技术也不低。前八十回固然是一条活龙，铺排得面面俱到，天衣无缝，然后四十回的点睛，却一点成功，顿时首尾活跃起来。我因为喜欢后四十回的点睛，所以随着也把前八十回高抬起来。不然，则前八十回却只是一个大龙身子，呆呆地在那里铺设着。虽然是活，却活得不灵。

前八十回是喜剧，是鼎盛；后四十回是悲剧，是衰落。由喜转悲，由盛转衰，又转得天衣无缝，因果相连，俨若理有固然，事有必至，那却是不易。复此，若只注意了喜剧的铺排，而读不到其中的辛酸，那便是未抓住作者的内心，及全书的主干。《红楼梦》第一回说完了缘起以后，随着来了一首诗云：“满纸荒唐言，一把辛酸泪。都云作者痴，谁解其中味？”

读者若不能把书中的辛酸味解出来，那才是叫作者骂尽天下后世，以为世上无解人了。他那把辛酸泪，只好向天抛洒了。所以《红楼梦》不是闹着玩的，不是消遣品，这个开宗明义的辛酸泪，及最后的悲剧，岂不是一贯？然若没有高鹗的点睛，那辛酸泪从何说起？所以全书之有意义，全在高鹗之一点。

三

悲剧为什么演成？辛酸泪的解说在哪里？曰：一在人生见地之冲突，一在兴亡盛衰之无常。这两个意思完全在一二两回里道说明白。我们先说第一个。

天地生人，除大仁大恶，馀者皆无大异。若大仁者则应运而生；大恶者则应劫而生。运生世治，劫生世危。尧，舜，禹，汤，文，武，周，召，孔，孟，董，韩，周，程，朱，张，皆应运而生者。蚩尤，共工，桀，纣，始皇，王莽，曹操，桓温，安禄山，秦桧等，皆应劫而生者。大仁者修治天下，大恶者扰乱天下。清明灵秀，天地之正气，仁者之所秉，残忍乖僻，天地之邪气，恶者之所秉也。今当祚永运隆之日，太平无为之世，清明灵秀之气所秉者，上自朝廷，下至草野，比比皆是。所馀之秀气，漫无所归，遂为甘露，为和风，洽然溉及四海。彼残忍乖邪之气，不能荡溢于光天化日之下，遂凝结充塞于深沟大壑之中，偶因风荡，或被雨摧，略有摇动感发之意。一丝半缕，误而逸出者，值灵秀之气适过，正不容邪，邪复妒正，两不相下，如风水雷电，地中相遇，既不能消，又不能让，必致搏击掀发。既然发泄，那邪气亦必赋之于人，假使或男或女，偶秉此气而生者，上则不能为仁人为君子，下亦不能为大凶大恶。置之千万人之中，其聪俊灵秀之气，则在千万人之上。其乖僻邪谬不近人情之态，又在千万人之下。（第二回）

这一套人性的神话之解析[7]，我们不必管它。只是这三种人性，却属事实。仁者秉天地之正气，恶者秉天地之邪气，至于那第三种怪诞不经之人却是正邪夹攻中的结晶品。《红楼梦》中的贾宝玉，林黛玉便是这第三种人的基型。《红楼梦》之所以为悲剧，也就是这第三种人的怪僻性格之不被人了解与同情使然。

普通分三种人为善恶与灰色。悲剧之演成常以这三种人的互相攻伐而致成，惟《红楼梦》之悲剧，不是如此。《红楼梦》里边，没有大凶大恶的角色，也没有投机骑墙的灰色人。普通论者多以王熙凤比曹操，这可以说是一个奸雄了。惟在我看起来，却有点冤枉。王熙凤也许是一个治世之能臣，乱世之奸雄，是一个不得了的人物，但悲剧演成之主因却不在王熙凤之奸雄。如果她是奸雄，则贾母，王夫人也是奸雄，或更甚焉。但显然这不近情。何况贾家还不能算是一个乱世，所以我们对于王熙凤的观念却倒是一个治世中之能臣，不是一个乱世中之奸雄，纵然对于贾瑞和尤二姐，处置得有点过分，也只是表示她不肯让人罢了。一个是表示她十分厌恨那种痴心妄想的人，二个是表示她的醋劲之特别大。最足以表示出她不够奸雄的资格的，便是一听查抄的消息立刻晕倒在地。后来竟因心痛而得大病，所以贾母说她小气。这那里是奸雄？再贾母死时，家道衰微，她也是两手扑空，没有办法。比起当年秦氏死协理宁国府的时候差得多了。经不起大波折，逆境一到，便露本相。这算不得是奸雄。所以王熙凤只是一个洑上水的人，在有依有靠，无忧无虑的时候，她可以显赫一气。一旦“树倒猢狲散”，她也就完了。至于宝黛的悲剧，更不关她事，她不过是一个工具而已。关于这一点，以下自然可以明白。悲剧之演成，既然不是善恶之攻伐，然则是由于什么？曰：这是性格之不同，思想之不同，人生见地之不同。在为人上说，都是好人，都是可爱，都有可原谅可同情之处，惟所爱各有不同，而各人性格与思想又各互不了解，各人站在个人的立场上说话，不能反躬，不能设身处地，遂至情有未通，而欲亦未遂。悲剧就在这未通未遂上各人饮泣以终。这是最悲惨的结局。在当事人，固然不能无所恨，然在旁观者看来，他们又何所恨？希腊悲剧正与此同。国王因国法而处之于死地。公主因其为情人而犯罪而自杀，其妹因其为兄长而犯罪而自杀。发于情，尽于义，求仁而得仁将何所怨？是谓真正之悲剧。善恶对抗的悲剧是直线的，显然的；这种冲突矛盾所造成的悲剧是曲线的，令人失望的。高鹗能写悲剧已奇了，复写成思想冲突的真正悲剧更奇，《红楼梦》感人之深即在这一点。

……（略）

四

宝玉的“宝”丢了，宝玉疯癫了。于是贾母王夫人便想到了金玉姻缘，想借着宝钗的金锁来冲喜，来招致那失掉了的宝玉。于是便定亲以至结婚。也不顾元妃的孝了，袭人的诉说警告也无用了。袭人也自是私自庆幸，凤姐便施其偷梁换柱之计，贾母王夫人只知道站在自己的立场上说话，儿女本身的思想性格，以及平素的关系，全不过问，全不理解。他们也不想理解，他们也不能够理解。他们虽知道他俩的感情比较好点，但是她们以为这是他俩从小在一块的缘故。他们所理解的只这一点，他们再不能够进一步的理解，他们都是俗人，他们不能够理解这一对艺术化了的怪物。可是第一幕悲剧就在此开始上场。

机关泄漏了，颦儿迷了本性，焚了稿子，断了痴情，那病一天重似一天，血不住的吐。贾母大惊，随同王夫人凤姐过来看视，“只见黛玉微微睁眼，看见贾母在他旁边，便喘吁吁地说道：‘老太太！你白疼了我了！’贾母一闻此言，十分难受，便道：‘好孩子，你养着罢！不怕的！’黛玉微微一笑，把眼又闭上了。”（第九十七回）这“微微一笑’，中有多少恨？有多少苦？这

“白疼了我了”一句中，含了多少讥讽？含了多少怨恨？贾母一听，能不难受？能不愧死？但是她竟老羞成怒，说出很令人伤心的话来！

贾母心里只是纳闷，因说：“孩子们从小儿在一处顽，好些儿是有的；懂的人事，就该要分别些，才是做女孩儿的本分，我才心里疼他。若是他心里有别的想头，成了什么人了呢？我可是白疼了他了！你们说了，我到有些不放心。”（第九十七回）

贾母道：“我方才看他却还不至糊涂，这个道理，我就不明白了。咱们这种人家，别的事自然没有的，这心病也是断有不得的！林丫头若不是这个病呢，我凭着花多少钱都使得；就是这个病不但治不好，我也没心肠了！”（第九十七回）

读者看这两段话，怎不令人可恨？我真要骂一声“这老乞婆！”

贾母等人自从看过了以后，便过去办宝玉喜事。黛玉方面只请医诊治而已。“上下人等都不过来，连一个问的人都没有，睁开眼只有紫鹃一人。”岂不可恨？宁不可叹？紫鹃恨的更了不得！“到了贾母上房，静悄悄的，只有两三个老妈妈和几个做粗活的丫头在那里看屋子。紫鹃因问道：‘老太太呢？’那些人都说：‘不知道。’紫鹃听这话诧异，遂到宝玉房里去看，竟也无人！遂问屋里的丫头，也说不知。紫鹃已知八九。但这些人怎么竟这样狠毒冷淡？”（第九十七回）黛玉平时谁不敬重？不想到此，无一人过问。人情人情，夫复何言？我之恨即恨在此，我之叹亦叹在此。黛玉气绝之时，正是宝玉婚礼之时，一面音乐悠扬，一面哭泣凄凉！这个对比，实在难堪！

黛玉死了，宝玉尚在梦中。结婚他也是莫明其妙，偷梁换柱是个纸老虎，揭穿了，宝玉越发糊涂，病的日见厉害，连饮食也不能进了。黛玉有心病，试问宝玉这是不是心病？贾母又有何说？明知其各有心病，又使用李代桃僵[8]，这简直是开玩笑，以人命作儿戏，既不顺天，又不应人，如何不演悲剧？如何又不演第二幕悲剧？

悲剧是演了，可恨自是可恨。但是话又说回来，恨只是感情上的，细想想又无所恨。紫鹃连宝玉都恨，这当然是不合理的，可是感情上又不能无恨。我自是恨贾母，但细想，贾母也不必恨了。贾母听见黛玉死了，眼泪交流，说道：“是我弄坏了他了！但只是这个丫头也忒傻气！”贾母也自认其咎，不过他以为女孩儿总当如宝钗那样才好，奇特乖僻，便不是做女孩儿的本分。这是道德观念如此，普天之下莫不皆然，贾母当年也得遵守，这如何能怨恨贾母？贾母又对王夫人说；“你替我告诉他的阴灵：‘并不是我忍心不来送你，只为有个亲疏，你是我的外孙女儿，是亲的了；若与宝玉比起来，可是宝玉比你更亲些，倘宝玉有些不好，我怎么见他父亲呢？’说着，又哭起来。”（第九十八回）亲疏是人情，凡事要近情，贾母毕竟是开明的老太太，但是情也实在不容易通，通情要有理解，贾母只做到了“尽其在我”，“忠恕一贯”之道，还差得远哩。

贾母对黛玉只做到了“尽其在我”，对宝玉也何尝不如此。一般的宝玉也并没有把他看在眼里！任凭你怎么疼，操多少心，那宝玉何曾受一点感动？何曾稍有上进之心？还不是结果为一林妹妹，冷着心肠、抛弃一切，出了家做和尚！可见贾母之爱宝黛，与宝黛之爱贾母同。同是单纯的一条线的爱，同是家庭内的母子之爱。母子之爱如何同于情人之爱！

贾母如此，王夫人又何尝不如此。推之宝钗亦何独不然。宝钗与黛玉也是很好的朋友。这幕悲剧也怪不得宝钗。朋友之爱，也是比不上夫妇之爱呵！

但是宝钗虽以情人之爱对宝玉，宝玉却以朋友之爱对宝钗。朋友之爱也是单纯的一条线的。所以任凭你怎样用情，结果还是为林妹妹一走！

这幕悲剧竟一无所恨，只恨思想见地之冲突与不理解。各人都是闭着眼一直前进，为自己打算，痴心妄想，及至无可如何，必有一牺牲，这是天造地设的惨局！

五

第一幕悲剧是人性的冲突，第二幕自然以此为根据，复加上了“无常”之感，由“无常”的参加，这第二幕的悲剧便含着一个人生的根本问题。试看《红楼梦》的主角怎样解脱这个问题。

这一百二十回的《红楼梦》只是一篇兴亡陈迹的描写。一个人亲身经历一番兴亡劫数，那无常的悲感自然会发生的。《红楼梦》第一回便揭示出怎样解脱无常，以疯跛道人的《好了歌》开始，自然便以出家为终结。《好了歌》是：

> 世人都晓神仙好，惟有功名忘不了。古今将相在何方？荒冢一堆草没了！
> 世人都晓神仙好，只有金银忘不了。终朝只恨聚无多，及到多时眼闭了！
> 世人都晓神仙好，只有娇妻忘不了。君生日日说恩情，君死又随人去了！
> 世人都晓神仙好，只有儿孙忘不了。痴心父母古来多，孝顺儿孙谁见了！

识“通灵来历”说“太虚实情”的甄士隐，又将《好了歌》加以注解道：

> 陋室空堂，当年笏满床；衰草枯杨，曾为歌舞场。蛛丝儿结满雕梁，绿纱今又糊在蓬窗上。说甚么，脂正浓，粉正香！如何两鬓又成霜？昨日黄土

陇头埋白骨，今宵红绡帐底卧鸳鸯。金满箱，银满箱，转眼乞丐人皆谤。正叹他人命不长，那知自己归来丧？训有方，保不定日后作强梁；择膏粱，谁承望流落在烟花巷！因嫌纱帽小，致使锁枷扛；昨怜破袄寒，今嫌紫蟒长。乱哄哄你方唱罢我登场，反认他乡是故乡。甚荒唐，到头来，都是为他人作嫁衣裳！

这一首注解，便是说明万事无常。因缘相待，祸福相依。没有完全好的时候。若要完全"好"，必须绝对"了"，若能了却一切，便是圆圆满满，常而不变，故曰《好了歌》。所以最后的解脱便是佛教的思想。

宝玉生于富贵温柔之乡，极度的繁华也受用过，后来渐渐家败人亡：死的死，嫁的嫁，黄金时代的大观园变成荒草满地了！善感的宝玉如何不动今昔之情？最使他伤心的，便是开玩笑式的结婚，与林妹妹的死。宝钗告诉他黛玉亡故的消息，他便一痛决绝，倒在床上。及至醒来，"自己仍旧躺在床上。见案上红灯，窗前皓月，依然锦绣丛中，繁华世界。……仔细一想，真正无可奈何，不觉长叹数声"。（第九十八回）试想这无可奈何的长叹含着有多少痛苦；从这里边能悟出多少道理？一悟再悟，根据其固有的思想见地，把以前的痴情旧病渐渐冷淡起来，色即是空，情即是魔，于是由纨绔子弟转变到佛教那条路上去，不再在这世界里惹愁寻恨了！

本来，在中国思想中，解脱这个人生大问题的大半都走三条路：一走儒家的路，这便是淑世思想；二走道家的路，与三走佛家的路，这便是出世思想。儒家之路想着立功立言以求永生；道家想着锻炼生理以求不死；佛家想着参禅打坐以求圆寂。三家都是寻求永恒，避免现世的无常。贾宝玉最后遁入空门，作书者为敷衍世人起见，说这是假的，不是正道。贾宝玉之由纨绔转为儒家那才是真的；然而在宝玉看来却是个禄蠹[9]！当宝玉神游太虚幻境[10]的时候，警幻仙子作最后忠告他说："从今后，万万解析，改悟前情，留意于孔孟之间，委身于经济之道。"但是宝玉却始终讨厌这个经济之道，所以他终于走上了佛教之路！

……（略）

宝玉出家一幕，其惨远胜于黛玉之死。黛玉死，见出贾母之狠毒与冷淡，然此狠毒与冷淡犹是一种世情，其间有利害关系，吾人总有恕饶的一天。至于宝玉的狠与冷却是一种定见与计划。母子之情感动不了，夫妻之情感动不了，父子之情更感动不了，刚柔皆无所用，吾人何所饶恕？恕宝玉乎？然宝玉之狠与冷并非是恶，何用汝恕？惟如此欲恕而无可恕无所恕之狠与冷，始为天下之至悲。盖其矛盾冲突之难过，又远胜于有恶可恕之利害冲突也。吾故第二幕之惨又胜于第一幕。其主因即在于思想性格冲突而外又加上一种无常之感。他要解脱此无常，我们恕他什么？

有恶而不可恕，以怨报怨，此不足悲。有恶而可恕，哑巴吃黄连，有苦说不出，此大可悲，第一幕悲剧是也。欲恕而无所施其恕，其狠冷之情远胜于可恕，相对垂泪，各自无言，天地黯淡，草木动容，此天下之至悲也。第二幕悲剧是也。

（原载《哲学月刊》第1卷第3/4期，1935年12月/1936年1月）

【注释】

［1］索隐附会：索隐，寻求隐深的意义或道理。附会，把不相关的事勉强凑合到一起。早期的“红学”研究中有“索隐派”，苦心搜集文献史料，企图探寻《红楼梦》真事隐去的究竟。

［2］胡适之先生的《红楼梦考证》：胡适（1891—1962），现代著名学者，以倡导“白话文”，领导新文化运动著称于世。新红学的代表人物。1921年，他以《红楼梦考证》一文开创了红学研究的新时代。

［3］八股式的文学批评法：八股文是明清科举考试的一种文体，也称制艺、时文。文体有固定格式，由破题、承题、起讲、入题、起股、中股、后股、束股八部分组成，题目一律出自四书五经中的原文。后四个部分每部分有两股排比对偶的文字，合起来共八股。八股式的文学批评法，是指一种刻板固化的文学批评模式。

［4］品题法：古代诗文书画的题跋或评语，品评作品，定其高下。品题法是中国古代文艺鉴赏的传统方法。

［5］桐城派：清代文坛上最大的散文流派，代表人物有方苞、刘大櫆、姚鼐。

［6］高鹗：高鹗（1758—约1815），字云士，号秋甫。清代汉军镶黄旗内务府人，籍贯沈阳三台子，亦自署铁岭高鹗，他是《红楼梦》后四十回的续写者，也有人持不同看法。

［7］这一套人性的神话之解释：指《红楼梦》第二回，贾雨村对冷子兴演说荣国府时所发的人生感慨。

［8］李代桃僵：原意指兄弟当分忧共难，后引申为互相代替，或代人受过。

［9］禄蠹：禄，仕途经济。蠹，虫也，这里比喻人。禄蠹即是窃食俸禄的蛀虫。喻指贪求官位俸禄的人，一心扎进仕途经济的并成为权位金钱奴隶的人。

［10］太虚幻境：《红楼梦》中的女儿仙境，警幻仙子司主。它位于离恨天之上，灌愁海之中的放春山遣香洞，以梦幻的形式向甄士隐、贾宝玉二位有缘人显现。此境道启玄机，颇具梦幻绮丽之美。

【点评】

此文是牟宗三早年作为青年哲学家初涉中国古典小说的评论作品，主题是论述《红楼梦》悲剧形成的原因。牟宗三的这篇文章，有着新发于硎的锐气与谈文说理的才气。

牟宗三对中外悲剧艺术及其悲剧理论了然于心。悲剧被认为是“最高的文学形式”，西方自古希腊就有其悠久的悲剧传统。亚里士多德和莎士比亚都是主张性格悲剧的代表，而黑格尔认为悲剧的魅力则在不可避免的冲突。到现在，要说古典文学巨著《红楼梦》是一部震撼人心的悲剧大概无人反对。牟宗三先生认为，《红楼梦》的悲剧性是“那可说却未经人说的”。其实早在牟宗三之前，王国维就结合叔本华哲学对《红楼梦》进行了深入的分析，便得出“《红楼梦》乃悲剧中的悲剧”这一结论。而对于《红楼梦》之悲剧如何演成这一问题的回答上，牟宗三一针见血地指出：“一在人生见地之冲突，一在兴亡盛衰之无常。”无可置疑，《红楼梦》的悲剧性是多层次且异常丰富的。

“人生见地之冲突”，其实也就是人的思想之冲突、人的性格之冲突，思想性格之冲突其实也就是人的情感的“错位”。牟宗三抓住红楼梦的两条线：横线与纵线。他认为在宝、钗、黛三人爱情悲剧的酿成上，实分纵横两线：横线错位者，在宝钗黛三人之间形成；纵线者，在宝钗黛三人与贾府中贾母、王夫人、王熙凤等长辈至亲之间形成。

横线上，宝玉和黛玉皆属于“聪俊灵秀乖僻邪谬”之人，二人于情于事，都是至真至纯，他们之间的爱情虽是羞羞答答，却是心意相通，情意契合，这在宝玉挨打后黛玉前去问候的真情流露，可见端倪。而宝玉与宝钗之间，虽有爱意却更有情感隔膜。正如牟先生所说“宝玉、宝钗之间的关系，是单一的、一元的、表面的、感觉的”。宝玉性格灵秀，不通经济世务，而宝钗偏偏要他去钻营事功，宝钗虽对宝玉痴情一片，实与宝玉的心性，格格不入。她的绕指柔情被她理性的硬壳深深包裹着，以致二人言语多有不合的错位。言语不合的错位的背后，在牟宗三看来实是生命气度不合的错位。

纵线上，贾母等众人虽说是爱宝玉，爱黛玉，然而这种爱却是盲目的，全不理解。以爱之名，才用“李代桃僵”，将“木石之盟”换作“金玉良缘”，在家族利益面前，宝黛真纯的爱情被轻易的牺牲，而其结果是黛玉屈死，宝玉出家，酿成悲剧。这种纵横错位扭曲造成的悲剧之痛是如此惨烈。情感超越了实用理性，超越了功利计较，才能达到审美的层次。作为艺术作品，情感的错位越大，其所达到的艺术感染力也就越深厚。

牟宗三从情感的冲突来探讨《红楼梦》主人公的悲剧成因。“情之所钟，正在我辈。”《红楼梦》所展现的是一个蕴含深深生命体温的“情的世界”。对外在活生生的世界的深深留恋，在纠缠着哀乐的情的体验中，人们发现自己的存在以及确认存在的价值和意义。而“情的世界”，常常与外在理的世界相对立。在“情”与“理”的搏斗对抗中，“理”的胜出、“情”的理想的破灭演化出人生悲剧的一幕。牟宗三所说的“第一幕悲剧”，也就构成《红楼梦》悲剧的第一层境界。

然而，在牟宗三看来，红楼梦所表现的悲剧世界不止于此。《红楼梦》的世界，在情与理的冲突之外，常常由那一僧一道及“太虚幻境”等谶语虚境罩出一层浓浓的人生无常之感。所谓“吾常为造化小儿所苦”。儒家是讲人际交往的，自然重视人际相处中的“亲亲”“生生”原则。故而，牟宗三认为，宝玉出家，是“冷到极点”的“天下之至悲”。“出家”，其实也是深情的一种表现，没有“入”哪有“出”，因“入”而“出”其实是对情的另一种“执着”。命运无常感的介入，佛道思想的若隐若现，使得《红楼梦》“情的世界”如那“白茫茫大地真干净”一般成为深具悲凉感的荒天寒地，造成一个彻骨寒的荒寒境界。这一境界，也就是红楼梦悲剧的第二境界。这悲剧的荒寒境界，也正是中国式境界悲剧不同于西方传统英雄悲剧之所在。

牟宗三的“红学”研究特色是，注重对文学文本的认真研读，注重自己对于作品的真切感受与感悟，努力将文学作品置于心灵史、社会史的视域中进行分析，这就使他的古典小说评论臻达哲思的深度、情感的浓度和形象的厚度。

【链接】

1. 牟宗三：《历史哲学》，台湾学生书局 1984 年版。
2. 牟宗三：《道德的理想主义》，台湾学生书局 1982 年版。
3. 牟宗三：《生命的学问》，广西师范大学出版社 2005 年版。
4. 樊志辉：《牟宗三思想研究》，黑龙江大学出版社 2012 年版。

《红楼梦》的境界与价值

刘述先

记得王国维在《人间词话》中，曾经提出三首词来代表三种人生的境界。一是晏同叔[1]的“昨夜西风凋碧树。独上高楼，望尽天涯路”。一是辛稼轩的“众里寻他千百度。蓦然回首，那人却在灯火阑珊处”。还有一首，就是我在上面引的柳耆卿[2]的词：“衣带渐宽终不悔，为伊消得人憔悴。”我深觉得，用这个观点去解红楼梦的人生境界，真是一条最好不过的途径。同时，我甚至敢于下断语，不能体会耆卿这两句词的意境的人，要读红楼梦，是会一无所得的，更谈不上对红楼梦的境界和价值，有什么深透的同情的了解。

朋友们或者会诧异，为什么我会选取这样一个烂熟的题目，做我的写作题材。数十年来，写作有关红楼梦的文章，岂不是太多了，又何需我来多费唇舌。然而，毕竟，我终觉得，在那些号称红学专家的红学著作中，缺少了些什么。因此，我在这里，还是决意要献一献丑，向爱好红楼梦的朋友们，诉说一下我内心含藏的一点体会。

记得，在多少年前，我第一次读完红楼梦时，我就发生一个奇异的感想，我深觉得，当今的红学是一门不必要，与真正的红楼梦的文学完全无关，也容易引人误导的学问。当时，我很不了解，为什么这样多的聪明才智之士，会集中精力消费在这样一个值不得这样多而且无意味的题目上去。一直到今日，我还作如是观。

理由相当简单。举例说：如果我从现在开始，就写一部小说，书中的人物，每一个都影射当代的人物，甚至阿猫阿狗之类，也都言之有据，全非虚构；而书中的回目，包括全书所写的每一细微末节，都可以解释作与时下发生的一切事情相应，则我写的这部书是否必然就可以证明为一部好的文学名著呢？

而不幸的是，我国近代的红学，却专从这样一条“红楼梦索隐”[3]的路子走去。于是，你猜一个谜，我猜一个谜，你说红楼梦是纳兰性德[4]的家史，我说红楼梦是悼红轩主人曹雪芹一生的写照，甚至还有人说“宝玉”乃是象征一枚代表国家兴亡的玉玺，众说纷纭，不一而足。却从来不曾仔细想一想，红楼梦说部的流传，究竟是因为它象征了前时的物事，还是因为这部书本身具有内在的文学的价值？其次，即使我们对红楼梦索引猜谜的工作做得完全成功，是否我们乃可以因之而能对红楼梦本身的意境和文学造就有所增减呢？这样的问题值得我们多多反省。

很简单的一件事摆在我们面前：如果我们要记载谁朝谁家的历史，我们必须依照严谨的历史方法写作，如果我们透过小说的象征曲折的方式来写历史，这部历史，就历史的观点而论，是绝没有多大价值的。同样，红楼梦并没有多大的历史价值。而近代这些红学家却非把红楼梦本身的文学价值弃置一旁，将它解消为史实来与前时发生的真实事件对应不可，以为从这样的步骤中，才可以肯定和探测红楼梦的价值。却不了解，从这个方式去褒扬红楼梦的价值，实在是贬抑了红楼梦的价值，这样的解释红楼梦，实在是解释掉了红楼梦这部伟大的文学作品的内在意义。王尔德[5]说："艺术就是说谎。"这诚然是一句过分的话。但是文学的写作从某方面说，决不能和真实的事件完全对应，却可以由此得到明证。艺术并不全就是事实的模仿。纯粹的模仿不但不能证明它为真实，反说明了它的虚假，柏拉图在《理想国》中曾经说：工匠，依照床的理念制造实际的床，而艺术家则又模仿工匠制造的床以画出他的图画。这样看来，艺术不但不能描绘真实，反而是三度的失真，则艺术的价值何在？

但是，柏拉图的理论并不能证明艺术的无价值，却至少告诉我们一点，艺术的功能不当落在对事实的完全模仿之上。描写过去的事实，是历史的职责，但并非艺术的最高目的所在。艺术的企图，是要在纯粹的描绘事实之外，完美地去表现这些事实，并且为了这个目的，艺术家有自由去寻求发明一些可能的事实，补足并完成这些事实。然而这绝不是一部事实的历史。艺术，当作历史而言，永远是事实的失真。同样，将红楼梦的艺术拆散来考证，使与实际事实相比，等于宣判了红楼梦内在文学或者艺术的价值的死亡，不足取法。

自然，我并不是说红楼梦的考证完全没有价值。我所要特别提醒的只是：考证只有考证的价值，它并不是红楼梦本身的文学的价值，尤其不能代替红楼梦的文学的价值。考证的目的在历史地求真，文学的目的却在乎自由地想象和组织可能的事实以求美，二者的基本动机，相去何止天渊，何至近代的红学专家尽皆盲昧如是，看不清这个简单而自然的区别。

因此，不预备盘旋在那些与红楼梦文学价值本身并没有切身关联的考证问题之上，我的企求，是要去发现和捕捉《红楼梦》小说的本心。

确实，一位作家创作时所有的那些主观的联想，是后人所无从猜测也无需猜测的事情。然而，要去捕捉那已经付之客观化以后的文学作品的意义，却并非完全不可能的事实。但在做到这一步之前，我们还必须注意一点，文学中所谓的客观，并不与一般的与事实相符的客观观念同义。它仍是一种具有相当的吊诡性质的客观，因为它乃是一种透过了极端的主观观察以后的客观，用卡西勒[6]的名词来说，它乃是一种透过了“象征符号”的历程以后的客观，而不是单纯如实的与客观事实对应的客观。

每一个人读文学作品必须透过他自己的主观来读，但是他的心却可以和写作者的心相通，这是吊诡的，但也惟有在这样的理论基础下，我们才可能企图去探求一部文学作品的客观意境和文学价值。然而也正因此，在这里，我们所凭借的工具，也已不再是是一般的理智，而是单纯的语言难以说明的所谓文学艺术的“趣味”，神秘的“移情同感”和直截的直观和感受了。在这样的文学批评下，我们无需再去做无谓的猜谜，而单独诉之于文学的心灵的感受。在一般人眼里看来，也许在这样的情形下，我们可真正是需要一种真实的“观念的冒险”的历程了。

细味红楼梦，从题材上着眼，我觉得红楼梦所着力描写的主题，不外乎有两个：一个是以宝玉为中心着力描写的宝玉心灵的发展史和外在恋爱的事件相配合；另一个却是以荣宁二府为中心着力描写的贾府兴亡盛衰的实况，令人发出一种深邃的人生的感喟；而两条线索巧妙地汇合成为同一条大线索，这就形成了红楼梦。

大家知道，红楼梦故事展开的背景中心，就是贾氏荣宁二府。试问这荣宁二府，又是怎样的人家呢？在当时，时下竟流行着这样一张“护官符”，词曰：

“贾不假，白玉为堂金作马。阿房宫，三百里，住不下金陵一个史。东海缺少白玉床，龙王来请金陵王。丰年好大雪，珍珠如土金如铁。”

这贾、史、王、薛四家，世代亲戚，结成势力，别说不好惹，简直是推不倒的金山，撼不动的玉柱，哪里还有衰落的一日可言。而其中尤以贾氏声势最盛，和平时一般人家相比，可真是刘老老对凤姐说的话：“你老拔一根寒毛，比我们的腰还壮哩！”但是毕竟贾氏自从祖宗建业以来，已经隔了几代，明里自然依旧还是“厅殿楼阁，峥嵘轩峻；园林山石，葱蔚烟润”。可是内部已是百病丛生，只是一时尚未大大暴露而已！所谓“百足之虫，死而不僵”是了。

就在这样的环境下，如果生下一批能够在学问、道德、文章、经济方面真正立足的子孙来的话，那么贾府的命运如若想要在俗福的观念之下重振家风，也未始不可能。然而可惜的是，也许是“家门不幸，气数将尽”的缘故，于是生下了一批人物下来应劫。

在这样的性质的人中间，宝黛都是典型人物。事实上整个一部红楼梦要写的也正是这样的一些人物的活的历史，不能了解这一点，也遂终不能了解红楼梦这部奇书的创作命意。

而黛玉呢？比之宝玉她更不是属于这个尘世的人，红楼梦的作者在书首甚至用神话的解释，把她说为一株还泪的绛珠仙草[7]。表面上黛玉似乎工于心计，事实上，这只是她情感复杂自我折磨的表现而已！论到机心，她还远不如宝钗，一次打入心坎，便再无遮拦彻底信服宝钗，除贾母怜爱之外，她更几乎得罪了所有的人，她实在太不宜做一个生存于现实许多复杂关系的现实人。她的真正灵魂关心的所在，根本不是她的头脑，而在乎她的心。因此，她特别能感受四时之变人情之非，身世之飘零无靠，发而为辞章，乃尽是哀愁超绝之作，令人断肠。她的孤高与此世格格不入，如何会世弦不断，这几乎可以说为她的必然的命运了。父母双亡，贾母溺爱，但苦无人了解。而同辈中人，虽不至形如陌路，也是缺乏真正的同情。惟一真正能够欣赏她挚爱她对她具有不可替代的感情的就是那怡红院的宝玉，宝玉未必清高如许，但确能感受此孤高，中心爱慕此孤高，而黛玉心中惟一不可舍弃的也正是这一个感情，她那“多愁多病身，倾国倾城貌”惟一还可以生存下去的理由，正寄托于宝玉的恋爱。二人心底如是，本可以情通款曲，了无阻碍。但身处这样一个大家庭旧社会中，理法所缚，毕竟不能完全表露，隐喻谈心，究是隔靴搔痒，未能解惑，情思缠绵之根已种，而加上客观环境，古时恋爱不由自主，娶媳妇要娶黛玉一型的人却未必理想，则黛玉的结局实在早可预料，只是当局者迷，岂能透了如是，加上狐疑万种，体弱如丝，即不死于此，也必死于彼，命运实在早可预料。至于宝钗，情形就完全不同了。

在客观环境方面，和黛玉相比，宝钗虽有一个不堪的哥哥，却至少有慈爱的老母相依为命，远强似孤苦伶仃无人慰藉的黛玉，而灵魂一面，虽则诗才也高，但是这些东西对她的价值却在可有可无之间，并非必要，道德观念，依然未能脱俗，因此，她和她的环境一切，不但谈不上叛逆，反而是两两相合，女的缝针刺绣，男的文章经济，终可纳入正途，可作一个俗世中的佼佼人物。并且她性情宽畅，可以容纳，心机虽深，却不至于累己愁病连绵。而做人和易，上上下下，人人喜欢敬服。本来做宝二奶奶的理想人物莫过于是，自更远胜于林妹妹。可是天生宝玉这人不是个平常脑筋的人物，尽管金玉之缘似乎天定，尽管他对宝钗也自有情，但却决不能替代他对黛玉的终极的爱。因此二宝之间虽则彼此未必毫无情感，但毕竟也是在可有可无之间。宝钗之情，自也可以深，但可以客观化，可以系于父母兄弟翁姑丈夫之位，不必系于一人，而黛玉之情则不可替代。偏偏外在环境种种一切都决定黛玉之情场失败以至于殁。而宝钗遂嫁了一个丢失通灵宝玉兼失黛玉的宝玉，命根早断，何由幸福，自也红颜薄命，但怨母亲糊涂而已！有人论宝钗直似蛇蝎之心，恨之入骨，这是过当之论，她只是做了她应做的正当行为而已！并且她的结果并没有使她成为胜利者，只是使她成为一个无谓的牺牲而已！岂不令人同情。事实上，二宝一黛之间的三角关系，可说几乎是必然的，无可归咎在哪一个。乃至凤姐、贾母之对黛玉也只是在情感上有所负荷而已！办事与决定却是并无差错，在种种条件的辐辏[8]下，宝玉的内心情感和黛玉的生命要被牺牲，连带造成了宝钗的一生幸福的牺牲，也都是必然的，无从埋怨那个，这真可说是命而已矣！天生了这批人在一起偏生又不能造成这样的结果，岂不令人可伤。在十二金钗之内竟然几乎没有一个有好结果：可卿早逝，元春早薨，迎春惨遇中山狼，惜春出家，湘云嫁夫竟然痼疾，妙玉被抢，熙凤惨报，李纨孀居，命运较好的探春、巧姐二人，但探春远嫁海隅，不能相会，巧姐也几乎遭难。怎能使人无所感怀，而这一切尤其对善感的宝玉有太大的影响，一言难尽。

而配合上这些人物的命运多舛，贾府整个人家这个不倒的金山也终于倒塌了。当元妃宠幸之日，省亲返府，经济方面已是不能平衡，尚还不至到山穷水尽地步。但是长年撑着虚架子，加上挥霍无度，贾政复又不善为官，转要家中贴补，种种因因，基础已是摇摇欲坠，所幸皇恩尚渥，暂时尚不发生问题。然而，“物必自腐，而后虫生”，于是演出大观园自己抄家的趣剧，终于元妃一死，屏障既失，遂一败涂地，弄得还要八十多岁的太君复出来操心，祷天消祸，将历年的体已散给子孙，暂时维持一个俭省的小局面，才能勉强度日。此时家人星散，情绪低落，虽还是这些人，遭变之余却都已恹恹无生气，偌大贾氏一族，从此倒矣！而实在贾氏之倒，早有无穷征兆，只是不能未雨绸缪而已！像贾珍夜宴时所闻的悲声异兆，怡红院中不依时发的海棠花妖，又像“大观园月夜警幽魂，败花寺神签异兆”。无一不表示贾氏阳气已衰，尽走下坡路。而当事人偏不能预作警惕，反而处处行事颠倒，贾赦则夺人之扇，贾琏则逼人休妻，后辈子弟更是依然偷鸡戏狗，无所不为，内部则大观园抄家，宝玉的错误婚姻，黛玉之死，迎春之嫁，乃至通灵宝玉之失，也无非事事颠倒，指示贾府末日已经到了。

本来，家庭的命运，对宝玉而言，并无多大关心。但是由家庭剧变引起的人物遭遇和情绪上的剧变，却使宝玉难以担承。情思固结之余，这时套上红楼梦那一套神话背景，宝玉再入太虚幻境，他的出家命运乃成为必然。黛玉既死，生命意义已不复存，而人间复乐少愁多，饮啄[9]之间，渐悟玄机，此世已再与无可留恋，遂在世缘了尽娶妻生子博取功名之后，寂然远行，归其本真，而红楼梦全书之幕也就是在这时候慢慢拉上了。

总观红楼梦全书，所写的一切，实在不外乎一个“情”字。前半情致缠绵，令人喜爱，不舍卒读；后半却情转凄厉，令人感伤，不忍卒读。据说红楼梦后四十回是高鹗所作。从表面上看，他的文字几乎可说与前半无甚轩轾。但自体味而言，却是大异其趣。高鹗把宝玉宝钗乃至许多其他的人都写成了泥塑木雕，缺少了活泼生命。然而另一面，高鹗写黛玉之死，写情思的凄切缠绵处，却又恐怕只有比前半有过之而无不及，诚然不无小疵，也自不愧为大手笔了，令人激赏。

“情”之一字既构成了红楼梦的全书主题，因而摔脱了“情”字，红楼梦也等如无物。红楼梦整本书中充满了一种无功利的纯然的至情，这一种至情，流露在宝黛的爱情上，也流露在全书的每一页中，远超过了俗世一般的皮肉之爱，红楼梦作者用一种小孩子的敬虔之情，写出了他所深深感受于这一种升华的人间感情的一切。

自然红楼梦这一切描写，在很多人眼光中也不过是“世上本无事，庸人自扰之”而已！这样的人永远不能够欣赏红楼梦。但在另一些人眼中，这一切却都是天地之间不移的痴情至情。惟有真正能体会情思固结的人才能够了解红楼梦的境界，也惟有真正能了解这种境界深刻的人，才能够了解红楼梦如何写得好，和红楼梦的真正主要的文学价值所在，而不必支支节节去分析哪一个人物写得生动，哪一个人物写得真切了。红楼梦的作者是一位写生活写大家庭的一切的能手，但更是一位写至情的能手。

因此，我在文初才提出耆卿的“衣带渐宽终不悔，为伊消得人憔悴”的词句，来转注红楼梦的境界。没有“衣带渐宽终不悔，为伊消得人憔悴”的情致和感情的人，读红楼梦终将一无所得，毫无兴趣。自然，在人生的境界中，这并不是最高境界，否则人世一切终将作茧自缚，消沉断灭而已！在情思固结之中，要转出一条路来，而后能够“独上高楼，望断天涯路”，但是望断而终望不断，望不断才是真正的望断，这才到达真正最高的人生境界。禅宗六祖慧能说：“佛法在世间，不离世间觉”，在人生万般境界阅历之后，乃可执着，也可超脱，可无须执着，也无须超脱，踏破铁鞋无觅处，蓦然回首，原来“那人却在灯火阑珊处”。何待追寻，何待穷索。

但红楼梦的主要人生境界，却可说始终毕竟不曾超出过“衣带渐宽终不悔，为伊消得人憔悴”的境界，好虽是了，了虽是好，宝玉似乎终于开解，但他早期何尝不曾有一次想要“焚花散麝，戕宝钗之仙姿，灰黛玉之灵窍”，他做了没有？另一次伤心之际，他又和黛玉宝钗等打了一次禅机，结果又是如何？“原来他们比我的知觉在先，尚未解悟，我如今何必自寻苦恼。”最后他随这渺茫二人远引，似是透彻解悟了，却又何必巴巴的要说服空空道人下世去传他这部“情僧录”“风月宝鉴”奇书。“独上高楼”之境已渺，更不遑论“那人却在灯火阑珊处”了。但是至情毕竟是一切哲学之始，不能热爱人生，不能深深体会情思固结的人生，更哪里有热情去求超脱，求至道。而至一经点化，立成超凡入圣之样。因此，我倒觉得，真正要在哲学有体验的人，倒不妨先到情思固结的真实人生中去打几个滚，在这样的情形下体会出来的道理才是真正切已的道理，才能建立真正的许怀彻所谓的“尊重世界生命的宇宙观”。单靠头脑想出来的学问，毕竟只有普遍性或一般性的价值，而没有存在主义者所谓的特殊性不可代替性的价值。一般性的理论终是“雾里看花”，是“隔”而不是“非隔”，必须深入，而后可求超凡入圣。但是既经沧海，哲学乃必求超离此境升华此境；而文学的功能则正相反，而必求滞留此境彻底表现此境方算得是最好的文学。红楼梦全书的境界和价值正在这里，可惜不幸的是大多数论红学的人，和这样一部伟大的文学作品面面相觑，竟然完全不去体会它的内在深刻意味，反而大家一同去大搞考据去了，可真是一大怪事。

红楼梦在我国的文学史上真是一部奇书，中国向来不大有特别发挥描写“生命”这一层次的文学作品，红楼梦是一部，并且是巨大的一部。红楼梦的写法开始时仍是中国许多旧小说式的写法，借一段神话故事开始，然而写下去的却完全脱俗，令人耳目一新。而十分可怪的是，红楼梦以后，我国便不再有其他真正能够站得起来的文学原始创作。自从民初的新文艺运动的热潮卷去以后，尤其是近些年来，遭逢这样大的一个时代，偏偏没有一部大著，一部真正经得起考验的文学作品出现。这该是这个时代的麻木，还是这个时代的堕落？在我们的诗人中，很多人只晓得歌颂云雀、钟楼，事实上他们连云雀的叫声是什么也未必分辨得清楚。再不然就是弄一些清客的学问，或者是八股写作，看之令人反胃。

对这样一个时代的创作现状，我真诚的呼吁是：“原始的创作才是真正的好的写作。”

剽窃一些西洋人的情感经验和写作方式，对建立我国今代的文学是没有什么裨益的。文学上的相互比较参味，是文学要有进步的一个必要条件。但是只能生吞活剥的剽窃模仿，不能销融入己，没有自己的真正体验和经验，却是令人可哀的。

因此，我们今日的文学工作者要立志创作像“红楼梦”那样的不朽的巨著和“原始”的创作。但是要有“原始”的创作，必先有自己内心的“原始”的体验和经验，且让我们的心开放于这一个面临于我们的大时代，亲切体验它的一切，而不要让我们在一些陈腔滥调或一些抄来的剽窃而来的穷人的体验中去讨生活吧！在这个时代，我们的第一要务乃在：首先让“我们真正地充实我们自己”，我们才可望在不久的将来之中，走上一条向前向高向上的文学道路。

（选自刘述先《文学欣赏的灵魂》，东大图书出版公司 1977 年版）

【注释】

［1］晏同叔：晏殊（991—1055），字同叔，抚州临川（今南昌进贤县）人。北宋著名文学家、政治家。存世有《珠玉词》《晏元献遗文》《类要》残本。

［2］柳耆卿：柳永（约 984—约 1053），字耆卿，福建崇安人。北宋著名词人，婉约派代表人物。著有《乐章集》，对宋词发展产生很大影响。

［3］红楼梦索隐：这里是指“旧红学”中的一个流派，即“索隐派”，又称“政治索隐派”或“索隐派红学”，主要论点有“纳兰成德家事”说、“清世祖与董小宛故事”说、

“康熙朝政治状态”说等，代表性的著作是王梦阮、沈瓶庵的《红楼梦索隐》和蔡元培的《石头记索隐》。所谓“索隐”，就是探索作品有没有什么隐喻暗指的史实，其手法是把《红楼梦》中的故事硬说是隐喻、影射历史上的真人真事。

［4］纳兰性德：纳兰性德（1655—1685），字容若，号楞伽山人。清朝著名词人，著有诗集《通志堂集》，词集《纳兰词》。词风清丽婉约，哀感绮艳，格高韵远，独具特色。

［5］王尔德：奥斯卡·王尔德（1854—1900），英国著名作家、评论家、美学家。美国唯美主义代表人物。著有《莎乐美》《斯芬克斯》《道林格雷的画像》等。

［6］卡西勒：现译卡西尔（1874—1945），德国哲学家，生于波兰，于1939年成为瑞典公民，1945年在美国纽约逝世。受学于马尔堡的新康德主义传统，发展出一套独特的文化哲学。主要著作有《自由与形式》《神话思维的概念形式》《语言与神话》《人论》。《符号形式的哲学》是卡西尔在文化哲学方面的重要著作。

［7］绛珠仙草：首见于《红楼梦》第一回，作者虚拟的神话中的仙草。它长在西方灵河岸上三生石畔，时有赤霞宫神瑛侍者日以甘露灌溉，始得久延岁月。后来既受天地精华，复得雨露滋养，乃脱去草木之胎，修成女体。后因神瑛侍者下凡造历幻缘，触动它郁结着的一段缠绵不尽之情，乃决意随同下世为人，用一生所有泪水还他，以报答神瑛侍者灌溉之恩。绛珠仙草下世降生为巡盐御史林如海之女，是为林黛玉。

［8］辐辏：形容人或物聚集，像车辐集中于车毂一样。

［9］饮啄：取自成语“一饮一啄”。饮，喝水。啄，鸟类吃食。原指鸟类要吃就吃，想喝就喝，生活自由自在，后也指人的饮食。出自《庄子·养生主》：“泽雉十步一啄，百步一饮，蕲畜乎樊中。”

【点评】

刘述先是海外“新儒家”代表学者。本文选自其早期著作《文学欣赏的灵魂》。现代新儒家的学者有不少关于文论、哲学、美学的文章，但很少有文学批评实践的专著，而刘述先是个例外。他以哲学研究者自居，却出版了《文学欣赏的灵魂》这部“玉树临风”的文学批评专著。也许是文学经典触动了他的内心深处和切身经验，他要表达自己对文学意象、表象与境界的勘探心得。

既探讨文学问题，也在思索社会问题，或者说整个人类的问题，这也是新儒家的本色，一种学者的大境界。在这篇文章中刘述先紧紧围绕着《红楼梦》的境界与价值展开文学评论。

关于“红学”研究的方法，刘述先反对“红学”研究中的“索隐派”，因为此种学术范式热衷于猜谜，“你猜一个谜，我猜一个谜”，或说《红楼梦》是纳兰性德的家史，或说《红楼梦》是曹雪芹一生的写照，甚至说“宝玉”来象征一枚代表国家兴亡的玉玺。众说纷纭，不一而足，此种研究对《红楼梦》本身没有多大裨益，值得改弦、反思。

在批判旧红学研究的基础上，刘述先力图使红学研究回归文学本身，即《红楼梦》意境与价值上来。刘述先认为，文学真实不等于生活事实，文学是带有主观感受的艺术真实，读者必须透过自己的心来阅读文学作品，与作者心心相通。读者所要体验的文艺的"趣味"、神秘的"移情同感"和"直观感受"，均诉之于文学的心灵，无需再作无谓的猜谜。细味《红楼梦》，刘述先从主题上着眼，发现《红楼梦》着力描写的主题无外乎有两个：一个是以宝玉为中心的着力描写的宝玉心灵的发展史，和外在恋爱的事件相配合；另一个是以荣宁二府为中心着力描写的贾府兴亡盛衰的实况，令人发出一种深邃的人生感喟。而这两条线索巧妙地汇成一个总的线索，这就形成了整个《红楼梦》的艺术世界。刘述先的这个红学主题发现，相当精准与凝练，确实捕捉到《红楼梦》这部小说的"本心"。

刘述先对贾宝玉与林黛玉的人物形象也作了详细的文本分析，从人物的性格、行为、举止到人生遭遇或内心世界，都作了详尽的分析。最后刘述先把《红楼梦》的关键词定为一个"情"字，认为情构成了《红楼梦》的主题。《红楼梦》整部书中充满了一种无功利的纯然的至情，流露在宝黛的爱情上，也流露在全书的每页当中，远超过世俗的爱欲。

当然，刘述先也不完全否认考证在"红学"研究中的作用，并不认为对《红楼梦》的考证完全没有价值。他所要特别提醒的只是：考证并不能代替《红楼梦》本身的文学价值的研究，考证的目的在于历史的求真，文学的目的在于想象与求美。

刘述先最为欣赏《红楼梦》的"原始生命"的艺术体验。这种体验是主体和客体深深介入的完整经验和生命留痕。作为文学接受者和批评者，刘述先好像接受珍贵的礼物那样，虔诚、深情地接受文学对象的生动意义，并且主体以自己的全身心去呈现，包括文化素质与文学修养带给他的种种知觉和情感，去感受、理解和解答文学客体外铄的意义。换言之，进入审美体验的深谷，接受主体以文学客体为"对应物"，文学客体以接受主体为"投影场"。文学欣赏就成为接受主体将内在的情感系统，与客体"同构"的形态，为其思想和智慧提供悠游的栖所。

总之，刘述先在这篇文章中教导人们如何欣赏文学的艺术和价值，告诉读者一个不同寻常的《红楼梦》境界。如此文学批评方法，即使放在今天，对端正学界研究风气仍然具有思想启迪。

【链接】

1. 刘述先：《文学欣赏的灵魂》，东大图书出版公司 1977 年版。
2. 刘述先：《生命情调的抉择》，志文出版社 1974 年版。
3. 刘述先：《文化哲学》，黑龙江教育出版社 1988 年版。
4. 何永康：《红楼美学》，广陵书社 2008 年版。

《红楼梦》的两个世界（节选）

余英时

曹雪芹在《红楼梦》里创造了两个鲜明而对比的世界。这两个世界，我想分别叫它们作“乌托邦的世界”和“现实的世界”。这两个世界，落实到《红楼梦》这部书中，便是大观园的世界和大观园以外的世界。作者曾用各种不同的象征，告诉我们这两个世界的分别何在。譬如说，“清”与“浊”，“情”与“淫”，“假”与“真”，以及风月宝鉴[1]的反面与正面。我们可以说，这两个世界是贯穿全书的一条最主要的线索。把握到这条线索，我们就等于抓住了作者在创作企图方面的中心意义。

当然，由于曹雪芹所创造的两个世界是如此的鲜明，而它们的对比又是如此的强烈，从来的读者也都或多或少、或深或浅地意识到它们的存在。但在最近50年中，《红楼梦》研究基本上乃是一种史学的研究。而所谓红学家也多数是史学家；或虽非史学家，但所作的仍是史学的工作。史学家的兴趣自然地集中在《红楼梦》的现实世界上。他们根本不大理会作者“十年辛苦”所建造起来的空中楼阁——《红楼梦》中的理想世界。相反地，他们的主要工作正是要拆除这个空中楼阁，把它还原为现实世界的一砖一石。在“自传说”[2]的支配之下，这种还原的工作更进一步地从小说中的现实世界转到了作者所生活过的真实世界。因此半个世纪以来的所谓“红学”其实只是“曹学”，是研究曹雪芹和他的家世的学问。用曹学来代替红学，是要付出代价的。最大的代价之一，在我看来便是模糊了《红楼梦》中两个世界的界线。1961至1963年之间，大陆上的红学家曾热烈地寻找“京华何处大观园”。这可以说是历史还原工作的最高峰。这就给人一种明确的印象，曹雪芹的大观园本在人间，是现实世界的一部分。《红楼梦》里的理想世界被取消了，正像作者说的，“落了片白茫茫大地真干净”！

但是在过去几十年中，也并不是没有人特别注意到《红楼梦》中的理想世界。早在1953或1954年，俞平伯[3]就强调了大观园的理想成分。以想象的境界而论，大观园可以是空中楼阁。他并且根据第十八回贾元春“天上人间诸景备”的诗句，说明大观园只是作者用笔墨渲染而幻出的一个蜃楼乐园。俞平伯的说法在红学史上具有库恩（Thomas S. Kuhn）所谓“典范”（paradigm）[4]的意义。可惜他所处的环境使他不能对他这个革命性的新观点加以充分的发挥。1972年宋淇[5]发表了《论大观园》，这可以说是第一篇郑重讨论《红楼梦》的理想世界的文字。他强调大观园决不存在于现实世界之中，而是作者为了迁就他的创造企图虚构出来的空中楼阁。宋淇更进一步说：

大观园是一个把女儿们和外面世界隔绝的一所园子，希望女儿们在里面，过无忧无虑的逍遥日子，以免染上男子的龌龊气味。最好女儿们永远保持她们的青春，不要嫁出去。大观园在这一意义上说来，可以说是保护女儿们的堡垒，只存在于理想中，并没有现实的依据。

这番话说得既平实又中肯，我愿意把这一段话作为我讨论《红楼梦》的两个世界的起点。关于五十多年来红学发展的内在逻辑及其可能发生的革命性的变化，我已在《近代红学的发展与红学革命——一个学术史的分析》一文中作了初步的检讨。所以详细的论证和根据，这里一概从略。

说大观园是曹雪芹虚构的一个理想世界，会无可避免地引起读者一个重要的疑问：如果大观园是一个“未许凡人到此来”的“仙境”，那么作者在全书总纲的第五回里所创造的“太虚幻境”在《红楼梦》全书中究竟应该占据一个什么位置呢？我们当然可以说“太虚幻境”是梦中之梦、幻中之幻。但这样一来，我们岂不应该说《红楼梦》里一共有三个世界了吗？庚辰本脂批有这样一条：“大观园系玉兄与十二钗之太虚玄境，岂可草率？”这里“玄境”的“玄”字其实就是“幻”字，一定是抄者的笔误，因为这一条里还有好几字写错了。所以根据脂砚斋[6]的看法，大观园便是太虚幻境的人间投影。这两个世界本来是叠合的。我们现在还不知道脂砚斋到底是谁。但他和作者有密切的关系，并且相当了解作者的创作意向，大概是不成什么问题的。我们虽然不能过于相信脂批，可是在内证充分的情况下，脂批却是最有力的旁证。让我们现在看看《红楼梦》本文里面的直接证据。第五回宝玉随秦可卿“至一所在。但见朱栏白石，绿树清溪，真是人迹希逢，飞尘不到。宝玉在梦中欢喜，想道：‘这个去处有趣。我就在这里过一生，纵然失了家，也愿意。’”这个所在其实就是后来的大观园。怎样证明呢？就风景而言，第十七回宝玉随贾政入大观园，行至沁芳亭一带，书中所描写的恰恰就是“朱栏白石，绿树清溪”这八个字的加详和放大。就心情而言，我们应该记得第二十三回宝玉初住进大观园时，作者写道：“且说宝玉自进园来，心满意足，再无别项可生贪求之心。”细心的读者只要把前后的文字加以比较，就不难看出太虚幻境和大观园是一种什么关系了。

如果说这条证据还嫌曲折了一点，那么让我再举一条更直接、更显豁的证据，以坚读者之信。故事还是出在第十七回，宝玉和贾政一行人离了蘅芜苑，来到了一座玉石牌坊之前。“贾政道：‘此处书以何文？’众人道：‘必是

"蓬莱仙境"方妙。'贾政摇头不语。宝玉见了这个所在，心中忽有所动，寻思起来倒像那里曾见过的一般，却一时想不起那年月日的事了。贾政又命他作题，宝玉只顾细思前景，全无心于此了。"还特别补上一句："这是要紧一处，更要好生作来。"宝玉以前在什么地方见过石牌坊的呢？宝玉自己也许忘了。可是读者一定还记得，第五回宝王梦游太虚幻境"随了仙姑至一所在。有石牌坊横建，上书'太虚幻境'四个大字。"宝玉在记忆中追寻的岂不明明就是这个地方吗？所以脂砚斋特别在此点醒读者曰："仍归于葫芦一梦之太虚玄境。"贾政说："这是要紧一处。"是的，《红楼梦》中还有比太虚幻境更要紧的所在吗？这个石牌坊，宝玉事后是补题了：题的是"天仙宝镜"四字。也就是这座牌坊，后来刘姥姥又误认作是"玉皇宝殿"，而大磕其头。总而言之，"蓬莱仙境"也好，"天仙宝镜"也好，"玉皇宝殿"也好，作者是一而再，再而三地在点醒我们，大观园不在人间，而在天上；不是现实，而是理想。更准确地说，大观园就是太虚幻境。

大观园既是宝玉和一群女孩子的太虚幻境，所以在现实世界上，它的建造必须要用元春省亲这样一个郑重的大题目。庚辰本第十六回有一段畸笏的眉批[7]说："大观园用省亲事出题，是大关键事，方见大手笔行文之立意。"作者安排的苦心尚不止此。第十七回开头一段叙事便很值得玩味。园内工程告竣后，贾珍请贾政进去瞧瞧，有什么要更改的地方，并说贾赦已先瞧过了。这好像是说，贾赦是第一个入园子的人。其实这段话是故意误引读者入歧途的。因为后文又说："可巧近日宝玉因思念秦钟，忧戚不尽，贾母常命人带他到园中来戏耍。"紧接下去，便是宝玉避之不及，和贾政劈面相逢，终于被逼着一齐再进园子去题联额。这段叙事的后半截至少暗涵着两层深意：一、宝玉是最早进大观园去赏玩景致的人。贾赦、贾政等都是在园子完工后才进去勘察的，而宝玉早在这以前已去过不止一次了。二、大观园既是宝玉和诸姐妹的乌托邦、干净土，则园中亭台楼阁之类，自然非要他们自己命名不可。大观园这个"未许凡人到此来"的仙境是决不能容许外人来污染的。所以庚辰本十七回的总批说：

"宝玉系诸艳之冠，故大观园对额必得玉兄题跋。"同本又有一条批语说："如此偶然方妙，若特特唤来题额，真不成文矣。"这些地方，脂评都可以帮助读者了解作者的原意。《红楼梦》之绝少闲笔，我们有时也要通过脂评，才能体会得更深刻。

我们知道，宝玉当日并没有题遍大观园中所有的联额。事实上园中建筑物太多，命名之事也不是宝玉一个人能够包办得了的。那么，还有谁题过联额呢？这个谜直到第七十六回才解开。在这一回里黛玉和湘云中秋夜赏月联句。湘云称赞凸碧堂和凹晶馆两个名字用得新鲜。黛玉对湘云说：

> 实和你说罢，这两个字还是我拟的呢。因那年试宝玉，因他拟了几处，也有存的，也有删改的，也有尚未拟的。这是后来我们大家把这没有名色的，也都拟出来了，注了出处，写了这房屋的坐落，一并带进去与大姐姐瞧了。他又带出来命给舅舅瞧过。谁知舅舅倒喜欢起来，又说："早知这样，那日就该叫他姐妹一并拟了，岂不有趣。"所以凡我拟的一字不改，都用了。

这段话才把当日大观园初题联额的情节完全补出。可见园内各处的命名，除宝玉外，其余也都出自诸姊妹，尤其是黛玉之手。第七十六回和第十七回，相去60回之遥，且就曹雪芹已完成的原稿来说，则已几乎婺尾余香，而前后呼应，如常山之蛇。《红楼梦》的创作，作者时时有全局在胸，是非常明显的。

大观园是《红楼梦》中的理想世界，自然也是作者苦心经营的虚构世界。在书中主角贾宝玉的心中，它更可以说是唯一有意义的世界。对宝玉和他周围的一群女孩子来说，大观园外面的世界是等于不存在的，或即使偶然存在，也只有负面的意义。因为大观园以外的世界只代表肮脏和堕落。甚至一般《红楼梦》读者的眼光也往往过分为大观园这个突出的乌托邦所吸引，而不免忽略了大观园以外的现实世界。但是曹雪芹自己却同样地非常重视这个肮脏和堕落的现实世界。他对现实世界的刻画，也一样的费尽了心机的。这里可以清楚地看出作者、主角和读者之间，是存在着不同的观点的。"自传说"之混曹雪芹和贾宝玉为一人，其最根本的困难便在于无法解决这个重要的观点的问题。

曹雪芹虽然创造了一片理想中的净土，但他深刻地意识到这片净土其实并不能真正和肮脏的现实世界脱离关系。不但不能脱离关系，这两个世界并且是永远密切地纠缠在一起的。任何企图把这两个世界截然分开并对它们作个别的、孤立的了解，都无法把握到《红楼梦》的内在完整性。为了具体地说明这一点，让我们检讨一下大观园的现实基础。

第十六回对于大观园的建造有很清楚的叙述。园子的基址是"从东边一带借着东府花园起，转至北边，一共丈量准了，三里半大"。下面还有一段更详细的报道："先令匠人拆宁府会芳园墙垣楼阁，直接入荣府东大院中。……会芳园本是从北拐角墙下引来一段活水，今亦无烦再引。其山石树木虽不敷用，贾赦住的乃是荣府旧园，其中竹树山石以及亭榭栏杆等物，皆可挪就前来。"这些话里大有文章，可惜自来红学家在"自传说"支配之下，根本未作进一步的分析。上面我们已看到，大观园的出现是《红楼梦》中第一大事，作者和批者都一再郑重其事地加以点明。那么，作者在这里细说大观园的现实来历，绝不会是没有用意的。如果"自传说"可以解答问题，确切地考出大观园是由曹家旧宅改建而成的，那当然再好没有。而事实上此路确是不通，我们只好另辟途径。

照上面的叙述，大观园的现实基址主要是由两处旧园子合成的：即宁府的会芳园和贾赦住的荣府旧园。庚辰本第十七回在“上面苔藓成斑，藤萝掩映”句下有一条批语说：“曾用两处旧有之园所改，故如此写方可。细极。”可见作者和批者，一暗一明，都特别提醒我们，这两所旧园子里面是藏着重要消息的。什么消息呢？让我们先从贾赦说起。贾赦这个人在《红楼梦》里可算得是最肮脏的人物之一。《红楼梦》里有一条无形的章法，即凡是比宝玉长一辈的人，对他的不堪之处，描写时多少都有相当的保留，这也可以说是“为尊者讳”[8]吧！所以书中极力渲染的脏事情，大都集中在贾珍、贾琏、薛蟠等几个宝玉的平辈身上。这些地方，也确露出“自传”的痕迹。但是尽管如此，作者对贾赦还是不肯轻易放过。所以第四十六回特立专章声讨，详写他要强纳鸳鸯为妾的丑事。作者曾借袭人之口写出他的史家定论：“真真——这话论理不该我们说——这个大老爷太好色了。略平头正脸的他就不放手了。”《红楼梦》中对贾琏的淫行最多特写镜头，恐怕就是要曲达“有其父必有其子”这句古谚吧。所以，贾赦住过的园子和接触过的竹树山石以及亭榭栏杆等物自然也都是天下极脏的东西了。

再说东府园子，那就更是龌龊不堪之至了。正如柳湘莲的名言所说的，“你们东府里，除了那两个石头狮子干净，只怕连猫儿、狗儿都不干净”。这还是一般性的说法。我们得更深一层分析一下会芳园这个地方。在第十六回以前，大观园尚未出现，《红楼梦》里的许多重大事故都是在会芳园这个舞台上上演的。会芳园中的楼阁，现尚可考的有天香楼、凝曦轩、登仙阁等处。天香楼自然是最有名的脏地方，因为原本第十三回回目就叫作“秦可卿淫丧天香楼”。其他两处也一样地不干净。凝曦轩是爷儿们吃酒取乐之处，凤姐所谓“背地里又不知干什么去了”的一个所在。这只要看看后来第七十五回贾珍诸人在天香楼聚赌，说脏话和玩娈童的情形，就可以知道了。至于登仙阁，则是秦可卿自缢和瑞珠触柱后停灵的地方。会芳园还发生过一件秽事，便是第十一回“见熙凤贾瑞起淫心”。凤姐遇到贾瑞便恰恰是在这个园子里面。

所以，贾赦住的旧园和东府的会芳园都是现实世界上最肮脏的所在，而却为后来大观园这个最清净的理想世界提供了建造原料和基址。这样的安排难道会是偶然的吗？甚至大观园中最干净的东西——水，也是从会芳园里流出来的。甲戌、庚辰两本[9]在这里都有同一条脂评，说：“园中诸景最要紧是水，亦必写明为妙”。可见作者处处要告诉我们，《红楼梦》中干净的理想世界是建筑在最肮脏的现实世界的基础之上。他让我们不要忘记，最干净的其实也是在肮脏的里面出来的。而且，如果全书完成了或完整地保全了下来。我们一定还会知道，最干净的最后仍旧要回到最肮脏的地方去的。“欲洁何曾洁，云空未必空”这两句诗不但是妙玉的归宿，同时也是整个大观园的归宿。

妙玉不是大观园中最有洁癖的人吗？曹雪芹一方面全力创造了一个理想世界，在主观企求上，他是想要这个世界长驻人间。而另一方面，他又无情地写出了一个与此对比的现实世界。而现实世界的一切力量则不断地在摧残这个理想的世界，直到它完全毁灭为止。《红楼梦》的两个世界不但是有密不可分的关系，并且这种关系是动态的，即采取一种确定的方向的。当这种动态关系发展到它的尽头，《红楼梦》的悲剧意识也就升进到最高点了。

……（略）

总结地说，《红楼梦》这部小说主要是描写一个理想世界的兴起、发展及其最后的幻灭。但这个理想世界自始就和现实世界是分不开的：大观园的干净本来就建筑在会芳园的肮脏基础之上。并且在大观园的整个发展和破败的过程之中，它也无时不在承受着园外一切肮脏力量的冲击。干净既从肮脏而来，最后又无可奈何地要回到肮脏去。在我看来，这是《红楼梦》的悲剧的中心意义，也是曹雪芹所见到的人间世的最大的悲剧！

（选自余英时《红楼梦的两个世界》，上海社会科学院出版社 2002 年版）

【注释】

［1］风月宝鉴：即爱情宝鉴，出自太虚幻境空灵殿上，警幻仙子所制，专治邪思妄动之症，有济世保生之功。

［2］自传说：红学研究中的一种学说，即认为红楼梦创作是以曹氏家族为原型的学术观点，代表人物有胡适等人。

［3］俞平伯：俞平伯（1900—1990），原名俞铭衡，字平伯。湖州德清人。现代学者、作家、红学家。清代朴学大师俞樾曾孙，与胡适并称“新红学派”的创始人。

［4］库思（Thomass S. Kuhn）所谓的“典范”（paradigm）：是美国著名科学哲学家托马斯·库恩在《科学革命的结构》（1962）中提出的观点。典范或范示，是一个共同体成员所共享的信仰、价值、技术等的集合，也是常规科学所赖以运作的理论基础和实践规范，它是从事某一学科的研究者群体所共同遵从的世界观和行为方式。

［5］宋淇：原名宋奇（1919—1996），又名宋悌芬，笔名林以亮，浙江吴兴人。对文学批评、翻译、《红楼梦》均有心得。著译颇丰，有《昨日今日》《更上一层楼》《林以亮诗话》《林以亮论翻译》《〈红楼梦〉西游记——细评〈红楼梦〉新英译》《文学与翻译》等。

［6］脂砚斋：《红楼梦》抄本系统《脂砚斋重评石头记》的主要评点者。脂砚斋的批语在红学界称为“脂评”或“脂批”，有脂砚斋批语的抄本被称为“脂本”。

［7］畸笏的眉批：畸笏，即畸笏叟，他是仅次于脂观斋的《红楼梦》第二评点人，其身份是个谜。

［8］为尊者讳：古代避讳的一种，是指古人在取名或者说话时，避开能代表尊者的字或号。出自《春秋公羊传·闵公元年》：“为尊者讳，为亲者讳，为贤者讳”，是孔子编纂

删定《春秋》时的原则和态度。这一态度是儒家“礼”文化的体现。

[9] 甲戌、庚辰两本：脂批本系统中的两种传抄本。甲戌本又称脂残本，或称脂铨本。清代同治年间大兴刘铨福所藏十六回《脂砚斋重评石头记》，即一至八回，十三至十六回，二十五至二十八回。经胡适介绍到学术界，后长期藏于美国纽约康奈尔大学图书馆。2005 年上海博物馆从美国购回作为馆藏。这个本子的底本是脂砚斋在乾隆十九年甲戌“抄阅再评”的《石头记》原稿本［现存此本把署有丁亥年（1767）和甲午年（1774）的脂批都抄进去了，并非甲戌年的抄本］。在目前已发现的抄本中，就底本而论，甲戌本是最早的一本。它的早期批语很多，填补了其他脂本的空白。庚辰本又称脂京本，是乾隆二十五年庚辰（1760）抄本，题名《脂砚斋重评石头记》。现藏北京大学图书馆。原本八十回，中缺第六十四、六十七两回，实存七十八回。庚辰本较完整地保存了七十八回文本，但全书非出一人之手，抄手水平不高，最后一册抄写质量更差，十一回之前基本上是白文本，没有批语。

【点评】

余英时的《〈红楼梦〉的两个世界》一文写于他在哈佛任教时期。在哈佛任教的岁月，作为历史学家与思想史家的余英时，把学问的触角伸至文学，显现了他赓续钱穆的博学胸怀。1978 年完成的《〈红楼梦〉的两个世界》，一面从学术史的角度分析近世红学的发展，一面则提出小说中明显可见有“大观园”与“大观园”之外的两个世界（“乌托邦”世界与现实世界）之见解，认为小说由此形成二元对立的结构，例如“清”与“浊”、“情”与“淫”、“真”与“假”等。余英时认为，掌握了此一叙述脉络，我们就能抓住曹雪芹的“创作企图”及其“中心意义”。余英时试图建立红学研究的“新典范”。

在以前的红学研究史上，“索隐派”和“自传派”是两个占主导地位而又相互竞争的“旧典范”。“索隐派”以蔡元培的《石头记索隐》为代表，其中心理论是以《红楼梦》为清初政治小说，旨在宣扬民族主义，吊明之亡，揭清之失，有“猜谜”之嫌。随后问世的新红学即“自传派”考证，以胡适、周汝昌为代表，中心理论是以《红楼梦》为作者曹雪芹的自叙传，着重解决的是《红楼梦》的作者的生平家世和时代背景，所处理的只是作者生活过、经历过的现实世界或历史世界，从考证曹雪芹的身世来说明《红楼梦》的主题和情节，由此把历史上的曹家和《红楼梦》小说中的贾家完全地等同起来，“红学”进而蜕变为“曹学”。整体来看，两派采用的是一种历史考证的方法，是一种追求“外证”的史学研究。

然而，就《红楼梦》而言，余英时认为，它毕竟是一部小说，不是历史，不是曹雪芹家世的传说。学界对曹雪芹家世作编年以印证小说是不切实际的，这偏离了《红楼梦》研究的文学研究的方向。当然，曹雪芹家世的考证对作品研究本身是很重要的，但是，考证毕竟只是手段而不是目的，不是为考证而考证，考证的最终目的是为了我们更好地把握作品、理解作品。

余英时将研究的重心放在《红楼梦》这部小说的创作意图和内在结构的有机关系上：首先强调《红楼梦》是一部小说，认为《红楼梦》本意是曹雪芹哀悼理想世界的美之幻灭，因此特别重视其中所包含的理想性与虚构性；其次，假定作者的本意基本上隐藏在小说的内在结构之中，并强调二者之间的有机性，即通过小说的内在结构来研究《红楼梦》的创作意图，从而更加注重文本的分析，深入文本的细部，关注《红楼梦》的主体表现，即《红楼梦》作者所虚构的理想世界或艺术世界以及与现实世界的动态关系。研究方法虽然也是考证学的方法，但和作品扣得比较紧，是与文学评论结合起来的文学考证，采用的是文学批评的文学性立场，追求的是“本证”“内证”的红学研究，从而超越了历史考证的红学传统。

在余英时看来，传统的红学研究如“索隐派”的政治史、“自传说”的家族史等，“都在很大的程度上仰赖‘外援’——即《红楼梦》以外的历史材料”，是一种“反客为主”“轻重倒置”或“让边缘问题占据了中心问题”的“旁证”“外证”研究。与之相反，《红楼梦》本身的研究不仅不应该排除在红学研究之外，而且应是红学的最主要内容，只不过它要以近代红学的历史考证作为始点罢了。

余英时认为，不但《红楼梦》本身有两个世界，红学研究中也同样存在着两个世界：一个是曹雪芹所经历过的历史世界，一个则是他所虚构的艺术世界。前者一向是红学考证的对象，后者则是他撰文特别关注之所在。红楼梦中的两个世界是分不开的，红学研究中的两个世界也同样无法截然划分。但是，余氏指出，曹雪芹虽然广泛地使用了他的历史世界为《红楼梦》的创作素材，然而他的整个艺术构想却已远远地超越了具体的历史世界。红学研究者如果不把握这一关键，就不可能进入《红楼梦》的艺术世界。余英时的红学见解，过去学界并非无人涉及，但其析论精辟而且洞见频仍，诚然是现代“红学”研究领域中难得的学术成果。

【链接】

1. 余英时：《红楼梦的两个世界》，上海社会科学院出版社 2002 年版。
2. 余英时：《士与中国文化》，上海人民出版社 1987 年版。
3. 周策纵：《红楼梦案》，香港中文大学出版社 2001 年版。
4. 刘梦溪：《红楼梦与百年中国》，中央编译出版社 2005 年版。

传统文学思想中诗的个性和社会性问题

徐复观

一、个性与社会性的统一

《毛诗·关雎》前面的序，世人称之为“大序”；其他各诗前面的序，一般称之为“小序”，合而称之则为《诗序》。这里不涉及《诗序》的作者、价值等问题，而只就孔颖达[1]的《毛诗正义》对大序“是以一国之事，系一人之本”的解释，来看在我国传统的文学理论中，如何解决一个文学作品的个性与社会性的问题。至于《正义》的解释，是否和大序那句话的原意相符合，这里也置之不问。所以我泛称之为“传统文学思想”。

没有个性的作品，一般地说，便不能算是文学的作品。尤其是文学中的诗歌，更以个性的表现为其生命，这在中国过去，称之为“志”，称之为“性情”。诗人所咏歌的，当然有其外在的对象、客观的对象，但仅把自己对于客观对象的认识加以叙述，不会成为诗歌作品，即使把主观对于客观对象的感想、愿望，通过诗的形式表达出来，只要主观与客观之间，存着有空间上的距离的感觉，其距离哪怕像“执柯以伐柯”[2]那样近，依然不能成为一首好诗。真正好的诗，它所涉及的客观对象，必定是先摄取在诗人的灵魂之中，经过诗人感情的熔铸、酝酿，而构成他灵魂的一部分，然后再挟带着诗人的灵肉（在过去，称之为“气”）以表达出来，于是诗的字句都是诗人的生命，字句的节律也是生命的节律。这才是真正的诗，亦即是所谓性情之诗，亦即是所谓有个性之诗。

大凡有性情之诗，有个性之诗，必能予读者以感动。因为有这种感动力，于是诗的个性，同时也即是它的社会性。但诗人的个性，究系通过何种桥梁以通到社会，因而获得读者的感动，使一个作品的个性，同时即是一个作品的社会性呢？《正义》对于这，有很明显的解释：

一人者，作诗之人。其作诗者道己一人之心耳。要所言一人［之］心乃是一国之心。诗人览一国之意以为己心，故一国之事系此一人使言之也，……故谓之风。……诗人总天下之心、四方风俗以为己意，而咏歌王政，……故谓之雅。

按所谓“其作诗者道己一人之心耳”，即是发抒自己的性情，发抒自己的个性。“要所言一人［之］心乃是一国之心”，这是说作诗者虽系诗人之一人，但此诗人之心乃是一国之心，即是说，诗人的个性即是诗人的社会性。诗人的个性何以能即是诗人的社会性？因为诗人是“览一国之意以为己心”，“总天下之心、四方风俗以为己意”。即是诗人先经历了一个把“一国之意”“天下之心”，内在化而形成自己的心，形成自己的个性的历程，于是诗人的心、诗人的个性，不是以个人为中心的心，不是纯主观的个性，而是经过提炼升华后的社会的心，是先由客观转为主观，因而在主观中蕴蓄着客观的，主客合一的个性。所以，一个伟大的诗人，他的精神总是笼罩着整个的天下、国家，把天下、国家的悲欢忧乐凝注于诗人的心，以形成诗人的悲欢忧乐，再挟带着自己的血肉把它表达出来，于是使读者随诗人之所悲而悲，随诗人之所乐而乐，作者的感情和读者的感情，通过作品而融合在一起。这从表面看，是诗人感动了读者，但实际则是诗人把无数读者所蕴蓄而无法自宣的悲欢哀乐还之于读者。我们可以说，伟大诗人的个性，用矛盾的词句说出来，是忘掉了自己的个性，所以伟大诗人的个性便是社会性。

二、统一的根源——性情之正

不过，没有能从社会完全孤立起来的个人，即每个人的个性中都应当带有社会性。岂特伟大的诗人，但历史上的独裁专制者，即使凭藉着伟大的权力，也难使社会一般人与他同其好恶，难道说这种人便没有性情、没有个性吗？他的性情、个性，何以会不含一点社会性，却使其孤立至此？而诗人又有什么魔术，能使社会乃至后世的人，会与他同其哀乐而受到他的作品的感动呢？这在中国传统的文学思想中，常常于强调性情之后，又接着强调“得性情之正”。所谓“得性情之正”，即是没有让自己的私欲熏黑了自己的心，因而保持住性情的正常状态。在中国文化中有一个根本信念，认为凡是人的本性都是善的，也大体都是相同的，因而由本性发出来的好恶，便彼此相去不远。作为一个伟大诗人的基本条件，首先在不失其赤子之心，不失去自己的人性，这便是“得性情之正”。能“得性情之正”，则性情的本身自然会与天下人的性情相感相通，因而自然会“览一国之意以为己心”，而诗人的心便是“一国之心”。由“一国之心”所发出来的好恶，自然是深藏在天下人心深处的好恶，这即是由性情之正而得好恶之正。人总是人，人总是可以相通相感的。诗人只要相信自己不是好人之所恶，恶人之所好的独夫，则诗人的个性中自然有社会性，个性的作品自然同时即是社会性的作品。所以《正义》中除了强调诗人“莫不取众之意以为己辞”之后，接着便说：

假使圣哲之君功齐区宇，设有一人独言其恶，……海内之心不同之也；无道之主恶加万民，设有一人独称其善，……天下之意不与之也。必是言当举世之心，动合一国之意，然后得为风雅，载在乐章。

《正义》中的话说明了两点：第一是说明只要是自己站得住脚，便不怕他人的批评。第二点是说明自己若太不像样子，便养再多的歌功颂德的文人，乃至勒令他人反复诵念自己所说的不三不四的话，实际也只会引起更大的唾弃。而诗人之所以能成为诗人，诗之所以能成为诗，乃至文艺之所以能成为文艺，必定不是看一二权贵的颜色，而“必是言当举世之心，动合一国之意”，其根底乃在保持自己的人性，培养自己的人格，于是个性充实一分，社会性即增加一分。在中国传统的文学思想中，总认为做人的境界与作品的境界分不开，大家应当从这种地方去了解其真实的含义。

三、性情之正与性情之真

现在还应当补充说明的是，一个伟大的诗人，因其“得性情之正”，所以常是“取众之意以为己辞”，因而诗人有个性的作品，同时即是富于社会性的作品。这实际是由道德心的培养，以打通个性与社会性中间的障壁的。这是儒家在文学方面的基本要求。道家则要求由无私无欲，以呈现出虚静之心[3]，他们并不强调社会性，但在虚静之心里面，也自然得到个性与社会性的统一，虽然这常是消极性的统一。但在《诗》上，乃至后来的许多诗歌中，有的仅是劳人思妇之词，迁客离人之语，其所感所发者仅其当下的一人一事，与社会并不相干，即平时并未注意道德心的培养，也没有作致虚守静的工夫，因之，在作诗时并不曾“取众之意以为己辞”，但有的依然能予社会以感动，而成为富有社会性的作品，这又是什么缘故呢？照中国传统的看法，感情之愈近于纯粹而很少杂有特殊个人利害打算关系在内的，这便愈近于感情的“原型”，便愈能表达共同人性的某一方面，因而其本身也有其社会的共同性。所以“性情之真”，必然会近于“性情之正”。但性情之正系从修养得来，而性情之真，即使在全无修养的人，经过感情自身不知不觉的滤过纯化作用，也有时可以当下呈现。欢娱的感情向上浮荡，悲苦的感情向下沉潜。一般人的感情，是要在向下沉潜中始能滤过、纯化其渣滓，所以悲苦之情常易得性情之真，而劳人思妇，乃至后来许多诗人，只要能把个人当下的真感情抒写出来，因其是真的、纯粹的，所以他同时也便写出了社会在这一方面的哀乐（哀乐必相形而始能感到），与社会以感动作用。“诗穷而后工”[4]，正是这种道理。总结的说，人的感情，是在修养的升华中而能得其正，在自身向下沉潜中而易得其真。得其正的感情，是社会的哀乐向个人之心的集约化；得其真的感情，是个人在某一刹那间，因外部打击而向内沉潜的人生的真实化。在其真实化的一刹那间，性情之真也即是性情之正，于是个性当下即与社会相通。所以道德与艺术，在其最根源之地常融合而不可分。而一个人，当他在感情的某一点上，直浸到底时，便把此点感情以外的东西，自然而然地忘掉了，也略近于道家所要求的虚静状态。但这种性情之真，是隐现不常的，所以这种诗人常只能一首两首、一句两句使人感动的诗，而决不能成为“取众之意以为己辞”的伟大诗人，因为他缺乏人性的自觉，因而没有人格的升华，没有感情的升华，不能使社会之心约化到一己之心里面来。至于存心趋炎附势的人们，连一刹那的人生真实感也闪露不出来，所以他们的作品，只有拿去换残羹冷饭。而今日之所谓意识流的文学，乃是把“私欲”“无明”[5]当作人性的文学，则他们的反理性、反社会，也是必然的。但反社会、反理性的作家，能要求什么人来读他们的作品呢？

（原载台湾《文星》1958 年第 2 卷第 3 期）

【注释】

［1］孔颖达：孔颖达（574—678）字冲远。孔子的第三十一世孙，生于北齐后主武平五年，后入唐编纂《五经正义》，融合南北经学家的见解，是集魏晋南北朝以来经学大成的著作。所疏或正义的经书包括《周易》《尚书》《诗经》《礼记》《左传》等，文中提到的《毛诗正义》（即文中《正义》）即出自《五经正义》。

［2］执柯以伐柯：语出《诗经·伐柯》：“伐柯伐柯，其则不远。”《中庸》：“执柯以伐柯，睨而视之，犹以为远。故君子以人治人，改而止。”朱熹集注：“柯，斧柄；则，法也。”执斧砍伐斧柄，比喻可就近取法。

［3］虚静之心：道家庄子思想中的一个重要范畴，强调文艺创作要在清静澄明之境中进行。

［4］诗穷而后工：欧阳修在《梅圣俞诗集序》中提出的观点，指出诗人的境遇越是穷困，触事感物的面就越丰富，生活体验和现实感受就越深刻，在创作上就越能够“写人情之难言”，因而愈穷愈工。

［5］无明：佛教名词。小乘佛法里，无明是十二因缘的起首。大乘佛法把无明分成两个部分：一念无明，无始无明。《佛学大辞典》中为烦恼的别称。此处援引为混沌、迷惘的精神状态。

【点评】

真正的诗歌透发着创作者的灵魂，此之称为性情之诗。有性情之诗，才可称为有个性之诗。诗人的灵魂中蕴含着自身独特的个性，而诗人的个性之心，也是经过主观意志与客观社会内容熔炼升华之后的主客合一之心。主客不可分离产生距离感，亦即徐复观在文章的第一节中所说的“没有个性的作品，一般地说，便不能算是文学地作品”。有个性之诗才能与读者产生共鸣，当文学作品拥有了与读者产生共鸣的力量，使读者感动的社会性也就自然而然地体现了出来。因此，诗歌的个性即社会性，这一命题在徐复观的文学观念里是成立的。

在文中，徐复观对个性与社会性之间共通的“桥梁”作了逻辑严密的论述。他引用孔颖达《毛诗正义》中对“大序”的解释，最后总结概括为诗人要“览一国之意以为己心”，“总天下之心、四方风俗以为己意”。诗人心系天下、国家的悲欢忧乐，把外在的客观对象内在化，融合着自己的血肉，展现其个性之灵魂，从而达到读者与作者悲乐相随的共鸣效果。徐复观参透了其中的本质：“这从表面看，是诗人感动了读者，但实际则是诗人把无数读者所蕴蓄而无法自宣的悲欢哀乐还之于读者。”此时作者的个性之心已不是纯主观的个性，而是主客和谐相融之后的个性，是忘我状态下的个性，也是徐复观所说的“伟大诗人的个性便是社会性”。

另外，徐复观对创作者的性情作了进一步明确的界定，并且阐述了“性情之真”与“性情之正”之间的区别与关系。“性情之真”近于“性情之正”，然而，“性情之正”是从“性情之真”中依靠道德之修养澄汰升华出来的；人的感情向下沉潜亦可得其“真”。而在主客合一的过程中，性情之真也可以与性情之正相合为一，从而使个性与社会相通。

儒家和道家是对中国传统文学思想影响很深的两大理论体系。在儒家思想中，不管是“性善论”还是“性恶论”，都注重对人的道德之心的培养；道家思想则强调“致虚守静”的功夫，从而达到人生境界的升华。从本质上来说，这两大理论思想都强调个人修养对“性情之正”的关键作用。因此，“性情之正”乃是文学作品个性与社会性统一的根源。伟大的诗人“不失其赤子之心，不失去自己的人性，这便是‘得性情之正’”。这也是徐复观“心的文化”思想在阐述中国传统文学思想中的体现。“中国文化中有一个根本信念，认为凡是人的本性都是善的，也大体都是相同的，因而由本性发出来的好恶，便彼此相去不远。”由此可以看出，徐复观更是偏重于以儒家思想中的“性善论”为理论之源，从中衍发出中国传统文学思想的一个基本标准。在这一理论根基的支持下，创作者的道德境界与其文学作品境界高度地融合到一起，这就充实了传统文学思想中诗的个性与社会性相融通的理论框架。在中国传统的文学思想中，道德境界是伟大的艺术之源中不可分割的一部分。

【链接】

1. 徐复观：《中国文学论集》，台湾学生书局 1981 年版。

2. 徐复观：《中国文学论集续编》，台湾学生书局 1981 年版。

3. 刘毅青：《徐复观解释学思想研究》，人民出版社 2014 年版。

4. 王守雪：《人心与文学：徐复观文学思想研究》，郑州大学出版社 2005 年版。

第五辑　学术态度与文艺研究

复性书院[1]开讲示诸生

熊十力

吾以主讲马先生[2]之约，承乏特设讲坐，得与诸生相聚于一堂，不胜欣幸。今开讲伊始，吾与诸生不能无一言。唯所欲言者，决非高远新奇之论，更不忍为空泛顺俗之词，只求切近于诸生日用工夫而已。朱子《伊川像赞》曰："布帛之言，菽粟之味，知德者希，孰知其贵？"愿诸生勿忽视切近而不加察也。

书院名称虽仍往昔，然今之为此，既不隶属现行学制系统之内，亦决不沿袭前世遗规。论其性质，自是研究高深学术的团体，易言之，即扼重在哲学思想与文史等方面之研究。吾国年来谈教育者，多注重科学与技术而轻视文哲，此实未免偏见。就学术与知识言，科学无论发展至若何程度，要是分观宇宙而得到许多部分的知识。至于推显至隐，穷万物之本，澈万化之原，综贯散殊，而冥极大全者，则非科学所能及。世有尊科学万能而意哲学可废者，此亦肤浅之见耳。哲学毕竟是一切学问之归墟[3]，评判一切知识而复为一切知识之总汇。佛家所谓一切智智，吾可借其语以称哲学。若无哲学，则知不冥其极，理不究其至，学不由其统，奚其可哉？故就学术言，不容轻视哲学，此事甚明。次就吾人生活言，哲学者，所以研究宇宙人生根本问题，能启发吾人高深的理想。须知高深的理想即是道德。从澈悟方面言之，则曰理想；从其冥契真理、在现实生活中而无所沦溺言之，则曰道德。阳明所谓"知之真切笃实处即是行，行之明觉精察处即是知"，亦此意也。吾人必真有哲学的陶养，注意一"真"字。有高远深微的理想，会万有而识其原，穷万变而得其则，极天下之至繁至杂而不惮于求通也，极天下之至幽至玄而不厌于研几也，极天下之至常至变而不倦于审量也。智深以沈，思睿口圣。不囿于肤浅，学之蔽，真理之不明，皆由人自安于肤浅故也。肤浅者不能穷大，不能通微，其智力既浮薄，即生活力不充实。智短者，于真是真非缺乏判断。真非缺乏判断。生活力贫乏者，必徇欲而无以自持，则一切之恶自此生矣。故人之恶出于肤浅，易言之，即出于无真知。不堕于卑近，沉溺于现实生活中，从欲殉物而人理绝，卑近者如是。以知养恬，恬者，胸情琰泊，无物为累，此必有真知而后足以涵养此恬澹之德也。无知者，则盲以逐物，而胸次无旷远之致，是物化也。此与《庄子》"以恬养知"义别。其神凝而不乱，恬故精神凝聚而不散乱也。故其生活力日益充实而不自知，孟子所谓“养浩然之气”者是也。哲学不是空想的学问，不是徒逞理论的学问，而是生活的学问，其为切要而不容轻视，何待论耶？又次就社会政治言，哲学者，非不切人事之学也。孔子曰，道不远人，人之为道而远人，不可以为道。孰有哲学而远于人事可谓之学哉？人者不能离社会而存，不能离政治而生。从来哲学家无不于社会政治有其卓越的眼光、深远的理想。每一时代的大哲学家，其精神与思想恒足以感发其同时与异世之群众，使之变动光明，此在中外史实皆可征也。或谓自科学脱离哲学以后，关于社会与政治方面的发见，亦是科学家所有事，何必归之哲学。此说似是而实非。哲学、科学本息息相关，而要自各有其领域，如形而上学，则科学所不及过问是也。即在所研究之对象无所不同者，易言之，即无领域之异者，如对于社会政治诸问题，而哲学与科学于此，仍自各有其面目。夫综事察变固科学所擅长也，哲学则不唯有综事察变之长，而常富于改造的理想。故科学的理论恒是根据测验的，哲学的理论往往出于其一种特别的眼光。哲学与科学相需为用，不当于二者间有入主出奴之见，更属显然。上来略说三义，可见哲学思想不容忽视。至于文学与历史诸学，在今日各大学属诸文科之范围，而为究心文化者所必探讨。今兹书院之设，本为研究哲学与文史诸学之机关，但研究的旨趣，自当以本国学术思想为基本，而尤贵吸收西洋学术思想，以为自己改造与发挥之资。主讲草定书院简章，以六艺为宗主，其于印度及西洋诸学亦任学者自由参究。大通而不虞其睽，至约而必资于博，辨异而必归诸同，知类而必由其统，道之所以行，学之所以成，德之所由立也。诸生来学于此，可不勉乎？综前所说，则书院为何种研究机关，既已言之甚明，来学者当知所负之使命也。至书院地位，则相当于各大学研究院，而其不隶属于现行学制系统之内者，此有二意：一欲保存过去民间自由研学之风。二则鉴于现行学校制度之弊，如师生关系之不良，与学生身心陶养之缺乏，及分系与设立课目并所用教材之庞杂，其弊多端，难以详举。至于教育宗旨之不一，学风之未能养成，思想界之不能造成中心思想，尤为吾国现时严重问题。颇欲依古准今，而为一种新制度之试验。书院虽袭用旧称，而其组织与规制实非有所泥守于古。书院地位虽准各大学研究院，而亦不必采用时制。总之，书院开创伊始，在主讲与吾等意思，亦欲有专凭理想以制定一切规章，唯欲随时酌度事宜，以为之制。如佛家制戒，初非任一己一时理想以创立戒条强人就范也，唯因群弟子聚处而随其事实，因机立戒，久之乃成为有系统的条文。故其戒颇适群机，行之可久也。书院创制立法，亦当如是。今后教者、学者，俱各留心于学业及事务各方面之得失利弊等等情形，随时建议，毋或疏虞[4]，庶几吾人理想之新制度将有善美可期矣！外间于书院肇创之际，多不明了，或疑此制终不可行，主讲与吾等时存竞业，亦望诸生厚自爱，期有所树立。岂惟书院新制得以完成，不负创议与筹备诸公之盛心，而发扬学术，作育人才，保固吾国家民族以化被全人类者，皆于是乎造端矣。诸生勉矣！

学者以穷理为事，然其胸怀一向为名利声色种种惑染之所缠缚，其根株甚深细隐微，恒不自觉，本心全被障碍，如何而得穷理？穷理工夫，非深心不办。真理虽昭著目前，而昏扰粗浮之心，终不得见，必智虑深沉冲湛，而后万理齐彰。深湛则神全，神全故明无不烛，而天下之理得矣。又非大心不办。大故不滞于一隅，观其散著，抑可以游其玄也；析其繁赜[5]，抑可以会其通也；辨其粗显，抑可以穷其幽也；知其常行，抑可以尽其变也；见其繁琐，抑可以握其简也。故唯大心可以穷理。狭隘之心，触途成滞。泥偏曲而不悟大全，堕支离而难言通理，习肤浅而不堪究实，明者所以致慨于横通也。狭碍之心，非本心也。乃以染习为心故耳。又非耐心不办。人心恒为染习所乘，安于偷惰而一切无所用心，惯于悠忽而凡百都不经意，苹果堕地与壶水热则涨澎，古今人谁不习见之，却鲜能于此发见极大道理者，必待奈端瓦特[6]而后能之，则以常人不耐深思故耳。夫事理无穷，要在随处体察，于其所未曾明了者，不惮强探力索，毋忽其所习闻习见而不加察也。毋略其所不及见、不及闻而以为无复有物、无理可求也。毋狃于传说[7]，必加评判。亦毋轻议旧闻，必多方考索：其果是耶，无可立异；其果非耶，自当废弃。毋病夫琐碎而不肯穷也。毋厌其艰阻而不肯究也。时时有一副耐心，真积力久，自然物格知至，而无疑于理之难穷矣。综前所说三心，曰耐，曰大，曰深，皆依本心而别为之名耳。耐之反为忽，忽者疏忽或忽略。大之反为碍，碍者狭隘或滞碍。深之反为浅，浅者浅陋或浮浅。有一于此，皆不足与于穷理之事，其所以成乎忽与碍且浅者，则以无量惑染根株盘结于中，而本心障蔽故也。学者必有克己工夫，己者谓一切惑染，亦云私欲或私意。常令胸怀洒脱，神明炯然，则能耐，能大，能深，“耐”字意义甚深，即健也。切宜深玩。而可以穷理尽性矣。王阳明先生云：“学问须是识得头脑。”存心、养心、操心之学，于一切学问实为头脑。今之学子，顾皆舍其心而不知求，岂不蔽哉？就学术言，华梵[8]哲学与西洋科学原自分途，东学赅华梵哲学言。必待反求内证，舍此无他术矣。科学纯恃客观的方法，又何消说得？西洋哲学与其科学，大概同其路向。明儒所谓“向外求理”是也。西洋思想与东方接近者恐甚少。学者识其类别，内外交修，庶几体用赅存，本末具备，东西可一炉而冶矣。昔朱子言学，以居敬穷理并言。穷尽事物之理，合用客观方法，居敬即反求内证下手工夫也。敬是工夫，亦即于此识得内在的本体。明代治朱学者，诟王学遗物理而不求。王学[9]之徒则又病朱学支离破碎。近世中西之争亦复类是。曷若同于大通之为愈耶？吾与主讲俱无所偏倚，诸生来学于此，须识得此间宗旨，无拘曲见，务入通途。

诸生研求实用，尤贵于旧日积习得失，察识极精，而迁善必勇，否则虽有技能，不堪致用，况缺乏技能者乎？或曰：今世言致用，必须专门技术。书院系养育通材，恐徒流为理论家而不必可以致用也。此说只知其一，未知其二。夫专材与通材，互相为用而不可缺其一也。专材恒是部分之长，虽其间不无卓越之士，然终不能不囿于所习，其通识终有限也；通材者，测远而见于几先，穷大而不滞于一曲，能综全局而明了于各部分之关系，能洞幽隐而精识夫事变之离奇。专材的知识是呆板的，通材的知识是灵活的；专材的知识是由积聚而得的，通材的知识多由超悟而得的；超悟本自天才，然天材短者，积学亦可致。专材的知识是显而易见的，通材的知识是运于无形的。专材与通材之辨略如上说。而通材实关重要。能用专材者，通材也。若无通材，则专材亦无所依附以尽其巧。选任各种专材而位之各当其所，此则通材所有事也。凡理论家固可谓之通材，而通材不必悉为理论家，通材者，恒是知行合一之人物也。通材与专材，时或无定称，如一个工厂的领袖比于厂中技师等等则为通材，比于实业界中更大的领袖则又成专材矣；实业界中大领袖虽号通材，而对于主持国柄之大领袖则又成专材矣。凡求为通材者，必有宽广的胸量，远大的眼光，深沉的思考，实践的勇气，谦虚的怀抱。若不具此素质而求为通材，未之有闻也。

国家设学校以养人才，人才虽出于其中，而就学者固不能皆才也。书院虽欲养通材，又何敢过存奢望耶？然在诸生，则不可妄自菲薄，必努力以求为通材，而后不负自己，不负所学。

本院简章，举一切学术，该摄于六艺[10]。故学者选修课程，应各择一艺为主，而必兼治其相类通者。

学问之道，由浅入深，由博返约。初学必勤求普通知识，将基础打叠宽博稳固，而后可云深造。其基不宽则狭陋而不堪上进，其基不固则浮虚而难望有成。初学若未受科学知识的训练，而欲侈谈哲理与群化治术等等高深的学问，便如筑室不曾拓基，从何建立？登梯不曾循级，必患颠蹶[11]矣。吾国学术虽未曾发展为科学，然吾先圣贤于哲学思想方面所以有伟大的成功者，非独天才卓越、直超顿悟、冥会真理而已，亦因其穷玄而不遗事物。如所谓“仰观于天，俯察于地，近取诸身，远观诸物”，又如孟子称舜“明于庶物，察于人伦”，后儒亦屡言须体验物理人事。又曰，从人情事变上磨炼，其精于综事辨物，可见矣。吾固有之学术不曾发展为科学，此是别一问题。然吾古之学者自有许多许多的科学知识，则不容忽视。《易》之为书，名数为经，质力为纬，非有丰富幽深的科学思想，则莫能为也。而其书导于羲皇，成于孔氏，创作之早，至可惊叹。后生偷惰，知识日益固陋，今西洋科学发达，学子诚当努力探求。诸生若自大学卒业而来者，于科学有相当素养，今进而研华梵高深学术，不患无基。至其未受学校教育者，本院征选肄业生细则，不限定大学卒业一途者，原欲广造就耳。但其人若非具有天才而缺乏科学训练，恐终为进学之碍。今次征选生徒办法只可作一种试验耳。务望于科学方法及各科常识，尤其于生物学、心理学、名学及西洋哲学与社会政治诸学，必博采译述册子，详加研索。今之译述，大抵出于稗贩[12]，而不详条贯，鲜有旨要。其于所介绍之学说，实未有精研故也。又复模仿西文文法而未能神明变化，故其辞甚难通。加之白话文于素读旧书者气味最不合。以上诸因，译述册子每为人所不喜阅。然诸生未受学校教育者，要当于译述册子勉强玩索，勿病其肤杂，勿畏夫艰阻。须知学者涉猎群书，譬之入山采宝，初入深山，所历几尽属荆棘，及遇一宝则获益无穷矣。读杂书亦复如是，往往有意外之获。孟子谓“舜好问，而好察迩言”。理道无穷，随在足资解发故也。吾国学术，夙尚体认而轻辩智，其所长在是，而短亦伏焉……

《论语》有言：“工欲善其事，必先利其器。”文字者，发表思想之器也。凡理论的文字，以语体文为最适宜，条理详明，委曲尽致，辞畅达而无所隐，义精确而无所淆，此语体文所擅长也。但有时须杂用文言文，谈理至幽玄之境，凌虚着笔，妙达神理，则或赖文言以济白话之穷。如程子《语录》中所谓“冲寞无朕，万象森然”，以整练之辞，善敷玄旨，含蓄无尽。此等处若用白话，便无义味。此语体参用文言之妙也。学子如欲求工语体文，必须多读古书，能作文言文，始无不达之患。今学子为白话文，多有不通者，此可戒耳。

读书须有三到，曰手到，目到，心到。手之所至，而目注焉，而心凝焉，则字字句句无有忽略过去者。读书不求甚解，在天才家眼光锐利，于所读书，入目便能抉择，足资一己创发之用。若在一般人，则虽苦思力索，犹惧不尽其条理，不识其旨要，而可不求甚解乎？读书切忌忽略过去，学之蔽，理之难明，只缘自心随处忽略故耳。忽略者，万恶之源也。所谓“不诚无物”是也。吾写至此，吾意甚苦，愿诸生自反而力戒此病。

今之少年，习为白话诗，以新文学自标榜，其得失则当世有识者多能言之，毋俟余喋喋也。余生平不能诗，间讽诵古之名作，略识其趣，以为声音节奏，终不可忽而不讲。若不求协韵，只为白话而已，其可谓之诗乎？诸生于六艺中倘有专诗者，将欲创作新体，亦必沉潜于旧文学谓由《三百篇》、楚汉迄近世诗骚赋词等作品。遗其貌而得其神，或能融会众体，别创一格，未可知也。如于旧文学未有深厚涵茹，而以浅躁之衷，急谋更张，终必无成。“子曰：‘仍旧贯，如之何？何必改作。’”更张而不及其旧，勿轻更焉可也。

每闻少年能读西人诗，惊服其鸿篇巨制，辄谓中国诗不足观，此真肤论也。余未读西人诗，但闻人言，想见其气象雄放，情思畅茂。然中国诗，妙在辞寡而情思悠然，含蓄不尽，清幽之美，如大化默运，不可以形象求也。中西诗但当各取其长，勿妄分优劣也。

孔门教学者，唯尚躬行。子路有闻，未之能行，唯恐有闻。其刻励如是。

后来学人，便侈谈空理，而轻视事为，学风所由替，民族所由衰也。诸生其念之哉，勿以空谈了一生也。天下事，无大无小，量己才力所胜任者，以真实心担任作去。才作事，便是学，否则只是浮泛见闻或空想，不足言学也。

（原载《十力语要》卷二，湖北十力丛书印本，1947 年版）

【注释】

[1] 复性书院：由马一浮主持，创建于 1939 年，在四川乐山乌尤寺。书院主修“六艺”，旨在弘扬儒学，保存中华民族之文化血脉。熊十力、钱穆等曾来此授课。

[2] 马先生：马一浮（1883—1967），名浮，字一浮，浙江会稽（今浙江绍兴）人，中国现代思想家，与梁漱溟、熊十力合称为“现代儒学三圣”（或“新儒家三圣”）。著有《泰和会语》《复性书院讲录》《马一浮集》等。

[3] 归墟：也作归虚，喻指事物的终结和归宿。

[4] 疏虞：疏忽、失误。

[5] 繁赜（fán zé）：复杂深奥。

[6] 瓦特：詹姆斯·瓦特（1736—1819），英国著名的发明家，是第一次工业革命时的重要人物。1776 年制造出第一台有实用价值的蒸汽机。后人为了纪念这位伟大的发明家，把功率的单位定为“瓦特”（简称“瓦”）。

[7] 毋狃（niǔ）于传说：不要拘泥于传统的说法。狃，指拘泥、因袭。

[8] 华梵：中国和印度。

[9] 王学：指王阳明学说及其传承的心学流派。王学的核心是“良知”“知行合一”。明代中叶以后，王学成为显赫的学说。

[10] 该摄于六艺：指一切学说都统摄于六艺。六艺指礼、乐、射、御、书、数。

[11] 颠蹶：倒伏、跌跤。

[12] 稗贩：意指小贩；买贱卖贵以取利的人。

【点评】

就天姿与思力而言，熊十力的文化哲学，风格奇峭，风骨甚遒。《复性书院开讲示诸生》是一篇谈论治学、导启性灵的精辟之作。

书院是自唐朝中后期以后，在中国逐步兴起的一种教育组织形式。书院最初是个人读书治学的场所，后来发展为学塾，最后才成为教育机构。书院兴盛于宋代，推动了宋代理学的发展和文化的繁荣。现在我们通常所说的民间“四大书院”是指宋初的石鼓书院、白鹿洞书院、岳麓书院和应天书院。元代时，政府对书院加强了控制，使书院官学化。到了明代，官学化的现象日益恶化，士大夫开始离开官学，创办私学。直到清康熙年间，教育政策开始宽松，书院再次复兴，官私皆有。到清末的时候，书院沦为科举的附庸。

光绪年间，古代书院制度终告结束。

复性书院是抗战时期国民政府为保存民族文化而创办的，由马一浮先生主持。书院创建于 1939 年，于 1948 年结束，历经十载。本文是熊十力先生应马一浮先生之约为复性书院的学生进行的演讲，为学生寻找治学的途径提出了宝贵的建设性意见。

在熊十力看来，自民国以来，上承清代之余势，学风卑陋，士品猥杂。抱残守缺者，固然学无义法，言失宗趣；而醉心西化者，尤其浅慧小识，浮嚣歧离。所以二十世纪的中国心灵，呈显散弛流走，而不见凝固贞固。因此，熊十力对复性书院的教学内容和学生的学习内容提出了自己的见解，同时对中国的学术也寄予了殷切的希望。熊十力的观点体现在四个方面：其一，重哲学与文史研究。因为“哲学毕竟是一切学问之归墟，评判一切知识而复为一切知识之总汇”。哲学是一切学问的根本。然哲学与科学又各有其领域，两者相需为用。故以本国学术思想为基本之外，还要吸收西洋学术思想，达到中学与西学相互交融的效果。其二，持本心以穷理。学者的工作即是穷理，则需保持一颗澄明的本心，不受世俗的污染和诱惑。而这本心有三个属性，即大心、深心、耐心。如此，才可穷理。其三，学生修学先通后专，力做通材。读书需有所选择，选择好的版本，选择与自己思想相近加以研习。所读之书又应分为必读与博览两类，必读一类，贵精不贵多；博览一类，则根据自己的资质多多益善。如此，力争做一个通材，通材者头脑灵活，善于感悟，能洞见事物规律与发展趋势的，而不像专材那样只是狭隘地固守自己的领域。其四，由浅入深，循序渐进地研究学问。做学问，先有一个稳固的根基，才能做扎实高深的学问。而这所谓的“根基”不仅仅是我国优秀的传统文化，也包括对西学的“虚怀容纳”，观其异而会其通。熊十力的思想中既充满了儒家思想的纯情至性，又吸收了西方重思辨与理性。

以白话文学为突破口的五四新文学，强调对传统文学的价值重估，即站在新的文化立场上去重新研究几千年的中国古典文学。熊十力不反对历史进化的观念，但对于新文化派的“全盘西化”的主张，熊十力是不赞成的，他认为这样做非但没有学习到西方的精华，反而将自己传统的优势也去除掉了：“人皆以其浮浅杂乱之知识高自矜炫，莫肯反省为切己之学，何以维系身心，何以充实生活?”熊十力对中国优秀的文学传统始终秉持着尊重与赞赏的态度：“中国诗，妙在辞寡而情思悠然，含蓄不尽，清幽之美，如大化默运，不可以形象求也。中西诗但当各取其长，勿妄分优劣也。”熊十力对于古典文学艺术美的重视，既是一种科学地研究文学、深化对于文学本质认识的态度，也是对五四新文学反传统主义思潮的反拨。

“入门须正，立意须高。”（严羽《沧浪诗话》）这是作文的心愿，也是做人的要求。故而，熊十力主张，学问之道，由浅入深，由博返约。希望年轻学子能够打好根基，博览中西，拥有一个纯情至性的心灵，循序渐进地进行研究，踏踏实实地做学问。熊十力治学的独到见解，同样对中国文论的建构，提供了方法论的启示。

【链接】

1. 熊十力：《熊十力论学书札》，上海书店出版社 2009 年版。
2. 熊十力：《十力语要》，中华书局 1996 年版。
3. 郭齐勇：《熊十力哲学研究》，人民出版社 2011 年版。
4. 梁启超：《中国近三百年学术史》，天津古籍出版社 2003 年版。

《新亚学报》[1]发刊词

钱　穆

此数十年，中国学术界，不断有一争议，若追溯渊源，亦可谓仍是汉宋之争[2]之变相。一方面高抬考据，轻视义理。其最先口号，厥为以科学方法整理国故，继之有窄而深的研究之提倡。此派重视专门，并主张为学术而学术。反之者，提倡通学，遂有通才与专家之争。又主明体达用，谓学术将以济世。因此菲薄考据，谓学术最高标帜，乃当属于义理之探究。

此两派，虽不见有坚明之壁垒与分野，而显然有此争议，则事实不可掩。今试平心探究，考据之学，承袭清代经学遗架[3]，殆为不可厚非。苟成学立说，而不重明据确证，终无以达共是而立于不可破。空言义理，是非之争，势将转为意见与意气，当知意见不即是知识，意气不足为权衡。惟考据乃证定知识之法门，为评判是非之准的。考据之学，又乌可得而菲薄之？

抑且学问广博，如大海不见其涯涘，人之才性既殊，聪明有限，又兼年力短促，材料搜集，亦多限制。若求兼通博涉，此非尽人可期。学术分工，各务专门，其必趋于窄而深之一途，亦情势所难免。

至于学术之于时务，其事可相通而不必尽相合。时事之变，瞬息异状。即以此三四十年言，变化多端，几难回想。若必以追随时变为学的，曲学阿世哗众取宠者勿论，而学术探究，必积年岁，时务需要，迫在当前。其事如夸父与日竞走，心意浅露，程功急促，不仅害学术，亦将害时务。转不如两各分离，使潜心学术，一旦有所成就，转可多方沾溉，宏济时艰。则为学术而学术，其事又何可议？

然学术与时代脱节，事终不美。此数十年来，国内思想潮流乃及一切实务推进，其事乃操纵于报章与杂志期刊，大学讲堂以及研究院，作高深学术探讨者，皆不能有领导思想之力量，并亦无此抱负。转若隐退事外，腾身云雾，一国众群在回惶迷惘之中，惊扰震荡之际，而学术界游心膜外[4]，不仅无所主张建白[5]，抑若此等无足厝意，遂使学者如坚瓠[6]之不可食，此岂社会之所望于学术界者？

而且见树不见林，竞钻牛角尖，能入而不能出。所谓窄而深之研究，既乏一种高瞻远瞩，总揽并包之识度与气魄，为之发踪指示，其窄深所得，往往与世事渺不相关。即在承平之世，已难免玩物丧志之讥，何论时局艰危，思想彷徨无主，群言庞杂，不见有所折中，而学术界曾不能有所贡献。所谓为学术而学术，以专家绝业自居，以窄而深之研究自期，以考据明确自诩，壁垒清严，门墙峻峭，自成风气，若不食人间烟火。纵谓其心可安，而对世情之期望与责难，要亦无以自解。

夫考据之价值，亦当就其对象而判。清学初兴，最先理论，则曰经学即理学也，又曰：训诂明而后义理明。其所悬以为考据之对象者，仍在义理。厥后颓波日下，始散而为音韵训诂，降而为校勘辑佚，为饾饤[7]琐碎，为烦称博引。而昧失本原，忽忘大体，人人从事于造零件，作螺丝钉，整个机器，乃不知其构造装置与运用。论其考据方法，或操而愈熟，运而益精。然究其所获，则不得不谓愈后而价值愈低。此数十年来，所谓以科学方法整理国故，其最先旨义，亦将对中国已有传统历史文化，作彻底之解剖与检查，以求重新估定一切价值。所悬对象，较之晚明清初，若更博大高深。而惟学无本原，识不周至。盘根错节，置而不问。宏纲巨目，弃而不顾。寻其枝叶，较其铢两，至今不殆五十年，流弊所极，孰为关心学术之大体，孰为措意于民物之大伦？各据一隅，道术已裂。细碎相逐，乃至互不相通。仅曰上穷碧落下黄泉，动手动脚找材料[8]，其考据所得，纵谓尽科学方法之能事，纵谓达客观精神之极诣，然无奈其内无邃深之旨义，外乏旁通之涂辙，则为考据而考据，其貌则是，其情已非，亦实有可资非难之疵病也。

窃谓上述两派之争议，平心论之，亦是各有立场，各有见地，合则两美，分则两损。欲为中国此后学术开新风气，辟新路向，必当兼综上述两趋势，而会通博综，以冶之于一炉。而兹事体大，清儒自道咸以下，如阮元[9]、陈澧[10]，早有此意，而终无大力负之以趋。因循迄今，时局日艰，而学术堕地且尽。今日而欲从事于此，较之道咸阮、陈之时，其艰巨深微，又增万倍。然而七年之病，求三年之艾，其道又舍此无从。

尝试论之，必先有学问而后有知识，必先有知识而后有理论。学问如下种，理论犹之结实。不经学问而自谓有知识，其知识终不可靠。不先有知识，而自负有理论，其理论终不可恃。犹之不先下种，遽求开花结果，世间宁有此事？此乃学术虚实之辨，而今日学术界大病，则正在与虚而不实。所以陷此大病，亦由时代需要，群求有思想、有理论，俾一时得所领导而向往，思想无出路，成为时代呼声，而学术界无此大力，学术与时代脱节，于是一般新进，多鄙薄学问知识，而高谈思想理论。不悟其思想理论之仅为一人一时之意见，乃不由博深之知识来。其所讲知识，皆浅尝速化，道听途说，左右采获，不由诚笃之学问来。若真求学问，则必遵轨道，重师法，求系统，务专门，而后始可谓之真学问。有真学问，始有真知识，有真知识，始得有真思想与真理论。而从事学问，必下真功夫，沉潜之久，乃不期而上达于不自知，此不可刻日而求，躁心以赴。此一种学风之养成，在今日乃若非易事。

其次当知，考据仅为从事学问之方法，学问已入门，遇有疑难，必通考据。然此乃学问有得以后事，非始学入门事。学者自创新解，自标新得，必凭考据资人共信，考据诚所当重。然不当即以考据代学问。

晚近学术界，因尊考据，又盛倡怀疑之说。古人亦言，尽信书不如无书，又曰：学必会疑始有进。然疑之所起，在于两信而不能决。学者之始事，在信不在疑。所谓笃信好学是也。信者必具虚心，乃能虚己从人。如治一家思想，首当先虚己心，就其思想为思想，由其门户，沿其蹊径。彼如何思入，如何转出，我则一如其所由入而入，所由出而出。此一家思想之先后深浅，层次曲折，我必虚心，一如彼意而求。迨其表里精粗，无不通透，所谓心知其意。此始于信奉彼一家思想，故悬为学问对象也。我因学于彼而始得之己，遂知思想当如何运用，又对此一家思想之深细曲折处，皆有真知灼见。此为我之由学问而得知识也。然则即言学问义理思想，岂不仍是实事求是，有考有据，为一种客观之知识乎？

惟为学不当姝姝[11]于一先生之言，彼一家之思想，我已研穷，又循次转治别一家。我之研治别一家，其所抱虚心，亦如研治前一家。不以前一害后一，此之谓博学好问，此之谓广收并蓄。而或两家思想各不同，或相违背，然则谁是而谁非乎？我当谁从而谁违乎？于是于我心始有疑。故疑先起于信，起于两信而不能决。如此之疑，始谓之好学会疑。故即治思想，亦当知考据。我若笃信一家，述而不作，此亦一种考据也。若兼采两家，折中异同，会而通之，此亦一种考据也。凡此皆虚心实学之所得。

今之所言怀疑者，先抱一不信心，其实对外不信，即是对己自信。故其读书，如踞堂皇而判阶下之囚，其心先不虚，先已高自位置，傲视一切，则如何肯耐心细心向彼学问？学问不深，如何有真训练，真能力，真知识？因此其运思构想，乃不肯承认向来自有成规，其本身思想，精疏矛盾，乃不自晓。其批评各家，一凭己意，高下在心，而实非各家思想真实如此。彼先未有广博明白之知识为其自己所恃理论作后盾。彼之思想与理论，乃未经学问而即臻早熟，彼乃以自信代会疑，以批判代学问。彼以为思想与理论，可以如脱辔之马，不复受驾驭控勒，而可以逞驰骋之自由。以如此之学风，则鄙斥考据，事无足怪。

……（略）

故学问必先通晓前人之大体，必当知前人所已知，必先对此门类之知识有博宽成系统之认识。然后可以进而为窄而深之研讨，可以继续发现前人所未知，乃始有事于考据。乃始谓之为学术而学术。如是者，可以守先而待后，学术传统可以不中绝，知识实得可以不失丧。此必先有下学工夫，必先对学问有一种更深更真切之旨义，故能不厌虚心博涉。循而久之，其心中泛起有新问题，此始为值得考据之真问题，而此项问题与考据，切未存心必求其为窄而深，而自见其为窄而深。初未自负于成专家，而终不免其成为一专家。此乃由下学而上达，上达不可期必，我之实下功夫处在学问，我之确有了解处是知识，我之在学问与知识之不断进程中而遇有疑难，于是不得不运用我解决此项疑难之考据与思想。其由考据与思想之所得，则成为一种理论，此种理论，则可以前无古人，然此乃上达以后事，必以待之一时杰出之能者。然苟能真从事于下学，又焉知我之必不为一杰出之能者乎？人一能之，己十之。人百能之，己千之。博学之，审问之，慎思之，明辨之，而后笃行之。[12]专就学术言，学才著书立说，不问其为思想家，或为考据家，凡其确有创见新得，而发乎其所不得不发，言乎其所不得不言，是亦笃行之事也。

凡人用心，必有所从入。学问非以争奇炫博，非以斗胜而沽名。求以明道，求以济世，博古通今，明体达用，此真学问从入之大道。然循此而入，可以引而愈远，穷而愈深，乃不见其涯涘所至。乃贵于自就才性，自限专业，此岂初学存心，即当悬此标的，深闭拒固，而谓莫与易乎？通学在前，专精在后，先其大体，缓其小节，任何一门学问，莫不皆然，此乃学问之常轨正道。孰先传焉，孰后倦焉，有始有卒者，其惟圣人乎。学问有始条理，有终条理，必金声而玉振[13]之。中人以上，可以语上，中人以下，不可以语上。今之学者，不论主义理思想，或主考据，莫不诏初学以中人之上。莫不从事于终条理，因此有义理，有考据，而其实则无学问，无知识。筑基不广，单线直上，即其不广之基，初未坚筑，倾陷倒塌，可立而待。苟风气变而学术正，则此两途，本可合辙，故其事若难而并不难。最先当于心术入微处，端其趋向。迨其进入学问，则途辙不可不正。古今中外，学业成就，与夫成就之大小，胥不由此而判。故最先必诱导学者以虚心真切从事学问，必督责学者以大体必备之知识。其次始能自运思想，自寻考据，孜孜于为学术而学术，趋向于专门成业之一境。其最后造诣，乃有博大深通，登高四顾，豁然开朗，于专门中发挥绝大义理，罗列出绝大考据。彼其所得，又且不限于彼之所专业。如是之学，乃为天壤间所不可少，其为为学术而学术乎？其为以学术济时艰乎？到此皆可不论，而此固非初学之骤企。则曷不为循循善诱，而必先悬举此至高之标的，使人高心空腹，游谈无根[14]，为无本源之夸大乎？

故论学术，必先及于心术与风气，即此便具极大义理，经得起绝大考据。学问本自会通，何必自筑垣墙，各相分隔乎？

抑且更有进者，此数十年来，国内学风，崇拜西方之心理，激涨弥已，循至凡及义理，必奉西方为准则。一若中西学术，分疆割席，俨如泾渭之清浊相异，又若薰莸之不同器[15]。治中学者，谨愿自守，若谓中国学术，已无义理可谈，惟堪作考据之材料。其捍而肆者，则恣情谩骂，若谓中学不绝，则西学不流。西学不流，则中国之在天壤间，将绝不可再立足。彼不悟西学义理，亦复多歧，有古今之别焉，有国族之别焉，有宗派之别焉，有门类之别焉。治西学者，亦当循考据途径。当知一学说，一义理，其兴起而臻于成立，各有传统，各有背景，各有据点，各有立场，复有立说者之个性相异，时代不同。若果细心考据，便知西方言义理，固亦非建诸天地而不悖，推之四海而皆准。何得孤引片言只辞，遽尊为金科玉律。而中国旧有义理，宁无与西方有可以相通处？宁无对本国国情民俗，有其独特妥当融洽处？宁无可以推陈出新，依然当保存而光大处？而治中学者，相戒不敢顾及于此，一意以一堆材料，一项考据为满足。故鄙言义理者，其实则尊奉西方人义理为莫可违异耳。盛言考据者，其实则蔑视本国传统，仅谓是一堆材料，仅堪寻隙蹈瑕，作为其所谓科学方法者一种试验与练习耳。此种风气，言之尤堪痛心。

今欲矫其偏蔽，则仍当考据义理并重，中学西学，以平等法，融之一炉。当知言西方义理之说者，亦当守考据家法，才知其所尊某项义理之真边际，真性质。言中学以考据为能事者，亦当先扩大心胸，必知考据之终极，仍当以义理为归宿，始知其所当考据之真意义，与真价值。如此则义理考据，固可相济，而中学西学，亦可相通，又何事乎出主入奴，轩此轾彼，必先立一牢不可破之壁障以自限乎？

本所同人，学问无可自恃，知识无以自信，自创设新亚研究所，每为此事，时相研讨。上之所述，将勉奉以为诏示来学者之方向与准绳。自谓差免门户之见，或有途辙可遵。至于自所窥寻建白，偶有述作，固未敢谓能符其所欲赴。惟心向往之，虽不能至，亦曰有意乎此云焉尔。兹值学报创始，姑述其所平素讨论者，以求并世通人之教益焉。

（录自《新亚学报》1955 年第 1 期）

【注释】

［1］《新亚学报》：即香港新亚书院的学报。新亚书院由钱穆、唐君毅、张丕介及一群来自中国大陆的学者于 1949 年创立，当时名为亚洲文商学院，后于 1950 年 3 月改组并易名为新亚书院。

［2］汉宋之争：所谓“汉学”，原本是指汉儒考据训诂之学。在清代，考据学是学术之主体。考据学以考经为主，是儒家经学发展到清代的产物，由于以尊汉学为治学宗旨，故也可称汉学。所谓“宋学”，主要指宋代程、朱和陆、王两派的理学，注重对经典作“微言大义”的发挥。双方学术侧重不同，时有争议。

［3］遗榘：指前人留下的法度、准则。

［4］游心膜外：在此指只专注于自身学术而对现实生活毫不关心。

［5］建白：意指提出建议，陈述主张。《新唐书·田令孜传》：“宰相卢携素食令孜，每建白，必阿邑唱和。”

［6］坚瓠：坚硬的葫芦，出自《韩非子·外储说左上》“厚而无窍，则不可剖以盛物；而坚如石，则不可以剖而斟”，指无用之物。

［7］饾饤：原意指将食品堆叠在器皿中摆设出来，比喻文辞的琐碎、堆砌。

［8］上穷碧落下黄泉，动手动脚找材料：现代历史学家、教育家傅斯年在历史研究方

面，主张“上穷碧落下黄泉，动手动脚找材料”，重视考古材料在历史研究中的作用，同时注意将语言学等其他学科的观点运用到历史研究之中。

［9］阮元：阮元（1764—1849）字伯元，号云台，江苏仪征人。博学淹通，曾创编《国史》儒林、文苑传。平生精研《文选》之学，谓必如《文选序》所谓“事出于沉思，义归乎翰藻”者，始得称之为文。撰有《十三经校勘》《经籍纂诂》《畴人传》等。

［10］陈澧：陈澧（1810—1882）字兰甫，号东塾，广东番禺人，世称东塾先生。清代著名学者。于天文、地理、乐律、算术、古文、骈文、填词、书法，无不研习，著述达120余种，著有《东塾读书记》《汉儒通义》《声律通考》等。

［11］姝姝：自满，沾沾自喜的样子。

［12］博学之，审问之，慎思之，明辨之，而后笃行之：出自朱熹《白鹿洞书院学规》：“博学之，审问之，慎思之，明辨之，笃行之。”学规是朱熹为了培养人才而判定的教育方针和学生守则。它集儒家经典语句而成，要求学生按学、问、思、辨的“为学之序”去穷理笃行。

［13］金声而玉振：以钟发声，以磬收韵，奏乐从始至终。比喻音韵响亮、和谐，也比喻人的知识渊博，才学精到。出自《孟子·万章下》：“集大成也者，金声而玉振之也。金声也者，始条理也；玉振之也者，终条理也。始条理者，智之事也；终条理者，圣之事也。”

［14］游谈无根：指没有根据信口胡说。苏轼《李氏山房藏书记》：“而后生科举之士，皆束书不观，游谈无根。此又何也?”

［15］薰莸之不同器：薰莸，香草和臭草。比喻好和坏不能共处。出自《孔子家语·致思》：“回闻薰莸不同器而藏，尧桀不共国而治，以其异类也。”

【点评】

新亚书院是钱穆先生在香港创办的私立专科学院，并由其任院长。对于新亚书院，钱穆付出了巨大的心血，而对本书院的学报《新亚学报》更是关爱有加。在学报发刊词中，钱穆语重心长地为广大学子阐述了为学之道。针对当时学术界重考据轻义理与重义理轻考据的争议，钱穆作为一名富有卓识的教育家，提出考据义理“合则两美，分则两损”的学术主张，为后学指明了做学问的方向与准绳。

从事学术活动，考据与义理不可偏废。考据是从事学问的基本方法，人只有积累了可靠而丰富的材料，并在此基础上融会提炼，才能得出有说服力的理论。如果离开考据专讲义理，那便是抛开学问的基石去建造空中楼阁，是华而不实，站不住脚的。同样，如果抛开义理，只为考据而考据，那便只停留在材料层面，如一盘散沙，没有内在的凝聚力，即如钱穆先生所言，“内无邃深之旨义，外乏旁通之途辙”，是没有新价值的。真正的做学问要下真功夫，脚踏实地地从研究个案做起，研究透彻之后，再转入另外一家。学者把各家的思想都通透之后，才能真正看出其中的不同。对于各家思想的谁是谁非，为学者在这时如有疑问，可通过考据得出有创见的结论。这种结论是在广收并蓄各家思想并加以考据得来的，是令人信服的。这也是“学贵有疑”中质疑的方法。没有广博明晰的知识作为后盾而妄自怀疑一切，以批判代学问，思想与理论必然流于空洞粗浅。

钱穆认为，以批判代学问固然不对，但也不能走向它的反面，以考据代学问。当下一些学者重视材料的搜集，认为只要找到新的材料就可以成就新的学问，强调“上穷碧落下黄泉，动手动脚找材料”。然而如果没有把前人的思想化为自己的知识，割裂文化的传承，那么，其成果最多是找寻出了别人的罅漏，形不成自身坚实的理论体系，没有什么宏深旨义，更谈不上通今达用了。

钱穆还批判了学术界“奉西方为准则”的错误风气。近代以来，西学东渐，国内崇拜西方的学风愈刮愈烈，甚至到了“凡及义理，必奉西方为准则”的地步。一些学者认为中国学术只能作为考据的材料，根本没有什么义理可谈，只能引进西方学术，才能在世界学术界保有一席之地，并且认为中国学术与西方学术二者是不能并存的，格格不入的。钱穆先生一针见血地指出这是对西方的盲目崇拜。无论是中国的还是西方的人文学说，各有其传统、背景、据点、立场，加上立说者的个性与时代差异等，呈现出各自不同的智慧风貌。西学谈义理，同样有古今、国族、宗派、门类等差异，所以研治西学的人也要对之进行考据。在为学途径上是没有国别的。“奉西方为准则”的人，其实并没有真正了解西方义理，只是引其片言只辞，得其皮毛而已。

在钱穆的文化情怀与学术研究中，体现出传统士人与现代学者的综合。一方面，他的学术研究具有浓厚的文化担当。这种带有忧患情怀的文化态度，彰显了读书人对时代的责任。另一方面，他的文化情怀立足于理性、科学的学术研究。和以康有为为代表的、为“观点”而扭曲“事实”的学人相比，钱穆发扬了乾嘉学派“审名实、重佐证、戒妄牵、汰华辞”的优良传统，在传统学术向现代人文科学发展的道路上，起到了重要的示范作用。

由此可见，作为一名历史学家与教育家，被誉为学术界“一代宗师”的钱穆先生，他的眼光是十分开阔且富有深度的。中学与西学，虽然国别不同，但都是学术，各有其优势与不足，应该取长补短；考据与义理，虽然侧重点不同，但交融在同一学术活动中，不可分割，更不可偏废。钱穆先生的这一篇发刊词，清本正源，纠错补缺，不仅是对新亚学院学生如何从事学术的谆谆教导，更是给国人盲目崇信西方的不良学风下了一针良剂。时至今日，钱穆先生的治学观点，对于中国古代文论的现代转化，依然具有颠扑不破的指导意义。

【链接】

1. 钱穆：《新亚遗铎》，生活·读书·新知三联书店 2004 年版。
2. 钱穆：《现代中国学术论衡》，岳麓书社 2001 年版。
3. 钱穆：《中国学术思想史论丛》，生活·读书·新知三联书店 2009 年版。
4. 余英时：《钱穆与现代中国学术》，广西师范大学出版社 2006 年版。

略谈文学艺术之属

梁漱溟

真、善、美三词常见于世，三者固皆人生所有事。真与善，吾书既多言及之，而未及于美，此章将略为一谈。

治科学者意在求真，其真不出吾前文所云四真实品之前二者。然真莫真于破除所知障[1]，是则非世人想象所及矣。世间一切相幻妄非真也。

分别善恶属人世间事；出世间法则进一层尚谈染净[2]。染净问题是佛法小乘所必不能放过的问题。然小乘必归宿于大乘[3]乃完成其为佛法；染净之谈即不能外乎最后真实之义得其归结。

文学艺术总属人世间事，似乎其所贵亦有真之一义。然其真者，谓其真切动人感情也。真切动人感情斯谓之美，而感情则是从身达心，往复心身之间的。此与科学上哲学上所求之真固不同也。

说文学，涵括诗歌、词曲、小说、戏剧、电影等等。说艺术，涵括音乐、绘画、舞蹈、雕塑、建筑等等。凡此者大抵可以美或不美为其概括的评价。美者非止悦耳悦目，怡神解忧而已。美之为美，千百其不同，要因创作家出其生命中所蕴蓄者以刺激感染乎众人，众人不期而为其所动也。人的感情大有浅深、厚薄、高低、雅俗之不等，固未可一例看待。但要而言之，莫非作家与其观众之间藉作品若有一种精神上的交通。其作品之至者，彼此若有默契，若成神交，或使群众受到启发，受到教育。上溯远古，自有人类历史便见其肇始于社会文化中，随文化之渐发达而发达，多有变化以迄于未来之世。如我所测，未来之世其必更将居于社会文化最重要地位。

人的个体生命即人身，通过其种种感觉器官与环境相接乃发生感觉、感情，一切文学艺术总都建立在这上面。所谓文学艺术包罗宽广。今不妨先加如次之分别：

一、依照巴甫洛夫[4]分别第一信号系统第二信号系统之说，文学艺术作品极大多数当是从第一信号系统以与人类生命发生交涉，其动人感情是直接的真切的，但亦有些作品形之于文字符号或口语者，如小说诗文书籍及弹词说书等等，只能间接地通于人，其动人力量应逊于前者。

二、人的各感觉器官通常是在各不同等条件下生出各种感觉的。喻如光线不足则视觉不明，而在没有光线刺激下听觉却更敏：视觉、听觉各可及于相当之远，而味觉、触觉必生于接近之际。味觉、触觉密切联系于身，视觉、听觉更能感通乎心。前者只引生低级趣味，后者则远不止此。如是，各种感受在人的心理上生命上所产生影响，所起作用乃大不相等。这里特别要提出来说的是听觉，亦即是音乐给人的影响作用最大。试引录两则说明如下：

音乐能影响脑细胞及全身血液的循环，愉快活泼的乐曲能使心脏活动加速，缓慢平静的乐曲能使人心脏减慢其跳动；而随着此加速或减慢，人的情绪即有不同。此即音乐能以治病的秘密所在。

音乐起治疗功用是因为音乐能镇定大脑视觉神经床。视觉神经床是人脑最先成熟的一部分。它是一切情绪的中心。视觉神经床一安定，病人便能产生一种轻快安闲之感，把一切幻想焦虑都排斥了。

三、文学艺术有孤单一项若音乐演奏，若绘画展览者，更有文学而藉歌唱、音乐、舞蹈和合为一事以演出之，如中国京剧者，对于听众观众其所能起影响作用孰大孰小颇难衡论，然其不同则十分明显。

再则徒事观赏或读书，未免偏于被动亦未免只通过头脑，而缺乏全身的主动的活动。假如自己奏乐，或自己歌咏，或自己舞蹈，则感情抒发，其在生命上所起作用，应大不同于前者。再进一层言之：假如整个社会人生艺术化——从人的个体起居劳动以至群体的种种活动，从环境一切设施上主动被动合一地无不艺术化之，那应当是人类文化最理想优美的极则吧！下一章将讨论及之。

这里且就我对于文学艺术的一些见解分条陈述如次：

（1）巴甫洛夫曾有人的“艺术型”和“思维型”二者分别不同之说。大意谓，有的人属艺术型，其人在高级神经活动上接近乎动物以直接感受器感知外在世界的那一切现象而来活动。换言之，即其人活动偏于本能性质。另有一种人则优于理智而依从第二信号系统来工作，那便属思维型。因为人类头脑是由动物大脑和能以表现于语言的人脑两部分所组成者。可以设想有的人主要是运用第一信号系统，有的人主要是运用第二信号系统：这就把人分成两个类型，一则恒在具体形象上着眼，一则恒从抽象理致上用心。当其各自陷入极端病态时，前者相当于歇斯底里的病人，后者相当于患神经衰弱症者[5]。就笔者自己来说，我恰属于思维型，平素于绘画音乐极见拙钝无能，而在理论思维工作上颇不后于人；虽好动笔为文，却从来不作诗词。

（2）基于生理上男女性的本能之强，凡有关乎此的第一信号如某些彩色，某些声音，某些气味等等，或第二信号中如某些词句语调，乃最能引诱人的兴味，最能招致人的美感。试看文学艺术任何一方面自古至今的创作，如其不全是围绕在此，至少亦必涉及乎此。但此一本能既经过种族遗传逐渐升华，又经过后天教育（社会礼俗在内）的陶冶，便多变化隐约文饰，非必那样直接粗率耳。

(3) 前一本能而外，仅居其次的莫如斗争本能，极能引发人们兴奋豪情，具有刺激美感、快感之力。盖动物为求生存，少不得斗争本能，传至人类争强好胜深蓄于生命中，其力量特大。世俗于美人而外便数到英雄，正为此耳。画家常取题材，于娇美花卉而外，每及于雄猛之狮虎者亦在此。又如武侠小说，惊险影片，某种舞蹈姿势，球类竞技等等，其引发人们兴趣，成为群众娱乐之事者，要莫不在此。

(4) 本能之形成皆因为个体图存、种族蕃衍两大问题所切需之故。其稍远于两个问题仍不远离者，如探究之本能、游戏之本能、自由冀求之本能种种，亦皆为文学艺术各方面创作中所常利用，兹不一一举例。

(5) 然须知生命本性在于流畅。生命得其畅快流行则乐，反之，顿滞则苦闷。是故文学作品（小说、戏剧）引人嬉笑固俗所欢迎，其使人堕泪悲泣者乃具更大吸引力。二者同样促使生命流行，然前者（嬉笑）之动人感情不免浅薄，而后者（悲恻）之动人却深得多也。

(6) 艺术技巧与科学知识迥然两事。后者要待经验积累总结以得之，属理智；前者要靠本能，视乎天资之所近，殆有不学不虑者。试看世间不少音乐之才、绘画之才早早显露于童稚之年，又如古初蒙昧之民绝少知识，而其图画雕刻遗迹之存者却能生动有致，可知也。不过初民身体势力方强，其所为音乐往往粗猛激烈耳。

(7) 以上多从本能一面来为文学艺术之属作说明，然在人类生命中随个体之成长，随文化之进展，理智、理性渐次升起而本能势力则下降，或受到约束。理智、理性是从反本能的倾向发展而来的，其特征在内蕴自觉有以反省回想，不徒然向外活动而已。因此，有如下两点应当晓得：一、凡如上所说确能动人的文学艺术作品，其创作者必于自身和他人的本能活动深有体察会悟而后能刻画入微以动人。换言之，他们都是很好的心理学家。二、信如心理学家詹姆士[6]所说，一般感情冲动无不密切关联于身体脏腑者，但如前第十章、第十一章所指出身心之间固可以有很大距离，那便有一种感情离身体颇远而联属于心。

联属于心云者，即指说那些意境甚高的文艺作品，感召高尚深微的心情，彻达乎人类生命深处，提高了人们的精神品德。此如陶渊明的诗，倪云林[7]的画，恬淡悠闲，超旷出尘；又如云冈石窟[8]，龙门造像[9]，静穆柔和，耐人寻味；或如欧洲中世建筑仿古罗马式哥特式大教堂，外高耸而内闳深，气象庄严，使人气敛神肃，起恭起敬，引向神秘出世之思。如此其例多不胜举，总皆由人心广大深远通乎宇宙本体，前文早经阐明，请参看。

(8) 从乎身心之两极分化而文学艺术或联属于身，或联属于心，既有所不同，便可进而指出：西洋文艺界有所谓写实主义、印象主义者，有如西画力求逼肖实物实景之类；而中国人反之，以为作画不在摹拟外界对象求其形似，却在能创造地表现自我内在精神或意趣，故尔盛行写意一派而轻视“画匠”。此其趣尚不同十分明显。除在末流上彼此各有所短而外，较核论之，西洋未免浅薄却踏实，中国可能入于高深却嫌空疏。其分别正在前者从身出发而后者则向往乎心也。

（9）在文化早熟之古东方每见有上三千年或更古的陶冶、铸造或雕塑建筑，艺术价值极高，大为后世之所鉴赏者。盖其人方当开化非久，身体既浑朴雄壮而又内慧早发，生命力卓越后世难可企及也。

笔者才非艺术型，平素于文学艺术方面甚少用心，兹所能剖论者止于如上所陈。但于早熟的古中国文化实预兆着人类未来社会人生之艺术化窃有所见，试论之于下一章。

（选自梁漱溟《人心与人生》，上海学林出版社 1984 年版）

【注释】

［1］所知障：佛教语，又称无明惑、无始无明、智障等，指执着于所证之法而障蔽其真如根本智。所知障是因为对法界实相正理的无知，导致无法证知法界的真实相，无法证知一切法的根源，因此而无法成就佛道。

［2］染净：爱着之念及所爱着之法谓之染，解脱之念及所解脱之法谓之净。盖染者无明之法，净者法性之法也。

［3］小乘必归宿于大乘：小乘、大乘为佛教两种派别。所谓“乘”，是梵文 yana（音译“衍那”）的意译，有“乘载”或“道路”之意。佛说法因人而殊，人有智愚，故所说有深浅。其说之广大深妙者为大乘，浅小者为小乘。

［4］巴甫洛夫：伊凡·彼德罗维奇·巴甫洛夫（1849—1936），俄国生理学家、心理学家、医师，高级神经活动学说的创始人，高级神经活动生理学的奠基人，条件反射理论的建构者，也是传统心理学领域之外而对心理学发展影响最大的人物之一。

［5］相当于患神经衰弱症者：此为梁漱溟据北京科学出版社 1955 年译出的《巴甫洛夫选集》内“人的艺术型和思维型”一文撮举大意。

［6］詹姆士：威廉·詹姆士（1842—1910），美国心理学之父，美国本土第一位哲学家和心理学家，也是教育学家，实用主义的倡导者，美国机能主义心理学派创始人之一，也是美国最早的实验心理学家之一。著有《心理学原理》。

［7］倪云林：倪云林（1301—1374），初名珽，字泰宇，后字元镇，号云林子、荆蛮民、幻霞子等，江苏无锡人。元代画家、诗人。擅画山水、墨竹，师法董源，受赵孟頫影响。早年画风清润，晚年变法，平淡天真。书法从隶入，有晋人风度，亦擅诗文。与黄公望、王蒙、吴镇合称“元四家”。存世作品有《渔庄秋霁图》《六君子图》《容膝斋图》等。

［8］云冈石窟：云冈石窟位于山西省大同市西郊。石窟依山开凿，存有洞窟 45 个，大小窟龛 252 个，石雕造像 5 万余座，为中国规模最大的古代石窟群之一，与敦煌莫高窟、洛阳龙门石窟和天水麦积山石窟并称为中国四大石窟艺术宝库。云冈石窟开凿于北魏，内容丰富，雕饰精美，造型工整，表现出佛教石窟艺术的中国化的过程。

[9] 龙门造像：即龙门石窟，位于洛阳南郊伊河两岸的龙门山，开凿于北魏孝文帝年间。后来历经隋唐五代、宋等朝代大规模营造达400年之久。共有9.7万余尊佛像，最大的佛像——卢舍那佛像，高达17.14米，面型丰硕，两耳下垂，神态安详，极为动人，具有巨大的艺术魅力。

【点评】

以文化谈哲学是梁漱溟学术思想的特色，在文化哲学的演绎中，他并未规避文学艺术问题，本文即是一篇探讨文学艺术本质属性的代表之作。梁漱溟认为，文学与艺术在本质属性上是有共通之处的。他从“身”与“心”两方面入手，对文艺作品的本质、灵魂与意境进行了深层次的挖掘。

文艺作品的本质在于真切地动人感情。文学艺术是人世间的精神创造，它必定要求真，而文学艺术的真，是指真切地动人感情。《庄子·渔父》中说“真者，精诚之至也。不精不诚，不能动人”，明确地表达出“真”对动人感情的重要作用。能真切地激动人们感情的作品就是美的作品。人的感情不是单一的、平面的，而是立体的、纵深的，是由身达心、心身往复的。因此，文艺作品的真，与科学和哲学上所求的真是不同的。文艺作品的美不止于悦耳悦目、怡神解忧。文艺作品之为美，尽管千差万别，但关键是艺术家“出其生命中所蕴蓄者以刺激感染乎众人，众人不期而为其所动也”。作者通过作品与读者发生一种精神上的交流，彼此之间产生默契，读者由此受到教育和启发。可见文学作品作为一种精神的载体，只有能真切地动人感情，才可以实现作者与读者之间的有效沟通。

文艺作品的灵魂在于生命本性的流畅。人的个体生命即人身，通过其种种感觉器官与环境相接而发生感觉、感情，一切文学艺术总都建立在这上面。文学作品表现了人的意欲、豪性，并且重在显现人的生命本性。人的生命本性在于流畅，生命得其畅快流行则乐，反之，生命顿滞则苦闷。引人嬉笑的文艺作品固然会受到通俗大众的广泛欢迎，但其引发人的感情是比较浅薄的，在促使生命流行方面的力量比较小。不如使人流泪悲泣的文艺作品深刻地激动人的感情，能够促使生命更加畅快地流行，所以更富有吸引力。

文艺作品的意境在于直入人类生命深处。梁漱溟借用俄国生理学家巴甫洛夫条件反射理论，认为人的个体生命即是人身，人通过身体的各种感官本能地与外界环境相接触而发生情感，这也是文学艺术活动得以发生的生理基础。然而人之所以为人，不能单有本能，还得要有理智、理性。理智、理性从反本能的倾向发展而来，具有“内蕴自觉有以反省回想”的特征。这属于一种离身体本能较远而联属于心的感情所在。那些意境甚高的文艺作品便是联属于心的，它们能感召高尚深微的心情，彻达人类生命深处，提高人们的精神品德。比如中国的一些优秀的诗画、雕刻，以及欧洲的一些著名建筑，意境高卓，“皆由人心广大深远通乎宇宙本体”。也只有直入人类生命深处，文艺作品方能真切地动人感情，使人的生命得其畅快流行。

无论是中国的文学艺术还是西方的文学艺术，本质上都是要真切地打动人的感情，但如果从身出发，“联属于身”，则虽踏实而未免浅薄，如果向往乎心，“联属于心”，则可能入乎高深却易流于空疏。从中亦可以窥见中西方文学艺术之所以相异的一些缘由。

【链接】

1. 梁漱溟：《中国文化要义》，上海人民出版社 2011 年版。
2. 梁漱溟：《朝话：人生的省悟》，世界图书出版公司 2013 年版。
3. 崔运武：《梁漱溟评传》，人民出版社 2013 年版。
4. 吴承学：《中国古典文学风格学》，花城出版社 1993 年版。

艺　术

冯友兰

一、技与道

哲学是旧说所谓道，艺术是旧说所谓技。《庄子·养生主》说："臣之所好者道也，进乎技矣。"旧说论艺术之高者谓其技进乎道[1]。技可进乎道，此说我们以为是有根据的。

哲学讲理，使人知。艺术不讲理，而能使人觉。我们常说："我觉得舒服，或不舒服。"我们现在所谓觉，正是此义。我们于上文说，理是可思而不可感者。此感是指感官所有之感说。理是不可感者，亦是不可觉者。实际的事物，是可感者，可觉者。但艺术能以一种方法，以可觉者表示不可觉者，使人于觉此可觉者之时，亦仿佛见其不可觉者。艺术至此，即所谓技也而进乎道矣。

每一事物，皆是极复杂的，其所属于之类，不知有多少；其所有之性，亦不知有多少。人于见一事物而欲赏玩其所以属于某类之某性时，此某性常有为此事物所有之别性所掩者，所以不能完全赏玩之。若有人，能以一种方法，专将一事物所以属于某类之某性特别表示出来，使与之无干之性，完全不能掩之，如此则此某性特别激动人之心，使之有与此某性相应之某种情，并仿佛见此某性之所以为某性者，如此则即仿佛见其不可觉者。（本章所谓情，指普通所谓情感之情，与第四章所说与性相对之情不同。）

画讽刺画者，或画速写画者，常将一事物所特有之点，特别放大，使观者见之，特别注意。不过此种作品，对于观者所生之效力，只能使观者觉其所欲表示之特点，乃系属于一个体，即一件事物者，而不是属于某类，即某类事物者。换言之，此种画只表示某一事物之特点，而不表示某一类事物所有某性之特点，所以只能使观者见此某事物之个体，而不见其所以属于某类之某性。艺术之至此程度者，只是技，而不能进于道。

进于道之艺术，不表示一事物之个体特点，而表示一事物所以属于某类之某性之特点。例如善画马者，其所画之马，并非表示某一马所有之特点，而乃表示马之神骏之性。杜甫《丹青引》谓曹霸[2]画马："一洗万古凡马空。"凡马是实际的马，而善画马者所画之马，乃所以表示马之神骏之性者，所以其马不是凡马。不过马之神骏之性，在画家作品上，必藉一马以表示之。此一马是个体；而其所表示者，则非此个体，而起一种与之相应之情，并仿佛觉此神骏之性之所以为神骏者，此即所谓藉可觉者以表示不可觉者。

我们于绪论中说：哲学的活动，是对于事物之心观。我们现亦可说：艺术的活动，是对于事物之心赏或心玩。心观只是观，所以纯是理智的；心赏或心玩则带有情感。哲学家将心观之所得，以言语说出，以文字写出，使别人亦可知之，其所说所写即是哲学。艺术家将其所心赏心玩者，以声音、颜色，或言语文字之工具，用一种方法表示出来，使别人见之，亦可赏之玩之，其所表示即是艺术作品。

哲学家与艺术家，对于事物之态度，俱是旁观的、超然的。哲学家对于事物，以超然的态度分析；艺术家对于事物，以超然的态度赏玩。哲学家对于事物，无他要求，惟欲知之。艺术家对于事物，亦无他要求，惟欲赏之玩之。哲学家讲哲学，乃欲将其自己所知者，使他人亦可知之。艺术家作艺术作品，乃欲将其自己所赏所玩者，使他人亦可赏之玩之。

或说：有些哲学家亦尝本其自己之哲学，作种种别的活动，而艺术家之艺术作品所表示，亦尝有其自己之经验。以上所说，于此似不可通。关于此点，我们说，一人可以是哲学家，亦可以是别的家。如一是哲学家之人，本其自己的哲学，作种种别的活动，他之作种种别的活动，乃因其亦是别的家之故，而并不是因其是哲学家之故。我们可以主张，人不可作哲学的活动，或不可专作哲学的活动，不可做哲学家，或不可专做哲学家；但如一人是哲学家，或在一方面是哲学家，则此人，或此人在此方面，对于事物持旁观的、超然的态度，否则他不能有哲学。一个艺术家，以艺术作品表示其自己之经验时，亦系暂时将自己置于旁观地位，以赏玩其经验，否则他不能有艺术作品。一诗人可作一诗，以表示其自己之怨情，但他作此诗时，必将其自己暂置于旁观者之地位，以赏玩此情。否则他只有痛哭流涕之不暇，又何能作诗？艺术家不能离开其自己之经验，但可暂时将其自己置于旁观者之地位，犹之哲学家不能离开宇宙，但其说宇宙时，必须暂视其自己如在宇宙之外。

二、比，兴，风格

以艺术作品表示某类事物之某性。此某类或非人于普通情形下所注意之类。例如梅与竹，属于植物类，此是人于普通情形下所注意者。但中国文人画梅竹，则非以其为植物而画之。中国文人画梅，以表示一种事物之孤傲之性，画竹以表示一种事物之幽独之性。旧说以为梅可以况高士，竹可以况幽人。其所以可况者，因在此方面，梅与高士，竹与幽人，是属于一类者。林和靖妻梅子鹤[3]，其所以妻梅，乃取其是孤傲，非取其是一种树；其所以子鹤，乃取其是超逸，非取其是一种鸟。

诗有比兴[4]。照旧说，诗人欲说某事物，而不直说之。说一别事物以喻某事物，谓之比。说一别事物以引某事物，谓之兴。如所谓“美人香草，以喻君子；飘风云霓，以喻小人”，引谓之比。如似“关关雎鸠”，引“君子好逑”，以嘤鸣引求友，此谓之兴。但说一别事物，如何可喻某事物，如何可引某事物，旧说未有解释。照我们的说法，一别事物可喻或可引某事物，必是此别事物与此某事物在某方面同是某一种的事物，有相同的性，而此性正是此诗人所拟表示者。诗人欲表示某事物之某性，以别事物之亦有此某性者，喻之引之。此别事物与此某事物，在别方面可以绝不相同，绝无关系。于此可使人觉此某事物或此别事物所有别的性，于此均是无干的。只此某性豁然显露，因以激动人心，使起与之相应之情。此比兴之功用也。

好的艺术作品，必能使赏玩之者觉一种情境。境即是其所表示之某性，情即其激动人心，所发生与某种境相应之某种情。好的艺术作品，不但能使人觉其所写之境而起一种与之相应之情，且离开其所写，其本身亦即可使人觉有一种境而起一种与之相应之情。昔人亦常说此。如说，谢灵运诗“譬犹青松之拔灌木，白玉之映尘沙”，范云[5]诗“清便宛转，如流风回雪”，邱迟[6]诗“点缀映媚，似落花依草”（钟嵘《诗品》）；“魏武帝如幽燕老将，气韵沉雄。曹子建如三河少年，风流自赏”（敖器之[7]《诗品》）。此皆说此诸人之诗之本身所能使人感觉之情境也。所谓艺术作品之风格，即就此方面说。一艺术作品之本身所能使人感觉之某种情境，如雄浑或秀雅等，即此艺术作品之风格。

中国书法所以成为一种艺术，即全在其风格。书可以离开其所表示之意思，而以其本身使人观之而感觉一种情境。尝见邓完白[8]写敖器之《诗品》，包慎伯[9]跋语，谓其“可以变天时之舒惨，易人心之哀乐”。此语正谓其可以使人观之而感觉一种情境也。各种风格之书，如雄浑、秀雅等，可使人感觉各种之境，而起各种与之相应之情。前人亦常说及此。如说：“张伯英书如武帝爱道，凭虚欲仙。王右军书如龙跳天门，虎卧凤阙。卫恒书如插花舞女，援镜笑春。”（袁昂《古今书评》）“柳公权书，如深山得道之士，修炼已成，无一点尘俗气。颜真卿书，如项羽按剑，樊哙排突，硬弩欲张，铁柱将立，昂然有不可犯之色。蔡襄书，如少年女子，体态娇娆，行步缓慢，多饰铅华。”（米芾《续书评》）此皆说此诸人之书所能使人感觉之某种情境也。此所说均是比。

三、艺术作品之本然样子

以上所说，亦是在艺术内讲艺术。若在艺术外讲艺术，则艺术亦是一类物，亦有其理，此理可称为本然艺术。艺术亦有许多别类，如音乐、画、雕刻、文学等，每一别类艺术，又各有其理。例如音乐有本然音乐；画有本然的画。即对于每一题材之各种艺术作品，亦各有其本然样子。

所谓题材者，即一艺术作品所拟表示之某性。题材与题目不同，有直以题材为其作品之题目者，有不以题材为其作品之题目，而另为其作品起题目，或直称其作品为无题者。

所谓本然样子者，即“不是作品的作品”。我们于第五章中说，在道德行为方面，对于每一种事，在一种社会之理所规定之规律下，都有一至当办法，所谓本然办法，与之相应，此办法即是义。合乎或近乎此办法之行为，是义的行为。于第七章中，我们又说，在义理方面，对于每一本然的义理，皆有一本然命题，与之相应。实际的命题，如合乎本然的命题即是底。在艺术方面，我们可以说，对于每一个艺术作品之题材，在每一种工具及一种风格之下，都有一个本然的艺术作品，与之相应。每一个艺术家对于每一个题材之作品，都是以我们所谓本然的艺术作品为其创作的标准。我们批评他亦以此本然的作品为标准。严格地说，此所谓作品并不是作品，因为它并不是人作的，亦不是上帝作的。它并不是作的，它是本然的。朱子说：“文字自有一个天生成腔子，古人文字自贴这天生成腔子。”（《朱子语类》卷三十九）朱子此话，颇有我们的意思。不过他此话是说，每一种文章，有一个天生成腔子，或是说，文章中，对于每一个题材，都有一个天生成腔子，我们不很清楚。我们本可用“腔子”一名，以指我们所说“不是作品的作品”。腔子有空虚之义，凡理都是虚的，所谓虚者，即是说其不着实际。我们所说“不是作品的作品”，亦是虚的，此即是说，它不是实际的。不过腔子又有套子之义，套子在艺术上不是一个好名词。艺术作品最不好的是滥套。朱子所说腔子，虽不是指滥套说，但此名可予人以不好的印象。所以我们以下用样子一名，以指我们所谓“不是作品的作品”。在艺术上，对于每一个题材，在一种工具及一种风格之下，都特有一个本然样子。每一个艺术家对于此题材，用某种工具及某种风格所作之作品，都是想合乎这个样子；但总有一点不能完全合。

在音乐方面的本然样子，可以说是“无声之乐”。郭象[10]说：“夫声不可胜举也，故吹管操弦，虽有繁手，遗声多矣。而执龠鸣弦者，欲以彰声也。彰声而声遗，不彰声而声全。”（《〈庄子·齐物论〉注》）此言亦注意于“无声之乐”。但此只就声之全不全说。音乐本不必将所有之声全彰，不过欲借声有所表示耳。其所拟表示者即其题材。对于每个题材，在一种工具及一种风格下，皆有一本然样子；每一个音乐家用一种工具及一种风格，对于每一题材，所作之乐，皆欲合此样子，而皆又未能完全合。我们可以说，每一音乐家所作之音乐，对于其样子，皆是“欲彰声而声遗，不彰声而声全”。

就诗方面说，本然样子，可以说是“不着一字，尽得风流”[11]。对于每一题材，在一种语言及一种风格下，都有一诗之本然样子，此样子即“不着一字”之诗。文亦如此。我们常听说：某某文乃天地间的至文。说它是至文，又说它是天地间的至文，此至文惟有我们所谓本然样子者可以当之。所以我们以至文之名指在文方面之本然样子。我们常听说："文章本天成，妙手偶得之。"天成的文章，即我们所谓至文。

或可问：在诗中，有许多题材，是关于一类之事物者，例如"春思""闺怨""从军行"等。此等题材，是关于一类之事，其中所说，亦系关于一类之事之所同然者。对于此等题材，或可说有本然样子。但诗之题材，有系完全关于个体的事物者。例如李白《赠汪伦》诗："李白乘舟将欲行，忽闻岸上踏歌声。桃花潭水深千尺，不及汪伦送我情。"此中所说，完全是关于许多个体的物及特殊的事。其中有李白，有汪伦，有桃花潭，此皆是个体的物。……（略）

我们以上所说，关于诗之理论，并不仅只是我们的意见。其实凡对于诗真能了解、欣赏者，对于诗都是持如此的看法，不过他们或不自觉而已。例如李白赠汪伦之诗，我们读之能感觉兴味者，正因我们读此诗时，我们仿佛见有如此一类之境，觉有如此一类之情。如此一类之境，并不即是李白当时之境，如此一类之情，并不即是李白当时之情，不过与之有相同处，可属于一类而已。旧说，欲了解、欣赏一诗，必须设身处地。所谓设身处地者，即我们亦须仿佛有一种经验，如诗人作某诗时所有者。然我们所仿佛有之一种经验，并不即是诗人作某诗时所有之经验，不过与之有相同处，可属于一类而已。如不能设身处地，不能仿佛有一种经验，如诗人作某诗时所有者，则对于诗人之某诗，决不能有深切的了解、欣赏。

此是就读者方面说。若就"诗"说，对于某题材，用某种言语、某种风格，必有一最好的诗的表示。此最好的诗的表示，如其可读，则虽千百世下之读者，一读此诗，必立刻仿佛见某种境，而起与之相应之某种情，并仿佛见此种境之所以为此种境者。此即是我们所谓本然样子，"不着一字"之诗。

此是就"诗"说，如就诗人之诗说，则一诗人对于某一题材，能写出一诗，此诗虽不即是其本然样子，而亦约略近之，使虽千百世下之读者，一读此诗，必立刻仿佛见一某种境而起与之相应之某种情，并仿佛见此种境之所以为此种境者。李后主词云："独自莫凭栏，无限江山，别时容易见时难。"千百世下如有与后主写此词时相类之经验，或能设身处地者，读此词必将涕泗横流。此其所以为艺术之上品也。

我们以上只举诗为例，然推之其他各种艺术，无不如此。一艺术作品，必有其所欲表示。不过其所用之工具不同：以言语者为文学，以声音者为乐，以颜色者为画，以木石等者为雕刻。此各种艺术虽不同，但我们的理论，则对之皆可应用。

至乐无声，至文无字。陶潜有无弦琴，每于醉后抚之以寄意。陶潜不必有我们所见，但我们所谓至乐，亦是一无弦琴。又小说中所说天书，常人打开一看，都是白纸，只有有缘人方能读之。我们所谓至文，及"不着一字"之诗，亦是一张白纸，常人不能读，必才人乃能读之，他不但能读之，且能约略写出，使人读之。

四、本然样子之一与多

或又可问：如音乐、画、雕刻等，其所用以表示其所表示之工具，无论何时何地之人所用，大致是相同的。在这些方面，对于每一题材，有一本然样子，尚有可说。若文学作品之以言语为表示其所表示之工具者，则此说法即有困难。盖各时各地之人，所用之言语，均不相同，如此则与一文学中题材相应之本然样子，岂不与所有之言语各类一样多？

照我们的看法，就一方面说，在文学中，对于一题材，只有一本然样子；就又一方面说，对于一题材，有许多种言语即有许多本然样子。我们以上，只就一本然样子说。现在续说多本然样子……

就诗说，对于一题材，有一本然样子，此样子可以说是真正不着文字。以上所谓不着文字者，是说，没有实际地以某种文字写出，但是可以某种文字写出者。若此本然样子，如其可以写出，则只可以文字写出，而不可以某种文字写出。但不是某种文字之文字，实际上是没有的。换言之，此样子是须以言语表示，而不是以某种言语表示者。但实际的诗，皆是以某种言语表示者。所以有此本然样子，又有可以某种言语表示之本然样子。但以某种言语表示之本然样子，不必有实际的表示。用某种言语写诗之人，其所做之工作，即是将此可以某种言语表示之本然样子，实际地表示出来。从类之观点看，譬如“闺怨”一题材，用中国言语所写之闺怨诗是一类，用英国言语所写之“闺怨”诗又是一类，有用许多言语所写之“闺怨”诗，即有许多类。此诸类又都属于“闺怨”诗之共类。“闺怨”诗之共类有一本然样子，此样子只与言语有关，而不与任何种言语有关。用中国言语所写之“闺怨”诗是一类，此类又有一“可以中国言语表示之闺怨诗”之本然样子，此本然样子不只与言语有关，而且与中国言语有关。若专就“闺怨”诗说，本然样子是一；若就可用各种言语表示之“闺怨”诗说，本然样子是多；若两方面都说，一多不相碍。

朱子说：“苏子由[12]有一段论人做文章：‘自有合用的字，只是下不着。’又如郑齐叔[13]云：‘做文字自有稳的字，只是人思量不着。’”（《朱子语类》卷一百三十九）人所下不着之合用的字，即在某种文字中，对于某一题材所有之最好的表示所须用之字，虽无人用它，而它自是如此。如有人能用它，或所用之字近乎它，则此人所作之作品，即是好的作品。朱子又说：“作文自有稳字，古之能文者才用便用着这样字，如今不免去搜索修改。”（《朱子语类》卷一百三十九）才用便用着这样字者，即是能读无字天书之才人。

以上之理论，对于音乐、画及各种艺术，均可应用。盖无论何种艺术，均可因其所用工具不同，而分为许多别类，不过其所用工具之不同，不如各种言语之不同之大耳。例如画画，可以笔、墨、纸为工具，可以笔、油、布为工具。因其所用工具不同，故有各种画，如中国画、油画等。每一题材，皆可以各种画画之。能画每一题材之画有许多种，其本然样子，亦有许多种。例如“远山”一题材，可以画为许多种画……

或又可问：诗或画，除因所用工具不同，而分为别类外，又因其风格不同，而又分为别类。例如诗或画之风格，有雄浑者，有秀雅者，有富丽者，有冲淡者。从此方面看，对于每一题材，岂不又有许多本然样子？

照我们的看法，是的。诗或画对于每一题材，因风格不同，可有许多别类，每一别类又有一本然样子。譬如以“远山”为一诗之题材，专就诗说，对于此题材有一本然样子；雄浑一类之诗，对于此题材，有一本然样子；秀雅一类之诗，对于此题材，有一本然样子；以至富丽或冲淡一类之诗，对于此题材，又各有一本然样子。学诗者往往好以有名的诗人之诗为样子而学之。例如，就中国诗说，喜雄浑一类之诗者，学杜甫；喜冲淡一类之诗者，学陶潜、王维。但杜甫、陶潜、王维，又各有其样子。不过他们的样子，皆在无字天书中，平常人虽大张两眼而不能见之，故不得不就历史中大诗人之有字的书中求之。历史中大诗人，依照本然样子作诗，所谓“取法乎上，仅得其中”。常人又依照大诗人之诗作诗，则只可算是“取法乎中，仅得其下”。

或又可问：诗或画之本然样子，应该是自然之本身，例如对于“远山”一题材所作之诗或画，应该即是自然界中的一个远山之自身，岂能于自然界中一个远山之外，又有远山之诗或画之本然样子？

照我们的看法，自然界中的远山，自是自然界中的远山。诗或画中的远山，自是诗或画中的远山。诗或画中的远山所以如此说，或如此画，自是因为自然界中的远山，有如此的情形。诗人或画家咏远山，或画远山，自是因为见自然界中的远山而兴感；其所咏所画，自是自然界中的远山。但其所作之诗，或所画之画，所取之标准，或所应取之标准，却不是其所咏或所画之自然界中的远山，而是一最好的对于自然界中的远山之诗或画。此最好的对于自然界中的远山之诗或画，不必实际地有。但创作家均以此为标准而创作，批评家亦均以此为标准而批评。

或可说：有一种诗，专重写景；有一种画，专重写实。就此派之诗或画说，其所取之创作的及批评的标准，应是其所咏或所画之自然界中的实物。

关于此点，我们应该声明，我们以上所说之理论，并不是站在任何一派之艺术理论之立场上说者。若果如此，我们即是讲艺术理论，而不是讲哲学。所谓写实派的艺术理论之理论，其当否我们不论，我们只说，即依照写实派的艺术理论之理论，我们对于一诗或画之创作的或批评的标准，亦不是其所咏或所画之对象，而是“似其所咏或所画之对象”。譬如对于“远山”之题材，依写实派的理论，创作或批评之标准，不是自然界中的远山，而是“似自然界中的远山”。这一点，写实派的人，或不觉得，但他们的理论，照逻辑说，是如此的。一画家欲使其画“似自然界中的远山”，当然须照着自然界中的远山画，但这只可说，自然界中的远山，是他的画所取材，并不能说，是他的画之创作的标准，亦不能说，是对于他的画之批评的标准。

依以上的理由，我们说，一诗或画，对于某一题材之本然样子，并不是其所咏所画之事物，而是我们于以上所说者。

（选自冯友兰《新理学》，商务印书馆 1947 年版）

【注释】

［1］技进乎道：出自《庄子·养生主》，意指当某项技艺达到巅峰后，再前进便接触到了“道”，即天地规律。

［2］曹霸：曹霸（约 704—770），唐沛国谯（今亳州市）人，唐玄宗时期画家，擅画马。

［3］林和靖妻梅子鹤：林和靖（967—1028），林逋，字君复，又称和靖先生，北宋著名词人。性孤高自好，喜恬淡，不趋荣利。他隐居杭州孤山时，植梅养鹤，与大自然为伍，把梅花当作妻，把白鹤当作子。因此，“妻梅子鹤”，传为千古美谈。

［4］诗有比兴：比兴是古代诗歌的常用技巧。朱熹曰：“比者，以彼物比此物也”，“兴者，先言他物以引所咏之词也”。通俗地讲，“比”就是比喻，是对人或物加以形象的比喻，使其特征更加鲜明突出。“兴”就是起兴，即借助其他事物作为诗歌发端，以引起所要歌咏的内容。“比”与“兴”常常连用。

［5］范云：范云（451—503），字彦龙，南乡舞阴（今河南泌阳县西北）人，南朝文学家。早年在南齐竟陵王萧子良幕中，为“竟陵八友”之一。死后追赠侍中、卫将军，赐谥曰文。

［6］邱迟：邱迟（464—508），字希范，吴兴乌程人（今浙江湖州），是南朝齐梁间的文学家，官司空从事中郎。有《丘司空集》传世。

［7］敖器之：敖器之（1154—227），即敖陶孙，字器之，号臞翁，一号臞庵，自称“东塘人”。历任海门县主簿、漳州府学教授、广东转运司主管文字。著有《臞翁诗集》二卷。

［8］邓完白：邓完白（1734—1850），名琰，字石如，后改顽伯，号完白山人，安徽省怀宁人。为清代著名书法家，为时人称为“四体皆精，国朝第一”，尤工于篆隶。

［9］包慎伯：包慎伯（1775—1855），即包世臣，字慎伯，晚号倦翁、小倦游阁外史，安徽泾县人。清代学者、书法家、书法理论家。自称：“慎伯中年书从颜、欧入手，转及苏、董，后肆力北魏，晚习二王，遂成绝业。”

［10］郭象：郭象（312—252），字子玄，洛阳（今河南洛阳）人。西晋时玄学家，官至黄门侍郎、太傅主簿。好老庄，善清谈。著有《庄子注》。

［11］不着一字，尽得风流：司空图《二十四诗品·含蓄》曰：“不着一字，尽得风

流”。“不着”者，不多着，不更着也。已着诸字，而后“不着一字”，以达到含蓄的艺术效果。不用太多华丽的辞藻、过多的烘托，只用含蓄简明的语句，就把所包含的意境表达得淋漓尽致。

[12] 苏子由：苏辙（1039—1112），字子由，四川眉山人，北宋文学家、诗人，“唐宋八大家”之一，与父苏洵、兄苏轼并称“三苏”。

[13] 郑齐叔：朱熹的学生，生卒不详。

【点评】

冯友兰在肯定事物存在客观性的基础上，把统一的客观世界分为两个基本方面。一个是多样的实际事物，即殊相，另一个是事物中蕴涵的规定性，即共相，也即规定某事物为某一类的固然之理。事物既有它的规定性（共相），又有不同质的类（殊相）。

从共相（共性）与殊相（个性）的关系出发，冯友兰探讨哲学与艺术的关系，认为艺术的活动不同于哲学的活动。哲学的活动是对事物的主观反映，是纯理智的，艺术的活动是对事物的鉴赏，带有人的情感因素。哲学家使用抽象的语言文字表达对世界的看法；而艺术家则用声音、颜色或文字等工具表达对事物的鉴赏。由此可见，艺术与哲学是不同的，它们各有自己的规定性。哲学在于通过推理，明晰地了解某一事物，而艺术在于作者借助形象传达情感，以情动人。艺术作品为了表现自己的规定性，常用比兴的手法，以体现出宇宙人生的神韵和艺术家的风格。如说谢灵运的诗“譬犹青松之拔灌木，白玉之映尘沙”，即表现了一种青松秀拔于灌木、白玉显映于尘沙的情境。再如《诗经》中以“关关雎鸠”引“君子好逑”，把两种现象的相同之性凸显出来，使人兴起相应之情。比兴手法的运用，彰显出诗人的性情，引人进入到诗之情境，从而也形成了艺术作品的各种不同风格。

如果从艺术的“本然”与现实关系出发，冯友兰认为各门艺术也有其“本然样子”。以诗歌为例，诗歌有不同于小说等其他艺术门类的标准，这一标准就是诗歌的“本然样子”。只有合乎这一“本然样子”才能称得上是诗歌，我们评价诗歌的好坏也要看它与这一“本然样子”的接近程度。诗歌创作有很多题材，如“春思”“闺怨”“从军行”等。每一种题材都有一个抽象的“本然样子”的标准，与这一标准最为接近的就是这描写这一题材的最好的诗歌。这种题材有它的本然要求，但同时也不排除个性叙述。对于这种题材，用某种语言，某种风格来进行表达，又会有在此种语言、风格下的一个相应的“本然样子”的标准。正是因为这样，所以中国诗歌中的题材虽然不多，但却有各种各样不同风格的诗作广为流传。冯友兰在这里实际上揭示了文艺创作“理一分殊”的规律，即“一”与“多”的关系。就读者而言同样也是如此，读者想要深切地了解、欣赏一个艺术作品，必须设身处地去体会这一题材的艺术作品的蕴含，

“同声相应”，“同气相求”。只有这样，作者与读者之间才能达成情感的共鸣，作品才能体现出它激动人心的力量。

“本然样子”是冯友兰“新理学”体系中的一个特有观念。冯友兰在其“新理学”体系中，把宇宙一分为二，一个是真际世界，一个是实际世界。这是他对宋明理学的“接着讲”，宋明理学中把宇宙分为了形而上的理世界与形而下的器世界两部分。即朱熹所说：“形而上者，无形无影是此理。形而下者，有情有状是此器。”（《朱子语类》卷九十五）“理世界”即“真际”，“器世界”即“实际”。而“本然样子”即是存在于真际世界当中的理。这其实是冯友兰按着抽象与具体的标准把宇宙分成了共相与殊相两个方面。艺术作品作为宇宙中的一类事物，当然也有着它抽象的形而上的理与具体的形而下的实际存在这两个方面。所以艺术作品既有其本体属性或“本然样子”，也有其丰富多彩的现实表现形式。

在这篇论文之中，冯友兰涉及中国诗学诸多范畴，例如“赋、比、兴”“无声之乐”“不着一字，尽得风流”，以及中国诗歌中的“一与多”等等，他通过自己的言说，使艺术与诗歌的本质存在敞开，澄明朗照。诗思蕴藉而自成格局，令人赞叹而喜悦。

【链接】

1. 冯友兰：《中国哲学简史》，生活·读书·新知三联书店 2009 年版。
2. 刘小枫：《诗化哲学》，山东文艺出版社 1986 年版。
3. 张隆溪：《道与逻各斯》，四川人民出版社 1998 年版。
4. 陈战国：《冯友兰哲学思想研究》，北京大学出版社 1999 年版。

释诗的温柔敦厚

徐复观

一

《礼记·经解》："孔子曰，入其国，其教可知也。其为人也，温柔敦厚，诗教也。"

"其为人也，温柔敦厚"，是诗教的效果。诗教之所以有此效果，是因为诗的性格是温柔敦厚[1]。《经解》大概是成篇于汉初。《经解》所说的六经之教[2]的效果，是否出于孔子，当然可疑。但对各经性格的陈述都深切精要，与西汉经生说经多流于蔓衍的情形，颇异其趣，大概这是由先秦儒家遗说所积累提炼而成。尤其是对诗所提出的"温柔敦厚"四字，成为尔后说诗的最高圭臬，影响至为重大。但此四字的确切内容到底是什么，前人只把它当作自明之理，很少深论，我在这里想稍加追索。

《礼记正义》[3]的解释是："温谓颜色温润，柔谓情性和柔。诗依违讽谏，不指切事情，故云温柔敦厚，是诗教也。"

按"颜色温润"，对诗的性格而言，无确切意义。而《国风》中浮出的许多是憔悴愁苦的面孔。在诗的性格上既无确义，则在教化上又如何能产生"颜色温润"的效果？"依违讽谏，不指切事情"，因此而称为"温柔敦厚"，则《国风》中许多只是劳人思妇自写其悲欢，与讽谏并无关系，这一类数量大而品质很高的诗，算不算温柔敦厚？而《雅》中凡是讽谏的诗，又多指切事情，如"妇有长舌，维厉之阶"（《大雅·瞻卬》[4]）之类，一点也不"依违"，这又如何解释？并且从《论语》看，孔子对子路的勇气，总是加以抑制，独对于他问事君时，特别鼓励他说"勿欺也，而犯之"（《论语·宪问》）。孔子答时君及卿大夫之问，总是一针见血，"指切事情"，何取于这种乡愿性格[5]的诗教？所以《正义》的解释，乃由长期专制淫威下形成的苟全心理所逼出的无可奈何的解释。

二

诗是"情动于中"的产物。照我的看法，"温柔敦厚"都是指诗人流注于诗中的感情来说的。诗人将其温柔敦厚的感情，发而为温柔敦厚的语言及语言的韵律，这便形成诗的温柔敦厚的性格。要由此作更进一步的具体把握，关键还在一个“温”字。

不太冷，也不太热，这便是“温”。当诗人感奋于某种事物以形成创作的冲动时，感情总是很热烈的，但感情正像火样燃烧的时候，决作不出像样的诗来，诗乃在某种事物发生之后的适当时间中所产生的。所谓“适当时间”，是指不能距离得太近，太近则因热度的燃烧而作不出诗来；也不能距离得太远，太远则因完全冷却而失掉作诗的动力。当然，这里是暂时不把创作前的想象力的因素加到里面去。不远不近的适当时间距离的感情，是不太热不太冷的温的感情，这正是创作诗的基本感情。因为此时可把太热的感情，加以意识地或无意识地反省，在反省中把握住自己的感情，条理着自己的感情[6]。诗便是在感情的把握、条理中创造出来的。

不仅如此。一任感情的特性激荡下去，对于事物总是向极端方面去发展。稍稍后退到适当的时间距离而发生反省作用时，理智之光常从感情中冒了出来，给感情以照察，于是在激情以外的因素也照察了出来，可由此以中和一往直前的感情，使其由热而温，由温而厚，这在仅关涉到个人的人伦之际时，尤其是如此。所以《国风》中这类的诗特别多。但若在反省中，把原先尚未曾触发到的感愤或感奋更触发出来了，此时的理智便支持着愈烧愈热的感情，便不知不觉地作出辛辣痛烈的表现，有如《巷伯》中对谮人[7]所表现的，这依然是发于人情的自然而形成诗的另一性格。但这种诗若感到是有如《巷伯》这一类的好诗，一定是关涉到政治、社会上共同的大利大害的问题。对于这类大利大害的问题，而依然假温柔敦厚之名，依违苟且[8]，诗道之衰，正由于此。

三

了解到“温”，便可了解到“柔”。太热的感情是刚烈的性格，太冷的感情是僵冻的性格。这都是没有弹性、没有吸引力、不易使人亲近的感情。在太热与太冷之间的温的感情，自然是有弹性、有吸引力，容易使人亲近的、柔和的感情。由温而柔，本是自成一套的。

若把“敦厚”与“浅薄”相对，便容易了解“敦厚”指的是富于深度、富有远意的感情，也可以说是有多层次，乃至是有无限层次的感情。太热与太冷的情感，不管多么强硬，常常只有一个层次。突破了这一层次，便空无所有。既温且柔的感情，其所以会由热与硬转化过来，乃是如前所说，在反省中发现了无数难以解脱的牵连，乃至含有人伦中难言的隐痛。感情在牵连与隐痛中挣扎，在挣扎中融合凝集，便使它热不得、冷不掉，而自然归于温柔。由此可以了解温柔的感情，是千层万叠起来的敦厚的感情。这种敦厚的感情，有如一个广大的磁场，它含有永恒的感染力。因此，温柔敦厚的诗，是抒情诗的极诣，而《国风》中正有不少这类的诗。

后来的诗人，缺少由淳朴资质而来的温柔敦厚的自然感情，便只好从表现技巧上去加以追攀，于是隐喻和含蓄便成为重要的表现形式，这当然较之发乎感情之自然而来的温柔敦厚，已降下好几等了。至于在专制政治之下所逼出的乡愿诗人，亦常援此四字为借口，可以说诗道由此而绝。近人又不能深求其故，以被歪曲之义为其本义，遂连此四字而欲毁弃之，这还谈什么文学呢?

（选自徐复观《中国文学论集》，台湾学生书局 1981 年版）

【注释】

[1] 诗的性格是温柔敦厚：出自《礼记·经解》："温柔敦厚，《诗》教也。"儒家要求诗人性情中和，感情适度。"温柔敦厚说"除了伦理原则的意义外，在后世有时被引申为艺术原则，要求诗歌在艺术上要蕴藉含蓄，在内容上要深郁厚笃，既不叫嚣乖戾，又不浅显直露。

[2] 六经之教：出自《礼记·经解》，指儒家六部经典的教化作用。具体为：其为人也温柔敦厚，《诗》教也；疏通知远，《书》教也；广博易良，《乐》教也；洁静精微，《易》教也；恭俭庄敬，《礼教》也；属辞比事，《春秋》教也。

[3]《礼记正义》：儒家十三经之一，是学习、研究古代文化遗产的重要文献。汉代有郑玄作注，唐代有孔颖达为之正义，都是古人对《礼记》的注释，是今人阅读研究《礼记》的重要版本。

[4]《大雅·瞻卬》：《毛诗序》："《瞻卬》，凡伯刺幽王大坏也。"《笺》："凡伯，天子大夫也。《春秋》鲁隐公七年：'冬，天王使凡伯来聘。'"该诗严正痛斥周幽王昏庸荒淫、宠幸褒姒、斥逐贤良，是《诗经》中直指时事的诗。

[5] 乡愿性格："乡愿"一词出自《论语·阳货》，指乡中那些貌似谨厚，而实与流俗合污的伪善者。乡愿性格的人指那些不分是非的好好先生。

[6] 条理着自己的感情：指有步骤地抒发自己的感情。

[7] 谮人：诬陷，中伤他人。

[8] 依违苟且：依顺旧俗，因循守旧。

【点评】

在中国文学的发展史上，"温柔敦厚"是一个非常重要的核心概念，它在长期的历史发展过程中，美学含义不断丰富。目前学界对它的研究，主要集中在它已经发展了的内涵，而不是它诞生之初的含义。从这个层面上解读它的主流观点是：中庸之道和温柔敦厚是一个问题在哲学和文学两个方面的表现。中庸之道是封建社会立身行事的准则，温柔敦厚是著书立说的要旨。所以"温柔敦厚"在情感内容上相当于"乐而不淫，哀而不伤"的中和之美，表达一种哀乐适度的情感，也就是《毛诗序》中所说“发乎情，止乎礼义”；在表现手法上主张“主文而谲谏”的怨刺手法，拒绝金刚怒目式的进谏。孔颖达在《礼记正义》是这样解释的，沈德潜所主张的“温柔敦厚”的内涵也不出此范围，朱自清在《诗言志辨》中也基本持这种观点，后学也大多如此理解。更重要的是，人们经常会把这已经不断发展演绎了的涵义当作它的本义。

徐复观此文的基本意图是追溯它原本的含义，也就是在先秦儒家那里的含义。在《中国文学论集》初版自序里，徐复观指出，研究文学、艺术的原则和治思想史不同。他提出一种“追体验”的方式，以此“进入形象的世界，进入感情的世界，以与作者的精神相往来”，他认为文学的历史是要发现文学作品和活动中所真切反映出的人类生活状态的历史，所以如果要将“温柔敦厚”当作诗的性格，那么他就要追溯它原初的本义和它所反映的心理活动。从该文中，我们可以看出，徐复观对汉以后的学人对“温柔敦厚”思想的束缚是颇有微词的，对他们所解读的“温柔敦厚”是否能代表孔子等先儒的诗学思想也是深表怀疑的。徐复观认为，中国著作的传统，很少将基本概念下集中的定义，而只作触机随缘式的表达，这种表达，常限于基本概念某一方面或某一层次的意义，而缺少完善周密的归纳，虚心平气的体会，切问近思的印证，这便容易导致对古人本意的误读。他对“温柔敦厚”重新溯源解读大概也是要为这一重要概念正名。他从《诗经》大部分诗歌的本来面目并不与讽谏相关，与讽刺相关的诗又不避讳直指时事，以及孔子本人及弟子谈论时事并不“依违”等方面否定了《礼记正义》对“温柔敦厚”的解释。这应该说是对该词后来所展出来的一种重要的表现手法——“主文而谲谏”的否定，也是对后来作诗者以“温柔敦厚”为借口，实则是苟且依违的“乡愿”性格的批判。

徐复观对将“温柔敦厚”当作一种表现的技巧和手法表示了否定，但对它所包含的情感内容进行了充分的肯定和深入的分析。他提出，诗是“情动于中”的产物，而这种情感是由淳朴资质而来的温柔敦厚的自然情感。这种情感之所以委婉曲折、含蓄无限，并不是在于作者有所“依违”的表现技巧，而是在于创作过程中，因为适当的距离和理智之光的照察，作诗者在反省中发现了无数难以解脱的牵连或难言的隐痛。这便是人性中至深的、最能引起共鸣的情感，而这种情理纠葛不清、痛苦挣扎的情感本身就应该表现一种“温柔敦厚”的气质和性格，这也是《诗经》的性格和诗教下人的性格。徐复观具有深厚的西学素养，他论述、考证中国文学问题，常常以西方文学的相关理论加以参正、对勘。在此文中，他正是脱离了中国传统常用的政治分析角度，而运用文学创作理论的相关知识去解读和体会古人“温柔敦厚”的情怀。

作为传统诗性智慧结晶的“温柔敦厚”观念，它植根于中华民族文化土壤的深处，不仅积累丰厚、特色鲜明，而且自成系统、足具精义。徐复观对“温柔敦厚”的阐释，启发今人在古代文论的现代阐释过程中，注重文论范畴的原生形态与原生面貌，清除其历史的杂质，抉发其思想的精微，在现代语境下予以允当的阐释。

【链接】

1. 徐复观：《中国文学论集》，台湾学生书局1981年版。
2. 郭绍虞：《照隅室古典文学论集》，上海古籍出版社1983年版。
3. 成复旺：《中国古代的人学与美学》，中国人民大学出版社1992年版。
4. 龚鹏程：《中国文学批评史论》，北京大学出版社2008年版。

第六辑　中国文论与美学观念

《文心雕龙》浅论之四——文体的构成与实现

徐复观

一

一篇完整文章的文体，是由许多因素所构成的。先概括地说，是由创作者主体的因素，和技巧上客体的因素，两相融合所构成的。在理论上说，主体的因素完备，自然可以驱遣客观的因素，但事实上，有的主体的条件充足，但客体的因素不成熟，例如有一腔真挚深厚的感情，但没有诗的表现技巧，这样做出来的诗，只能算是未经剖琢的一块璞玉。有的客体的因素纯熟，而主体的因素缺乏，例如试帖诗[1]、应酬诗与应酬性的四六文[2]，声调谐畅，色泽鲜丽，但既无内容，更无作者的生命力流注在里面，这种文章只好称之为"伪体"。我国诗文集中，这类作品要占十分之七、八。刘彦和的一贯要求，便在由主体以贯通客体，使二者水乳交融，成为内容与形式得到完全统一的作品，在这种作品中，才有真正的文体可言。这是了解《文心雕龙》[3]全书的大关键。

所谓创作主体的因素，即是《文心雕龙》的"心"。《神思》篇的"神"，正指的是心；所谓"神思"，指的是创作时心的活动，这一篇主要是描述心（神）的活动（思）的情态，及对心的培养与塑造的工夫。《体性》篇的"情性"，实际还是心，这一篇才进一步说明文体乃出自人的情性，以发挥文体构成的主体的因素，也是发挥文体得以成立的最基本的因素。所以他说"吐纳（创作）英华（文体），莫非情性"（《体性》篇）。文体由人的情性所出，文体是人的情性的表现，在西方要到十八世纪的七十年代，才由法国的彪封[4]说了出来。中国到了战国中期的孟子、庄子，都发现了"万化根源只在心"（借用王阳明诗），所以文与人的心不可分的关系，便较西方早了一千多年提了出来。而范文澜[5]在《序志》篇注引释慧远《阿毗昙心序》[6]，以为《文心雕龙》之"心"出于释典，然则陆机《文赋》"余每观才士之作，窃有以得其用心"的"心"，也是出自佛典吗？不了解中国学术的本源，便不能了解中国文艺理论的背景。

但原始的心、原始的情性，不能创造文学，所以《神思》篇对心的培养，在"陶钧文思，贵在虚静，疏瀹五藏，澡雪精神"后，接着说"积学以储宝，酌理以富才，研阅以穷照，驯致以怿辞"。必须经过这种学问的工夫，以塑造成"文学的心""文学的情性"，才可作文学创造的主体，否则便只成为一句空话。

《体性》篇更把人的创造文学的性情分解为才（表现的能力）、气（作品中的生命力）、学（作品的事与义）、习（由摹拟所形成的惯性），把文体分解为辞理（辞所以说理，故称“辞理”，实以辞为主）、风趣（风神趣味）、事义（文的内容）、体式（此处仅就文章的面貌、法式言）。彦和说：“故辞理庸俊，莫能翻其才；风趣刚柔，宁或改其气；事义浅深，未闻乖其学；体式雅郑，鲜有反其习。各师成心，其异如面。”（《体性》篇）总括的说是心、是情性，分解的说是才、气、学、习；总括的说是文、是体，分解的说是辞理、风趣、事义、体式。辞理决定于才，风趣决定于气，事义决定于学，体式决定于习，即是文体决定于心、决定于情性。心、情性，有先天的禀赋，有后天的塑造，禀赋不同，塑造不同，即成为创造主体的心的情性自身的多样性。由创造主体的多样性，便发而为多姿多彩的文体，彦和由此说“是以笔区云谲，文苑波诡”。

《风骨》篇是发挥气的两种基本性格、形相，文学的主体与客体的融合，是靠情性中的气的作用。此点我已有专文研究[7]，这里暂时提到为止。

二

《文心雕龙》中的《情采》《熔裁》《声律》《章句》《丽辞》《比兴》《夸饰》《事类》《练字》《隐秀》各篇，都说的是文章技巧所凭藉的客体因素。这些客体因素的研究，大体上是包括在历史悠久的修辞学的范围里面。但这些客体因素，刘彦和特别要求能由主体所融和所贯通。如《情采》篇的“采”，是指由辞藻而来的文采，“情”是情性，文采是由辞藻的客体因素而来。文采从情性中出，即是要求客体的因素要由主体中流出，实际是由主体所贯通融和。所以他说：“夫铅黛（客体因素）所以饰容，而盼倩生于淑姿（主体因素）。文采（客体因素）所以饰言，而辩丽本于情性。故情者文之经，辞者理之纬。经（情）正而后纬（文采）成，理（心中之理）定而后辞畅，此立文之本源也。”（《情采》篇）由主体融和客体，一方面是主体的客体化，同时也即是客体的主体化，主体是本，而客体为主体所用，以作表达主体的工具，这即是所谓“文章之本源”。这种意思，他用另一语言表达，即是文章“述志为本”，亦即是文章以人的心、情性为本源。《声律》篇：“滋味（感情的感受）流于字句，气力穷于和韵（此按杨明照[8]校读）。”滋味、气力是主体，字句、和韵是客体，余可类推。

构成文体的客体因素都是个别的存在，个别的存在便不能构成文体。《附会》篇、《熔裁》篇是说明如何可以把各个客体因素融合在一起，以成为一个完整的统一体，完整的统一体才有文体可言。所以一开始便说：“何谓附会？谓总文理（内容），绕首尾（结构），定与夺，合涯际，弥纶一篇，使杂（各种因素在一起）而不越（形成统一的秩序）者也。”此意极为重要，将另文阐释。《总术》篇的“术”，指的是形成文体之术。刘彦和叹惜当时学文的人“多欲练辞，莫肯研术”（《总术》篇），即是多从修辞学上着手，而不知从文体论上着手。修辞是局部的，文体是统一的。局部的辞，也即是局部的客体因素，严格地说，不能判定它的好坏。局部的好坏，必须镶进统一的文体中才可加以决定。此一道理，西方在近数十年来才能领悟到，因而主张以文体论代替修辞学，而彦和在千余年之前已经很明确地提了出来，真是一件了不起的事情。

三

上述构成文体的主体、客体各因素，在《文心雕龙》中则称之为“条例”（《总术》篇）。这些因素，是包含各种作品，贯通各种作品的普遍性的因素，因为一切作品，假定它含有艺术的性格而成为文体，都不能离开这些因素。这在《序志》篇便称为“笼圈条贯”，“笼圈”是包含，“条贯”是贯通。这些因素（条例），包含各种作品，贯通于各种作品之中，所以我称这是由普遍性的文体因素，以构成普遍性的文体。这种说法，是理论上的说法。但把普遍性的文体，由写作而加以实现时，则必实现于某种特定动机、某种特定对象之上，换言之，普遍性的因素必实现于某特殊文类之上。这种特别的文类，在《文心雕龙》，不是用“文类”的名词，而是称为“区域”（《总术》篇），称为“囿别区分”（《序志》篇）。从《明诗》第六起，一直到《书记》第二十五止，这是刘彦和为文章所定出来的二十个区域，也即是他把一切文章分为二十类。一个人的创作，必定将普遍性的文体因素，实现于二十类中的某一特殊的类，而成为具体而特殊的文体。因为每一特殊的文类，根据其体裁与题材，都对文体有其特殊的要求，作者必须满足这种特殊的文体的要求，才可与其体裁或题材相适应。文章分类，在中国所以特别视为重要，即在把每一类文章对文体的特别要求表示出来，使学文的人有个准据。例如《明诗》篇“若夫四言正体（由《诗经》来之体，故称‘正体’），则雅润为本。五言流调（当时流行之调），则清丽居宗”，四言、五言，因体裁不同，所以要求的文体有别，一是“雅润”，一是“清丽”……

这里有两点特须说明的是：文体都是实现于特殊的文类之中而成为特殊的文体，但特殊的文体必由普遍性的文体的修养而来。由特殊向上推便是普遍，由普遍向下落便是特殊，每一特殊是以普通为根据，所以二者实是一体。其次，某一特殊文类要求某种特殊文体，这是客观要求，作者首先要适应这一客观要求。但实现客观要求之中，同样有主体的决定性，因而在同样特殊的文体之中，必然各有各人的面貌。例如钟嵘《诗品》以张协[9]为“文体华净”（卷上），以张华[10]为“其体华艳”（卷中），二人在“华”的这一点上相同，但在“净”与“艳”上则各不相同。这便关联到各人主体上的差异，尤其是成就愈高的，便会各以其主体之力，创造各人的文体，而不为文类的要求所拘限。所以刘彦和对每一类文章，都指出其特殊的文体的要求，只是由他能归纳到的既成作品而来。其中有的制约性较大，例如颂赞、祝盟、诔碑、哀吊等；有的制约性甚小，如杂文、史传、诸子、论说、章奏、书记等。制约性大的，主体性须活动于客观要求之中；制约性小的，则主体性可以驱遣客观的要求而自创新体。但刘彦和对每一类所提出的特殊的文体要求，都是这一类中最基本的要求，也是当时评论的一般标准，对于初学文章的人有诱导启发的作用。他本是为教人如何学文而著书，所以在他看得是非常重要的。

（选自徐复观《中国文学论集》，台湾学生书局 1982 年版）

【注释】

［1］试帖诗：起源于唐代，多为五言六韵或八韵排律，常用于科举考试，亦称“赋得体”。

［2］四六文：骈文在发展过程中逐渐形成句式整齐的四六字句，被称为四六文。此种骈文全篇以双句为主，注重对偶声律，多以四字、六字相间成句，故称四六文。四六文常用于表章奏记的撰写。西晋作家陆机《演连珠五十首》，每首都是四六骈句成章的短小韵文，为今存可见的较早的四六骈文短章的滥觞。其后，四六骈句大量运用于南朝骈文。

［3］《文心雕龙》：中国南朝文学理论家刘勰所作。刘勰，字彦和，祖籍山东莒县，生于京口（江苏镇江），曾任宫中通舍事人等官职，但其名不以官显，却以文名。《文心雕龙》全书共 10 卷 50 篇，是一部“体大思精”“深得文理”的文论经典著作，在中国古代文学理论史上占有崇高的地位。

［4］彪封：今译布封（1707—1788），法国博物学家、作家，著有《自然史》等。

［5］范文澜：范文澜（1893—1969），现代著名历史学家。著有《中国通史简编》、《中国近代史》（上册）、《文心雕龙注》、《范文澜史学论文集》等。

［6］《阿毗昙心序》：印度僧伽提婆应慧远大师之请译成汉文，慧远为其作序。

［7］此点我已有专文研究：即徐复观的文章《中国文学中的气问题》。

［8］杨明照：杨明照（1909—2003），字韬甫，著名文献学家，毕生致力于中国古代文论及古代文献研究，著有《文心雕龙校注》《文心雕龙校注拾遗》《抱朴子外篇校笺》等，被誉为“龙学泰斗”。

［9］张协：张协（？—307），字景阳，西晋文学家，安平（今属河北省）人。张协少有俊才，与兄长张载齐名。曾任公府掾、秘书郎、华阳令等职。惠帝末年，天下纷乱，他辞官隐居，以吟咏自娱。永嘉初，复征为黄门侍郎，托病不就，后逝于家。《隋书·经籍志》录张协有集四卷，已佚。

［10］张华：张华（232—300），字茂先，范阳方城（今河北固安）人。西晋时期政治家、文学家、藏书家，西汉留侯张良的十六世孙。张华年轻时便多才多艺，受到时人赞赏。西晋建立，拜黄门侍郎，封关内侯。吴国灭亡后进封广武县侯，又出镇幽州，政绩卓然。后

入朝任太常。惠帝继位，任太子少傅，因功拜右光禄大夫，开府仪同三司、侍中、中书监。张华工诗赋，辞藻华丽，编纂有中国第一部博物学著作《博物志》。《隋书·经籍志》有《张华集》十卷，已佚，明人张溥辑有《张茂先集》。

【点评】

徐复观对刘勰《文心雕龙》的研究，是下了一番勤恳踏实的功夫的。除这篇论文外，尚有8篇，即：《中国文学中的气的问题——〈文心雕龙·风骨〉篇疏补》《〈文心雕龙〉的文体论》《〈文心雕龙〉浅论之一——自然与文学的根源问题》《〈文心雕龙〉浅论之二——〈原道〉篇通释》《〈文心雕龙〉浅论之三——能否解开〈文心雕龙〉的死结》《〈文心雕龙〉浅论之五——“知音篇”释略》《〈文心雕龙〉浅论之六——文之枢纽》《〈文心雕龙〉浅论之七——文之纲领》，均载徐复观《中国文学论集》。本文是从中选出的一篇具有代表性的文章。

本篇文章是徐复观针对刘勰《文心雕龙》中关于文章的文体构成的研究。他认为，对作品文体的真正把握，是了解《文心雕龙》一书的大关键。主体与客体是构成一篇完整的文章文体的两大概括性因素。一部具有风骨的作品，必须主体与客体水乳交融，内容与形式达到完全的统一。反之，一则为“璞玉”，即虽有主体真挚深厚的感情，却无成熟的客体因素（即作品的表现技巧）；二则为“伪体”，即空有成熟的客体（即娴熟的表达技巧），而无丰沛的主体内容。

文体是与“神思”“情性”相连接的。《文心雕龙》的《神思》篇中的“神”与《体性》篇的“情性”，实际上指的就是文学创作活动时的“心”，亦即作品文体构成的主体因素。在徐复观看来，这也是文体得以成立的最基本的因素。另外，徐复观还在文中简洁精炼地纠正了范文澜以为文体之“心”的概念出于佛教释典的说法；提到早在战国中期，文与人心不可分的关系已被孟子、庄子提出来，以此为“文与人心不可分”之说找到了起源。

同时，在肯定心与情性的基础之上，徐复观认为“学问的功夫”是使原始的心与情性得以升华提炼的重要因素。徐复观结合刘勰的《文心雕龙》对“学问的功夫”作了阐释性的概括：“总括的说是心、是情性，分解的说是才、气、学、习；总括的说是文、是体，分解的说是辞理、风趣、事义、体式、辞理决定于才，风趣决定于气，事义决定于学，体式决定于习，即是文体决定于心、决定于情性。”这也是造成创造主体的多样性的原因，因此发而为文体的多样性的原因。用刘勰的话说便是“是以笔区云谲，文苑波诡”。

如果说才、气、学、习属于文章的主体因素的话，那么文章技巧就属于文体的客体因素。例如刘勰在《情采》篇中提到的“采”，即由辞藻而来的文采，亦是由辞藻的客体因素而来。文章技巧虽是属于修辞学的范围，但也须能和主体相融通。因为“文章之本源”即是“由主体融和客体，一方面是主体的客体化，同时也即是客体的主体化，主体是本，而客体为主体所用，以作表达主体的工具”。因此在这方面刘勰把文体与修辞相通融。这在徐复观看来，跟西方文论中提出的“以文体论代替修辞学”的理念不谋而合，但鉴于提出的时间先后顺序，刘勰的文体论思想则是非常中肯而先进的。

另外，《文心雕龙》的《总述》篇中的“条例”，即贯通各种作品的普遍性因素。《总述》篇中的“区域”，则是指某些特别的文类。“条例”与“区域”两者相辅相成。文体的普遍性因素往往是通过某一特殊文类来显现的。这种对立统一的融合过程，即是《序志》篇中所说的“笼圈条贯”，普遍性的条例，蕴含在文章的“区域”内，贯通于各种作品之中。

显然，文体的普遍性与特殊性，两者不可分割。在文体的构成中，应当全面地认识主体因素和客体因素的融合关系，分清特殊文类中主体发挥的前提条件。客观要求之中也含蕴着主体的多样性，而主体的多样性也决定了在同样的特殊文体之中所呈现出的个体多样的面貌。另外，某一特殊文类要求某种特殊文体来表达，这样有助于发挥创作主体的作用，以及展现特殊文体的魅力。

通过徐复观对刘勰文体论的阐发，我们可以窥见徐复观对文学作品中文体构成的重视。文体与作者主体的精神状态（例如“风骨”）存在着密切的联系。其次，文体与创作技巧密切相关。可以说，徐复观比较具体地阐述了文体的构成与实现。

【链接】

1. 徐复观：《中国文学论集》，台湾学生书局 1982 年版。
2. 黄侃：《文心雕龙札记》，上海古籍出版社 2006 年版。
3. 王元化：《文心雕龙讲疏》，上海古籍出版社 1992 年版。
4. 陈良运：《中国诗学体系论》，中国社会科学出版社 1992 年版。

间隔观及虚无之用与中国艺术

唐君毅

一、导言

近人王国维《人间词话》，论词拈出境界二字，并言境界之呈现，以不隔为尚。或者推广其说，谓凡审美之事，咸赖乎神遇或直观，皆必归于物我浑然，更无间隔。其说是否，今不拟深论。盖一切自然之美、艺文之美与人格之美，各就其内容而论，皆含义深广，非片言可尽。本文所拟及之一事，唯意在言：不论各种美之内容如何，然其呈于人之心目，初皆待于人对之作间隔观。纵谓神遇直观，必以物我浑然，更无间隔为归，然亦当以此间隔观为先。此所谓间隔，或不同王氏所谓隔。

本文亦非针对王氏之说而立论，乃初唯是于间隔一名，别出一义，以论美感所自生之一条件而已。本文所谓间隔观[1]，其浅近义，即吾人通常所谓凝神于一美的境界或对象，而使之如自其周围环境之其他事物中，脱颖而出，若相间隔，与之有一距离，以昭陈与吾人心目之前。此为美感所自生之一精神条件，乃人所共喻。唯然，而凡一美的境界或对象，乃可远观而不可亵玩，可叹赏而不可利用，可崇敬而不足以皈依。然此间隔观之深义，则在人之能以虚无为用[2]，外有所遗，斯神有所凝，而于其所审美之境界或对象，无论好山好水、名士美人、雕像一尊、清歌一曲，皆视如非世间所有，以凭虚而如是在，凌空而如是现，蓦然相遇而有会于心。至于人之能以虚无为用，则内有待于人心自身之虚灵，其德性之超拔乎世俗；而外亦恒至少有待于彼美的境界与对象，自成界域，与其周围之物，原有虚无为间隔，如亦自能以此虚无为用，以自拔于周围事物之外，而来赴吾人之心目之前。凡一美的境界或对象，愈能涵具此种或他种之虚无为用之意义者，吾人皆愈易对此作间隔观，以使美感亦易得孳生。关于前义言人心之虚灵与其德性之事，当于本文之末，再略及之，今先杂举例证，一申后义于下。

二、间隔与虚无之用

画有画框，神像有龛，戏剧有舞台，房屋有墙壁，华灯有罩，美人以团扇遮面或持伞映身，人皆不难知其助成美感之作用，依于同一之理。此理也，粗言之，即范围人之注意力与精神，以凝注于此审美之对象之中。进一步言之，则皆为造成此对象与其周围之一隔，而形成一距离。更进一步言之，则此间隔、此距离，其本性，即唯是空间，亦即一虚无，乃所以使人遗忘彼周围之物，使彼周围之物如不存在，而使此对象，得昭陈心目之前，宛然凭虚而如是在，凌空而如是现者，是即皆以虚无为用也。故今之戏剧，有舞台犹未足，再加以幕；幕犹未足，乃复使灯光只及于舞台；或更变换灯光之颜色，使与舞姿俱新。此其设计，似步步皆实，然其用之所存，则皆在造成间隔或距离，以使人顿忘此舞台外之一切，亦皆唯是以虚无为用而已。

此缘间隔或距离，而以虚无为用以形成美感之事，盖本于人心所同然，而无古今中外之异。村童嬉戏，卷纸为筒，接目远望，近水遥山，皆成天然美景。人间儿女，对镜临江，两情无郎，相望相看，即是神仙眷侣。此固无待于艺术之修养者也。而在艺术之中，则古今中外之艺术家，固亦皆能同缘此理，以形成美感。画之有画框，神像之友龛，戏剧之有舞台，房屋之有墙壁，华灯之有罩，固无古今中外之异者也。然吾以为真能自觉此理，而随处依之以成其艺事者，则为中国人。至中国人之能如此，则要在中国之人兼善于运虚以入实，运无以入有，以使此虚无之用之意义，直呈于美的对象或美的境界之内部。此语亦稍抽象，兹亦杂举事例以证之。

三、中国建筑园林中虚无之用

兹先以房屋而论。中西皆有园，每一园皆自成一世界。然中国人之重园，明过于西方人。西方近代人之造园设计，多受中国之影响，亦人所共知。传统西方最主要之建筑，为教堂与堡垒，而非园林。教堂之高耸云霄者，以太虚之苍茫为背景；堡垒之雄峙山冈者，以大地之空旷为背景。其孳生美感，亦如西方之画中阴影凸显物象，同依于以虚无为用。然教堂与堡垒，不重窗棂，其建筑即质实而不虚。而中国园林之布置，则曲径通幽，裂石流泉，楼台水榭，皆有窗棂、虚牖、阑干、回廊为用，以迎彼湖光山色，鸟语花香；即皆依于运虚以入实，运无以入有之理。中国之名园，又不特房屋有窗，即墙上亦有窗，而窗之形式，更极变化之能事，求尽此虚无之妙用。至于中国之宫殿庙宇，其屋檐之四角翼飞，城阙牌楼之使行人相望，其本于虚无相涵之义，吾已论之于《中国文化之精神价值》一书中国艺术之一章，今不复赘。

吾尝旅行欧美，未曾见中国式的旧家庭院。中国式之庭院，其特色在使四周之房屋中，围绕一天地，兹不论富贵之家之重门深院，即民间之院落，亦多为四合式的，而有一空旷之中庭。此亦明为运虚以入实之所成。而中国旧式房屋中之屏风、珠帘与竹帘，皆一方有形成间隔距离之用，一方又可开可阖，可卷可垂，有隙有虚，质而不实。吾于儿时，又最爱房屋之有一高门槛，可坐于其上，以兼望屋之内外。复爱旧式之床上有帐，帐有帐帘，床下有塌，而塌之左右有椅，此直是房中之小屋；入床而卧，斯世界皆如归于寂。此亦皆所以见间隔距离之大用，昔人或赖以成燕昵之私者[3]。然其塌上有椅，可容宾客之坐，则私而无私，似隔又不隔。凡此小节，皆未尝无深意存焉者也。

四、中国书画中之虚无之用

吾谓中国人最知间隔距离之用，而又善运虚以入实，运无以入有[4]，复可以中国之画证之。西洋之画，固有画框，然油画之布，恒涂满油彩。中国人作画于纸上，则例留天地，而宋元文人画，又必有不着墨之虚白处。西洋油画不待裱，亦未闻裱画之技术。中国人之裱画，更必宽留天地。此非特裱画为然，印书亦然。西式书籍，其天地恒显局促，更无墨线为框。而中国书籍之印刷，则皆上下之天地甚宽，例有双重墨线。故展画观书，便如上天下地之托此画中人物，或书中文字，以虚陈吾人心目之前。宋元之文人画，其故留虚白之处，乃借兹以为山水人物之灵气往来之所，昔人论者已多。盖由此虚白之处为依，则其人物之行，皆御空而行，其立皆以虚而立；其山峙川流，皆如是峙，如是流，而无托无寄；乃一一皆成绝待，似世间之山川，而实非此山川；似世间之人物，而实非此人物。皆成在世间而又超世间之山川人物矣。至其笔不到而意到，意不到而神到者，此意之行，神之运，亦行于空而运于虚，固无假手于墨缘。应乎此"无假"，亦必留虚白[5]。此虚白，为意之行、神之运之往来处，即山川人物灵气之往来处也。唯此往来，皆无迹相，故名为往来，而又实无往来耳。凡此诸义，盖皆中国之画论中所独有，而非所以论西方之油画、木炭画、钢笔画、版画者也。

五、中国戏剧中之虚无之用

复次，由中西之戏剧之比较，亦足证吾人上文之说。吾人观西方戏剧之舞台、灯光及布景之设计，固亦未尝不求每一场面，自具一格局，而宛然自成一天地，以使人暂与其日常尘俗之生活，得相隔离。然西方戏剧之布景与表演，必求其逼近真实，则又见其未能运虚以入实，或运无以入有。中国之戏剧之舞台，不重布景，舞台初如虚堂，如空庭，而唯闻锣鼓声。至其演员之动作与表情，今日皆知其多为象征式的，如持鞭马走、排手门开、掩袖啼而无泪、高声笑而不欢，皆为象征式的。然所谓象征式的，亦即似实而虚，似有而无之谓；亦皆人之善于运虚入实，运无入有之所成。持鞭马走者，鞭实而马虚。持鞭者台上之人，而马则为天马；天马自行空，则鞭无所鞭。排手门开者手实而门虚。

排手者台上之人，而门则为天门；天门本无有，则开无所开。掩袖啼为实事，而泪则虚；高声笑为实事，而欢则虚。对彼虚者，见者不见，而知者自知；于是演员无泪而观者有泪，演员不欢而观者自欢。演员则观彼观者之悲欢，以自度其技之高下，而仍未尝不超轶乎悲欢之外也。此皆同本于以虚无为用，以远于质实之布景与表情也。

六、中国文学中之虚无之用

吾人谓中国人之于艺术，长于运虚入实，运无入有，以使其艺事，长于世俗之所谓真实，而与之有一距离，而相间隔，复可姑以中国文学中用“隔”字之诗句，及其展陈之境界以证之。原中国之诗句中，用“隔”字者颇多。今就记忆所及，举三者为例。如人人诵习之《唐诗三百首》，其七绝中之第二首张旭[6]诗，有“隐隐飞桥隔野烟”之句，宋词中张子野[7]词，有“隔墙送过秋千影”之句，吴梦窗[8]词有“隔江人在雨声中”之句。此皆各表现一美的境界，即皆依于诗人之能运虚入实，运无入有，以使此境界，与世俗之所谓真实，如有一距离相间隔。桥为野烟所隔隐隐如飞，即桥之若实若虚，而若有若无也。秋千实而影虚，秋千为墙所隔，而唯送影而来，即隔其实也呈其虚也。江水相隔，人影稀疏，微闻笑语，故人在雨声中，而如在如不在，亦若实若虚，若有若无也。此后者与王维之“空山不见人，但闻人语响”，钱起之“曲终不见人，江上数青峰”，苏东坡词之“墙外行人，墙里佳人笑”，皆属同类之境界。昔《渔洋诗话》[9]标神韵为宗，而神韵二字，殊难有确解。然声音往而复来，即成韵；妙万物而运行无滞，谓之神。此要为神韵二字中之义。声音往而复来者，声音之乍虚而乍实也。神之妙万物而运行不滞者，神之方即而旋离，若有接而无接也。《渔洋诗话》曾引“枫落寒塘露酒旗”[10]一句，以见诗之神韵，而渔洋未言其所以然。今试言之，“枫落寒塘”四字之境，有如禅师所谓：“雁过深潭，影沉寒水”，皆实沉于虚之境。“枫落而酒旗露”，则酒旗之实，又浮于枫林空处。然酒旗露而酒家不露，则酒旗亦虚而无实矣。原彼诗人之爱枫，正在深秋而后枫红。红叶凄迷，摇摇欲坠，乃似有寄而无寄。至诗人之爱酒，亦在酒醉而万事浑忘，而世界乃若虚若实，乍有乍无。此盖即积字成“枫落寒塘露酒旗”之句，展陈一美的境界之理由。而此境界之所由生，止由枫叶之初则隔彼酒旗，亦隔彼酒家。继则酒旗虽露，而酒家仍隔。此亦如唐人诗之“借问酒家何处有？牧童遥指杏花村”[11]，杏花虽见，而酒家仍为杏花所隔也。然此隔者，正所以使彼隔者，存于虚实之交，有无之际，以昭陈为诗人心目中之前者也。

七、余论

中国昔之论书画者，多分神品与逸品[12]。神之与逸，初皆先存乎其为人，而后表现于艺事。《论语》有逸民，《庄子》有神人。以神论文艺者，古今甚多。而以逸论文者，则如曹丕与吴质书谓“公幹有逸气”，杜甫忆李白诗谓“俊逸鲍参军”，皆是也。神与逸二字，在西方文字中，皆无适当之翻译。而文章书画中之逸气、逸品、神品之名，亦至难加以定义，然吾窃谓必先有《论语》所谓“不降其志，不辱其身”之逸民，乃有《庄子》所谓“不食五谷，吸风露饮”之神人；书画亦盖必先臻逸品，乃能上达神品；文章亦当先有逸气，乃能至乎出神入化。夫逸民者，世俗之礼法政教所不能羁縻[13]，而自逸于世俗之外之民也。逸民归于隐，而逸非即是隐。逸者如兔之避猎，环山而逝。乃由显以之隐。人之由显之隐而逃世者，其居无定，其行无方，不可能而贵，不可得而贱，谓之逸民。而文章之有逸气，书画之逸品，皆不可以常格拘，不可以规矩论，悠然而往，悠然而来而已矣。其原皆在其为人之心灵，先自蝉蜕于尘埃之外，其身之居世间，而未尝不超世间；世间之呈其前，乃乍虚而乍实，亦若有而若无。故其意之所到，笔之所随皆逸韵横生，不可方物。此盖非无其心灵境界者之所能学者也。《庄子》载颜回谓孔子曰：“夫子步亦步，夫子趋亦趋，夫子奔逸绝尘，而回瞠若乎后矣。”奔逸绝尘者，人心之致其虚灵，而使其德行超拔乎世俗之事。此乃人在艺术文学中，求运虚入实，运无入有者之内在的修养工夫。人之有此工夫，必待乎人之由艺以进乎道[14]，是则非区区此文多能多及者矣。

（选自唐君毅《中华人文与当今世界》，台湾学生书局 1981 年版）

【注释】

［1］间隔观：一般指出自王国维《人间词话》论词“隔”与“不隔”的理论。不隔是指“语语皆在目前”，用鲜明生动的语言真切自然地表现真情感真景物。

［2］虚无为用：出自老子的思想。《道德经》十一章说：“三十辐共一毂，当其无，有车之用。埏埴以为器，当其无，有器之用。凿户牖以为室，当其无，有室之用。故有之以为利，无之以为用。”老子举例说明“有”和“无”相互依存，互相为用，而且特别指出“无”的巨大作用。

［3］昔人或赖以成燕呢之私者：燕呢，燕子呢喃。此句指过去的人们把卧榻当作细声交谈的私人空间。

［4］运虚以入实，运无以入有：中国古代艺术家的艺术表现形式，即似实而虚，似有而无，强调虚实的相互作用和虚实相生的艺术辩证法。

［5］虚白：语出《庄子·人间世》：“虚实生白，吉祥止止。”谓心中纯净无欲。后来虚白成为古典绘画的重要表现形式。虚白，既可使画面主体形象明确、突出，也可使画面意境更加空虚、深远。

［6］张旭：张旭（675—750），字伯高，一字季明，苏州人，是中国唐朝中期的知名书法家，常醉后落笔，时称“张颠”。

［7］张子野：张子野（990—1078），即张先，字子野，浙江湖州吴兴人。北宋时期著名的词人，善作慢词，造语工巧，曾因三处善用“影”字，世称“张三影”。

［8］吴梦窗：吴梦窗（约1200—1260），即吴文英，字君特，号梦窗，晚年又号觉翁，四明（今浙江宁波）人。一生未第，游幕终身。有《梦窗词集》一部，存词三百四十余首，分四卷本与一卷本。其词作数量丰沃，风格雅致，多酬答、伤时与忆悼之作，号“词中李商隐”。

［9］《渔洋诗话》：《渔洋诗话》为王士禛所作，王士禛（1634—1711），号渔洋山人，人称王渔洋。清初杰出诗人、文学家，论诗以“神韵”为宗，其渊源本于司空图和严羽，提倡“妙悟”“兴趣”，以“不着一字，尽得风流”为诗的最高境界，强调淡远的意境和含蓄的语言。

［10］枫落寒塘露酒旗：出自明代文学家徐祯卿（1479—1511）的《题扇》，全诗为：“渺渺太湖秋水阔，扁舟摇动碧琉璃。松陵不隔东南望，枫落寒塘露酒旗。”

［11］牧童遥指杏花村：出自唐代诗人杜牧（803—852）的《清明》，全诗为：“清明时节雨纷纷，路上行人欲断魂。借问酒家何处有？牧童遥指杏花村。”

［12］神品和逸品：最初用来形容画作的精妙。唐代张彦远《法书要录·张怀瓘中》：“今妙迹虽绝于世，考其遗法，肃若神明，故可特居神品。”北宋邓椿《画继》：“自昔鉴赏家分品有三：曰神，曰妙，曰能。独唐朱景真（玄）撰《唐贤画录》，三品之外，更增逸品。”后又被广泛地应用于其他艺术领域，形容艺术作品的精妙绝伦，出神入化。

［13］羁縻：《史记·司马相如传·索隐》解释说：“羁，马络头也；縻，牛靷也。”引申为笼络控制。

［14］由艺以进乎道：《庄子》里庖丁解牛的故事里有“臣之所好者道也，进乎技矣”。后来“技进乎艺，艺进乎道”指一个人的技艺达到一定境界，就是一种艺，艺再继续熟稔精进，就进入道的境界。

【点评】

“隔”与“不隔”的间隔观是王国维《人间词话》里的一对重要概念，并与贯穿《人间词话》的核心——“境界”有十分重要的关系。王国维对“不隔”的描述为“语语都在目前”，从语言层次来讲是指不雕琢、不用典，言语清新自然，从意境层次来讲是强调境界的“真”与“深”。所以，王国维奉“不隔”为上品。

唐君毅明确指出，该文中提出的“间隔观”并非针对王国维，甚至与王国维的概念没有多大关系。唐君毅的“间隔观”是“美感所自生之一条件”。这种“间隔观”与“虚无之用”密切联系，或者说“虚无之用”是形成间隔的重要手段。这里面有两层含义：第一层是虚周围之物，而使对象得昭陈心目之前，即用背景、阴影凸显物象。唐君毅认为这种以虚化背景，形成距离，范围人的注意力和精神的“虚无之用”是比较浅层次的，在西方建筑、戏剧和绘画中多有使用。第二层是他所讨论的核心，是“运虚以入实、运无以入有”，将虚无之用直接运用于美的对象或美的境界内部。此处，对“间隔观”的讨论，实质上已经转换成了中国文化艺术史上一个重要的命题：“虚实相生”。因为虚的运用，虚实的互渗，使美的空间不断拓展，并产生无限的想象力。无论是中国园林的破实生虚，中国书画的空白传统，中国戏剧的象征动作和布景，中国文学因虚而生韵的意境，都指向了中国文化艺术精神“虚实相生”这一重要美学特征。

比较有趣的是，几乎是与唐君毅写作此文的同时，中国现代另一位美学大家宗白华也写了一篇类似的文章《中国艺术表现里的虚与实》。他也着重从中国雕塑、绘画、戏剧、书法、舞蹈等方面分析指出全和粹、虚和实辩证的统一才是艺术的最高成就。他还引用了中国历史上一些名家的论述作为佐证，这说明“虚实相生”早已经是中华民族艺术精神里自觉了的重要思想。我们知道重“虚”的思想最初源自老子。老子道的境界本身就是一种超越现实的“空虚”和“无”。“无，名天地之始”是指“无”含藏着无限未显示的生机。这种哲学思想直接与审美的“空灵”与“观照”密切相关，所以道家思想向来被认为是直启中国艺术精神的。

唐君毅作为新儒家的代表人物，其中心观念——道理理性主要来源于儒家，强调个体作为有限的主体虽然无法把握“无极”，却可以从我的“道德自我”感受到“无极”的指引，努力创新求和，致使广大万物生生不息。但唐君毅并不因为主要源自儒家思想的道德本体而排斥其他思想。而且，他认为审美活动本有自身的规律，具有与道德原则不同的独特性，审美虽然与道德有关，但并不必使求美直接以促进人的道德意识为目的。在分析具体的文化活动中，他认为中国艺术文学是中国文化精神之具体表现。因此，分析中国艺术文学精神也需与中国文化问题结合起来研究，也需了解中国先哲的自然宇宙观、人生观及社会文化生活之形态，这样才能发掘其深层的意蕴、形成根源和历史价值。显然，唐君毅认为分析中国艺术文学并不能离开对中国美学思想产生重大影响的道家思想。他所推崇的“中和之美”和“悠游之美”就与中国儒道两大主流思想密切相关，其中“悠游之美”主要源自庄子。因对“悠游之美”的分析，使唐君毅成为中国现代文艺美学史上，系统论证中国艺术“游”的美学特色的重要学者。其中，“漂缈空灵”“虚实相涵”便是“悠游之美”的重要条件和主要特征。唐君毅说：“凡虚实相涵者皆可游，而凡游者必有实有虚。一往质实或一往表现无尽力量者，皆不可游者。瀑布大海、高山峻岭、高耸之教堂与金字塔，皆美之可观、可赏、可赞美，而不可游者，以其皆缺虚灵处也。故吾人谓中国艺术之精神在可游，亦可改谓中国艺术之精神在虚实相涵。虚实相涵而可游，可游之美，乃回环往复悠扬之美”。从此处可以看出，“虚实相生”是唐君毅论中国艺术之优美的一个核心概念。因虚无之用而有间隔，有距离，有回味和想象的空间，因此，唐君毅是推崇“隔”的，但这却不是王国维理论意义上的“隔”与“不隔”。

唐君毅在对中国古代文论的现代阐释之中，抉发出“虚实相生”这一重要范畴，把它作为中国人观察宇宙人生、理解文学艺术的一种文化立场和思维方式。不过，值得指出的是，作为道德理性的热烈追求者，唐君毅在此文的余论中，终将“虚灵之境”的创造归于“艺事”。“艺事”之神品与逸品，总归源自人品和心灵境界。有道德的境界，才有德行的超拔，最后才有文艺之逸韵。唐君毅最后还是将文化活动归于了道德自我的根本。

【链接】

1. 唐君毅：《中华人文与当今世界》，台湾学生书局 1981 年版。
2. 宗白华：《美学散步》，上海人民出版社 1981 年版。
3. 叶嘉莹：《王国维及其文学批评》，广东人民出版社 1982 年版。
4. 蒋寅：《古典诗学的现代诠释》，中华书局 2003 年版。

生命情调与美感

方东美

一

谚有之曰："乾坤一戏场。"（The World is a Stage.）如此妙喻，颇具神理。俞曲园[1]尝于苏州留园乐楼上题楹云："一部廿四史衍成古今传奇、英雄事业、儿女情怀，都付与红牙檀板。"奚止中国一部廿四史！大千世界之形色景象，全体人类之欢欣苦楚，均于此中舒展显现，幻作一场淋漓痛快之戏情。人类幂面登场，固无庸欷歔伤感，只稍稍启发一点慧心，自能于鼓舞轩饔雅颂豪歌中宣泄无穷意趣也。当场人或参观客一旦寄迹歌舞台前，便应安排身心，静观世相之定理，参悟生命之妙智。乾坤戏场繁华彩丽、气象万千，其妙能摇魂荡魄、引人入胜者，要不外乎下列诸种理由：一、吾人挟生命幽情，以观感生命诗戏，于其意义自能心融神会而欣赏之。二、吾人发挥生命毅力以描摹生命神韵，倍觉亲切而透彻。三、戏中情节，兀自蕴蓄灵奇婉约之机趣，令人对之四顾踌躇、百端交集，油然生出心旷神怡之意态，此种场合最能使人了悟生命情蕴之神奇，契会宇宙法象之奥妙。

本文所欲论列者，既非哲学上抽象思想，亦非艺术上特殊理论，其要旨乃在以"坐客"幽情，鉴赏乾坤戏场中几出生命诗戏之韵味而已。孰为生命？曷谓美感？"人之生也固若是芒乎？其我独芒而人亦有不芒者乎？"其人尽芒而我竟自不芒者乎？美之为美是各人之私见耶？抑尚有客观性耶？此类纯理问题，姑置不论。吾人逢场作戏也可，临场观感也可，既来之，俱属"当场人"，只合依韵红牙檀板，作吾人之事业，抒吾人之情怀。一切景象可以兴、可以观，斯为美。

生命意趣播之于诗戏，自觉缤纷错杂，光怪陆离，令人兴感无穷。兹请先说一段楔子，然后揭开三重戏幕。

古愁莽莽不可说，化作飞仙忽奇阔。
江天如墨我飞还，折梅不为蛟龙夺。

苍生气类古犹今，安用冥鸿物外吟，

不是九州同急难，尼山谁识怃然心。

上述龚定庵诗两首[2]，敦促吾人冥想洪荒时代，人类托足大宇长宙中，浑浑噩噩，看万象有无明灭，隐隐迢迢，感人世酸辛苦楚，迷迷惘惘，远古人类浑朴怐愗，莫明宇宙所由构成之理，遂令全部生命堕入阴霾尘雾中而无以自拔。其后天才者，巍峨杰出，恍然大悟人之所以为人，不能“如鱼之泳于川，惟大气之所盘旋，如木之听荣枯于四时，蠢蠢傀傀，安其所不知”，于是渐次启发心智，仰观俯察，穷天地之象以言万物之齐，通古今之变以明事功之故，立人道之极以正性命之理，夫然后玄秘之宇宙，乃可以托身；渺茫之人生，始可以寄意。天才者独能于宇宙万象中寻出合理秩序，确定整齐规律，求得精当知识。“制割大理而宇宙理”，天才之所以自效于众人，其丰功伟烈，永垂不朽，弥足令人澄怀而起遐想也。

人类生命长途中如此一段幸运，可藉下述之神话，以相譬喻。古代希腊有巨灵名司芬克斯（Sphinx）者[3]，形态变化，不可方物，其音容婉娈如处女、其羽翼轻艳如飞鸟、其利爪坚劲如鹰隼，常就舍贝斯（Thebes）近郊之山巅踞坐眄睐，遇行人之过其下者辄要之使解疑谜，意有不当，即尸裂而吞噬之。舍城居民遭难多且久，思所以弭其患，遂昭示于众曰：有能解此谜锄此患者，当奉之为王。寻有一跛者名伊迪蒲士（Oedipus）[4]心羡此重赏，遂挟其个人之才智，欣然趋近此巨灵。巨灵煽之曰，今有一物于此，初生时具有四足，及长，析而为二，后又增益为三，终乃还其原状，复具四足，是幻变者，究为何物？跛者稍一思索即置答曰：婴儿初学步，手足坿地而用四；及其长也，两足踽踽矣；年老龙钟，扶杖助行，宛如三足；衰耄将死，辗转床笫，则又手足并用，是必为人无疑。大惑既解，伊迪蒲士遂乘胜击毙此巨灵，履前誓而登王位焉。

初民浑噩无知，颠倒于宇宙中，惟大气之所盘旋，而不能自持。百忧之所窟，众辱之所宅，憔悴屈辱，睫泪以哀生命之危殆，其情之苦，酷似舍城众生之受厄于巨灵。然自科学诞生，哲学传世，天才者挟智慧以临宇宙，转觉宇宙昭昭朗朗，具足理路，不复能遗患生灵矣。《诗》云：“昊天孔昭，我生靡乐。”今易其辞曰：“昊天孔昭，我生弥乐。”当更能写象初民之心情也。

理智既孳，心神益旷，人类胸臆，静摄万象、动合乾坤，于是乎思理有致，思理胜而性灵之华烂然矣。抒情则出之以美趣，赋物则披之以幽香，言事则造之以奇境，寄意则宅之以妙机。宇宙，心之鉴也；生命，情之府也。鉴能照映，府贵藏收，托心身于宇宙，寓美感于人生，猗欤盛哉。

兰生幽谷中，倒影还自照。
无人作妍暖，春风发微笑。

倪高士[5]可谓解人，宇宙之清幽自然、生命之空灵芳洁、意境之玄秘神奇、情绪之圆融纯朴，都为此诗字字道破，了无余蕴。生命凭恃宇宙，宇宙衣被人生，宇宙定位而心灵得养，心灵缘虑而宇宙谐和，智慧之积所以称宇宙之名理也，意绪之流所以畅人生之美感也。斯二者均造极诣，则人我之烦惑狂乱可止，而悦心妍虑矣。此种胜境，水仙神话最能传写。

希腊民族秉性懿美，其神话往往饶有诗意，而水仙之传说尤隽妙无与伦比。少年有名娜瑟散士（Narcissus）[6]者，清明强毅、绰约多姿，居恒寄迹山林，游猎为乐，环而羡之者皆天仙绝色，独回声（Echo）仙媛缱绻多情，尤称心焉。一日行猎途中，困于烈日，乃就芳菲池畔少憩，俯视忽见涟纹濯影，娅姹玲珑，自觉芳姿雪艳。娇丽融景，俯仰对鉴，冶梦怜忪，无何，随缘幻化，遂成一朵水仙，娉婷植立。随风舞影，临水散香，令人曼羡不置云。

宇宙绷束人生，如抱婴儿，心灵缀缬美感，若佩芬华，兴言及此，令人有“流情散芳芷”、“空香为我盈”之妙……

二

今试比观三种生命情调，以见其特殊美感之所托，请再以戏场所见为喻。灯彩流翠，满场坐客屏息倾听台前序幕人语：

戏中人物	希腊人	近代西洋人	中国人
背景	有限乾坤	无穷宇宙	荒远山野、冲虚绵邈
场合	雅典万神庙	哥特式教堂	深山古寺
缀景	裸体雕刻	油画与乐器	山水画与香花
题材	摹略自然	戡天役物	大化流衍、物我相忘
主角	爱婆罗	浮士德	诗人词客
表演	讴歌	舞蹈	吟咏
音乐	七弦琴	提琴、钢琴	钟声箫管
境况	雨过天晴	晴天霹雳	明月箫声
景象	逼真	似真而幻	似幻而真
时令	清秋	长夏与严冬	和春
情韵	色在眉头	急雷过耳	花香入梦
	素雅朗丽	震荡感激	纡徐蕴藉

序幕人去，帷幔徐揭，三种人物步丝竹之幽韵，饰羽帔之冠裳，缉翩而出，其一为希腊人，其二为近代西洋人，其三为中国人，是时台上乐声渐觉凑紧，场中满度清风，有几缕心灵幽香散入客怀，幻作冥想。

综观上表，吾所欲揭橥之题旨，已隐约吐露其梗概，兹且直言之，无庸譬喻矣。

生命情府，灵奥幽邃，甚玄秘隐微之深处，殊非外人所能窥见其万一，犹幸每种民族各具天才，妙能创制文化以宣扬其精神生活之内美，非然者，往古文化遗迹，固早已随时间旧流汩然幻灭、湮没无闻矣。善哉德人斯宾格勒（Spengler）[7]之言曰："文化者，乃心灵之全部表现，当其衍蔓孳生，虽顷刻成虚，然其迹象常托于人类意态业力中，隐受规律、数量、因果之支配。其理致有可得而言者，譬如史剧，文化实为世界全史中所演奏之一幕丽景；譬如美饰，文化宛如生命、情感及思理之画帧，一种生灵默察其内心经历，所能口说而心喻者，胥在乎是矣。"

文化之全体结构至难言也，吾于本篇所欲探索者仅及其骨骼脉络耳。各民族之美感，常系于生命情调，而生命情调又规抚其民族所托身之宇宙，斯三者如神之于影、影之于形，盖交相感应，得其一即可推知其余者也。今之所论，准宇宙之形象以测生命之内蕴，更依生命之表现，以括艺术之理法。吾之为此，仅求逻辑次序之简便豁目，非谓生命之实质必外缘物象而内托艺技始能畅其机趣也。

希腊人之宇宙，一质实圆融之形体也。语其空间，则上下四方，其大有垠；语其时历，则往来今古，其序有尽；语其物类，则地、水、气、火，坌集如环。词人所谓"天似穹庐，笼盖四野，天苍苍野茫茫，风吹草低见牛羊"，最能写像希腊人之宇宙。此种思想吾尝称之曰"拟物宇宙观"。以其极言世界形象之"具体而微"也。物之德丽于形，视之可尽其态；物之量定于位，抚之可得其体；物之质依于空间之流转，运之可见其归宿（如水流湿、火就燥、清气上腾于天、浊尘下凝于地是也）。物之变寓于时间之往复，察之可识其絜齐，态极焉、体著焉，故常流转而形弗丧，往复而性犹全。希腊人之称物也，往往赞其全性、显其完形，盖必如是，其圆融无漏之轨度，始彰彰可考。宇宙（Cosmos）云者，即具此轨度之全体境象也。吾人分疏希腊科学之体系、哲学之创获，其宇宙观念，固未有能轶出此种类型之外者。横亘纪元前六、五两世纪，希腊人据以说明宇宙之构造者厥为一种基本质料（Phusis），其名与义虽应各个思想家之特殊需要，而辗转变异，然究其实则同为一种独立不改、周行不殆之元素，万物盈天地，皆由之而构成，舍此以外，更无真际矣。其后数理论、多元论、原子论应运而兴，稍稍纠正此单纯观念之失，然其思想之根柢，固犹建立于此基本概念之上，确乎其不可改易也。

上所论究仅及宇宙所由构成之质，质之朴素无文者犹是粗物，必也雕琢成象、晖丽彩润，然后人之观察之者，始可照烛心智、滋生理解、摇荡性情、粲溢美感。宇宙之型态，宛如一建筑，其内外之结构，可以三数范畴，形容尽致。一、建筑材料，二、建筑基地，三、建筑学原理。物质，其材料也；空时，其基地也；全部构造所应遵守之数学法则，其建筑学原理也。希腊人所谓物质，坚实凝重、具体而微，已约如上述，无庸复赘，兹且撮出空间、时间及数学原理，以摹拟其宇宙形象之美焉。

每种民族各有其文化，每种文化又各有其形态，吾人苟欲密察一种民族文化之内容，往往因中外异地、古今异时，不能尽窥其间所蕴蓄之生命活动及其意向。无已，则唯有考核其文化符号之性质而征知其意义焉。空间者，文化之基本符号也，吾人苟于一民族之空间观念彻底了悟，则其文化之意义可思过半矣。“此种基本符号，贯注于各个人、各社会、各时代而为之矩矱[8]，一切生命表现之风格，悉于是取决焉。政治之体制、宗教之仪文、道德之理想、艺术（括图画、音乐、诗歌而言）之格调，推而至于各种科学之规范，无一不附丽于此。”希腊人宇宙之质，既极具体而微，故其宇宙之形，亦随之而局促有限。盖空间赅藏万物者也，万物之封域已属狭小，而空间之广袤，即阒阒易满，斯二者体合无违而后宇宙始臻和谐之妙境也。空间一词，在近代科学上纯为抽象理智摄持万象时所呈之形式，其结构至为繁赜而玄妙，然在希腊时代仅乃显示感觉经验之境相而已。“感觉现象参伍错综，必萃于空间而后其秩序始明、其分限乃显，是知空间者，万化中之久理也、繁事中之简象也。吾人执空间之定型，以网罗变异百出之感相，则其历久不变之境界与系统昭然若揭矣。”希腊民族窥探宇宙之隐秘，往往挟具体空间以衡之，故其所能仰观俯察者仅此品物流行，保合大和之昭明境相耳。天地交而万物通，其形象皆宅之于空间而后安，《易》曰：“观其所聚而天地万物之情可见矣”，其希腊人之谓乎？

……（略）

综上所说，希腊宇宙之底蕴具见于有限之形体，溯厥原由，盖因其构造单位为具体之物质，其纵横格局为有垠之空间，其历史途程为当前之时间，其组织原理为综合之数学。此种形体有限之宇宙，征之于亚理士多德物理学，酷似一只蒜头，地球位居圜中，其核心也；水气火等三界密密匝绕，其内层也；清空天体层层迴护，其外皮也。极目以望，行星若爝火，恒星如繁萤，令人有“袖中藏日月，掌上握乾坤”之感焉。

其次请言近代西洋人之宇宙。

古代希腊宇宙为有限之形体，而近代西洋宇宙，则为无穷之境界。吾人试将此两种宇宙合而观之，自觉异趣横生。前者之成分：质亦一有限，空亦一有限，时亦一有限，数亦一有限；后者之含素：质亦一无穷，空亦一无穷，时亦一无穷，数亦一无穷。近代西洋宇宙观，应乎无穷者也。上古希腊人，纵目瞰宇宙，自觉“地形连海尽，天影落江虚”，大有“独坐清天下”之妙趣。近代西洋人豪思寄宇宙，但感“苍茫云海间，长风几万里”，转生“惆怅意无穷”之远兴。

……（略）

旷观近代西洋思想史，科学哲学，虽时或异趣，然其视乎宇宙为一无穷之系统，则理无二致也。此无穷系统之内蕴，物象空间时间，不拘其性质为何，均有待于数学为之剖析。吾人苟欲了解西洋宇宙观，数学原理乃其捷径也。“物质之实性具于数”，远在希腊，毕达哥拉斯（Pythagoras）[9]已曾道及，但其所谓数仅括具体物象而言之，故希腊人之数学，实物数学也。希腊人之几何，具体“形学”也。准是以谈宇宙，则所谓天者积气之体耳，地者积形之块耳，物者貌相声色之储聚而止乎无所化者耳。近代数学则迥异乎是……

准是以谈，近代科学所谓物质者，无量数微尘之抽象系统也；空间者，无量数空点或几何条件之抽象系统也；时序者，无量数刹那或事变关系之抽象系统也。物质、空时、数量之精义，均有待于无穷分析之发挥，而后宇宙之玄秘，始稍稍耀露于外，吾人握智符以言宇宙之常与变，舍数学其谁与归耶？近代数学自笛卡儿以来凡数变，算术演为代数，据变项以言常项也；具体形学化为解析几何，执抽象条件以括特殊形体也，他如历数有尽之整数变为分数、负数、虚数、级数、函数、无理数，欧几里得几何之变为非欧几里得几何，皆依抽象逻辑关系与秩序阐发名理以应乎无穷者也。

复次，请言中国人之宇宙。

中国人之宇宙究具如何性相耶？此种问题，极难置答。间尝思之，西洋人与中国人虽同冒人名，而其所以为人之道则至不同。处于今而言上古，位于东而观西方，觉希腊人与欧洲人，其国族纵极差别，其地域纵极歧分，其品质纵极歧异，然其所以为人之义法则一，曰科学之理趣是也。希腊人与欧洲人文化生活之极诣，舍科学难言矣，哲学准于此，艺术依于此，典章制度莫能违乎此，是知“科学家”（义取叙述，非赞美）者！希腊人与欧洲人之类型也。吾人苟就其科学理论以剖析其宇宙观念，虽不中亦不远矣。返观中国，虽曰居同国、族同系、书同文，然其所以为人者，则甚多方。中国人之类型，要而言之，可得三种：道家其一也，儒家其二也，杂家其三也。此三者生活之理想，均非遵循于科学之一途，执科学之理趣，以衡中国人，其真实价值，终无由得见也。吾人对影自鉴，自觉其懿德，不寄于科学理趣，而寓诸艺术意境。中国人之宇宙观念盖胎息于宇宙之妙悟而略露其朕兆者也。庄子曰：“圣人者原于天地之美而达万物之理。”可谓笃论矣。

希腊人与欧洲人据科学之理趣，以思量宇宙，故其宇宙之构造，常呈形体著明之理路，或定律严肃之系统。中国人播艺术之神思以经纶宇宙，故其宇宙之景象顿显芳菲蓊勃之意境。质言之，希腊人之宇宙，一有限之体质也；近代西洋人之宇宙，一无穷之体统也；中国人之宇宙，一有限之体质而兼无穷之“势用”也。体质寓于形迹，体统寄于玄象，势用融于神思。科学立论，造端乎形迹，归依乎玄象，希腊人与欧洲人之窥探宇宙，盖准形迹以求其玄象者也，前者创始而后者圆成之，固犹属于相似之理境。艺术造诣，践迹乎形象，贯通乎神功，中国人之观察宇宙，盖材官万物，以穷其妙用也。准此以言，希腊人与近代西洋人之宇宙，科学之理境也；中国人之宇宙，艺术之意境也。科学理趣之完成，不必违碍艺术之意境，艺术意趣之具足亦不必损削科学之理境，特各民族心性殊异，故其视科学与艺术有畸重畸轻之别耳。中外宇宙观之不同，此其大较，至其价值如何论定，则见仁见智，存乎其人可也。

吾前云：中国人之类型有三，道家、儒家与杂家是也。（道儒杂三家云者，非承班孟坚之故说，彼所谓儒与道有流为杂家者，彼所谓名与法有应列入道与儒家者，刘知几[10]曰："班氏作志，牴牾者多。"此其一例也。）三者之中，道与儒气象瑰伟，俱为中国人中之龙，至于杂家，则风度骄泄，卑之无甚高致也。道儒两家，妙能参透万象而得其势用，杂家转觉拘泥形迹，滞而不化者也。夫惟如是，故道儒两家之宇宙观，多系于艺术表情之神思；杂家之宇宙观，乃囿于阴阳五行之粗迹。前者本形上之天道与天理以状宇宙之神彩，后者执形下之气器以求宇宙之形体。中国思想系统中如有科学，其理境乃若独为杂家所专有，然举以与儒道两宗之睿智大慧相较，殊觉浅近庸俗，已非第一义矣。

……（略）

儒道两家观察宇宙，皆去迹存象，故能官天地、府万物而洞见其妙用。准此以言宇宙，则一切窒碍之体隐而弗彰，只余艺术空灵胜境，"照烛三才晖丽万有"矣。降及秦汉，道之妙、儒之理，渐次颓废，于是阴阳五行之说，杂乱并出，是后言宇宙者，乃遂滞于形迹，卑之无甚高论矣。阴阳之说，具见于儒道哲理之初，然其用极于刚柔之变化，固不若汉儒之执著形迹以为言也，五行之说虽原本于《尚书》（《尚书·洪范》近人颇有疑其为战国时人伪托者），但其义甚鄙，儒道先哲，多弃置弗论，唯汉儒竞相传播耳。此类"杂家"，虽浅俗不能窥见宇宙之奥妙，然于中国人崇尚艺术神思之通性，固犹未能尽去也……

总之，中国人之视宇宙多舍其形体而穷其妙用，纵有执著形质者，亦且就其体以寻绎其用，盖因体有尽而用无穷，唯趣于无穷始能表显吾人艺术神思之情蕴焉耳。

……（略）

希腊人之空间，主藏物体之界限也，近代西洋人之空间，"坐标"储聚之系统也，犹有迹象可求，中国人之空间，意绪之化境也，心情之灵府也，如空中音、相中色、水中月、镜中相，形有尽而意无穷，故论中国人之空间，须于诗意词心中求之，始极其妙……

诗人词客，虽置身于弹丸之地，亦能发抒性灵、拓展心意，以充塞无涯虚境，吾人试一凝神，抽绎上述诗域词境中所涵蓄之无穷情思，自觉吾言之非诬也。尝忆春日踽踽独行西湖九溪十八涧中，目染花痕，耳阒莺声，心满情愁，神滋意想，自觉穷天地之极际，亦不足以位我一人，然身在两山深处，又不觉其境之狭小，盖当是时吾所寄托者，非物质之界限，乃情绪意想所行之境耳。是知中国人之空间，萦情寄意之所也，是亦一无穷矣……

旷观中国人之宇宙，其底蕴多属虚象灵境，颇乏实迹繁理，迹之著，理之成，均有赖于数而其纲纪始显。故希腊与近代西洋人宇宙之基础，舍数学观念，即末由确立。返观中国人之宇宙，乃大异乎是，其故果安在耶？吾前已推论，中国人之灵性，不寄于科学理趣，而寓诸艺术神思。科学之精义，贵在几微密察，必有数焉以为之阶梯，而后宇宙之奥妙，乃可得而详说也。艺术之妙机，常托之冥想，冥想行径，窅然空纵，苟有深情，顿成深解，“真力弥满，万象在旁”，毋劳推步演算以求迹象之极际，而其中蕴蓄之理致，已盎然充满，所谓“虚伫神素，脱然畦封”，“超以象外，得其环中”是也，中国人领悟宇宙时之心情，司空表圣[11]最能曲予形容，得其妙境：

绝伫灵素，少回清真；如觅水影，如写阳春，
风云变态，花草精神；海之波澜，山之嶙峋，
俱似大道，妙趣同尘；离形得似，庶几斯人。[12]

（选自方东美《生生之德》，台北黎明文化事业公司 1979 年版）

【注释】

［1］俞曲园：俞曲园（1821—1907），指俞樾，字荫甫，自号曲园居士，浙江德清城关乡南埭村人。清末著名学者、经学家、文学家、古文字学家、书法家。海内及日本、朝鲜等国有很多学子向他求学，尊之为朴学大师。

［2］上述龚定庵诗两首：出自《龚自珍己亥杂诗》第 312 和第 297 首，龚自珍（1792—1841），号定庵，浙江杭州人。清代思想家、文学家、诗人。

［3］古代希腊有巨灵名司芬克斯（Sphinx）者：司芬克斯，最早源于古埃及神话，是一个人面狮身的怪物。在古希腊神话中，赫拉派司芬克斯坐在忒拜城附近的悬崖上，拦住过往的路人，用缪斯所传授的谜语问他们，猜不中就会被吃掉。这个谜语是：什么动物早晨用四条腿走路，中午用三条腿走路，晚上用三条腿走路？腿最多的时候，也正是他走路最慢、体力最弱的时候。俄狄浦斯猜中了正确答案，谜底是“人”。司芬克斯惭愧万分，跳崖而死。

［4］伊迪蒲士（Oedipus）：今译俄狄浦斯，希腊神话中忒拜的国王拉伊俄斯和王后约卡斯塔的儿子。俄狄浦斯无法逃脱命运的安排，杀父娶母之后，忒拜城笼罩在瘟疫中，当得知自己就是元凶时，俄狄浦斯刺瞎了自己的双眼，在荒野中流浪。索福克勒斯在《俄狄浦斯王》中更是丰富了其命运悲剧。

［5］倪高士：指倪瓒，即倪云林。倪瓒真正做到了既隐且逸，后人多称其为倪高士。

［6］娜瑟散士（Narcissus）：今译瑟索斯。希腊神话中的一位长相俊秀的美少年，是河神刻斐索斯与水泽女神利里俄珀之子。他对任何姑娘都不动心，只对自己水中的倒影爱慕不已，最终抑郁死去，化作水仙花，一直留在水边守望着自己的影子。

［7］斯宾格勒（Spengler）：奥斯瓦尔德·斯宾格勒（Oswald Spengler，1880—1936），德国著名历史学家、历史哲学家、历史形态学的创始人。他在《西方的没落》这部历史哲学著作中创造性地提出研究人类历史与文化发展的新学说，构建出比较文化形态学的理论体系。

［8］矩矱：规矩法度。《楚辞·离骚》曰："勉升降以上下兮，求矩矱之所同。"王逸注："矩，法也；矱，于缚切，度也。"

［9］毕达哥拉斯（Pythagoras）：古希腊的数学家、哲学家。从毕达哥拉斯开始，希腊哲学开始了数学传统，西方公认他是毕达哥拉斯定理（中国称勾股定理）的首先发现者。

［10］刘知几：刘知几（661—721），字子玄，彭城（今江苏徐州）人，唐高宗永隆元年进士，武则天长安二年（702）年开始担任史官，撰《起居注》，历任著作佐郎、左史、著作郎、秘书少监、左散骑常侍等职，兼修国史。有著作《史通》传世。

［11］司空表圣：指司空图（837—908），字表圣，自号知非子，又号耐辱居士，河中虞乡（今山西运城水济）人，晚唐诗人、诗论家。司空图著作的《二十四诗品》为不朽之作。

［12］离形得似，庶几斯人：出自司空图《二十四诗品·形容》。

【点评】

方东美是一位诗性哲学家，美学思想是其哲学思想的一个重要组成部分，他对中国美学的历史源流、中华民族的美感特征有深刻的体认和把握。

方东美认为，"各民族之美感，常系于生命情调，而生命情调又规抚其民族所托身之宇宙，斯三者如神之于影、影之于形，盖交相感应，得其一即可推知其余者也"。"今之所论，准宇宙之形象以测生命之内蕴，更依生命之表现，以括艺术之理法。"据此，方东美展开了对希腊人的宇宙观、西洋人的宇宙观和中国人的宇宙观的详察和阐释。

希腊人的宇宙观。希腊人的宇宙观是拟物宇宙观，是具体有形的宇宙观。希腊人的空间，上下四方是有边际的。希腊人的时历，古往今来，是有穷尽的；希腊人的物类，地、水、气、火，聚集在一起如环形。希腊人认识物时，会见出物的全部性质和显示出它完整的形状。希腊人的数学是实物数学。希腊人的几何是具体的"形学"。

西洋人的宇宙观。古代希腊宇宙是有限的形体，而近代西洋宇宙，则是无穷的境界。方东美对此比较道："前者之成分：质亦一有限，空亦一有限，时亦一有限，数亦一有限；后者之含素：质亦一无穷，空亦一无穷，时亦一无穷，数亦一无穷。”近代西洋人的宇宙观，是无限的宇宙观。方东美说可以从数学着手来了解西洋宇宙观。近代数学与希腊数学完全相反。近代笛卡儿将数变和算术演为代数，用变项来言常项；具体形学化为解析几何，将可以穷尽的整数变为分数、负数、虚数、级数、函数、无理数，欧几里得几何之变为非欧几里得几何。近代科学所讲的物质，是无量数微尘的抽象系统；空间，是无量数空点或几何条件的抽象系统；时序，是无量数刹那或事变关系的抽象系统。物质、空时、数量的精义，在近代数学的分析下是无穷的。

中国人的宇宙观。中国人的物质、空间、时间诸观念，貌似具体而实际是玄虚的。老子觉察的万象，“道之为物，惟恍惟惚，惚兮恍兮，其中有象，恍兮惚兮，其中有物，窈兮冥兮，其中有精”。老子执大象以言万物之精，所以能识其玄同、穷其奥妙，而无遗漏。儒家贞观万物，最初是设卦陈爻以应天地山泽雷风水火之形、日月四时之态。它的要义，“仅在立象以尽意，援爻以通情，玩占以观变。乾道变化，首出庶物；坤厚载物，含弘光大，天地交而万物通，其用也泰；天地感而万物化生，其用也咸；天地革而四时成，日月得天而能久照，四时变化而能久成，其用也应恒”；“推而至于万物，雷取其动、风取其挠、水取其润、火取其燥、山取其坚贞、泽取其虚受，莫不有妙用流寓其中焉”。儒道两家观察宇宙，能够观天地、俯察万物而洞见其妙用。

方东美认为中国传统美学体现出鲜明的生命美学与体验美学的特征，强调、肯定美总是肯定人生、肯定生命的。它突出体现为人生的审美、诗化，同时将艺术生命化、人化。中国文化是一种以生命为本体的文化，儒道经典文本都洋溢着生命的大美。他以中国的生生哲学思想为主体摄入西方现代生命思想（尼采、柏格森、怀特海），建构自己生命美学的基本路数。他认为宇宙是一个有生命的情理集团，生命是宇宙的本体。中国艺术所关注的，主要是生命之美，以及气韵生动的充沛活力。它所注重的，并不像希腊的静态雕刻那样，只是孤立的个体生命，而是注重全体生命之流所弥漫的粲然仁心与畅然生机。

中国审美体验的意义在于通过对有限的现实时空的超越而获得一种永恒，无限的心灵自由与高蹈，而审美体验从根本上说是一种生命体验，是生命体验的最高存在方式，是生命意义的瞬间感悟。方东美的结论是：中国人所理解的宇宙多舍弃其形体而穷尽其妙用，因为体有尽而用无穷，这也是中国人艺术神思情蕴的内在根由。因而，中国传统美学在其理论意义上，不仅展示了中国传统文化宝藏一个丰富的重要方面，而且呈现出不同于西方美学思想发展的独特的思想意义与价值。

【链接】

1. 方东美：《生生之德》，台北黎明文化事业公司 1979 年版。
2. 方东美：《人生哲学讲义》，中华书局 2013 年版。
3. 朱良志：《中国艺术的生命精神》，安徽教育出版社 1995 年版。
4. 蒲震元：《中国艺术意境论》，北京大学出版社 1999 年版。

白沙先生[1]诗文中之美学哲理

张君劢

西方自希腊以来，称真善美三者，为人类心中所向往之鹄的[2]。所谓善，即《大学》所谓明明德与在止于至善。所谓真，即吾国所谓博学、审问、慎思、明辨与格物致知之功。所谓美，即孔子所谓仁者乐山，与在齐闻韶，三月不知肉味之乐之感人之深。此真善美三者，同出于宇宙与各人感觉之关系之间。然因学术思想之分科，乃分而为三大区域，其属于智识者，为科学与哲学，其属于辨善恶、邪正者为道德。前者以物之类别，物之所以知为内容，其着眼处为物质生物与人类本身所以异同；后者以人之行为心术为主题，尤重于其动机之是非邪正。因此之故，科学以分疆划界为主，而道德以善恶是非为褒贬之准则。此二者自有其绳墨规矩为学问家、为立身行己者所不可不守者也。以云所谓美，虽出于人之感觉之主观，然其人人胸襟须以宇宙与一身一心合而为一体，且超出乎世俗所谓生存常变、富贵贫贱之外，而后心旷神怡，乃能领略宇宙间种种之美，如山峙、如水流、如日出、如日落、如鸢飞、如鱼跃，为天地自然之美，惟有有道者胸襟开阔，不为物欲所蔽者乃能得之。此则美学之所以与科学哲学与道德二者迥乎各别者也。

吾人读《论语》一书，咸知其为孔子论仁义忠恕与君臣父子之书。乃孔子与其门人聚会一堂，请其各言尔志。子路答曰："吾能治千乘之国，能使其民有勇而知义方。"冉有答曰："方六七十里之小国，可使其民衣食丰足。"公西华答曰："当宗庙会同之际，穿章甫之服而为其小相。"及轮到曾点，答曰："我之所志，异于三子。"孔子告之曰："何伤乎，亦各言其志。"曾皙曰："暮春者，春服既成，冠者五六人，童子六七人，浴乎沂，风乎舞雩，咏而归。"夫子喟然叹曰："吾与点也。"此段文字，以现代普通话释之，即曾点愿于四五月之交，与成年人五六人，青年十五岁者六七人，一同去河中游水，并在山上乘凉，及其归家时，在路上一同唱歌。此为今日学校团体放假所习见之事，何以孔子独赞许曾点？亦曰曾点知宇宙中美之所以为美，有一种纯洁心情，以赏之受之，其雅趣高情，可以与陶渊明之高逸，邵康节[3]之潇洒，相媲美而已。

白沙先生为学之方，《明儒学案》[4]所以论之者，最为扼要。其言曰：

先生之学，以虚为基本，以静为门户，以四方上下往古来今穿纽凑合为匡廓，以日用行常分殊为功用，以忽忘勿助之间为体认之则，以未尝致力而应用不遗为实得。远之则为曾点，近之则为尧夫，此无可疑者也。

白沙先生之美学，可分三点言之。一曰与宇宙为一体，二曰逍遥自得，三曰以酒醉代下意识[5]。兹分项言之。

第一，人自有生以降，既已离父母之身而另为一人，具耳目口鼻触五官，又有天赋之知识与道德，又有其与生俱来之情欲。因而有彼此同异之分，爱恶恩仇之私，其对于外界事物之分辨，天性使之然也。至于分之为用，所以辨彼此同异，所以别是非善恶。以云宇宙之体，为一乎，为多乎，为同乎，为异乎，盖有不易断言者矣。因是东西思想家，有返而求其本体之一，与本体之协和者。若柏拉图、斯宾诺塞、康德、菲希特、谢林[6]，均注意于内外分合不忘其为一之哲人也。但举谢林氏之学说以证之，雪氏以为宇宙之中，一方为自然界，为物理世界，他一方名之曰为我为精神，此二者分而为二，然实出于一体者也。其所述与白沙子风花雪月飞潜动植不外乎我，不外乎一心之言，正相吻合。白沙之言曰：

此理干涉至大，无内外，无终始，无一处不到，无一息不运，会此，则天地我立，万化我出，而宇宙在我矣。得此把柄入手，更有何事？往古来今，四方上下，都一齐穿纽，一齐收拾，随时随处，无不是这个充塞……此理包乎上下，贯彻终始，混作一片，都无分别、无尽藏故也。

此中，“我立”“我出”云云，与菲希特所谓非我由我建立之言相同。混作一片都无分别云云，与谢林云云，谓为与谢林氏同体哲学[7]相合，非勉强附会之言也。

白沙在其诗中表达此浑沦一体之意者，有《神泉八景》中《太极涵虚》一首，曰：

混沌固有初，浑沦本无物。万化自流形，何处寻吾一。

又《睡起》一首，如下：

天地蜉蝣共始终，十年痴卧一无穷。道人试画无穷看，月在西岩日在东。

白沙子更有《云封寺有曲江遗像戏题》一首，录其首二句曰：“尝疑大块本全浑，不受人间斧凿痕。”此浑然一体，原非人类知识所能加以分辨或界画，即不受斧凿痕之意也。

谢林氏之言曰：“所谓美者，将无穷之宇宙，以限于方隅之方法，表达而出之之谓。”其意谓一画一雕刻，均为纸笔质料所限，而表达其一景一像，故不免限于方隅，然此一画一像之背景，实为宇宙之无尽藏。此亦即白沙所谓以日东月西之一部分，以象征此无穷之意也。

第二，自由戏弄，此语出于康德门下文学家席勒，席勒以为美之所以为美，由于人之自由戏弄，其意谓人之心灵，任其幻想之所至自由表达而出之之者，如画家之高山流水，如雕刻家之骏马奔驰，皆由美术家心灵之自由发挥而偶得之者也。此“自由戏弄”四字，为西方习用之语，其在吾国，可以“逍遥自得”四字代之，“逍遥”二字为《庄子》之文之篇名，可以《应帝王》一篇中以解之：“予方将与造物者为一，厌则乘夫莽眇之鸟，以出六极之外，而无何有之乡，以处圹埌之野。”曰莽眇，曰六合之外，曰无何有，可见庄子幻想之所届，更非席勒所能攀援矣。此足以表示吾国思想之飞跃，非西方美术家所能颉颃[8]者矣。《白沙先生语要》中之言曰：

灵台洞虚，一尘不染，浮华尽剥，真实乃见。鼓瑟鸣琴，一回一点。气蕴春风之和，心游太古之世。

此言乎人弃其世俗之成见，方能如颜回之坐忘，曾点之舞雩[9]，其所谓心游太古之世，与庄子所谓无何有之乡，无以异也。

惟其心灵之飞跃自如，乃能有绝妙之诗文，兹举其《早饮辄醉示一之》一首：

清晨隐几入无穷，浩浩春生酩酊中。我若扶衰出门去，可能筋斗打虚空。

再录《寄太虚上人照用旧韵》一首：

众生尊我我须劳，公在吾儒公亦豪。数点晓星沧海远，一床秋月空山高。
性空彼我无差别，力大乾坤可跌交。十二万年如指掌，且并闲弄在甄陶。

若晓星沧海，一床秋月，此为诗人之语，尽人而能之。至于隐几无穷，春生酩酊，筋斗虚空，乾坤跌交之语，非真逍遥自得之精神，发挥至于极至者，谁能作此语乎？

更录《次韵顾通守》一首：

到处能开观物眼，生平不欠洗愁杯。窗前草色烂凝绿，门外波光月荡开。
歌放霓裳仙李白，醉空世界酒如来。春山几幅无人画，紫翠重重叠晚台。

仙李白，醉如来，非学道者之言，乃由自由胸襟而后吐出，真空前绝后之句也。

此逍遥自得之态，言之虽若甚易，然世人脑中充塞以书本之智识，世俗之名利，视若威权而拜倒之者，决不足以语此，此义白沙《论铢视轩冕尘视金玉》文，言之至为深切。录其中一段曰：

则天地之始，吾之始也，而吾之道无所增，天地之终，吾之终也，而吾之道无所损……举天地间万物既归于我，而不足增损于我矣。天下之物尽在于我，而不足以增损我，故卒然遇之而不惊，无故失之而不介，舜禹之有天下而不与，烈风雷雨而不迷，尚何铢轩冕尘金玉之可言哉?

如是所谓逍遥自得者，在乎能超尘世流俗之习见之外，而后出意语默，乃能自由自在而合乎宇宙之无量无边之妙境矣。

第三，以酒醉代下意识，西方哲人分意识为二，一是自觉的意识，即在日常生活中分辨彼此、同异、是非之意识，此为上层意识。二是下意识，即潜伏于上层意识之下者，有想象中性欲之感觉，或睡梦中之所见。美术家之诗也、文也、画也、雕刻也，究其渊源所自，乃得之于潜伏之下意识者，为多吾国诗人。则以一“酒”字代表之，将人生作为一种游戏，表而出之者，其意境有与日用间之常识相去万里矣。李太白诗《将进酒》中之句曰“钟鼓馔玉不足贵，但愿长醉不愿醒。古来圣贤皆寂寞，惟有饮者留其名”，此在治希圣贤之学者观之，可谓为荒唐之语，然在泯去一切差别而达于平等观者言之，此种境界万不可缺，此则惟有求之于下意识或酒后狂态之中耳。亦惟有太白之为酒仙乃能有《杨叛儿》《王昭君》之诗，所以表儿女之情。更有《蜀道难》中“上有六龙回日之高标，下有冲波逆折之回川。黄鹤之飞尚不得过，猿猱欲度愁攀援”之妙句也。

吾人研究吾国诗中酒后之狂态，乃可以知西方之注重幻想与下意识者，其根本上之性质，为异名而同实，此吾人所当为觉察者也。然白沙先生不以诗人自居，其诗中言饮醉者特多，录数首如下：

白衣刚到黄花下，醒长官为醉长官。社里斯知僧主酒，向前高视石蒲团。(《渊明爱菊》)

白头无酒不成狂，典尽春衫醉一场。只许木犀知此意，晚风更为尽情香。(《木犀》六首之一)

典尽春衫以求一醉，为寻常人生所不许之行为，然出之于酒后诗人之口，则为逍遥自得之妙境。此则诗中所以不可缺少酒醉也。……（略）

然白沙子要为学道之人，其诗中虽充满宇宙之美，然究与太白酒仙不同。

试举以下两诗为例，则道貌高峻之态活跃眼前。

进亦人所忧，退亦人所忧，得亦人所忧，失亦人所忧，所忧非忧道，所忧其可留；所忧非忧贫，所忧其可休。古来向道人，能辩忧所由。去去凌九霄，行行戒深沟。敬此之谓修，怠此之谓流。（《赠世卿》之一）

六经如日朝出东，夫子之教百代崇。揆之千圣无不合，施之万事无不中。水南新抽桃叶碧，山北亦放桃花红。乾坤生意每如是，万古不息谁为功。（《次韵庄定山谒孔庙》）

白沙之诗，志在追踪渊明、康节，不以工巧为事，故有“文字耻雕虫”与“诗巧是诗魔”之句。虽时有醉后异想天开之句，然与太白之乘风凌云者自不同也。

虽然，就哲学上真善美三大目标言之，同为宇宙本体之蕴藏，惟在贤哲之士抉发而出之，科学家就物类之同异以求之，哲学家就宇宙之大全以求之，乃得所谓真，伦理学者就事之善恶是非以求之，乃得所谓善。以云宇宙之美，则在能达观者之具雅兴有逸趣者，求之山峙水流、驾风破浪之中。此在吾国则散见于曾点舞雩[9]、康节高歌[10]之中，然不成为一种条理贯通、秩序整然之学，如康德氏之感情判断力第三批导。此岂非今后新儒家之所应有事者乎。

（选自张君劢《义理学十讲纲要》，中国人民大学出版社2006年版）

【注释】

［1］白沙先生：白沙先生即陈白沙（1428—1500），名献章，字公甫，号石斋、石翁。广东新会白沙村人，世称“白沙先生”，明代思想家、教育家、书法家、诗人，广东唯一一位从祀孔庙的明代硕儒，主张学贵知疑、独立思考，提倡较为自由开放的学风，逐渐形成一个有自己特点的学派，史称“江门学派”。著作后被汇编为《白沙子全集》。

［2］鹄的：箭靶的中心，练习射击的目标。

［3］邵康节：邵康节即明代哲学家邵雍（1012—1077），字尧夫，生于河北范阳，后迁至河南。曾师从李之才学象数之学。富弼、司马光、吕公著等退休洛中的时候，都和他往来。著有《皇极经世》《观物内外篇》等。

［4］《明儒学案》：黄宗羲的代表作之一，成书于1616年，全书一共62卷，记载了有明一代210位学者，是一部系统总结和记述明代汉族传统学术思想发展演变及其流派的学术史著作。

［5］下意识：就心理学上来看，是指不知不觉、没有意识的心理活动，是有机体对外界刺激的本能反应。德国心理学家弗洛伊德把下意识提高到了前所未有的高度，成为其精神分析的核心部分。

[6] 谢林：弗里德里·谢林（1775—1854），德国古典哲学的主要代表，客观唯心主义哲学家。主要著作有《论一种绝对形式哲学的可能性》《先验唯心论体系》《宗教与哲学》等。

[7] 同体哲学：即“同一哲学”，是从谢林的自然哲学与先念唯心主义发展来的哲学观。他认为自然与人、物质与心灵都是“绝对”的产物，绝对是物我的同一，在绝对之中，主体与客体、意识与存在、理想与现实都统一起来，成为一体。

[8] 颉颃：原指鸟上下翻飞，引申为不相上下，互相抗衡。

[9] 曾点之舞雩：源于《论语·先进》中曾点言志的故事，表达出曾点亲近自然，优游自得的自由审美生活情调。

[10] 康节高歌：指邵雍诗篇中那些富有人生艺术化情调的诗歌。

【点评】

张君劢对于宋明儒学的研究，不仅在其理学、心学方面深有感悟，而且在诗学方面也有所涉猎。本文便是张君劢对明代儒家陈白沙哲性诗学的探讨。张君劢学兼中西，对中西方文化的异同有着深切的体会。他认为中西哲人虽国别不同，地域各异，但对于“宇宙本体之蕴藏”的真善美三大目标的发掘阐释，却有着内在的相通相合之处。真，可由科学家就物类之同异或哲学家就宇宙之大全以求得；善，可由伦理学家就事之善恶是非以求得。而美则是出于人的主观感觉，表达自身对于宇宙间种种之美的领略，其方式灵活多样。

审美活动不同于科学哲学活动与道德活动，审美者必须胸襟开阔，不为物欲所蔽，才能真正领略宇宙人生之美。在哲性诗学方面，白沙先生作为一代硕儒，远可比曾点，近可比邵雍，其道心胸襟与诗情雅趣超凡脱俗。他在其诗文当中表达出了对于宇宙人生的深刻体悟，张君劢从中发掘出白沙先生的美学哲理：一、与宇宙为一体。如白沙先生《睡起》诗“天地蜉蝣共始终，十年痴卧一无穷。道人试画无穷看，月在西岩日在东”，这说明个体并不是孤立存在的，而是关联于无穷的宇宙天地，人生与宇宙浑然一体。白沙先生从日升月落见天道之循环，以自然景观窥探出天地的无穷，类似于德国哲人谢林以一景一像表达无穷之宇宙的美学观。二、逍遥自得。宋明理学家主张，审美往往出于人的主观感觉，只有身心与宇宙合为一体并超出世俗，才能真正领略自然宇宙之美。白沙先生的一些诗作正体现出这种心灵的自由，如《早饮辄醉示一之》中“我若扶衰出门去，可能筋斗打虚空”，《寄太虚上人照用旧韵》中“性空彼我无差别，力大乾坤可跌跤”等语，诗情豪迈，不为物拘，由自由胸襟中倾泻而出，澎湃着一股洒脱奔放的逍遥自得之精神。而这“逍遥自得”，又与德国文学家席勒自由表达人的心灵的“游戏说”美学观是相通的。三、以酒醉代下意识。西方哲人将意识分为自觉的意识与下意识两部分，自觉意识即日常生活中的受理性控制的自觉意识，下意识则是与自觉意识不同的如想象或睡梦中的不自觉意识。艺术创作多源自下意识激发诗情，而我国诗人则以酒醉来畅叙幽情，以表现出与日常生活常识不同的意境。如白沙先生的诗句“白头无酒不成狂，典尽春衫醉一场”“万杯春覆酒遗老，一枕日高天与闲”等，表现了诗人典尽春衫以求一醉的狂放风姿。这些诗中表现出的酒后之狂态，与西方精神分析学说中的下意识理论不谋而合，在此状态下的诗人可以达到视万物为平等的逍遥妙境，更深切地体会到宇宙人生的幽情美趣。

宋明儒家对艺术道境的追求，即是对艺术的天地境界的追求。它既蕴涵着对人格自由所拥有的愉悦感，又蕴涵着对艺术欣赏所带来的共鸣感。因为道的艺术自由精神就寓在大化流行、唯变所适之中。在这里道的艺术自由精神说到底是主体人的自由精神显现。

张君劢对陈白沙哲性诗学的研究告诉我们，宋明理学家继承孔孟原始儒家的学脉，透视宇宙自然和人生命运，构建了富有特色的理学思想体系。张君劢为之注入了新的时代血液，找寻其与西方哲学的内在契合，彰显出富有鲜明时代特征的新儒学观。

【链接】

1. 张君劢：《义理学十讲纲要》，中国人民大学出版社 2006 年版。
2. 张君劢：《儒家哲学之复兴》，中国人民大学出版社 2009 年版。
3. 吕希晨、陈莹：《张君劢思想研究》，天津人民出版社 1996 年版。
4. 许总：《宋明理学与中国文学》，百花洲文艺出版社 1999 年版。

孟子思想中的人的观念：中国美学探讨

杜维明

徐复观先生在他的《中国艺术精神》一书中指出，儒家和道家都确信自我修养是艺术创造活动的基础，这与艺术的根本目的是帮助人们去完善道德和精神的品格的陈旧观点恰恰相反。它提出了一条解答艺术本身是什么，而不是解答艺术的功能应当是什么的思路。在这个意义上，艺术不仅成了需要把握的技巧，而且成了深化的主体性的展现。艺术感动并影响着我们，因为它来自人与天地万物共有的灵感之源。这种观点的倡导者确信，真正的主体性的表现取决于自我的彻底转化。他们试图以各种方式，如立志、虚情、节情、养其大体等，来实现这种转化。由于深化的主体性集中在宇宙的“大本”上，从而使各种不同生命形态得以和谐，使人类与自然协调，使主体与客体的区别得以泯灭。

徐复观先生还指出，中国美学的一个根本观念，就是它坚持认为，主体与客体、自我与社会、人与自然的二分法都是不真实的，故而是可以互相转化的。真正的主体性敞开了私我化的自我，从而使自我能与他人进行富有成果的沟通。这种可沟通性所带来的终极快乐，用庄子的话说，使我们得以与造物者同遨游。既然造物者与所造之物之间的鸿沟都可以跨越，那么，当人类创造艺术时，他们便参与“天地之化育”[1]。

徐复观坚持认为，《庄子》在中国哲学和历史上，集中体现了审美主体性在中国的诞生。当然，徐先生也注意到，儒家思想中所确立起来的道德主体性，同样充满着深刻的美学内容。徐复观还提到了孔子对音乐的强烈爱好及“六艺”与中国美学发展的关系，但是，他却很少提及孟子。而在这篇文章中，我将考察孟子的修身观念是如何同中国艺术理论相关联的。

我的考察具有双重目的：其一，探讨先秦儒学，特别是孟子关于人的思想；其二，说明这种探讨可能有助于理解中国的美学。我并不准备对孟子学说中关于人的概念作全面分析，也不打算论证孟子——而不是庄子——同中国美学有着特殊的关系。不过，我的确希望说明中国的哲学人类学，对于艺术理论的发展提供了许多有关象征符号的资源。由于我集中探索的成果来自《孟子》一书，此书对伦理学而言具有中心意义，但其美学含意却一直被忽略。因此，我的直接目的只是要指出某种美学研究的方向或方法。这样一种取向，最终将有可能使人们确信，中国的艺术具有浓厚的人文主义基础。

一、道

人道的原则，博大充实，是孟子全部思想的基础。在孟子的语言中，道作为一个隐喻[2]决非一个静止的范畴，象征着某些外在的、客观的东西。这是一个过程、一种运动，甚至是作为个人、社会和宇宙转化之生命力的自我的一种动态展开。在孟子看来，“道”与其说是一种需要遵循的准则，不如说是一种必须通过不断努力来实践的激励人心的标准。我们不可能单纯或简单地依靠活下去来实现人性，我们只有通过修身，才能够充分实现人性中所固有的种种仁的可能性。只有如此，我们才能说自己正在通往成为本真的人的路上。正因为“道”是一个永无止境的过程，故而曾子认为有志之士任重而道远：“士不可以不弘毅，任重而道远。仁以为己任，不亦重乎？死而后已，不亦远乎？”（《论语·泰伯》）

倘若我们决心承担这种长期而艰巨的学做人的任务，那么，我们终将成为什么样的人呢？对于这种努力，必定会有些人不感兴趣。因为，如果他们从未想到自我完善的可能性，他们的生活真的会有什么严重的欠缺吗？不过，孟子并没有去推究人类可能堕落成什么样的可悲生物。在他所生活的战国时代，人与人之间横行无阻的非人道行为，很可能说明堕落几乎已经到头。孟子敏锐地意识到，整个社会都在为争权夺利而自相残杀，但他坚持认为，普通人只要直接诉诸他们内心的资历，进行道德和精神修养，仍能成为圣人。他坚信，圣人和我们是同一类人。即使我们成了圣人，也不意味着我们上升为另一种不同的存在，我们实质上仍然是人。尽管孟子谴责那些不愿选择自我完善的人是不可原谅的“自暴自弃”，但他同时充分承认，他们仍然有作为人的权利。这说明在圣人与自暴自弃者之间，人性（仁）的范围的确是宽广的。

孟子思想的一个鲜明特征，就是确信人通过自我努力有可能达到至善。孟子既不求助于上帝的存在，也没有诉诸灵魂的不朽，而是认为本然的人心已足以实现自我的完善。这似乎意味着，在人性之中有一种道德的“深层结构”，它无需外力的强制，就可以作为一种自然的生长过程而得到充分发展。不过，这种貌似简单的自我发展之道，并非在追求一种与世隔绝的内在的精神性。相反，它是通过学习，使一个私我化的自我转变为一个具有能知能爱的自我的整体性过程。除了关于深层结构的思想外，在孟子那里，我们还可以获得一种自然生长的形象。因此，我们学做人的过程，不仅包含着人的内在品质的突然涌现，而且也包含着对人性的“萌芽”和“幼苗”的从容培养。例如，当我们突然面对他人遇到灾难和不幸，如看到一个小孩失落于井时，我们能立即产生一种恻隐之心[3]。然而，除非我们注重对恻隐之心的培养，否则，这种恻隐之心将停留于狭小的范围，无法超出亲朋好友的狭小圈子。一般说来，恻隐之心需要一种异常强烈的外部冲击，把我们从日常的感觉迟钝中唤醒。而发展这种深层结构，就如同学习一种道德的语言或习得一种礼的形式一样，需要采取一种平衡稳健的方法（“心勿忘，勿助长也”）。这正像五谷只有成熟才能有用一样，“夫仁，亦在乎熟之而已矣”（《孟子·告子上》）。

即使是成熟的人，也不能终止其学习，因为我们固有品质的发展使我们必须不断更加精炼。因此，熟练地掌握一种道德语言，或是彻底地习得某种礼的形式，便成为一种持久不断的挑战。正如我们为了发展生成新的语言模式，或创造人类互动的新方式的能力需要每天练习一样，我们必须不停地修身，才能同他人发生富有成效的交流。成熟，作为人类学习的价值成果，包含着进一步发展的真正可能性。在道德发展的过程中，有着许多条道路可循，但在深浅不同的各种境界中，它们交聚在一起，给我们提供了各种让我们景仰的激励人心的标准。但是，不能把这些标准看作固定的模式，而应看作人性完美的各种见证。我们可以从孟子的思想中清楚地发现这一点：“有诸己之谓信。充实之谓美。充实而有光辉之谓大。大而化之之谓圣。圣而不可知之之谓神。”（《孟子·尽心下》）

从“善”到“神”存在着许多微妙的层次。要对它们作出精密的评价，就必须对作为其基础的动态过程加以考虑。这一点，可以通过对先秦儒家思想中人的概念作出更详细解释而得到进一步说明。

二、身

由于儒家所倡导的修身方法是教育孩子顺从父母、尊重权威、认同社会规范，故而儒家的修身方法往往被假定为只有社会学意义。这种常识性的观点不能解释儒家传统学说中大量文献所反复强调的一点，即把关注人的身体的重要性作为做人的一个必不可少的要素。如曾子在临终之前，象征性地要他的弟子“启予足，启予手”，说明他对父母所授之身体的敬重。借用《论语》使用的形象：人必须视自己的生理躯体为神圣的器皿。这不仅是一种出自孝的情感，也是因为自我作为具体的活着的实有，是与身体分不开的。由于修身在其字面上已涉及“身”的修养，所以，在先秦儒学中有着许多与身体相关的论述。确实，如果我们意识不到身体的重要性，就很难理解先秦古典儒家思想中的六艺的重要意义。

“艺”，一般英译为“art”。就词源学而言，意味着种植和耕地的活动。这个字似乎源于农业生产，后来才引申为获得技巧的含义。所以，一个有

“艺”的人，就是一个能够完成不寻常任务的有才之士。儒家对文学造诣的强调，也许促成了以美术来界定“艺”字的倾向。不过，在古典教育的内容中，六艺往往是与体育活动有着特殊联系的科目。它们既是需要操习的动作，又是应从精神上去掌握的科目。学习六艺，似乎是有意地不仅使我们的心而且也使我们的身受到文明的洗礼。当然，我们未必会意识到这些科目所包含的哲学依据，但是，认为六艺是以社会规范单方面地来强制、约束我们的看法显然是错误的。我们不仅仅是被社会化的存在，而且我们还能够通过培育我们内在的“萌芽”和“幼苗”而主动地进行自己的社会化的实践。正是部分地由于这一缘故，孟子坚持认为，“义”并不是我们受训练的结果，而是人类本性的深层结构中所固有的。

因此，“礼”作为六艺之首，乃是对于形体的严格操练。其目的是使我们在日常生活中转化自己的形体，使之成为自我的一种恰如其分的表现。它包含着诸如洒扫庭除和简短答对这样一些简单活动，将我们训练成具有熟练履行习俗功能的社会全面参与者。我们学习合乎礼的立、坐、行和食，以便我们能够和谐地同周围的人一起生活。我们之所以这样做，并非是为了寻求他人的认可，而是为了遵循激励我们成为群体必要组成部分的准则。尽管我们周围有些人，也许只会生硬地使用这种“礼的语言”，但是，由于我们首先要对我们可能或应当成为什么样的人负责，所以，这一切并不会阻碍我们去完善属于我们的诸艺。另一方面，如果我们未能达到群体对我们的期望标准，这对于我们来说是个严重的问题，因为，我们珍惜群体成员之间的互动关系，并将这种关系视为我们在道德和精神方面自我修养的必要条件。因此，我们竭力仿效那些值得我们敬慕的人，并且“见不贤而内自省”。儒家的座右铭——“己所不欲，勿施于人”——支持利他主义，是把它作为诚以待己的一种推论看待的。

儒家思想赋予“礼”的启发功能以极高的评价，以至于把它礼仪化，看作是我们学习成为成熟的人的具体过程。在儒家的教学中，虽然口头传授是很普通的，但实际上，却更倾向于在充满非口头沟通方式的气氛下传道授业。身教重于言教。“身教”从其字面上看，就是人通过形体的示范行为来实施教育。在儒家看来，用示范来表明人在特定环境中究竟应当做些什么，即模范地履行礼的行为，其教育力量要比用文字表述大得多。《论语》中满是介绍孔子行为的生动事例。例如《乡党》篇中，不仅详尽地描述孔子如何穿着、如何端坐、如何站立、如何行礼、如何走路以及如何饮食的细节，甚至还特别对孔子在庄重场合的某些极细微的姿态也给予了非常细致的描述：“执圭，鞠躬如也，如不胜。上如揖，下如授。勃如战色，足蹜蹜，如有循。享礼，有容色。私觌，愉愉如也。”

如果说“礼”规范着我们的形体，那么，“乐”（六艺之中的第二项内容）则是期望形体达到和谐，从而以井然有序的形式表现出我们与生活的韵律一致。在儒家的教育思想中，音乐的重要性是再怎么强调也不会过分的。乐与礼同作为象征文明的方式，也是学习做人的必由之路。既然所有真正的音乐都被视为人心所产生，那么，音乐就能够塑造身体的活动，使之成为内在自我的完美表现。在儒家文献中，不单是宫廷舞蹈家的表演，而且文人的举止也都被认为具有优美韵律。从沉重的石钟敲击到轻柔的鼓瑟，各种乐器所奏出的无数音律，把我们的“七情”[4]纳入恰当的渠道。

一个人学习鼓瑟或吟诗，是为了与他人沟通，或许更重要的是为了体验人与自然之间的内在共鸣，我们所听到的美妙音乐，绝不是只在我们的感觉中引起瞬逝的印象，而是引起一种经久不衰的德行的意境。音乐作为天地之和谐的体现，使我们与原初的秩序协调一致。乐——和谐完美的乐，而不是郑国的靡靡之音——能够使人的身体转化成美的具体表征。正如《论语》所指出的，听过韶乐的孔子便沉浸于一种极乐状态之中，居然整整三个月都不知肉味。

虽然“射”和“御”的艺术难以有类似的宇宙的意蕴，然而其中的生理的锻炼活动，却包含着深远的意义。例如，一位标准的弓箭手不仅是箭术高超的神射手，同时也是一位君子。他精通“射”的所有技艺，特别是当他未能射中目标时，他总是“反求诸其身”。如果《孟子》一书所曾提到的王良的故事[5]具有某种暗示的话，那即是说，在御的技艺中，也包含着复杂的自我控制的礼。“御”这门必修科目，不仅要求增强人的体力，而且也要求养成适当的行为方式的意识。由此类推，由于需要有一定聪慧的心灵才能自如地使用毛笔和算盘，所以，我们也可将书和数设想为修身的手段。

由此可见，“六艺”乃是修身的方式。六艺使身从一种原始的状态转化成群体关系的富有成果的中心。正像粗朴的舜在同善言善行接触之前，只具有成为人的可能性的“萌芽”和“幼苗”。作为一个中心，一个人无论何时何地，都不会失去他应有的位置：“君子无入而不自得。”同时，他对周围的人际网络仍保持高度敏感。通过对话交往，他加深了对自我的认识，并且丰富了与他交流的人的生活：“夫仁者，己欲立而立人，己欲达而达人。”对于这样的人来说，“六艺”，不仅是取得一些技巧，而且是取得自己“立”与“达”的手段。在孟子的思想中，通过礼、乐、射、御、书、数来转化自己形体的人，同时也为自己（并在自己内心）创造出真和美。孟子作为一位人本思想的倡导者，他足以称得上是善、真、美的楷模。

但是，修身的内容比形体的转化要丰富得多。确实，孟子曾明确地说过：“形色，天性也；惟圣人然后可以践形。”但这里所说的“形”，是象征整个自我。“身”往往是一个含意有限的形象说法。在这个说法中，自我具有的更加微妙精细的内容往往被有意地淡化了。吊诡的是，圣人之所以能够充分实现他的形体，正是因为他已经转化并超越了他的形体。自我转化和自我超越的可能性问题，将我们引入对心的分析。

三、心

倘若说身是表达一种空间概念，占据某一特定位置，那么，心的一个明显特征，就是到处游荡："出入无时，其知其乡。"（《孟子・告子上》）由于身是可见的，我们就能够确立描述它的行为标准。在某种意义上，示范教育便是摹仿学习。学生通过摹仿老师的手、足和身体去学习恰当的礼、正确的乐、好的书法。局外人观察儒家的学生学习六艺，也许会很容易地认为：学生正在做某种模仿舞蹈。不过，儒家大师所关注的不仅在于体态的正确，更重要的还在于形态背后的精神态度。为师者能够敏锐地察觉出一个机械的仿效者和一个能动的参与者之间的区别，尽管两个人都同样准确地照着老师的指示去做。对于机械的仿效者来说，他总是缺少些什么东西。我们或许可以说，他是心不在焉。为师者怎样才能知道他们的外表相同而实质不同呢？如果学生准确地知道礼的动作该怎样演示，并且做得又是那样的娴熟，那么，我们怎么能够断定他的心不是每时每刻都放在上面呢？然而，为师者却能以他的洞察力，从这里或那里的某些征兆看出这个学生仍没有足够集中精力完满地执行礼的要求。这似乎意味着：外形本身不足以成为判断某个演示者的真与美的根据，儒学大师不仅将注意力集中在结果上，而且也关注达成这一结果的全过程。他主要关心的，是那学生作为一个完整的人在转化过程中的全面发展。

在道德教育中，知在行中表现自己，而且也通过行使知成为真知。很难设想，一个人既然立志希望自己文雅、知礼、谦卑、尊敬他人，却又没有内在的力量去实现这些德行。在这里，孟子对"不能"和"不为"的区分具有特殊意义。一个人不能单独地移动一座大山是可以谅解的，但人们却不能说，一个人没有能力表现出对一个长者的尊重。既然在意向问题上能仅仅依靠行为准则，孔夫子就不会简单地满足于为学生做出正确的形式示范。老师总是希望能使学生创造出自己的风格和自己的理解。一个真正精进的学生，就应该像颜回那样。他曾以一种带有神秘性的措辞来表达对孔子教诲的理解："仰之弥高，钻之弥坚，瞻之在前，忽焉在后。夫子循循然善诱人，博我以文，约我以礼，欲罢不能，既竭吾才。如有所立卓尔。虽欲从之，末由也已。"（《论语・子罕》）

正如"言"永远不能完全表达"意"所深含的韵味一样，形体也不可能完全表达人心的内在情感。

不管身体如何地礼仪化、韵律化、健壮而灵巧，它都不能完全涵盖人心活动的情况。然而，身体毕竟是人心合适的住所。孟子强调指出，“学问之道无他，求其放心而已矣”。正是在这样的意义上，六艺的目的就是在于努力“存心”。这即是说，六艺不仅训练人的形体，而且也陶冶人的心灵。尽管人的身体需要经历一个长期渐进的过程才能获得某种适当的形式，但人心的转化却似乎很迅速，因为“心”是无定形的，“故曰：求则得之，舍则失之”。不过，认为只要下一次决心就足以“存心”，是错误的。孟子确实曾反复吁请君王以“不忍人之心”去建立“仁政”，仿佛我们可以借助于自然地“推(广)”君王的不忍人之心，就足以解决暴政的问题。但是，我们决不能将指出人类群体所有成员，甚至包括麻木不仁的君王，具有相同的基本情感这种策略性的意图与孟子的心学相混淆。

正如宋国农民揠苗助长的寓言所指出的，人心的修养是一件精细的事情。倘若我们过分地以人为力量去加速植物生长，植物便会很快枯萎。同样的道理，人心的完善也有其自然的过程。在每天的存心工夫中，应做到既“勿忘”又“勿助”。因此，“求则得之”应理解为在无法预料的人生激流中调整方向和维系平衡的掌舵艺术。

尽管心是变幻莫测的，但孟子认为，心的结构通过直接体验是能够认识的。他讲了一个关于奕秋的故事。大意是，一个技艺高超的棋手，无法指导一位心不在焉的学生。这说明，仅仅具有人性的“萌芽”和“幼苗”，并不能够保证我们就能知心和存心。“虽有天下易生之物也，一日曝之，十日寒之，未能有生者也。”这就意味着，没有持久细致的培养，已经长出的几根“新芽”也不可能有什么作为。换一个比喻来说，即将干涸的泉流，不可能使水池溢满水。与此情况不同，在洪水季节，水却可以有非常强大的力量。这既是质量，也是数量的问题。因此，孟子提出了一个有关人心结构的独到见解：如果得到培养，心事实上就能够得到无限发展。这就是为什么在孟子看来，心为“大体”，身体只是“小体”[6]。因此，所谓知心和存心，便是牢牢抓住一个能动的和不断拓展的结构。与人的形体成熟不一样，人心的成长是无限的。在自暴自弃者与圣人之间，人性表现出的范围、差别是非常广阔的。这说明，不是在人的身方面，而是在心方面，会出现真正的差异。这正如我们吃饭为的是滋养整个身体，而不仅仅是喂饱肚子这一身体的小部分一样。孟子认为，修身就是让“大体”，而不只是“小体”得到发展。

孟子以为，“寡欲”是养心的最好方法。当然，他所提倡的并不是一种禁欲主义，而是一种轻重缓急的道理。孟子完全承认诸如食、性这类本能欲望的重要性。不过，他坚持认为，人要充分实现自身，需要有一种整体的理念，其他同样的迫切的倾向——仁、义、礼、智等，也应该得到满足。尽管就“生而有之”而言，我们与其他动物所共有的本能欲望决定了我们是什么，但我们本性中所固有的道德倾向，则使我们成为独一无二的人。由此可以引出两个相互联系的思想：（1）人之为人的独特性，在于它是一个道德的和精神的问题，而这一问题如果化约为生物学和社会学上的考虑，是不可能得到恰当回答的；（2）自我完善或养心的实际过程，绝对不是去寻求一种纯粹的道德性和精神性，它必须包括人类生活的生物的和社会的种种现实。这样，倘若只是一味地满足本能欲望，我们永远不能实现人心的潜在力量。但是，如果我们养其“大体”，我们的小体也将得到充分实现：“君子所性，仁义礼智根于心；其生色也，睟然见于面，盎于背，施于四体，四体不言而喻。”（《孟子·尽心上》）

圣人，以“仁”为安宅，而行“义”之正路。孟子认为，我们可以通过对我心所固有的人类基本情感的“四端”，进行将心比心的反思，来理解圣人的伟大。这四端就是：恻隐之心、羞恶之心、辞让之心和是非之心。这些情感所萌发的力量，为我们提供了一种智的直觉[7]，使我们可以洞悉圣贤以及我们自己心中的真与美。由此可见，我们必须将身的语言上升为心的语言，用以解释道德典范在人类群体中的教育功能：“夫君子所过者化，所存者神，上下与天地同流”。（《孟子·尽心上》）

这种“上下与天地同流”的思想，开辟了一个新的领域，给心增添了超越的视角。很显然，孟子所讨论的心，既是一种认知的能力，也是一种情感的能力；它既象征着意识的功能，又象征着良心的功能。它不仅对实有进行反思，而且在理解实有的过程中，塑造和创造了这些实有对整个人类群体所具有的意义。所以说，实现其“大体”的人称得上“充实而有光辉之谓大”。但是，孟子同时坚持认为，“大人者，不失其赤子之心者也”，因为，“大体”归根结底，乃人类的本性。大人一方面像神灵一般“上下与天地同流”，但同时他所彰显的只不过是本真的人性。这种双重含义的论断，使一些汉学家把它称之为孟子思想中的神秘主义。

四、神

我们也许还记得，孟子说过，“大而化之之谓圣，圣而不可知之之谓神”。因此，“圣”与“神”如同善、信、美一样，都象征着人的完美。它们都是我们在实现自身时就应不断身体力行的激励人心的鹄的。在孟子看来，它们不是作为判断人的价值的客观尺度，而是人能够达到，或者说应该努力达到的审美评价的范型。既然圣人与我同类，那我们就应当称赞回的勇气：“舜，何人也？予，何人也？有为者亦若是。”确实，并非只有伟大人物才能充实而有光辉，因为我们也具有同样的内在资源：“万物皆备于我矣。反身而诚，乐莫大焉。强恕而行，求仁莫近焉。”（《孟子·尽心上》）

与其说是一种天真的道德乐观主义，不如说是对于人的生存状况的深刻洞察，促使孟子如此表述他的哲学人类学[8]的见解。在他看来，人“生于忧患而死于安乐”。我们只有在犯了错误之后，才学会改正错误：“人恒过，然后能改；困于心，衡于虑，而后作；征于色，发于声，而后喻。”我们努力去学会认识自己，学会与他人交流，并且为了尽力实现仁而承担责任。孟子对许多古代圣贤在成为精神楷模之前所经受的严峻考验是这样表述的：“故天将降大任于是人也，必先苦其心志，劳其筋骨，饿其体肤，空乏其身，行拂乱其所为，所以动心忍性，增益其所不能。”（《孟子·告子下》）

除了天命之外，孟子还充分地肯定了社会环境和心理环境在人成长过程中所起的重要作用。然而，孟子对道德和精神的自我发展之可能性的确信，使他对这件事采取乐观态度：“尽其心者，知其性也；知其性，则知天矣。存其心，养其性，所以事天也。夭寿不贰，修身以俟之，所以立命也。”（《孟子·尽心上》）

这即是说，君子为了能使自己从内心见“道”，便将自己全部沉浸于对道的追求之中。“自得之，则居之安；居之安，则资之深；资之深，则取之左右逢其原，故君子欲其自得之也。”过去没有足够的水去注满一个小水池的泉源，而今却是水量充足，“原泉混混，不舍昼夜，盈科而后进，放乎四海”。

孟子继续用水来类比。他认为，修身的目的就是培养人的“浩然之气”[9]。一旦达到这个水平，培养浩然之气的目的就不仅仅在于发展形体或正确的心态，其目的在于滋养人的内在资源，增强意志的力量，逐步提高人的精神能量。对“气”这个字，现代人有不同的翻译，如“物质的力量”（陈荣捷[10]语），“物质/能量”（H. H. 杜布斯[11]语），“有生命力的精神”（牟复礼[12]语）。实际上，它指的是一种与呼吸和血液循环相联系的心理—生理的力量。但在孟子的论述中，气被界定为一种通过道德和精神的自我修养而产生的“至大至刚”的活动力。

孟子关于浩然之气的论述，是为了回答公孙丑关于怎样才能达到“不动心”状态的提问而引发的。孟子开宗明义地指出：“夫志，气之帅也，气，体之充也。”对这句话的一般理解是：气直接服从于意志，因此，“持其志，无暴其气”便是很重要的。不过，也可以想象，当气受阻时，它也影响志。即使气随志之所至，养气对于完善人心仍然是不可少的。那么，这种浩然之气究竟是什么呢？“难言也。其为气也，至大至刚，以直养而无害，则塞于天地之间。其为气也，配义与道；无是，馁也。是集义所生者，非义袭而取之也。行有不慊于心，则馁矣……必有事焉而勿正，心勿忘，勿助长也。”（《孟子·公孙丑上》）

正如我们所见，就在这简短的表述中，孟子认定，在人的身、心的结构中，存在着将自我发展为与天地合一的真正潜能和巨大可能性。如此理解人性，不是一种无法实现的理想，而是一种进行道德和精神转化的无穷无尽的动力。用《中庸》提供的形象：人既“可以赞天地之化育，则可以与天地参矣”。

上述这种自我完善的取向，有没有为中国艺术确立一个深厚的人文主义的基础呢？由于无论是孟子还是庄子，他们的主要兴趣都不在美学上，因而，我们必须借助于诠释的重建去发现隐含在他们的丰富思想中的艺术理论。徐复观先生通过对《庄子》文本语境的重建，成功地发现，《庄子》一书中确实具有丰富的美学见解。徐先生的这一成功努力，激发我去发现存在于诸如《孟子》这样的著作里有关人的自我形象的表述之中的真和美。这一努力最终也许会拓宽美学研究的视野。不过，我真正的目的并不在于探究与道家美学所不同的，或是作为道家美学之补充的儒家美学存在的可能性。确切地说，我的目的是想尽量开发这两种传统学说所共有的象征符号资源。把徐先生的分析推进一步，我认为，把修身作为一种思维模式，比起人们试图系统地将传统分梳为道家和儒家来说，也许出现得更早些。作为中国先秦思想史上最有意义的事件之一，就是孟子创造性地总结了前人的某些灼见，并发展成为他的关于人的完整思想。

我们可以很容易地看到，采用孟子对人道的定义会如何影响美学概念的。由于将身体和“渗透于人的形体中的感知能力”作为理解美的观念的基本参照点，因而，把美的规范客观化为静态范畴的任何企图，都无法占据主流。美，就像人不断成长中出现的善与真的品质一样，是作为一种激励人心的鹄的而存在的。“充实之谓美”[13]，当美塑造着我们的充实感时，不是作为一种固定的原则，而是作为正在体验生命的自我，和所感知的实体对象之间的一种动态的相互影响而起作用的。我们在事物当中看到了美。在描述美的过程中，我们的注意力从外在的物质形体转向内在的生命力，最后达到无所不包的精神境界。我们欣赏的对象可能是一棵树、一条河流、一座大山或一块石头，但是，我们感受到它们的美，使我们觉得它们并不是毫无生气的对象，而是一种和我们活生生的相遇。确切地说，是一种“神会”。这不仅仅是一种拟人化的表述，因为，如果把这种相通看作是把人的品格强加于外在世界，显然就限制并歪曲了作为审美体验之基础的对话关系。《孟子》关于人的思想并不是一种人类中心论，它不赞同普罗塔哥拉[14]所谓人是万物之尺度的原理。相反，就其最终极的意义而言，它旨在表明人的自我实现取决于人与自然的互动。正如徐复观先生所指出的，儒家思想的一个基本假定是：欲“成己”必需“成物”，而非“宰物”。

……（略）

回到前面的比喻，“孔子，圣之时者”，这个“时”超过了“清”“任”“和”，恰恰是因为“时”象征一种伟大的协奏曲，是“集大成者”。如果说一个恰当弹奏出的音符都可以启迪心灵——“故闻伯夷之风者，顽夫廉，懦夫有立志”，或“闻柳下惠之风者，鄙夫宽，薄夫敦”——那么，一首伟大的协奏曲又将会给予我们多大的启迪呢？

持这种观点的人们会强调内心的共鸣，从而把类比的思想和抒情模式看作是美学沟通的最高形式。他们有意识地贬低辩论的艺术，而在理解中寻求美。这就是说，两颗共鸣的心灵发出的微笑，或是两个彼此感应的精神相通，对呆滞的眼睛或迟钝的耳朵是无法说清楚的。美的语言不仅仅是纯粹的描述，它是暗示、指引、启迪。并不是语言本身是美的，文字仅仅是传递和表达“意”的（“辞，达而已矣”），故而不必雄辩或精雕细琢。但是，语言指涉之外的东西——内在的体会、心灵的欢乐或转化的精神——无论在美的创造或欣赏中，都是美的真正基础。

（选自杜维明《儒家思想新论》，江苏人民出版社1996年版）

【注释】

［1］参与“天地之化育”：语出《中庸》：“惟天下至诚，为能尽其性；能尽其性，则能尽人之性；能尽人之性，则能尽物之性；能尽物之性，则可以赞天地之化育；可以赞天地之化育，则可以与天地参矣。”参悟天地间万事万物发展变化之道。

［2］隐喻：隐喻是一种暗喻，即在彼类事物的暗示下的感知、体验、想象、理解、谈论此类事物的心理行为、语言行为和文化行为。隐喻不仅是一种化育的修辞手段，更是人类的一种认知方式。

［3］恻隐之心：即同情心、怜悯之心。恻隐：对别人的不幸表示同情。出自《孟子·告子上》：“恻隐之心，人皆有之。”

［4］七情：是喜、怒、忧、思、悲、恐、惊七种情志活动的合称。

［5］王良的故事：出自《孟子·公孙丑下》孟子举王良一例。简述如下：从前，赵简子宠幸的小臣，名叫奚，想出猎寻乐。简子派善御者王良替他驾车。一天下来，没有收获。奚埋怨王良很差劲，向简子报告说王良没劲。这话传到王良耳朵里，王良要求再来一次，奚勉强答应，结果只一个早上就获十禽。奚这次满意了，回报简子称赞王良是天底下最好的御者。简子听罢索性叫王良专门替奚驾车。王良不肯，说明原因：我按规矩替他驾车，他终日不获；我不按规矩驾车，只需一个早上他就捕获十只，但是驾车的人应不失御者的规矩，放箭的人也须具备射者的准确。我不习惯小人的所作所为，故请辞其事。孟子通过王良的故事，反对“枉道而从彼”，主张坚持原则，死守善道。

［6］心为“大体”，身体只是“小体”：《孟子·告子上》曰：“从其大体为大人，从其小体为小人。”在孟子看来，仁义是大体，食色是小体。

［7］智的直觉：智的直觉即智性的直观，是一创造性的实现原则。它是牟宗三从康德的哲学中改造过来的一个概念，并使其成了自己中国哲学思想的核心。杜维明赞叹牟宗三智的直觉的呈现问题。

［8］哲学人类学：分为广义与狭义两种理论。广义是指哲学上一切关于人的理论、观

点、学说，即相当于传统的人本主义思潮。狭义特指20世纪由德国人舍勒创立并由同时期的文化人类学家兰德曼等人建构的包括宗教、生物、心理、文化以及功能主义的哲学人类学的庞大的哲学体系。

[9] 浩然之气：孟子关于道德修养论的概念。出自《孟子·公孙丑上》："我善养吾浩然之气。"

[10] 陈荣捷：陈荣捷（1901—1994），美籍华人学者，哲学史家、朱子学专家，对儒学有相当的研究，尤长于宋明理学的研究，是朱熹哲学研究方面国际性权威。

[11] H. H. 杜布斯：H. H. 杜布斯（1892—1969），美国著名学者、汉学家。

[12] 牟复礼：原名弗雷德里克·墨托（Frederick W. Mote，1922—2005），美国著名儒学学者、汉学家、中国学家、东亚学家。其中文名取自《论语·颜渊》："颜渊问仁。子曰：'克己复礼为仁。一日克己复礼，天下归仁焉！为仁由己，而由人乎哉？'"

[13] 充实之为美：出自《孟子·尽心下》，孟子在对个体人格的评价中，提出善、信、美、大、圣、神六个等级，强调了人的心性修养的审美境界。

[14] 普罗塔哥拉：公元前5世纪希腊哲学家，智者派的主要代表人物。他出生在阿布德拉城，多次来到当时希腊奴隶主民主制的中心雅典，与民主派政治家伯里克利结为挚友，曾为意大利南部的雅典殖民地图里城制定过法典。一生旅居各地，收徒传授修辞和论辩知识，是当时最受人尊敬的智者。

【点评】

美学思想史的研究，应当回到美学思想的原初历史景观之中去，直面美学思想原初的、复杂的、不可化约的思想世界图景。在本文中，杜维明通过对孟子思想中人的观念的精彩诠释，指出了中国美学的研究方法。

杜维明在开篇即引用了徐复观先生对孟子的修身观念和艺术的关联的阐述，他正是顺着徐复观的这一思路去进一步阐发孟子的修身观念的。徐复观所说的"修养"，乃是一种"人格修养"，是指"意识地，以某种思想转化、提升一个人的生命，使抽象的思想，形成具体的人格"，由现实生活的体悟和反省，迫近于主宰具体生命的心或性，由心性潜德的显发转化生命中的夹杂，而将其提升、纯化，转而又落实于现实生活之上，以端正它的方向，奠定人生价值的基础。正如徐复观对人格修养的关注一样，杜维明进一步整理、阐发了先秦儒学，特别是孟子的修身观念，并进而得出结论：从修身、修养来理解中国古典美学更容易触到中国艺术的本质。孟子的修身观念包含两个方面的深意：一方面，"大体"与"小体"的和谐发展。在孟子看来，心为"大体"，身体只是"小体"。修身就是要使"大体"而不只是"小体"得到发展。一个向学生传授六艺的儒学大师，必定要认识到六艺既是需要操习的动作，又是应从精神上去掌握的科目。因此他主要关心的是一个学生作为一个完整的人在转化过程中的身心的全面发展。另一方面，在人的身、心结构中，存在着将自我发展为与天地合一的真正潜能。修身更重要的是为了体验人与自然之间的内在共鸣。“大体”可以“上下与天地同流”，但它归根结底只不过是本真的人性。修身就是要将本真的人性显发出来，而美的实现正需要这种修身的工夫。杜维明在文中通过对此观念的阐述向我们展示了古人通过修身所实现的人生境界，同时这种境界也伴随着审美境界的生成。所以，最终可以看到，儒家的修身方法不仅具有社会学的意义，也具有美学的意义。

杜维明之所以重视孟子的哲学与美学，是因为孟子创造性地发展了孔子的“仁学”。在修身问题上，孟子主张“反求诸己”，即通过人格教养的感化过程，努力完成生命感化，使人们的行为端正。“道”是人应行的道义，天命之性就是诚道，即内在于人的诚道，自然发显，一旦发显则成为一个真实的自己。道并不是人要依靠的外在的准则，而是人要自觉地实行的道义。当人们实行其本性时，并不只是“成己”，也“成物”。儒学是内通心性，外透天道，旁彻物情，合内外、一天人，天人性命一贯之学。儒家哲学是以人为中心所展开的人学思考和心学探索。其内通心性是人的心性，是本天道以立人道，天地之心即人心，外透天道是本人道以明天道，人心即天地之心。内是内在地成己，外是外在地成物，成己成物，即合内外之道，一天人即天即人，即人即天，天、人、心、物，分而不分，不分而分，一体呈现。故儒家哲学是人本哲学。

既然人为天地之立心、立道，那么，人道即内蕴于天道、地道；人境即蕴涵天境和地境。这个神奇的天地境界，既是哲理玄远境界，也是艺术明媚境界，它们均化育于“成人”的美好境界，故儒家美学是人本美学，而中国的艺术确实具有浓厚的人文主义基础。

【链接】

1. 杜维明：《思想 · 文献 · 历史：思孟学派新探》，北京大学出版社 2008 年版。
2. 杜维明：《儒家思想：以创造转化为自我认同》，生活 · 读书 · 新知三联书店 2013 年版。
3. 詹福瑞：《中古文学理论范畴》，河北大学出版社 1997 年版。
4. 陈望衡：《中国古典美学史》，湖南教育出版社 1998 年版。

第七辑　中国文化与诗学境界

明　诗（节选）

冯友兰

维也纳学派[1]以为形上学不足以与逻辑算学或科学比。因为逻辑算学或科学中的命题，都可以逻辑上的真假论，形上学中的所谓命题，则不可以逻辑上的真假论。形上学中的所谓命题并不是命题，不过是些无意义的话而已。由此方面说，形上学只可以与诗比。诗中所说的话，亦不可以逻辑上的真假论，亦是些没有意义的话。诗说无意义的话，但其无意义的话，可以使人得到一种情感上的满足。形上学亦说无意义的话，其无意义的话，亦可使人得到一种情感上的满足。例如说"上帝存在，灵魂不灭，意志自由"，都是些没有意义的话。这些话虽没有意义，但人听了这些话，可以得到一种情感上的安慰。由此方面说，对于人，形上学与诗有相似的功用。所以维也纳学派中的人说：形上学是"概念的诗"。照维也纳学派的说法，这是形上学的真正的性质。形上学如在人的文化中有其地位，亦是由于它有这种性质。

欲讨论维也纳学派的这种说法，我们须先分别有止于技的诗，有进于道的诗。有些哲学家的形上学，有真正的形上学。维也纳学派的这种说法，对于止于技的诗及有些哲学家的形上学，我们亦以为是可以说的。

宇宙间有只可感觉，不可思议者。有不可感觉，只可思议者。有不可感觉，亦不可思议者。只可感觉，不可思议者，是具体的事物。不可感觉，只可思议者，是抽象的理。不可感觉，亦不可思议者，是通式大全。一诗若只能以可感觉者表示可感觉者，则其诗是止于技的诗。一诗若能以可感觉者表显不可感觉只可思议者，以及不可感觉亦不可思议者，则其诗为进于道的诗。

例如温飞卿[2]云："溪水无情似有情，入山三日得同行。岭头便是分头处，惜别潺湲一夜声。"此是一首止于技的诗。因为此诗想象一溪水为一同伴。一溪水为可感觉的事物，一同伴亦是可感觉的事物。此诗说溪水有情，说溪水惜别，都是些没有意义的话，亦都是自欺欺人的话。不但读诗者知其如此，即作诗者亦自知其是如此。不过虽都知其是如此，但作诗者作此诗时于想象中得到一种情感上的满足。读此诗者于读此诗时，于想象中亦得到一种情感上的满足。这种情感上的满足，与人于读小说时所得者是一类的：这一类的情感上的满足，都是由想象中的一种事物中得来。想象中的事物是不存在的。我们亦可以说这一类的情感上的满足是从些假话中得来的。

维也纳学派说形上学应该自比于诗，或说，形上学是一种诗。其所谓诗，大概是这种止于技的诗。维也纳学派的这种说法，对于有些哲学家的形上学，是可以说的。有些哲学家在其形上学中所说的话是假的，亦可以说是无意义的。这些哲学家应该都如詹姆士，明白宣布，其如此说，是出于其“信仰的意志”。詹姆士明知上帝的存在是不可证明的，但他愿信仰上帝存在。他信仰而又明知其信仰只是信仰。对于上帝存在之说，如持如此态度，则即是比此说于诗。有些哲学家的形上学，是应该自比于诗。或我们应该将其比之于诗。

但维也纳学派的这种说法，对于真正的形上学，不可以说。因为真正的形上学，并不说维也纳学派所谓没有意义的话。真正的形上学，如用正的方法[3]讲，它本来只说些形式的命题。这些命题，只是形式的，所以对于实际无所肯定，亦无所建立。虽是如此但这些命题并非不可以逻辑上的真假论。不但如此，我们并且须承认这些命题，都必然地是真的。所以真正的形上学虽不是逻辑算学或科学，但可以比于逻辑算学或科学，而不比于诗。

真正的形上学如用负的方法[4]讲，它本来只讲形上学不能讲。所以它对于实际亦无所肯定，无所建立。用负的方法讲形上学者，讲形上学的对象之不可感觉，不可思议。所以照这种讲法，欲知形上学的对象，须靠人的直觉。所以禅宗中的人，常藉可感觉者，以表显不可感觉，不可思议者。例如竖指头，举拂子之类[5]，都是以可感觉者表显不可感觉者。进于道的诗亦是以可感觉者表显不可感觉者。所以由此方面说，进于道的诗亦可以说是用负的方法讲形上学。我们说“亦可以说是”，因为用负的方法讲形上学的形上学，其是“学”的部分，在于其讲形上学不能讲。诗并不讲形上学不能讲，所以它并没有“学”的成分。它不讲形上学不能讲，而直接以可感觉者，表显不可感觉只可思议者，以及不可感觉亦不可思议者。不可感觉只可思议者，以及不可感觉亦不可思议者是形上学的对象。诗表显形上学的对象，所以我们说，“亦可以说是”用负的方法讲形上学。

所以维也纳学派的关于诗的说法，对于进于道的诗，亦不可以说。因为进于道的诗，其目的并不在于说无意义的话，自欺欺人使读者得到情感上的满足。其目的亦在于以只可感觉者，表显不可感觉者。我们可以说：就止于技的诗及有些哲学家的形上学说，形上学可比于诗。就进于道的诗及真正的形上学说，诗可比于形上学。

用正的方法讲形上学者，以思议讨论不可感觉只可思议者，以思议表显不可感觉，亦不可思议者。用负的方法讲形上学者，以直觉“见”不可感觉，只可思议者，以及不可感觉亦不可思议者；以可感觉者，表显不可感觉，只可思议者，以及不可感觉，亦不可思议者。诗人亦是如此。

例如李后主[6]词云：“独自莫凭栏，无限江山，别时容易见时难。”就此诸句所说者说，它是说江山，说别离。就其所未说者，它是说作者个人的亡国之痛，不但如此，它还表显亡国之痛之所以为亡国之痛。此诸句所说，及所未说者，虽是说，作者于写此等诸句时，其自己所有的情感，但其所表显，则不仅是其自己于此时所有的情感，而是此种情感的要素。所以此诸句能使任何时读者，离开作者于某一时有此种情感的事，而灼然有“见”于此种情感之所以为此种情感。江山是具体的物，别离是具体的事。这都是可感觉的。这种情感的要素，则是不可感觉，只可思议的，但作者可以只可感觉，不可思议者，表显之。

陶渊明诗云：“采菊东篱下，悠然见南山。山气日夕佳，飞鸟相与还。此中有真意，欲辩已忘言。”渊明见南山飞鸟，而“欲辩已忘言”。盖其感官所见者，虽只是可以感觉的南山飞鸟，而其心灵所“见”，则是不可感觉的大全。其诗以可感觉的南山飞鸟，表显不可感觉的浑然大全。“此中有真意，欲辩已忘言。”表现大全是不可感觉，亦不可思议的。不可感觉，亦不可思议的大全，是所谓浑然的大全。

陈子昂诗：“前不见古人，后不见来者。念天地之悠悠，独怆然而涕下。”“前不见古人”，是古人不我待。“后不见来者”，是我不待后人。古人不我待，我不待后人，藉此种事实，以显出“天地之悠悠”的背景。“念天地之悠悠”，是将宇宙作一无穷之变而观之。“独怆然而涕下”，是观无穷之变者所受的感动。李白诗：“登高壮观天地间，大江茫茫去不还。”此茫茫正如卫玠[7]过江时所说：“见此茫茫不觉百端交集。”苏东坡赤壁赋：“哀吾生之须臾，羡长江之无穷。挟飞仙以遨游，抱明月而长终。”大江明月是可感觉的。但藉大江明月，所表显者，则是不可感觉的。那就是无穷的道体。

我们说：进于道的诗，亦可说是用负的方法讲形上学。这并不是说，进于道的诗，是如普通所谓哲学诗或说理的诗。普通所谓哲学诗，或说理的诗，是将以哲学的义理，用韵文等出之。这种所谓诗，严格地说，并不是诗。诗以只可感觉不可思议者，表显不可感觉，只可思议者，以及不可感觉，亦不可思议者，其所用以表现者，须是可感觉者。所以诗不讲义理，亦不可讲义理。若讲义理，则成为以正的方法讲形上学的哲学论文，不成为诗。旧说：“诗不涉理路”（《沧浪诗话》），诗不可有道学气。今人说：文学作品，不可公式化。皆说此意。所谓说理之诗，若说它是诗，它说理嫌太多，若说它是哲学论文，它说理又嫌太少。所谓说理之诗，其功用实如方技书中所谓歌诀之类。这种所谓诗，表面上虽合乎诗的格律，但其实并不是诗。我们可以说进于道的诗，并不讲道。讲道的诗，不是进于道的诗。

诗所说者，是只可感觉，不可思议者，其所表现者，是不可感觉只可思议者，或不可感觉，亦不可思议者。它的意思，并不止于其所说者。此所谓“言有尽而意无穷”（《沧浪诗话》），其所使人得到者，并不是其所说者，而是其所未说者。此是所谓“超以象外，得其环中”。就其所未说者说，它是所谓“不著一字，尽得风流”（《诗品》）。其所说者是如庄子所谓筌蹄。得鱼忘筌，得意忘言。进于道的诗，不但能使人得其所表现者，并且能使人于得其所表现者之后，知其所说者，不过是筌蹄之类。鱼获而筌弃，意得而言冥。此所谓“如羚羊挂角[8]，无迹可寻”。此所谓“不落言筌”，“一片空灵”（《沧浪诗话》）。

诗的意思，不止于其所说者。其所说者，乃所以表现其所未说者，其所说者，意在表现，不在于讲义理，意在表现，所以其所说者，必富于暗示，必使读者读之，能引起许多意思。意不在于讲义理，所以其所说者，往往不可以逻辑上的真假论。沈德潜[9]云：“阮公咏怀，反复零乱，兴寄无端。和愉哀怨，俶诡不羁，读者莫求归趋。”（《说诗晬语》）进于道的诗，若就其所说者说，都可以有如此的情形。此所谓“若有意，若无意，若可解，若不可解”。就其所说者说，其所说者，必暗示许多意思。这许多意思，“烘云托月”[10]，表现其所未说者。

就某一诗的所说者说，我们不能问，亦不必问，某一诗的固定的意思是什么。一首好的诗，其所说者的好处，就在于它没有固定的意思。因为它没有固定的意思，所以它可有许多的意思，此所谓“诗无达诂”[11]。

不可感觉，只可思议者，不可感觉，亦不可思议者，既均是不可感觉者，如何可以可感觉者表现之？这是不可教亦不可学的。所以说：“夫诗有别材，非关书也。诗有别趣，非关理也。然非多读书，多穷理，不足以极其致。”（《沧浪诗话》）不多读书，多穷理，固“不足以极其致”，然多读书，多穷理，亦不必能使人会作诗。所以说：诗人是天生的，不是后学的。所以说：“下笔如有神。诗成觉有神。诗应有神助。”（杜诗）如有神或有神助者，言“行乎其所不得不行，止乎其所不得不止”，莫知其然而然。“鸳鸯绣出从君看，不把金针度与人。”不是不度，实是无可度。

所以最好的诗，都是诗人“兴到神来”之作。他于什么时候“兴到神来”，诗人自己亦不知之。对于什么好题材，他可以兴到神来，诗人自己，亦没有把握。所以最好的诗都可以说成是“偶成”，这就是说，最好的诗都是可遇而不可求的，此所谓“文章本天成，妙手偶得之”。自古诗人或其他艺术家，均不愿受人命令，不愿照人所指定的题目作作品。这不尽是由于他们的乖僻孤傲，这亦是由于真正的创作，本不能如此有的。不但别人不能命令他，照指定的题目作最好的作品，他自己亦不能命令他自己，照指定的题目，作最好的作品。

诗人是天生的，所以往往对于其自己的成就，未必有真正的了解。一首最好的诗，以可感觉的事物，表现出不可感觉的理或大全。但作此诗的诗人，未必能自知其诗是如此，更未必知什么是理，什么是大全。此等的诗人，其境界是自然境界。

诗人对于其自己的成就，亦可有自觉。如杜工部诗云：“意惬关飞动，篇终接混茫。”“接混茫”有“与天地精神往来”的意思。如诗人于创作时，有“与天地精神往来”的感觉，则于是时，他的境界，是天地境界。但如专靠其是诗人而有此等境界，其有此等境界，亦是暂时的。他于创作时或可以有此等境界，但若非别有学养，则不能常住于此等境界。常住于最高境界，是学养所得，是精神的创造，不是专凭天资所能得到者。

读者可以随诗人之诗，而亦有得于诗人之所表现，随其所得而亦有一种境界。随诗人之诗，而亦有见于理或大全或道体者，随其所得而有的境界是天地境界。随诗人之诗而只觉其所说之可悲可乐，而不知其所以然者，随其所得而有的境界是自然境界。渔洋山人云：“予六七岁，始入乡塾，受诗。诵至《燕燕》《绿衣》篇，便觉怅触欲涕，亦不自知其所以然。”（《带经堂诗话》）此所谓“不知涕之何从”。读者所有的此等境界，是自然境界。于《新原人》中，我们说：“自然境界，一失不可复得。”若照此所说，则已失的自然境界可于诗中复得之。

诗以只可感觉，不可思议者，表现不可感觉只可思议者，以及不可感觉，亦不可思议者。所以它可以随便说。这就是说，它可随便以任何事物表现理或大全。比于圆的方的方法讲形上学的命题，诗所以似乎是较主观者，其理由在于此。诗所说亦常不可以逻辑上的真假论，其理由亦在此。

（原载于《哲学评论》1943年第8卷第2期）

【注释】

[1] 维也纳学派：是发源于20世纪20年代维也纳的一个学术团体。其成员多是当时欧洲大陆优秀的物理学家、数学家和逻辑学家。他们关注当时自然科学发展成果（如数学基础论、相对论与量子力学），并尝试在此基础上去探讨哲学和科学方法论等问题。

[2] 温飞卿：温庭筠（812—866），字飞卿，太原祁（今天山西省祁县）人，晚唐时期诗人、词人，花间词派的重要作家之一。词风浓绮艳丽，语言工炼，格调清俊，他的诗与李商隐齐名，有“温李”之称。

[3] 正的方法：即以逻辑分析方法来讲形上学，就是对经验作逻辑的释义，其方法就是以理智对经验作分析、综合及解释。

[4] 负的方法：正的方法试图作出区别，讲形上学的对象是什么，而负的方法则试图消除区别，告诉我们形上学的对象不是什么。负的方法从形上学不能讲讲起，以直觉体悟的方式直接契合形上学的对象。

[5] 竖指头，举拂子之类：佛门动作。禅师竖一指而悟道，举拂子便道示学人。拂子，本是佛门用以拂除蚊虫的用具，可作佛门法器。

[6] 李后主：李煜（937—978），南唐中主李璟第六子。南唐最后一位国君。诗词造

诣高超，词境幽美，感情纯真。其亡国后词作更多含意深沉，在晚唐五代词中别树一帜，对后世词坛影响深远。

［7］卫玠：卫玠（286—312），字叔宝，河东安邑（今山西夏县北）人，是魏晋之际继何晏、王弼之后的著名清谈名士和玄学家，官至太子洗马。

［8］羚羊挂角：传说中羚羊晚上睡觉时，为防止受到侵犯，以角悬树，脚不着地，猎食者难以觅得其踪影。后来借用到文学创作上，意思是创作仰仗于灵光一现，无法进行理性的阐释。

［9］沈德潜：沈德潜（1673—1769），字确士，号归愚，江苏长洲（今苏州）人。论诗主格调，提倡温柔敦厚之诗教。著有《沈归愚诗文全集》，此外还有历代诗的选本，包括《古诗源》《说诗晬语》《唐诗别裁》《明诗别裁》《清诗别裁》等。

［10］烘云托月：烘，渲染；托，衬托。原指一种画月亮的传统绘画手法，后比喻从侧面加以点染以烘托所描绘的事物。

［11］诗无达诂：语出《春秋繁露·精华第五》，“达诂”指确切的训诂或解释。本是指对于《诗经》没有通达或一成不变的解释。后世又被引申为审美鉴赏中的差异性，面对同一部作品，鉴赏者可以仁者见仁，智者见智，各以其情而自得。

【点评】

冯友兰站在哲学的高度对文学艺术进行分析阐释，构建出特色独具的哲性诗学。根据《庄子·养生主》中庖丁的一句话“臣之所好者道也，进乎技矣”，冯友兰把诗分为“止于技”与“进于道”两个层次，“止于技”的诗只停留在文艺创作的技艺层面，没有上升到一个更高深的层次；而“进于道”的诗则是以具体可感的事物表示出更高层面的不能用感官具体感受到的普遍的理或道。

冯友兰把人的境界分为自然境界、功利境界、道德境界与天地境界四个层次。天地境界是人的精神的升华，处在天地境界的人，合乎天理流行，达于至善。诗人于创作时感悟到微妙的理或大全，暂时进入天地境界，从而作出“进于道”的诗。而读者也可以随诗人的诗作，对于理或大全有一定的了解与感悟，从而进入天地境界。当然，能否进入天地境界还要看诗人与读者的造化。只有“进于道”的诗为诗人与读者提供了进入天地境界的可能性，这是“止于技”的诗所达不到的。“止于技”的诗止步于可感觉的实际世界，而未能达到不可感觉只可思议，以及不可感觉亦不可思议的真际世界。

“进于道”的诗能用一种方法将微妙的理或道表示出来，这种方法便是“负的方法”。“负的方法”与“正的方法”是冯友兰在20世纪40年代提出的一对方法论概念，是两种不同的哲学方法。“正的方法”是一种形式主义的方法，也就是逻辑分析的方法、辨名析理的方法；“负的方法”是直觉主义的方法，也即神秘主义的方法。冯友兰认为，一个完全的哲学系统，必须以

“正的方法”作为开端，否则就缺少清晰明确的思想，同时也必须以“负的方法”来最终完成，否则就不能达到“经虚涉旷”的境地。在中国哲学史中，“负的方法”占统治地位，“正的方法”未能得到充分发展，以致呈现出逻辑欠发达、理论无系统等特征。所以冯友兰主张多介绍些理性主义，用西方哲学的逻辑和清晰的思维对中国哲学思想予以阐明，并自觉地运用逻辑分析方法研究中国哲学，创立了具有理性化、逻辑化、体系化的融贯中西的“新理学”哲学体系。然而，诗不同于哲学，它所追求的是“言有尽而意无穷”的艺术效果，所以逻辑分析的、讲求明晰的“正的方法”不适合于诗，而以直觉感悟为特色的“负的方法”则是诗歌创作的方法。冯友兰曾以画家画月亮为喻来阐释“正的方法”与“负的方法”在艺术创作中的不同效果。画家直接用线条或颜色明明白白地涂画出一个月亮，让人一眼便看到它，这是“正的方法”。还有一种“烘云托月”的技法，是只在纸上渲染云彩，然后在渲染中留出一个圆的或半圆的空白，这个空白就是月亮，这是“负的方法”。从艺术欣赏的角度来看，用“烘云托月”的手法画出的月亮显然更富有韵味，更能让人赏玩回味。“进于道”的诗就是属于这一类，它所要表现的，不止于表面描写的事物，而是其背后更微妙的理或道，所以是真正的诗。

维特根斯坦说过一句著名的话：“对不可说的东西，应保持沉默。”这句话对早期的维特根斯坦而言具有确指性：坚持经验证实的原则，认为语言是表达经验事实的，凡是经验事实都是可以说的；而超经验的东西是不可以说的，对这部分内容应保持沉默。冯友兰所言：“诗的意思，不止于其所说者。其所说者，乃所以表现其所未说者，其所说者，意在表现，不在于讲义理，意在表现，所以其所说者，必富于暗示，必使读者读之，能引起许多意思。意不在于讲义理，所以其所说者，往往不可以逻辑上的真假论。”这段话，既呼应了维特根斯坦的言语，也捕捉了文艺的奥秘——一种语言与“超语言”忻合无间的奇妙境界。文学艺术与哲学的相通相异，在冯友兰的“新理学”体系中得到了恰如其分的阐释，使得冯友兰的哲性诗学既有理性的深度，又闪耀着感性的灵动。

【链接】

1. 冯友兰：《新理学》，生活·读书·新知三联书店 2007 年版。

2. 杜夫海纳：《美学与哲学》，中国社会科学出版社 1985 年版。

3. 胡晓明：《中国诗学之精神》，江西人民出版社 2003 年版。

4. 刘东超：《生命的层级——冯友兰人生境界说研究》，巴蜀书社 2002 年版。

谈　诗（节选）

钱　穆

一

今天我讲一点关于诗的问题。最近偶然看《红楼梦》，有一段话，现在拿来做我讲这问题的开始。林黛玉讲到陆放翁的两句诗：重帘不卷留香久，古砚微凹聚墨多。有个丫鬟很喜欢这一联，去问林黛玉。黛玉说："这种诗千万不能学，学作这样的诗，你就不会作诗了。"下面她告诉那丫鬟学诗的方法。她说："你应当读王摩诘、杜甫、李白跟陶渊明的诗。每一家读几十首，或是一两百首。得了了解以后，就会懂得作诗了。"这一段话讲得很有意思。

放翁这两句诗，对得很工整。其实则只是字面上的堆砌，而诗背后没有人。若说它完全没有人，也不尽然，到底该有个人在里面。这个人，在书房里烧了一炉香，帘子不挂起来，香就不出去了。他在那里写字，或作诗。有很好的砚台，磨了墨，还没用。则是此诗背后原是有一人，但这人却教什么人来当都可，因此人并不见有特殊的意境，与特殊的情趣。无意境，无情趣，也只是一俗人。尽有人买一件古玩，烧一炉香，自己以为很高雅，其实还是俗。因为在这环境中，换进别一个人来，不见有什么不同，这就算做俗。高雅的人则不然，应有他一番特殊的情趣和意境。

此刻先拿黛玉所举三人王维、杜甫、李白来说，他们恰巧代表了三种性格，也代表了三派学问。王摩诘是释，是禅宗。李白是道，是老庄。杜甫是儒，是孔孟。《红楼梦》作者，或是抄袭王渔洋以摩诘为"诗佛"、太白为"诗仙"、杜甫为"诗圣"的说法，故特举此三人。摩诘诗极富禅味。禅宗常讲"无我、无住[1]、无着"。后来人论诗，主张要"不著一字，尽得风流"。但作诗怎能"不著一字"，又怎能不著一字而"尽得风流"呢？

我们可选摩诘一联句来作例。这一联是大家都喜欢的：雨中山果落，灯下草虫鸣[2]。此一联拿来和上引放翁一联相比，两联中都有一个境，境中都有一个人。"重帘不卷留香久，古砚微凹聚墨多"，那境中人如何，上面已说过。现在且讲摩诘这一联。在深山里有一所屋，有人在此屋中坐，晚上下了雨，听到窗外树上果给雨一打，扑扑地掉下。草里很多的虫，都在雨下叫。那人呢？就在屋里雨中灯下，听到外面山果落，草虫鸣，当然还夹着雨声。

这样一个境，有情有景，把来和陆联相比，便知一方是活的动的，另一方却是死而滞的了。

这一联中重要字面在“落”字和“鸣”字。在这两字中透露出天地自然界的生命气息来。大概是秋天吧，所以山中果子都熟了。给雨一打，禁不起在那里扑扑地掉下。草虫在秋天正是得时，都在那里叫。这声音和景物都跑到这屋里人的视听感觉中。那坐在屋里的这个人，他这时顿然感到此生命，而同时又感到此凄凉。生命表现在山果草虫身上，凄凉则是在夜静的雨声中。我们请问当时作这诗的人，他碰到那种境界，他心上感觉到些什么呢？我们如此一想，就懂得“不著一字尽得风流”这八个字的含义了。正因他所感觉的没讲出来，这是一种意境。而妙在他不讲，他只把这一外境放在前边给你看，好让读者自己去领略。若是接着在下面再发挥了一段哲学理论，或是人生观，或是什么杂感之类，那么这首诗就减了价值，诗味淡了，诗格也低了。

但我们看到这两句诗，我们总要问，这在作者心上究竟感觉了些什么呢？我们也会因于读了这两句诗，在自己心上，也感觉出了在这两句诗中所含的意义。这是一种设身处地之体悟。亦即所谓“欣赏”。我们读上举放翁那一联，似乎诗后面更没有东西，没有像摩诘那一联中的情趣与意境。摩诘诗之妙，妙在他对宇宙人生抱有一番看法，他虽没有写出来，但此情此景，却尽已在纸上。这是作诗的很高境界，也可说摩诘是由学禅而参悟到此境。

今再从禅理上讲，如何叫作“无我”呢？试从这两句诗讲，这两句诗里恰恰没有我，因他没有讲及他自己。又如何叫作“无住”“无着”呢？无住、无着大体即如诗人之所谓“即景”。此在佛家，亦说是“现量”[3]。又叫作“如”。“如”是“像这样子”之义。“雨中山果落，灯下草虫鸣”，只把这样子的一境提示出来，而在这样子的一境之背后，自有无限深意，要读者去体悟。这种诗，亦即所谓“诗中有画”。至于“画中有诗”，其实也是同样的道理。

……（略）

二

以上我略略讲了王维的诗，继续要讲杜工部。杜诗与王诗又不同。工部诗最伟大处，在他能把他一生实际生活都写进诗里去。上一次我们讲散文，讲到文学应是人生的。民初新文化运动，提倡新文学，主张文学要人生化。在我认为，中国文学比西方更人生化。一方面，中国文学里包括人生的方面比西方多。我上次谈到中国散文，姚氏《古文辞类纂》[4]把它分成十三类，每类文体，各针对着人生之某方面，或几方面。再加上诗、词、曲、传记、小说等，一切不同的文体，遂使中国文学里所能包括进去的人生内容，比西洋文学尽多了。在第二方面，中国人能把作家自身真实人生放进他作品里。这在西方便少。西方人作小说、剧本，只是描写着外面。中国文学主要在把自己全部人生能融入其作品中，这就是杜诗伟大的地方。

刚才讲过，照佛家讲法，最好是“不著一字”，自然也不该把自己放进去，才是最高境界。而杜诗却把自己全部一生都放进了。儒家主放进，释家主不放进，儒、释异同，须到宋人讲理学，才精妙地讲出。此刻且不谈。现在要讲的，是杜工部所放进诗中去的，只是他日常的人生，平平淡淡，似乎没有讲到什么大道理。他把从开元到天宝，直到后来唐代中兴，他的生活的片段，几十年来关于他个人、他家庭，以及他当时的社会国家，一切与他有关的，都放进诗中去了；所以后人又称他的诗为“诗史”。其实杜工部诗还是“不著一字”的。他那忠君爱国的人格，在他诗里，实也没有讲，只是讲家常。他的诗，就高在这上。我们读他的诗，无形中就会受到他极高人格的感召。正为他不讲忠孝，不讲道德，只把他日常人生放进诗去，而却没有一句不是忠孝，不是道德，不是儒家人生理想中最高的境界。若使杜诗背后没有杜工部这一人，这些诗也就没有价值了。倘使杜工部急乎要表现他自己，只顾讲儒道，讲忠孝，来表现他自己是怎样一个有大道理的人，那么这人还是个俗人，而这些诗也就不得算是上乘极品的好诗了。所以杜诗的高境界，还是在他“不著一字”的妙处上。

我们读杜诗，最好是分年读。拿他的诗分着一年一年地，来考察他作诗的背景。要知道他在什么地方、什么年代、什么背景下写这诗，我们才能真知道杜诗的妙处。后来讲杜诗的，一定要讲每一首诗的真实用意在哪里，有时不免有些过分。而且有些是曲解。我们固要深究其作诗背景，但若尽用力在考据上，而陷于曲解，则反而弄得索然无味了。但我们若说只要就诗求诗，不必再管它在哪年哪一地方为什么写这首诗，这样也不行。你还是要知道他究是在哪一年哪一地为着什么背景而写这诗的。至于这诗之内容，及其真实含义，你反可不必太深求，如此才能得到它诗的真趣味。倘使你对这首诗的时代背景都不知道，那么你对这诗一定知道得很浅。他在天宝以前的诗，显然和天宝以后的不同。他在梓州到甘肃一路的诗，显然和他在成都草堂的诗有不同，和他出三峡到湖南去一路上的诗又不同。我们该拿他全部的诗，配合上他全部的人生背景，才能了解他的诗究竟好在哪里。

中国诗人只要是儒家，如杜甫、韩愈、苏轼、王安石，都可以按年代排列来读他们的诗。王荆公[5]诗写得非常好，可是若读王诗全部，便觉得不如杜工部与苏东坡。这因荆公一生，有一段时间，为他的政治生涯占去了。直到他晚年，在南京钟山住下，那一段时期的诗，境界高了，和以前显见有不同。苏东坡诗之伟大，因他一辈子没有在政治上得意过。他一生奔走潦倒，波澜曲折都在诗里见。我第一次读苏诗，从他年轻时离开四川一路出来到汴京，如是往下，初读甚感有兴趣，但后来再三读，有些时的作品，却多少觉得有一点讨厌。譬如他在西湖这一段，流连景物，一天到晚饮酒啊，逛山啊，如是般连接着，一气读下，便易令人觉得有点腻。在此上，苏诗便不如杜诗境界之高卓。此因杜工部没有像东坡在杭州、徐州般那样安闲地生活过。在中年期的苏诗，分开一首一首地读，都很好，可是连年一路这样下去，便令人读来易生厌。试问一个人老这样生活，这有什么意义呀？苏东坡的儒学境界并不高，但在他处艰难的环境中，他的人格是伟大的，像他在黄州和后来在惠州、琼州的一段。那个时候诗都好，可是一安逸下来，就有些不行，诗境未免有时落俗套。东坡诗之长处，在有豪情，有逸趣。其恬静不如王摩诘，其忠恳不如杜工部。我们读诗，正贵从各家长处去领略。

……（略）

在清诗中我最喜欢郑子尹[6]。他是贵州遵义人，并没做高官，一生多住在家乡。他的伟大处，在他的情味上。他是一孝子，他在母亲坟上筑了一园，一天到晚，诗中念念不忘他母亲。他诗学韩昌黎。韩诗佶屈聱牙，可是在子尹诗中，能流露出他极真挚的性情来。尤其是到了四十、五十，年龄尽大上去，还是永远不忘他母亲。诗中有人，其人又是性情中人，像那样的诗也就极难得了。

李太白诗固然好，因他喜欢道家，爱讲庄老出世。出世的诗，更不需照着年谱读。他也并不要把自己生命放进诗里去。连他自己生命还想要超出这世间。这等于我们读《庄子》，尽不必去考他时代背景。他的境界之高，正高在他这个超人生的人生上。李太白诗，也有些不考索它背景是无法明得他诗中用意的。但李诗真长处，实并不在这点上。我们读李太白、王摩诘诗，尽可不管他年代。而读杜工部、韩昌黎以至苏东坡、陆放翁等人的诗，他们都是或多或少地把他们的整个人生放进诗去了。因此能依据年谱去读他们诗便更好。郑子尹的生活，当然不够得丰富，可是他也做成了一个极高的诗人。他也把他自己全部放进诗中去了。他的诗，一首首地读，也平常。但春天来了，梅花开了，这山里的溪水又活了，他又在那时想念他母亲了。读他全集，一年一年地读，从他母亲死，他造了一个坟，坟上筑了一个园，今年种梅，明年种竹，这么一年一年地写下，年年常在纪念他母亲。再从他母亲身上讲到整一家，然后牵连再讲到其他，这就见其人之至孝，而诗中之深情厚味也随而见。他诗之高，高过了归有光的散文。归文也能写家庭情味，可是不如郑子尹诗写得更深厚。

三

由于上面所说，我认为若讲中国文化，讲思想与哲学，有些处不如讲文学更好些。在中国文学中也已包括了儒、道、佛诸派思想，而且连作家的全人格都在里边了。某一作家，或崇儒，或尚道，或信佛，他把他的学问和性情，真实融入人生，然后在他作品里，把他全部人生琐细详尽地写出来。这样便使我们读一个作家的全集，等于读一部传记或小说，或是一部活的电影或戏剧。他的一生，一幕幕地表现在诗里。我们能这样的读他们的诗，才是最有趣味的。

文学和理学不同。理学家讲的是人生哲理，但他们的真实人生，不能像文学家般显示得真切。理学家教人，好像是父亲兄长站在你旁对你讲。论其效果，有时还不如一个要好朋友，可以同你一路玩耍的，反而对你影响大。因此父兄教子弟，最好能介绍他交一个年龄差不多的好朋友。文学对我们最亲切，正是我们每一人生中的好朋友。正因文学背后，一定有一个人。这个人可能是一佛家，或道家，或儒家。清儒章实斋[7]《文史通义》里说，古人有子部，后来转变为集部，这一说甚有见地。新文化运动以下，大家爱读先秦诸子，却忽略了此下的集部，这是一大偏差。

我们上边谈到林黛玉所讲的，还有一陶渊明。陶诗境界高。他生活简单，是个田园诗人。唐以后也有过不少的田园诗人，可是没有一个能出乎其右的。陶诗像是极平淡，其实他的性情也可说是很刚烈的。他能以一种很刚烈的性情，而过这样一种极恬淡的生活，把这两者配合起来，才见他人格的高处。西方人分心为智、情、意三项，西方哲学重在智，中国文学重在情与意。情当境而发，意则内涵成体。“采菊东篱下，悠然见南山，此中有真意，欲辩已忘言。”须明得此真意，始能读陶诗。

陶、杜、李、王四人，林黛玉叫我们最好每人选他们一两百首诗来读，这是很好的意见。但我主张读全集。又要深入分年读。一定要照清朝几个大家下过功夫所注释的来读。陶、李、杜、韩、苏诸家，都由清人下过大功夫，每一首诗都注其出处年代。读诗正该一家一家读，又该照着编年先后通体读。湘乡曾文正在中国诗人中只选了十八家。而在这十八家里边，还有几个人不曾完全选。即如陆放翁诗，他删选得很好。若读诗只照着如《唐诗别裁》[8]之类去读，又爱看人家批语，这字好，这句好，这样最多领略了些作诗的技巧，但永远读不到诗的最高境界去。曾文正的《十八家诗钞》[9]，正因他一家一家整集钞下，不加挑选，能这样去读诗，趣味才大，意境才高。这是学诗一大诀窍。一首诗作很好，也不便是一诗人。一诗中某句作得好，某字下得好，这些都不够。当然我们讲诗也要句斟字酌，该是“僧推月下门”呢，还是“僧敲月下门”？这一字费斟酌。又如王荆公诗“春风又绿江南岸”。这一“绿”字是诗眼。一首诗中，一个字活了，就全诗都活了。用“吹”字、“到”字、“渡”字都不好，须用“绿”字才透露出诗中生命气息来，全诗便活了，故此一“绿”字乃成得为诗眼。正如六朝人文：“暮春三月，江南草长”，“绿”字、“长”字，皆见中国文人用字精妙处。从前人作诗都是一字一字斟酌过。但我们更应知道，我们一定要先有了句中其余六个字，这一个字才用得到斟酌。而且我们又一定先要有了这一首诗的大体，才得有这一句。这首诗是先定了，你才想到这一句。这一句先定了，你才想到这一字该怎样下。并不能一字一字积成句，一句一句积成诗。实是先有了诗才有句，先有了句才有字。应该是这首诗先有了，而且是一首非写不可的诗，那么这首诗才是你心中之所欲言。有了所欲言的，然后才有所谓言之工不工。主要分别是要讲出你的作意，你的内心情感，如何讲来才讲得对，讲得好。倘使连这个作意和心情都没有，又有什么工不工可辨？什么对不对可论？譬如驾汽车出门，必然心里先定要到什么地方去，然后才知道我开向的这条道路走对或走错了。倘使没有目的，只乱开，那么到处都好，都不好，那真可谓无所用心了。所以作诗，先要有作意。作意决定，这首诗就已有了十之六七了。作意则从心上来，所以最主要的还是先要决定你自己这个人，你的整个人格，你的内心修养，你的意志境界。有了人，然后才能有所谓诗。因此我们讲诗，则定要讲到此诗中之情趣与意境。

先要有了情趣意境才有诗。好比作画尽临人家的，临不出好画来。尽看山水，也看不出其中有画。最高的还是在你个人的内心境界。例如倪云林，是一位了不得的画家。他一生达到他画的最高境界时，是在他离家以后。他是个大富人，古董古玩，家里弄得很讲究。后来看天下要乱了，那是元末的时候，他决心离开家，去在太湖边住。这样过了二十多年。他这么一个大富人，顿然家都不要，这时他的画才真好了。他所画，似乎谁都可以学。几棵树，一带远山，一弯水，一个牛亭，就是这几笔，可是别人总是学不到。没有他胸襟，怎能有他笔墨！这笔墨须是从胸襟中来。

我们学作文章，读一家作品，也该从他笔墨去了解他胸襟。我们不必要想自己成个文学家，只要能在文学里接触到一个较高的人生，接触到一个合乎我自己的更高的人生。比方说，我感到苦痛，可是有比我更苦痛的。我遇到困难，可是有比我更困难的。我是这样一个性格，在诗里也总找得到合乎我喜好的而境界更高的性格。我哭，诗中已先代我哭了。我笑，诗中已先代我笑了。读诗是我们人生中一种无穷的安慰。有些境，根本非我所能有，但诗中有，读到他的诗，我心就如跑进另一境界去。如我们在纽约，一样可以读陶渊明的诗。我们住五层、六层的高楼，不到下边马路去，晚上拿一本陶诗，吟着他“结庐在人境，而无车马喧”的诗句，下边马路上车水马龙，我可不用管。我们今天置身海外，没有像杜工部在天宝时兵荒马乱中的生活，我们读杜诗，也可获得无上经验。我们不曾见的人，可以在诗中见。没有处过的境，可以在诗中想象到。西方人的小说，也可能给我们一个没有到过的境，没有碰见过的人；而中国文学之伟大，则是那境、那人却全是个真的。

如读《水浒》，固然觉得有趣，也像读《史记》般；但《史记》是真的，《水浒》是假的。读西方人小说，固然有趣，里边描写一个人，描写得生动灵活；而读杜工部诗，他自己就是一个真的人，没有一句假话在里面。这里却另生一问题，很值我们的注意。

中国大诗家写诗多半从年轻时就写起，一路写到老。像杜工部、韩昌黎、苏东坡都这样。我曾说过，必得有此人，乃能有此诗。循此说下，必得是一完人，乃能有一完集。而从来的大诗人，却似乎一开始，便有此境界格局了。此即证中国古人天赋人性之说。故文学艺术皆出天才。苏、黄以诗齐名，而山谷之文无称焉。曾巩以文名，诗亦无传。中国文学一本之性情。曹氏父子之在建安，多创造。李、杜在开元，则多承袭。但虽有承袭，亦出创造。然其创造，实亦承袭于天性。近人提倡新文学，岂亦天如人愿，人人得有其一分之天赋乎。西方文学主要在通俗，得群众之好。中国文学贵自抒己情，以待知者知。此亦其一异。

故中国人学文学，实即是学做人的一条径直的大道。诸位会觉得，要立意做一人，便得要修养。即如要做到杜工部这样每饭不忘君亲，念念在忠君爱国上，实在不容易。其实下棋，便该自己下。唱戏，便该自己唱。学讲话，便该自己开口讲。要做一个人，就得自己实地去做。其实这道理还是很简单，主要在我们能真实跑到那地方去。要真立志，真实践履，亲身去到那地方。中国古人曾说"诗言志"，此是说诗是讲我们心里东西的，若心里龌龊，怎能作出干净的诗？心里卑鄙，怎能作出光明的诗？所以学诗便会使人走上人生另一境界去。正因文学是人生最亲切的东西，而中国文学又是最真实的人生写照，所以学诗就成为学做人的一条径直大道了。

文化定要从全部人生来讲。所以我说中国要有新文化，一定要有新文学。文学开新，是文化开新的第一步。一个光明的时代来临，必先从文学起。一个衰败的时代来临，也必从文学起。但我们只该喜欢文学就够了，不必定要自己去做一文学家。不要空想必做一诗人，诗应是到了非写不可时才该写。若内心不觉有这要求，能读人家诗就很够。我们不必每人自己要做一个文学家，可是不能不懂文学，不通文学，那总是一大缺憾。这一缺憾，似乎比不懂历史、不懂哲学还更大。

（原载于香港《人生杂志》1960 年第 21 卷第 1 期）

【注释】

［1］无住：佛教用语，为实相的别名，谓法无自性，无自性，故无所住着，随缘而起，故云无住。

［2］雨中山果落，灯下草虫鸣：出自唐代诗人王维的《秋夜独坐》，深具禅意哲理，诗歌真切细微，传神入化。

［3］现量：佛教用语，指用不着意识思索就能够直觉其存在，也就是直接之知，如人的手碰到火，立刻就知其存在。

［4］姚氏《古文辞类纂》：清代姚鼐编的一部古代文章总集。全书七十五卷，选录战国至清代的古文。书首有序目，略述各类问题的特点、源流及其义例。

［5］王荆公：王安石（1021—1086），字介甫，号半山，临川人，封荆国公，故世人又称王荆公，世称临川先生。北宋杰出的政治家、思想家、文学家、改革家，与韩愈、柳宗元、欧阳修、苏洵、苏轼、苏辙、曾巩并称“唐宋八大家”。

［6］郑子尹：郑子尹（1806—1864），名珍，字子尹，号子午山孩、五尺道人，晚年号柴翁。贵州遵义人。清代著名诗人、学者。著作有《仪礼私笺》《说文逸字》《说文新附考》《巢经巢集》等。

［7］章实斋：章学诚（1738—1801），字实斋，浙江会稽人。乾隆十三年进士，官国子监典籍。著有《文史通义》等。

［8］《唐诗别裁》：清人沈德潜编的一个唐诗选本。全书按诗体编排，选入了唐代不同时期，不同流派270余人的作品，诗作1 928首，凡二十卷，并加了简要的评注。因杜甫《戏为六绝句》中有“别裁伪体亲风雅”语，故名“别裁”。

［9］曾文正的《十八家诗钞》：曾国藩选编的古代诗集，共28卷，精选古、近体诗6 599首，有少量评点和校注。

【点评】

古人说“诗言志”，凸显出诗歌与其创作者真实内心之间的紧密联系。在对文学艺术的评价中，钱穆把诗人的艺术修养和人品修养紧密地联系起来，注重诗品与人品的内在关联。每个人在创作诗歌之前首先要有创作的意欲，这一创作意欲是从人心生出来的。一个人有良好的内心修养，有胸襟，在此基础上，才有可能作出好的诗作来。即如文中所说，“必得有此人，乃能有此诗”。作家的人格与胸襟是文学作品的主体构造，有了胸襟，才有诗。在中国的诸多诗人中，屈原、陶潜、杜甫之所以最受后人崇拜，就在于他们的人格以及他们作品中所体现的胸襟与意境。

钱穆认为，诗人把自己真实的人生，自己对宇宙人生的特殊的感触都放进了诗中，所以其诗作是活的动的，充满生机的。例如王维的诗句“雨中山果落，灯下草虫鸣”，有情有景，透露出天地自然界的生命气息。但不把自己真实人生放进诗作中的也有好诗，李白是一个胸襟超然于人世而获得个体精神自由的诗人，他的诗作体现出了超人生的人生，表现出鲜明的个性。不像“重帘不卷留香久，古砚微凹聚墨多”，缺乏悠远的意境与情趣。

钱穆在强调生活真实与人格真实的时候，并没有忘却艺术真实和艺术表现。比如在讨论杜甫时，钱穆指出，杜甫把个人、家庭以及当时的社会都放到诗中去了，他那忠君爱国的人格并没有在诗里明说，而是从场面和情境的具体描写中表现出来。不著一字，尽得风流，这是杜诗的高明之处。如果杜甫只顾讲忠孝道德，那么这人还是个俗人，这些诗也算不上是上乘的好诗了，当然也不能对读者产生巨大的人格感召。钱穆说明诗人的人格力量是透过诗人的创作个性升华为审美意识、审美情趣才对文学风格的构成产生作用的。这体现出他对文学创作规律的维护与尊重。

钱穆推崇"不著一字，尽得风流"的好诗，中国优秀的诗歌作品倾注了作者的特殊的情趣和意境，包含了作家的全人格，是最真实的人生写照，但却不直白地讲出来，而是通过一种情境让读者去体悟。这不同于理学家偏爱人生道理，有着训导的意味，不易为人接受。中国古典诗歌把人的性情与诗的意境结合起来，引导人们达到一种更高的人生境界。所以，中国文学是通过优美的意境来引导人们怎样使生活过得更美好，达到了艺术人生化、人生艺术化，人生与艺术融凝为一体。

在这个立场上，钱穆强调诗歌应该来自诗人心灵的真实，自然比较合理，因为诗人心灵的真实，即是诗人意义建构系统的核心。在中国传统的文学理论中，这种诗人心灵的真实，不仅指诗人个人特殊的性情与情思，更指人的内在普遍真诚，唯其具有内在的普遍真诚，诗歌作品传达情思与胸襟，以及达成人与人之间真实的共鸣，才有可能。

钱穆谈诗，涉及诗歌与真实、诗歌与社会、诗歌与道德、诗歌与历史、诗歌与时代，以及诗歌的美学思考。指出诗歌的产生，常与诗人的心理人格、社会环节、时代趣味、哲人思想等因素有关。诗歌创作来自性情的自然的流露，而非刻意造作，故亦显示深情厚味。清人程廷祚说："天地雕刻众形，而咸出于无心；文之至者，体道而出，根心而生，不烦绳削而自合。"（《复程鱼门书》）说得好极了。唯有"遣去技巧"，才能"意冥玄化"，形成繁华落尽、独存真醇之美的效果。

【链接】

1. 钱穆:《中国文学论丛》，生活·读书·新知三联书店 2002 年版。
2. 钱穆:《双溪独语》，九州出版社 2011 年版。
3. 钱钟书:《谈艺录》，中华书局 1984 年版。
4. 黄永武:《中国诗学·鉴赏篇》，新世界出版社 2012 年版。

论诗境

牟宗三

诗之意与境常是分不开的。诗之意是对于宇宙人生的静觉与慧解[1]，对于真、美、善的希求憧憬。但是究竟是诗而不是文，所以其觉与解不常以议论说出，而只托物藉景用象征表出。所托之物所藉之景，遂烘托而成为诗之境。境必喻意，故总称曰诗之意境。

上篇说明诗意，及诗的意与非诗的意之不同。本篇再论诗境。诗境与景不同。景只是景物、风景，是客观的、无色彩的。诗境则是随意而走，有所属，乃是特殊的、主观的、有色彩的。景是现实的，境则是超越的。由主观内蕴，投之于外，藉景物的凝固之，成为主观的客观、心的物，则为境。

有诗意即有诗境，无诗意亦无诗境。李白、陶潜是有诗境的，杜甫是没有诗的境。曹子建诗有散的调，有诗的意，故亦有诗的境。寓意境于陈述中。无杜甫之滞塞生硬，有李白之轻松飘逸。诗而至此是谓圣境[2]。

何谓子建诗[3]为散文的？诗意之为诗的乃于抒情诗最多。中国诗抒情的本少，子建之所吟咏不离风、雅、颂，咏物述事，铺陈居多。但于铺陈之中，确显其诗魂与诗境之恬静与轻松。譬如：愿为西南风，长逝入君怀（《七哀诗》）；愿为比翼鸟，施翮起高翔（《送应氏诗》）。此皆是诗的意境。愿意如何，即是一种希求与憧憬。其所希求常用“鸟”字、“风”字以象征之。由“鸟”字、“风”字即可烘托出一个轻松美妙的境界。由此境界而憧憬仙人，亦是很自然的联想。“飘”“风”“鸟”“云”“景”“响”诸词是烘托子建诗境之工具，如上举诸句即多此等词。再如：明月照高楼，流光正徘徊（《七哀诗》）；高台多悲风，朝日照北林（《杂诗》）。此等词几乎篇篇具有，可谓用之惯矣。这不但表示他的诗境，而且也表示他的静觉。这个境界是云空的境界，是行云的境界。那是俯仰天地之间，静觉出来的。灵活轻松，悠悠和平，美妙生动，都从此境界表示出。有了行云的境界，子建的诗才是诗的，不只是散文的；才活泼起来，不似杜甫之滞塞生硬。才温文而雅，不是粗野过质。此即格调之最高贵者也。

李白喜用流水，故显豪放；子建喜用风云，故显舒曼。舒者从容，曼者曼妙。李白是流水，子建是行云，皆诗境也。子建居京洛，故伫中区以玄览；太白居江汉，故临江流以浩歌。惟太白虽有其境，不至子建之温雅。子建贵公子，自分气象，自是不同。

渊明诗有其诗意，自亦有其诗境。其静觉与慧解多，故喜“化”字，如“纵须大化中，不喜亦不惧”，“穷通靡攸虑，憔悴由化迁”，“常恐大化尽，气力不及衰”，“形迹凭化往，灵府长独闲”，“万化相寻异，人生岂不劳”。如《归去来兮辞》：“聊乘化以归尽，乐夫天命复奚疑。”亦是同一静觉。又其静觉与慧解乃为对于宇宙万物之总持，故喜用形上学中语。但由渊明道来，不觉枯燥，亦不堕于理障[4]，此盖因其心境平淡活泼故也。如孔子云：“逝者如斯夫，不舍昼夜”，“天何言哉，四时行焉，百物生长，天何言哉”，此皆不觉其枯燥，特显其轻松。又心境活泼悠悠自得，诗境为静而非动，故亦喜用“鸟”字、“云”字，如“悲风爱静夜，林鸟喜晨开”，“栖栖失群鸟，日暮龙独飞”，“日入群动息，归鸟趋林鸣”，“班班有翔鸟，寂寂无行迹”，“暮行归云宅，朝为飞鸟堂”，“青松夹路生，白云宿檐端”，“万族各有托，孤云独无依”，“向夕长风起，寒云没西山”，“重云蔽白日，间雨纷微微”。“鸟”“云”“风”“飘”“悠悠”等字亦常用，与子建同。但其行云流水的恬淡情绪，又似过于子建。同一“风”字，子建喜用“惊”字、“悲”字以形容，故子建所烘托的境界又比较生动，其故亦盖由于子建之遭遇多坎坷艰险故也。子建虽生动但却不烈性。太白则流入烈性。子建《赠白马王彪诗序》云“愤而成篇”，但其中亦无气愤语、哀怜气，此是一种高贵的境界，不可多得。

子建不但是贵公子，而且是皇太子。但无时流风流豪华气，有从容富贵气，有教养有伦理。不只想作一诗人，乃有大愿在高，想作一番事业。故其诗格亦为高，不是诗人之诗，乃是人之所以为人之诗。钟记室[5]品其诗譬以人伦之有周孔，至矣哉。而近人黄晦闻[6]又盛赞其诗曰：“陈王本《国风》之变，发《乐府》之奇，驱屈宋之辞，析杨马之赋而为诗。六代以前莫大乎陈王矣！至其闵风俗之薄，哀民生之艰，树人伦之式，极情于神仙，而义深于朋友，则又见乎辞之表者，虽百世可思也。”此亦甚当，并不过分。子建、渊明皆圣人之徒也。所谓圣人之徒，并非替人传道，乃只言其不离乎人情。盖孔子之于为圣亦并非因其传某某之道而使然，天理人情乃人之所同然，得之不离其正便是圣，离而之于偏则为狂为狷[7]，此皆无足取，然又胜于乡愿。子建之为圣以思想立场论，渊明之为圣以实际生活论。子建乃说法时之孔子，渊明乃闲居时之孔子。然通人行事，内外如一，动静无间，故虽闲居，亦从心所欲，未尝逾矩也。故渊明闲居亦须通达，并非偏激之流。

杜甫无诗意亦无诗境。杜甫之诗乃史的事的，有铺陈而无意境。为诗开一新天地，写事实，即所谓铺陈终始，此是杜之功劳，然这却不是其本人之诗境，诗总是免不了表现其自己的，然杜于其自己无所表现。白居易《与元九书》历述风雅比兴之旨而极推崇杜甫，以为杜能补察时政，关心风化。而仇兆鳌《注杜诗序》[8]云：“诗有关于世运，非作诗之实乎？……诗有关于性情伦纪，非作诗之本乎？故宋人之论诗者，称杜为诗史，谓得其诗，可以论世知人也。明人之论诗者，推杜为诗圣，谓其立言忠厚，可以垂教万世也。”此种论断极当。然此是一种什么诗人呢？颇有考究之必要。

我们说曹子建、陶渊明、李太白，皆有其诗意与诗境，即诗的意与诗的境。这种意与境是极能表现个人自己的。譬如说，流水是李白的境界，行云是子建的境界，乘化[9]是渊明的境界，他们这种境界皆藉象征的办法而超越的表示之。惟杜甫则无此种表示，杜甫在诗人中可以说是一个特别的类型。我们说他的诗是散文的，不是诗的。这是一个极大的区别。他不是普通所谓的诗人，而是文的诗人。他不表现己而表现物，所以他不用象征，亦不超越。他是性情极笃极厚的人，说句不好听的话，他是一个极痴迷的人。痴迷的人也近乎诗的性格，也容易为诗。故杜甫仍可为诗人，虽然不是诗的。如果他不痴迷，他可以为一个达人；如果他用不着痴迷，他可以成为一个圣人。这两者他皆做不到，所以他是一个诗人。他用他极笃极厚极痴迷的性情来表物。在他的诗里，可以看出他的性情之笃之厚，这是他自己了。但这与普通所谓以诗表现自己者不同，因为他这个笃厚的性情并不是一个诗意与诗境。他不过是逐物的一种本能的冲动而已。所以与以诗意与诗境表现自己者不同，他以笃厚的性情来陶铸万物。所以读他诗的人一方觉其排比声韵、铺陈终始之辞之富；一方又觉其如饮浓酒、如饮苦茶之味之浓。这就是他的伟大与力量。

（原载《再生》1941 年第 65 期）

【注释】

［1］静觉与慧解：佛教用语。静觉，指清醒的纯意识存在，即“纯净意识”。慧解，指颖悟的智慧。

［2］圣境：指超凡入圣的境界。

［3］子建诗：即曹植的诗。曹植（191—232），字子建，三国时期曹魏著名文学家，代表作品有《洛神赋》《白马篇》《七哀诗》等，其诗以笔力雄健和词采华美见长。

［4］理障：指理性思辨对人造成的障碍与遮蔽。

［5］钟记室：钟嵘（约 468—约 518），南朝文学批评家，字仲伟，颍川长社（今河南长葛）人。曾任参军、记室一类的小官。梁武帝天监十二年（513）以后，仿汉代“九品论人，七略裁士”的著作先例，写成诗歌评论专著《诗品》。以五言诗为主，全书将两汉至梁作家 122 人，分为上、中、下三品进行评论，故名为《诗品》。

［6］黄晦闻：黄节（1873—1935），原名晦闻，字玉昆，号蒹葭楼主，广东顺德甘竹右滩人。因鄙夷同宗黄士俊的变节行为，易名“节”，取号“甘竹滩洗石人”。黄节为我国进步报业的开创人之一，也是著名的教育学者，生平擅长诗文和书法，其诗人称“唐面宋骨”。与梁鼎芬、罗瘿公、曾习经号称“岭南近代四大家”。著有《蒹葭楼诗》《汉魏乐

府风笺》《诗旨纂辞》等。

［7］为狂为狷：狂狷，出自《论语·子路》："不得中行而与之，必也狂狷乎。狂者进取，狷者有所不为也。""狂"是指不拘一格，气势猛烈，蔑俗轻规。"狷"指洁身自好，不肯同流合污。

［8］仇兆鳌《注杜诗序》：仇兆鳌（1638—1717），明末清初著名学者，浙江宁波人。代表作有《四书说约》《杜诗详注》《周易参同契集注》和《悟真篇集注》。

［9］乘化：顺随自然。化，造化。

【点评】

牟宗三早年涉猎中国古代诗文评论，写有《说诗一家言》，表现了他对于中国古典诗歌的研究见解。这篇文章重点论述了中国诗歌的意境问题。牟宗三论诗之意与境，以有无诗境作为区分好诗与坏诗的标准。诗歌的意象，就是意和象的矛盾统一体。外在的景象是看得见的，而意是看不见的，意在象中，意为象主。王国维先生说"一切景语皆情语"，即言中国古典诗学讲究情景交融的境界。而在"意"与"象"的关系中，"象"是由"意"决定的，"象"需要诗人对其进行情感的灌注，亦即有意脉贯穿其中。在诗境中，有了统一的意脉，意脉贯穿首尾，意象与意象就具有了某种线性的相关性，形成诗意与诗情的完整统一体。诗歌也就有了可以持久涵咏的韵味。

以牟宗三所引之诗及所称道的诗来看，他重点引用了李白、曹植、陶渊明三家的诗歌。他认为有诗境的诗是顺畅自然的抒情诗，而不满意叙事、咏怀、说理的诗，因其有理路的障碍，使抒情不顺畅。中国古代文艺思想中就有"风行水上，自然成文"的说法。诗境的表现，也就如那风过水上而行，自然而然形成纹路，而拂去了刀砍斧凿的痕迹。说理、叙事等，在诗中所造成的就是人工刀斧对诗境的破坏，使感情不能自然表达，如遇阻碍，诗境支离破碎。此外，牟宗三也推崇苏东坡的诗，因其诗表达出了自然而然、清新活泼的感情。他对杜甫诗歌的看法虽有偏颇，但仍肯定杜诗的性情之笃之厚。

中国传统诗学注重"情景交融"。"情""景"的统一乃是诗歌的基本结构。但这里说的"情"与"景"不能理解为互相外在的两个实体化的东西，而是"情"与"景"的欣然和畅、一气流通。王夫之说："情景名为二，实而不可离。"离开主体的"情"，"景"就不能显现，就成了"虚景"；离开客体的"景"，"情"就不能产生，也就成了"虚情"。只有情景的统一，所谓"情不可虚情，景皆可景，景非虚景，景皆含情"。这就是说，景无情不通达于艺术境界，情无景不生发为艺术形象。提起"情景交融"的诗境，便会使人想起那在和谐的韵律中传送出来的真切的画面、天然的色调、澄明的境界、不尽的遐思乃至那富于生命情趣的悠游而深沉的意蕴，总之是一种为灵性的光辉所照亮的艺术审美境界，令人心醉神驰。这大概就是现代文论兴起之后，许多传统的名词术语皆被弃置不用，独有“意境”仍频繁出现于今人笔下的缘故。

牟宗三谈诗境，在继承传统有关“意与境会”和“境生象外”等观念的基础上，参照现代学理，对意境的生成方式、基本内涵、超越性理念的指向乃至意境的诸种类型等，作了一些新的阐发，将古老的意境说发扬光大于现代。实际上，在传统诗学理念中，从情志到意象再到意境，是一个完整的诗性生命的流程，情志作为诗歌生命的本原，意象作为诗歌生命的载体，意境作为诗歌生命的归趋，形成环环相扣的有机组合，少了任何一个环节便会导致残缺而不完美，故须从其相互依存、相互转化的关系上来把握各自的意义，而不必为某些诗人地位的高下强作解人。

【链接】

1. 牟宗三：《才性与玄理》，吉林出版集团 2010 年版。
2. 朱光潜：《诗论》，安徽教育出版社 1997 年版。
3. 闻一多：《唐诗杂论》，上海古籍出版社 1998 年版。
4. 叶嘉莹：《迦陵论诗丛稿》，河北教育出版社 1997 年版。

诗词的创造过程及其表现效果

徐复观

何谓“隔”与“不隔”

王静安[1]的《人间词话》接触到文学理论上若干基本问题，但因说得太简单，未免近于笼统，使现时批评他或赞成他的人，多陷于猜想摸索。诗词的隔与不隔的问题，即其一例。

诗词的隔与不隔，先粗浅而概略地站在读者的立场说，作者所写的景、所言的情，能予读者直接照面，那便是不隔；若不能与读者直接照面，不仅需读者从文字上转弯抹角地去摸索，并且摸索以后还得不到什么，那便是隔。若就作者的创作过程说，作者把他所要写的景、所要言的情，抓住观照、感动的一刹那，而当下表现出其原有之姿，不使与它无关涉的东西掺杂到里面去，这便是不隔；若当下不能表现其原有之姿，而需经过技巧的经营，假借典故及含有典故性的词汇，才能表达出来，此时在情与景的原有之姿的表层，蒙上了假借物的或深或浅的云雾，这便是隔。刘勰《文心雕龙·明诗》篇所说的“直而不野”[2]的“直”，钟嵘《诗品》序所说的“皆由直寻”[3]的“直寻”，李太白《古风》所说的“垂衣贵清真”的“真”，都指的是不隔。不隔的，表现得真而完全；隔的，表现得不够真，因之也不完全。不隔的作品，可以把读者引到作者创作时同等的境界，与作者同其感动，与作者同其观照。这是文学对人生的最大效果。随其隔的程度而此种效果也与之成比例地减低。

普通常常把言情与写景对举，这只是言语上的便利。实则无景之情便流于叫号、空漠，无情之景便流于刻板、干枯，这都不能算是真正的诗词。真正的诗词，必须把景物融入感情之中，使景物得其生命；感情附丽沾染于景物之上，使感情因景物而得到某种形相。所以情与景是不可分的，而感情又是诗词的骨髓。先交代清楚这一点，以作为下面所说的根据。

“隔”与“不隔”和创造过程及表现能力的关系

诗词的隔与不隔，是与作者创造的过程密切相连着的。它之所以不隔，首先必须由真切的人生态度发而为真切的感情，以形成创造的冲动，有如骨鲠在喉，必以一吐为快。这种无法抑制的冲动，对客观的景物，有吸引、溶解到自己感情中来，使主观的感情附丽在客观的景物上，以成为自己形相的力量。此时主观的感情，直接凑泊[4]上客观的景物，以客观景物之形相为自己之形相，再不须要假借旁的东西来加以填补，即钟嵘《诗品》序所说的“多非补假”。这是形成不隔的最基本的因素。反转来说，一个人并无真的创作冲动，而只是为了应酬、应景，或为了装点作为一个诗人、词人的门面，而作诗、作词时，本来无话要说，只好假借些典故、辞藻来填补空虚，以搭成一个空架子，在空架子里本无真正感情去吸引、溶解景物，而只有硬拿典故、辞藻去搭挂上景物。于是不仅情非真情，即景也系披上了与它并不相干的云雾而非真景，这如何不隔？王静安所说的隔，主要是指表现的能力而言。但为了明了诗词中犯隔的基本性格，便须先从这种最基本的创作冲动说起。

只要有真正的创作冲动，把所感所见的直截了当地说了出来，这便是“直”、是“真”，是不隔。所以从某一点说，不隔并非难事，这在民间歌谣中，是很容易得到的。正因为如此，所以民间歌谣，常常是新文学发生的摇篮。但民间歌谣的自身，并非都有很高的文学价值。普通民间歌谣的不隔，我暂称之为“原始性的不隔”，由原始性的不隔，进而为艺术性的不隔，则除了真正的创造冲动以外，再须加上伟大的表现能力，这便有待于文学的修养。《诗》中的《国风》，及后来伪托苏、李赠答的《古诗》[5]和《古诗十九首》，所以能在文学史中占一崇高的地位，正因为他们原来都是出于民间的歌谣，反映着真实的生活，反映着真实的感情，又经过太史或乐府之手，得到了音乐和语言上的润饰，并且这种润饰不是成于一旦、出于一人之手，乃系经过了长期的酝酿，所以这种润饰工作能顺其原有之姿，以保持它原有生命的和谐与统一。例如《古诗十九首》，有的酝酿了三四百年，有的也酝酿了一二百年或几十年，由民间而乐府，再由乐府而转入文人之手，才成为今日的形式。这是由人民、音乐家及文人，长期合作所酿成的“文学之蜜”。“温柔敦厚”“直而不野”这两句话有相同的意义，正说明它是具有高度艺术价值的不隔。

诗词的难懂易懂与境界

在这里，必须再郑重提醒一句，隔与不隔和易懂与不易懂，完全是两件事。不隔的诗未必便易懂，易懂的诗未必便是不隔。只有故意造成不易懂的诗，即所谓以艰深文浅陋的诗，才是隔与不易懂成为一致的。由诗本身而来的不易懂，除了读者的基本欣赏能力外，一是来自读者与作者人生境界的悬殊，一是来自有一种诗，只把他所要表现得感情，化为一种仅可感触而不能言诠的气氛，因为一落言诠，便成概念，而与他原始朦胧复杂矛盾的感情不相应，这种诗当然也不易懂。因此，若把懂解释为概念上的清楚明白，有的人便可以干脆说诗的本身是不能懂的，而歌德[6]也说：“文学作品，越不可测，越难用知性去理解，便越是好的。”

上面提到“境界”两字，我也应顺便再提出一点来先讨论一下。《人间词话》一开始便标出“境界”二字，以作他论词的圭臬，并由此而成为奠定王氏文学理论地位的主要内容。但我却王氏根本不曾了解何者为文学中的境界，或者他所了解的所谓“文学境界”和他所标榜的“词以境界为最上”，并不能相应。他说：“词以境界为最上。有境界则自成高格，自有名句。”“沧浪所谓兴趣，阮亭所谓神韵，犹不过道其真面目，不若鄙人拈出境界二字，为探其本也。”王氏的所谓“境界”，到底指的是什么？

叶嘉莹[7]女士以为指的是“一种具体而真切的意象的表达”（《文学杂志》六卷三期《由〈人间词话〉谈到诗歌的欣赏》）。从王氏所举的例子看，我认为叶女士的解释，大体是与王氏本意相合的。但是，表现一种具体而真切的意象，乃诗词之所以成为诗词的基本条件。不具备此种基本条件，固然不成为诗词，乃至不成为文学，但具备了此种基本条件，未必便是最上的作品。文学在此一基本条件上面，还有许多高次元的条件[8]，等于同为不隔，但形成不隔的条件和价值并非相等的一样，怎能说“词以境界为最上，有境界则自成高格”呢？沧浪[9]之所谓“兴趣”，乃指主观与客观自然融合的一种状态；渔洋之所谓“神韵”[10]，乃指意象的一种升华状态，何能说沧浪、渔洋“不过道其真面目”，而王氏能算“探其本”呢？王氏在日本时，受到当时流行的自然主义的影响，所以在这一根本点上，不仅说得笼统，且因他对文学的真正本源没有弄清楚，在《人间词话》中实多似是而非之论，贻误后人，今不暇一一列举。

若以境界为诗词的本源，则应回到传统的解释上去。一般人所说的“人生境界”“道德境界”“艺术境界”等等，应顺着《无量寿经》[11]上“比丘白佛，斯义宏深，非我境界”的意义来了解。此处的所谓“境界”，乃指人的精神生活所能达到的界域而言。精神生活所能达到的界域，有各种不同的方面，并且在各种不同的方面中，有各种高低不同的层次，有各种大小不同的范围。同时，若就道德、宗教、艺术而论，对同样的客观自然的认取，常随认取者的精神所达到的境界为转移。段成式《酉阳杂俎》[12]前集卷十二谓：“成式偶见李白《祠亭上宴别杜考功》诗，今录首尾曰，我觉秋兴逸，谁言秋兴悲。”逸是李白的精神境界，所以他所感到的秋兴也是逸；悲是杜甫的精神境界，所以他所感到的秋兴也是悲。大画家的作品与画匠作品的不同，贝多芬所作的曲与流行歌曲的不同，主要系来自人生境界的不同。由人生境界而影响到表现的方式、技巧。境界有高下大小之殊，所以王氏说“有境界则自成高格”，这是说不通的，应当说“有高境界便自成高格”。因为王氏不了解境界有高低大小之不同，所以他说：“境界有大小，不以是而分优劣。‘细雨鱼儿出，微风燕子斜’，何遽不若‘落日照大旗，马鸣风萧萧’？”按前联是杜甫《水槛遣心》二首之一中的一联，后者是杜甫《后出塞》五首之二中的一联。前者取境小，小家也可以写出，《随园诗话》[13]中有的是这种诗；后者取境大，非大家便不能写出。因为取境的大小和作者精神境界的大小，密切相连；作者精神境界的大小和作者人生的修养、学力，密切相连。这如何能不分优劣呢？了解到境界的真正意义，便可知一个普通的读者，他在人生境界的高度、深度及纯洁、曲折等等上面，与一位伟大的诗人远相悬隔，则他一下子不能读懂此一伟大诗人的作品，正有如我们一下子听不懂贝多芬的音乐一样，乃当然之事。我在参观苏州几个园亭的时候，第一次毫无印象，尤其对于拙政园，第二次始能感到拙政园的平远疏澹的艺术意味。同看一部电影，但大人、小孩，有艺术修养的与无艺术修养的，所得的印象也全是两样。这都是相同的道理。听不懂贝多芬的音乐，只有反复地听；读不懂大作家的诗，只有反复地读。久而久之，读者于不知不觉之间，会与诗人的境界接近而渐渐地懂了，再于不知不觉之间，进入作者的境界里面而完全懂了。此时的完全懂，不仅是多知道了什么，而是以诗人的人生境界，提高、洗炼了读者的人生境界。这便是诗人、文学家、艺术家对人类“不废江河万古流”的贡献。所以这种人生境界悬隔而来的不易懂，实包含了透彻骨髓脏腑的不隔，而不止是普通所说的不隔。

至于由表现原始感情的朦胧、复杂、矛盾性而来的不易懂，我想用李义山的《锦瑟》[14]一诗作例子。我认为这首诗是回忆在极端矛盾下所尝到的人生苦汁所作的诗。其意境，或有似于歌德的《少年维特之烦恼》。若仅从政治、悼亡等上去解释，似乎都不够构成此诗的魅力。此诗中所用的故事、语言，都化为悲凉怅惘，而带有紫绿中夹灰白色的气氛、情调，但并不是向人具体地指陈了什么，所以千多年来，没有人能具体而完全地了解它。但我相信凡是读过李义山诗的人，没有不受过他的魅惑的。此种难懂的诗，和以艰深文浅陋的难懂之诗，其分别便在一则有一种迷人的魅力，一则只是看了便使人蹙额乏味。有的人把隔与不隔和易懂与不易懂混淆在一起，甚至以诗中所表现的曲折也当作是一种隔，以此来非难王氏，我觉得这未免失之过于浅薄了。

（原载香港《民主评论》1959年第10卷第12期）

【注释】

[1] 王静安：王国维（1877—1927），初名国桢，字静安，亦字伯隅，初号礼堂，晚号观堂，又号永观，谥忠悫。中国近现代相交时期一位享有国际声誉的著名学者。主要作

品有《人间词话》《宋元戏曲考》《曲录》《观堂集林》等。

［2］直而不野：出自刘勰《文心雕龙·明诗》："观其结体散文，直而不野，婉转附物，怊怅切情，实五言之冠冕也。"这里指古诗十九首等作品，语言朴素自然，描写生动真切，具有天然浑融的艺术魅力。

［3］皆由直寻：出自钟嵘《诗品》"古今胜语，多非补假，皆由直寻"。直寻，指诗作追求一种自然的表达。

［4］凑泊：指结合之意。

［5］后来伪托苏、李赠答的《古诗》：托名西汉苏武、李陵赠答的若干首五言古诗，今存十多首，合称"苏李诗"，与古诗十九首是"同一风味"（王士禛《渔洋诗话》），大多为赠答留别、怀人思归、感伤人生，情调凄怨，是一些艺术相当成熟、形式较为完整的五言古诗。但这批诗在六朝已被疑为拟作或赝品。

［6］歌德：歌德（1749—1832），18世纪中叶到19世纪初德国和欧洲最重要的作家、诗人。主要作品：《少年维特之烦恼》《浮士德》等。

［7］叶嘉莹：叶嘉莹（1924—　），号迦陵，加拿大籍中国古典文学专家，致力于中国古典诗词创作、教学和研究。主要作品有《迦陵论词丛稿》《王国维及其文学批评》《中国古典诗歌评论集》等。

［8］高次元的条件：较好的条件，仅次于最好、最高的条件。

［9］沧浪：即南宋诗论家、诗人严羽，字丹丘，自号沧浪逋客，世称严沧浪。生卒年不详。严羽论诗推重汉魏盛唐、号召学古，所著《沧浪诗话》名重于世。

［10］渔洋之所谓"神韵"：清初杰出诗人、文学家王士禛（王渔洋）提出著名的"神韵说"。"神韵说"要求诗的意境自然淡远，有味外之味。

［11］《无量寿经》：佛教经典，全称《佛说无量寿经》。

［12］段成式《酉阳杂俎》：段成式（803—863），字柯古。晚唐邹平人，唐代著名志怪小说家。著笔记小说集《酉阳杂俎》。

［13］《随园诗话》：清代袁枚的诗歌美学和诗歌理论著作。

［14］李义山的《锦瑟》：李商隐（813—858），字义山，晚唐著名诗人。《锦瑟》是李商隐的代表作，也是其最难理解的作品之一。

【点评】

王国维的《人间词话》对中国传统诗词理论分析提出了自己的概括和见解，即境界说、隔与不隔之说。随后，这两种观念也成了文论学术领域争论的热点。本文便是徐复观先生在看过丁雨先生在《民主评论》上发表的《论诗词中的隔与不隔》一文而阐发出来的。由于书籍编辑篇幅的限制，本文省略了三个举例阐释部分（即"人境交融型的不隔——陶渊明""天才型的不隔——李白""工力型的不隔——杜甫"），节选了主要的阐释部分。徐复观对"隔"与"不隔"阐述了自己的看法，另外还对"难懂与易懂"的概念与"隔与不隔"的概念进行了辨别。

何为"不隔"？王国维《人间词话》中曰"语语都在目前"。徐复观也肯定这种说法，并加以阐释："就作者的创作过程说，作者把他所要写的景、所要言的情，抓住观照、感动的一刹那，而当下表现出其原有之姿，不使与它无关涉的东西掺杂到里面去。"这种理念在王国维之前的文艺理论家那里，也有类似的阐释。例如刘勰《文心雕龙·明诗》篇所说的"直而不野"的"直"，钟嵘《诗品》序所说的"皆由直寻"的"直寻"，李太白《古风》所说的"垂衣贵清真"的"真"。这里的"直""直寻""真"和"不隔"，都包含了一个诗词创作当中的核心因素，即情的因素。徐复观认为，真正的诗词必须使情景交融、景物得其生命。此处的"生命"即作者的真情。有真情，则有真的创作冲动。只有真的创作冲动，才会直截了当地表达出作者的所感所见，把所感所见表达得真切而完全，此所谓"不隔"。而"不隔"还可以分为"原始性不隔"和"具有高度艺术价值的不隔"两种。民间歌谣运用真切直白的表现方式，反映真实的生活和感情，但过于粗率简朴，则为"原始性不隔"。在原始性不隔的基础之上，加以高度文学修养的润饰加工所形成的文学作品，具备了"温柔敦厚""直而不野"的特点，此为"具有高度艺术价值的不隔"。"温柔敦厚""直而不野"的文学特点，也是儒家一贯遵循提倡的文学艺术理念，即中庸的文学艺术理念。从徐复观的文章中也可以看出，他也是赞同和坚持这一理念的。

何为"隔"？王国维阐述为"雾里看花，终隔一层"。诗词的作者本身没有真感情，或者无法把真感情自然地融入景物之上，只能过于专注经营技巧或者生硬刻板地运用典故，则不免产生"隔"的效果。真正的诗词必须是使作者、作品与读者在某一情感触发点上达到共鸣。反之，隔的诗词的情与景之间产生了鸿沟，也使作者与作品之间、读者与作品之间产生了鸿沟，不能算作真正的诗词。例如，谢灵运的田园诗多是他仕途不适意之情感的寄托，自己的情感并不能和山水田园风光自然和谐地融合在一起，终不能达到陶渊明"采菊东篱下，悠然见南山""此中有真意，欲辩已忘言"的宁静淡远之境界。所以他说自己所吟"池塘生春草，园柳变鸣禽"的诗句，是"此有神助，非吾语也"。实则是他的诗作多难免流于雕琢的体现。

另外，徐复观特意强调区别了"隔与不隔"和"难懂易懂"的概念。"不隔的诗未必便易懂，易懂的诗未必便是不隔。"谈到这里，奠定王氏文学理论地位的"境界说"也自然被提及讨论。《人间词话》中标出"境界"为论词之圭臬："词以境界为最上。有境界则自成高格，自有名句。"并阐释说："境非独谓景物也。喜怒哀乐，亦人心中之一境界。故能写真景物、真感情者，谓之有境界。否则谓之无境界。""境界有大小，不以是而分优劣。"根据王氏所举词例来看，叶嘉莹对王国维"境界"概念的解释非常契合：是一种具体而真切的意象的表达。在徐复观看来，对具体而真切的意象的表现，是诗词的基本条件。但同时，境界有高低之分，王氏所言"有境界自成高格"

过于片面。诗词的境界高低和作者自身的精神生活所到达的界域密切相关，同理推及，诗词最终到达读者身上所表现出的效果，也和读者的素质修养高低息息相关。因此，难懂或易懂，并不能作为判断一首诗词境界高低的标准。

【链接】

1. 徐复观：《中国文学论集》，台湾学生书局 1982 年版。
2. 王国维：《人间词话》，人民文学出版社 1962 年版。
3. 叶嘉莹：《王国维及其文学批评》，广东人民出版社 1982 年版。
4. 陈世骧：《中国文学的抒情传统》，生活 · 读书 · 新知三联书店 2015 年版。

中国美学中美的动态化过程

成中英

虽然美只是一个单称概念，但我们对美的体验大多时候却是错综复杂的。我们体验到的美就像是寓多于一的协调整体。即使事物本身并不存在一种和谐而统一的关系，为了称之为美，我们必须将其视为这样的一个和谐统一体。康德将这种体验自然美时产生的感受称之为自然的合目的性。然而，关于这一美的定义或解释仍然存在着许多问题：自然美是自然界事物的客观属性呢，还是审美主体精神的一种属性？我们应该将美视为人类心里的一种感受呢，还是应该把自然的合目的性[1]看作是美的本质属性？康德给出的答案是模棱两可的。他认为美是客观的，但同时又是主观的，需要主体去体验。自然美之所以是合目的性的，是因为没有了合目的性，我们在自然中便无从发现美。但同时他也认为还存在着另一种审美体验，除非美于崇高的体验中我们发现了某种目的性存在并发挥了作用，那么我们就有理由认为美与崇高之间存在着某种共同之处或者相同点。

与其他在豁达和谐的主体心灵看来富于意味的审美体验一样，美和崇高同样是人类在情感和感觉上对自然和外界事物作出的反应。这些反应并不能脱离人类的情感以及激发它们的各种形态、大小和颜色。人类情感是特定的、有明显区别的，因此相应的美的（或与审美相关的）物体和事件也是特殊的、有分别的，它们引起的体验可能包括心灵/精神/身体上的愉悦、情感的自由游戏、精神上的自由、痛苦的解脱免除、冲突的消弭解脱、自我意识的丰富、超脱俗务困扰等等。我们可将这种独特的对美和崇高的审美情感看作是一种精神发现和人类对自身的一种欣赏，而它们则可以作为判断或辨别美和崇高及其价值的标志或准则。

鉴于康德在这两个审美范畴的阐释上尚有模棱两可甚至是互相抵触的地方，我们会认识到美与崇高的实在不是纯粹客观的，也不是纯粹主观的，而是一种自然的刺激—反应关系，是主客体相互作用而产生的一个创造性的过程。美是将主客观统一起来的事件。换言之，当一个人眼中看出的是和谐的自然时，他就会体验到自然之美。这也意味着主体必须处于我们称之为“和谐”的状态中。唯有这样主体遇到客体时才会产生美，因为即使主体的心境再平和、感觉再敏锐，也不可能将自然全部视为美的。当我看到四周躺满腐烂的动物尸体的断崖时，我体验到的既不是美也不是崇高。当我看到被污染的海水将死鱼的尸体冲上海滩时，我的实际心情是为大自然感到心痛和抑郁。这种感觉如此强烈以至于我再没有游泳的兴致，尽管我在此之前是多么渴望能有一次美妙惬意的海边散步或快乐的海水浴。一如孔子所赞许的浴于沂水后漫步于轻风之中的那种享受。可见自然有些地方是美的，有些却不尽然。我们爬山时常有这种事情发生：一些山景在我们眼中是美的，而另一些则被视为平淡无奇甚至是无美可言。

另一方面，如果我们心态不对的话，就无从发现风景美之所在。这种情况并不少见。我们或许过于激动，过于忧虑担忧，过于悲伤或者心神过于不集中，以至于抬头仰望蓝天白云时也不会留意到那飘掠而过的美丽的云朵。威廉·华兹华斯[2]在亲眼见到了云的美丽时才写出了赞美云朵的诗篇。陶渊明也是在采菊时见到南山之美才挥笔写下了歌咏悠然自在的田园生活的名句。

由此我们可以看出只有在主体心灵和客体自然均处于一种合适的状态时，两者才能互相作用从而产生美感。在此意义上美无疑是一个结果、一个事件、一种互动，它以主客体之间的统一和谐为前提，因此可以称之为主体（心灵与客体）自然的创造性统一与动态化和谐。接下来的问题就是：我们如何说明、描述主体（心灵与客体）自然应具备的条件，以利于美及类似感受的产生。在我看来，美就是我们从自然或人那里体验到和谐、统一、无功利的快感、清新及生动时所用的词。美是我们总结对某些物体和事件的体验的特点时所用的术语。我将这些特点归结为“和”这样一个中国文字，它描述的是整体内不同部分之间的相辅相成及杂多因素的和谐统一。我们在描述这种杂多因素的和谐统一过程应被视为一种复杂的或简单的体验。正是在这个意义上，我们才不得不把和谐看作是杂多因素构成和谐统一的动态化过程，而不是一个静态的结构。由于和谐具有创造性这一本质属性，而美的发生又是整体表现出来的属性，美就不能只用一个条件来定义，除非用于美的定义的这一概念也同样复杂，能涵盖美要求的所有要素。由此可见，美的概念必须是一个开放的概念，它应该允许依据不同的审美体验在不同的审美理论中对美有不同描述或定义。

美一旦被描述成为主客体之间创造性的互相作用产生的一种和谐统一的体验，那这种体验就是直观、直觉的，从而看上去就像是一件简单、自发性的事实。在这种意义上，美就意味着真，因为真这一属性就是指我们对现实的体验。当然这并不意味着只要在体验中是真实的或实在的就一定是美的。正如 G. E. 莫尔[3]所宣称的那样，作为现实存在的一个简单而自发的属性，美仍然可以通过分析来领会。面对某个自然事物，我们经常要进行仔细的观察后才能领略到它的美。在观赏山水、浮云、日升日落时更是这样。越静观就越着迷。我们在观赏美丽的风景时，往往要再三品味、流连其间，而后再观其整体。这种自由游戏的感受意义非凡，关系重大，因为不经过如此专心致志、分析品味的审美思考，我们便无法描述出景色的美来。徐志摩描写英国剑桥的晨暮的散文《我所知道的康桥》，或欧阳修在《醉翁亭记》中对山色的描写，就很好地说明了这一点。

当我们说美的体验无比复杂时，我们是否就表示单一的物体就不美了呢？是否一朵花、一颗星或者一片枫叶就不能被视为美呢？要回答这个问题，首先我们要区分开一朵花、一片叶这种单个的物体与具有某一形状或颜色的单个物体（即所谓的“感觉材料”）。一朵花并不亚于一个复杂的综合体。花并不是一个单一的实体，叶子也一样。即使是一颗纯色的钻石或一堆白雪，我们也不能简单地将其视为一颗钻石、一堆雪或一种白色物体。我们所看到的应该是它们所呈现出来的美妙形式，或者是我们下意识地把它们所呈现出来的美妙形式，或者是我们下意识地把它们所呈现出来的和谐形式。换句话说，我们视之为自然美或艺术美的一个物体应该是处于被追求或被判断的情境之中。我们若只将事物看作是某一特定的颜色、大小或形状而不是将其与其他颜色、大小或形状相比较，就难以领会它的美。正是通过这种方式我们才能发现简单的形式、形状、颜色或大小或所有这些因素的结合体中所蕴含的那种朴素的美（正如我们在现代艺术中看到的那样）。这就意味着我们感觉到自然界的事物或风景是美的，是因为它们有着简单的形式、形状、颜色和大小，并且以一种创造性的和谐方式组合在一起。我也许只觉得某一种形状是有意思的、美的，而别的形状相比之下则不是那么有趣、好看，就像我们在沙滩上捡贝壳一样。这就是说美分不同的类型：复杂的和简单的，代表着主客体之间不同的和谐统一的过程。

在从主客体之间的动态和谐和相互作用的创造性意义上对美进行了大体上的说明后，我们现在可以接着探究一下中国的审美体验。我想声明的是所有中国美学的术语都可以依据它是否指明了或有意要指明主客体的和谐状态或主客体之间和谐互动的过程来进行分类。通过观察我认识到并坚持认为，尽管用于主体和客体的术语必须借助于动态和谐这一过程来理解，但从分析的角度来看这些术语分别是描述和指示哪些主体状态和客体状态的呢？我们如何才能正确地理解在动态和谐的过程中的这些状态呢？

当然我们也许会说中国传统诗歌往往表达感受、反思客观世界的主体和谐，从而让人能够发现和体验到客体的和谐，而中国画则往往代表着一种客体和谐（或称自然事物的和谐），从而使人发现或创造出主体心灵上的和谐。这种区分的重要性在于它沿袭了自唐朝以来的二分法，即将传统中国画与中国诗歌看作是主客体和谐统一过程这一连续体的两极。而这一连续体的关键在于无论是诗还是画，都必须追求一种主体（在语言上）与客体之间动态和谐统一的关系，并以此作为欣赏的前提或分析的依据。这种关系常被称为

“情景合一”[4]。

这种区分和阐释在我看来是解释中国美学的重要任务，因为它是中国美学有别于西方美学的独特之处。粗略地说，诗歌在西方美学的传统中是心灵丧失平衡后强烈感情的爆发，因此是诗人静观并超然于世外时的想象与激情的表现。另一方面，西方绘画是以“有意味的形式”[5]忠实地记录自然和世间的和谐或不和谐（一如毕加索笔下的战争场面[6]）。但是，诗与画的联系无论是从诗来讲还是从画来看，却是若有若无。诗人多半不是画家，画家也多半不是诗人。就文化视角而言，中国美学与西方美学在这一点上是不尽相同的。明代以后，中国美学中人文画的出现使诗与画的统一成为可能，诗人与画家合二为一，在哲学意义上主客观的和谐也得以达到动态化的和谐统一。到了现代，我们发现情感与形式之间的不和谐及分裂在西方美学中是愈演愈烈。当代西方诗歌已经在荒原上迷失了，但仍努力地试图通过借用外来文化的形象来复兴自己，而绘画则演变为后现代的，即解构人们熟悉的形式和秩序，以残缺不全的形状和形式表现怪异荒诞的冲突和紧张，警示人们这一时代的不和谐。当代中国美学的处境也不容乐观。随着人类进入高科技、经济和商业大行其道的时代，我们面临的问题越来越严重，出现了普遍缺乏生命力和创造力的情况。主客体动态统一中原有的洞察力和想象力也已失去或者即将失去。首先，主体在面对瞬息万变的客观世界时缺乏和谐统一的心态。就世界本身来讲，过度的污染和开发破坏了自然内在的和谐，并将其置于人类肆意而为的改造和毁灭之下。主体如果没有一个和谐统一的心灵的话，客观的美和崇高又从何谈起？主体若没有一个充满和谐和创造力的环境又怎么会有平和的审美心境？从这两个问题中还能再引出两个更严肃的问题，即：现代中国美学何去何从？中国诗歌与绘画出路在哪里？

不要为已丢失的传统哀悼，也不要强求或期盼某一标准的复兴，让我们略感欣慰的是，我们以上的反思和分析有助于形成对美和崇高的审美认识，建立一个东西方人类审美体验的比较性—多元化的体系。我们甚至可以同时从跨解释学、跨文化以及跨本体论的角度出发，更深层地去认识自然的本质和人类精神的本质。

依笔者之见，描述主体心境可以用“感”和“味”；描述客体自然状态可以用“象”和“景”，以及后来出现的“境”这一概念。让人迷惑的是这种所谓的“境”究竟是属于自然存在（道）的一部分还是主体精神体验的一部分。我们也有“神”[7]“妙”[8]“清逸”[9]“潇洒”[10]等词来描述能引发美的体验的主体精神与客体自然之间的和谐互动过程。中国美学中美既可以从主体精神对客体自然的感受来定义，也可以从客体自然对主体精神的作用，甚至往往是以主客体之间的创造性过程来定义。这些定义代表着不同时期审美体验不同的侧重点，反映出中国美学不同的发展过程。但总的来说，将这三个定义综合统一起来，能够得出一个在中国美学基础上对美的更好、更全面的定义，由此，主体、客体及两者间的创造性的和谐统一关系或过程也就统一为一个整体。

有了上述对中国美学中美的动态化过程和结果的分析和认识，我们不仅可以阐释中国诗、画中的美感和美的情景（及其区别），还可以尝试将对美的结构的理解应用于西方古典及当代审美和艺术作品中对审美意识、审美形式的描述。西方艺术和美学中象征的或具体的客观化趋势可与中国艺术审美或诗歌美学中的和谐的主体化或和谐的过程化进行很好的对比。

（原载《世界哲学》2004 年第 2 期，刘翠丽译）

【注释】

［1］合目的性：康德哲学、美学中的一个重要概念。康德把目的分为内在目的和外在目的两种。外在目的指一事物的存在是为了它物，是一事物对另一事物的适应性。康德所谓的“目的”是一种“内在目的”，它意指一事物的概念（本质）中包含着它自己的内在可能性的根据，也就是说，一事物的形成与发展不取决于任何外在的因素，而是有赖于其内在必然性。

［2］威廉·华兹华斯：威廉·华兹华斯（1770—1850），英国浪漫主义诗人，其诗歌理论动摇了英国古典主义诗学的统治，有力地推动了英国诗歌的革新和浪漫主义文学运动的发展。作品有《抒情歌谣集》《水仙花》等。

［3］G. E. 莫尔（G. E. Moore）：也称 G. E. 摩尔（1873—1958），英国哲学家，新实在论及分析哲学的创始人，现代元伦理学的开创者。

［4］情景合一：指情与景合而为一，情中有景，景中有情，是中国抒情诗歌追求的创作手法和境界。

［5］有意味的形式：英国艺术理论家克莱夫·贝尔提出美是“有意味的形式”的观点，否定再现，强调纯形式（如线条）的审美性质，给后期印象派绘画提供了理论依据。

［6］一如毕加索笔下的战争场面：毕加索（1881—1973），西班牙画家，西方现代派绘画的主要代表。其代表作《格尔尼卡》，表现的是 1937 年德国空军疯狂轰炸西班牙小城格尔尼卡的场面，绘画结合立体主义、超现实主义风格，表现了痛苦、受难和兽性，以激动人心的形象艺术语言，控诉了法西斯战争惨无人道的暴行。

［7］神：指运用一定的艺术手段，真实形象地描写出客观事物内在本质的精神面貌。在中国画论、诗论中，历来重视“神似”之表达。

［8］妙：中国古代美学范畴，绘画有“迁想妙得”之说，诗论有“妙悟”之说。

［9］清逸：中国古代美学观念，文艺创作有“逸笔”“逸气”“逸趣”，绘画有“逸品”，指一种飘逸的艺术精神境界。

［10］潇洒：指豪放、旷达之风格。

【点评】

这是成中英专门谈美的一篇论文。文章结合中西美学史，论述了美和美感的一系列关键问题，而焦点是中国美学中美的动态化过程。

其一，美的内涵。成中英摈弃了美学领域里的“客观论”和“主观论”，并指出两者的偏狭偏失。他不同意康德在审美问题上的模棱两可甚至互相抵触，因为康德没有把主观和客观的美有机顺畅地统一起来，我们要把主体和客体统一成为一个整体经验，成为一种有形式的、有意义的整体经验，确认美不是纯粹客观的，也不是纯粹主观的，而是主客体互相作用而产生的一个创造性过程。审美活动是将主客体统一起来的事件。美是当主体敞开心胸去观赏，同时自然也敞开怀抱等待着主体来观赏时，主客体之间发生的一种富有创造性的过程。这个美的论述，是对中国古代阳明心性美学的纵向继承和现代转化。

其二，美感的生成。成中英认为美感关乎心态的谐和，只有在主体心灵和客体自然均处于一种适合的状态时，两者才能互相作用，从而产生美感。在此意义上，美以主客体之间的统一和谐为前提，因此可以称之为主体心灵与客体自然的创造性统一于动态化和谐。此种论述，受到了当代西方哲学家怀特海的有机整体哲学和过程哲学的影响。

其三，中国美学中的美的动态化过程。在从主客体之间的动态和谐相互作用的创造性意义上对美进行了大体上的说明后，成中英着眼于中国的审美体验，阐述中国古代的和谐美学观念及其表现。它们表现在中国诗人与画家情感体验的“情景合一”上；表现在文人画的画与诗的统一上，即诗人与画家合二为一；表现在中国古代美学的诸种独特范畴上，例如“境”“神”“妙”“逸”等。

从现象学来讲，中国文化和哲学都强调“主客合一”这一关系。美在生活和艺术世界中，存在于主客的呼应之中。美感是一种生命体验。人们只有获得一个整体的经验，把自我隐藏在背后，或凸显出来，都是可以的。西方更注重实物的表达，追求绝对的外部，超越的真理。艺术代表心灵的状态，从画里就可以看出恐惧或快乐。中国更注重向内心的心灵超越，表现主观的自我，追求主客之间的平衡，找出空灵而和谐的视点，平远、高远、深远之美，尽显眼底，是能包容一切、不执着的空灵境界，反映出以有限显示无限的艺术理想。

成中英从审美意识的层面，把中国古代的诗论、文论、画论等，放在传统文化的大背景下，进行宏观的考察，力图从中找出中国古代文艺美学的基本规律以及美感结构，从而显现其总体特征。再则，他把传统文艺美学中的概念术语，放到整体审美意识和文化意识中来分析，这就从更深的层次上发掘认识其理论内涵、美感价值及文化品格。系统而深入地研究中国古代文论、美学范畴及其体系，不但是认识和评价这个古代文论和美学内涵、特征，以及揭示其发展规律的基本途径，而且亦是进行中外、古今文论、美学比较研究的基础工程。

最后，成中英揭示了传统中国美学“和谐观”的现代价值。和谐美学或许能提示现代人关注人与自然的和谐、人与社会的和谐、人与自我的和谐，有助于形成对美与崇高的审美认识，建立一个东西方人类审美体验的比较性的、多元化的体系。这在某种程度上体现出成中英“合外内之道”的审美理想。

【链接】

1. 成中英:《美的深处——本体美学》，浙江大学出版社 2011 年版。
2. 曾昭旭:《充实与虚灵——中国美学初论》，台北汉光出版公司 1993 年版。
3. 叶朗:《中国美学史大纲》，上海人民出版社 1985 年版。
4. 赖贤宗:《意境美学与诠释学》，北京大学出版社 2009 年版。

第八辑　中国文化与艺术精神

中国艺术的理想

方东美

本章我打算讨论中国艺术的理想，重点有三：（一）无言之美[1]，（二）美的本质，（三）中国艺术的特色。

（一）宇宙，从中国哲学看来，乃是一种价值的境界，其中包藏了无限的善性和美景，中国民族生在这完善和纯美的宇宙中，处处要启发道德人格，努力追求止于至善，同时，也要涵养艺术才能，藉以实现完美的理想。中国哲学家富于道德精神，自是无可否认的事，但是如果说他们也有深邃的艺术才能，是否言过其实呢？假使他们对宇宙人生之美有特殊才华，为什么他们不将其艺术思想有系统地公之于世呢？

不错，中国哲学家对于美的问题，很少有直接的阐述，或明显的分析，但是，能够因此就说他们缺少艺术思想吗？当然不能！庄子讲得很中肯："言无言：终身言，未尝言；终身不言，未尝不言。"

换句话说，自然与艺术之美真是太微妙了，岂是言语文字所能表达清楚的？假使我们在灵魂深处没有艺术修养，纵然有人天天耳提面命，告诉我们这个很美那个很美，我们能够真正了解吗？反过来说，假使我们深具天赋的艺术才能，时常和大自然的灵秀之气或伟大的艺术作品接触，那即使没有人告诉我们什么是美，难道我们就不能欣赏吗？

……（略）

中国的诗人最了解这一点，所以说"无言相对最魂销"，此时无声胜有声，中国哲学家之所以不常谈美，正是因为他们对美的这种性质了解最为透彻，所以反而默然不说，像孔子赞美宇宙创造不已的生命，便说"惟天之命，于穆不已"，"逝者如斯夫，不舍昼夜"。更说："天何言哉！四时行焉，百物生焉，天何言哉！"（略）庄子还有一段话，极能看出其中精义："天地有大美而不言，四时有明法而不议，万物有成理而不说，圣人者原天地之美而达万物之理，是故至人无为，大圣不作，观于天地之谓也。"上述这些，正是我所说的"无言之美"。

现在，诸位可以看出此中深意，为什么中国哲学家对"美"常常欲辩已忘言，就如"狂屈"[2]一样；试想，"狂屈"真是一个狂者吗？或者竟是一位罕见的天才，沉潜深思，不愿人云亦云而已？我们可以说，很多中国哲学家都是伟大的天才，他们直透宇宙人生之美，要想说，却说不尽，要想不说，却又太重要了，不能不说，所以才用玄妙的寓言，对宇宙人生之美委婉曲折地巧为譬喻，其用意正在考验我们对美的了解程度。

当然，我们的哲学家常常谈道德，因为道德在生活中的每一时刻都不能离开，正如詹姆士所说的“道德无假期”。但是对艺术而言，我们则可以暂且不谈，但是这个不谈，绝不是轻视的意思，而是深知真正艺术之美，必须以伟大的天才花费极大的苦功才能完成，不能轻易去谈，也就是说，美的创造是极其神圣的，必须神思勃发，才情丰富，始能直透宇宙人生的伟大价值。

（二）我们上面已经引述庄子的一段话，说明天地有大美，而圣人者，“原天地之美而达万物之理”，那么，天地的大美到底是什么？如果要归根究底来探索，那又应该如何深入，才能体会它的内在本质？关于这一层，我们可以扼要来说，天地之大美即在普遍生命之流行变化，创造不息。我们若要原天地之美，则直透之道，也就在协和宇宙，参赞化育，深体天人合一之道，相与浃而俱化，以显露同样的创造，宣泄同样的生香活意。换句话说，天地之美寄于生命，在于盎然生意与灿然活力，而生命之美形于创造，在于浩然生气与酣然创意。

这正是中国所有艺术形式的基本原理，以后我会再进一步说明其意义，此处乃在先揭示其哲学基础。

在中国哲学主要的三家中，艺术倾向最少的是墨家，因为他们受了宗教性的功利主义所影响，美感因而大为冲淡，功利价值从政治经济的效用来看，可能是一个正确的衡量标准，所以在伦理学也常被一些急功好利的人士所强调。但在艺术上，过分强调功利的结果将会伤害高雅的鉴赏，所以在谈到艺术理想时，我对墨家将略而不提。

相反地，道家和儒家的艺术思想，却是非常值得探讨，因为，它们已深入中国艺术的每一部门，其精神已是无所不在，换句话说，如果从艺术史来看，则整个中国艺术所表现的创造精神，正是这两家在哲学上所表现的思想。

……（略）

从道家看来，生命在宇宙间流行贯注着，是一切创造之原，而大道弥漫其中，其意味是甜甜蜜蜜的，令人对之兴奋陶醉，如饮甘露，因此能在饱满的价值理想中奋然兴起，在灿溢的精神境界中毅然上进。除非我们先能了解道家这种深微奥妙的哲理，否则对很多中国艺术，像诗词、绘画等等，将根本无从领略其中机趣。

至于孔子，在赞《易》之中，对于宇宙生命的伟大奥秘，更是研几究深，洞悉无遗。在孔子看来，宇宙之所以伟大，即在大化流衍，生生不息，天是大生之德，所谓“万物资始乃统天”，天德施生，首出庶物，好比“云行雨施”一般滋润万物，促使一切万有各得其养而蓬勃茂育。而地是广生之德，所谓“万物资生乃顺承天”，地德承化，含弘光大，好比慈母一般呵护照顾子女，其性也温柔敦厚，其果也沉毅不屈，犹如牝马之驰骤，任重而道远，坚忍而不拔，一切万有遍受其厚载以攸行尽性。

所以合而言之，天为原创力，天之时行，刚健而文明；地为化育力，地之顺动，柔谦而成化。天地之心，盈虚消息，交泰和会，协然互荡，盎然并进，即能蔚成创进不息的精神（所谓“一阴一阳之谓道”）。当其贯注万物，周流六虚，正如海水之波澜无定，浩浩长流，一脉相承，前者未尝终，而后者已资始，后先相续，生化无已，故能表现无比生动之气韵。这种绵延雄奇的生命之流，曲成万物而不着迹象（所谓“神无方而易无体），正似水波之影，载阳之春，可以充分表现无比焕发之新机，故其创造活力气脉幽深，当其含弘光大，钩深致远，即能气概飞扬，深具雄健之美；其德日新，万物成材，即可以贞吉通其志；人类合德，光辉笃实，即可以中正同其情。

最重要的是，这种雄奇的宇宙生命一旦弥漫宣畅，就能浃化一切自然，促使万物含生，刚劲充周，足以驰骤扬厉，横空拓展，而人类受此感召，更能奋然有兴，振作生命劲气，激发生命狂澜，一旦化为外在形式，即成艺术珍品。对于这种积健为雄的艺术精神，孔子及儒家在《易经》中表现得极为透彻：“君子黄中通理，正位居体，美在其中，而畅于四支，发于事业，美之至也!”换句话说，孔子与儒家视宇宙人生为充满纯美的太和境界，所以对艺术价值特别注重，在论语中，孔子便曾告诉门生：“志于道，据于德，依于仁，游于艺。”

……（略）

综合上述所言，可见中国人对美的看法，尽可在道家与儒家的伟大系统中得到印证，简单地说，不论在创造活动或欣赏活动，若是要直透美的艺术精神，都必须先与生命的普遍流行浩然同流，据以展露相同的创造机趣，凡是中国的艺术品，不论它们是任何形式，都是充分地表现这种盎然生意。一切艺术都是从体贴生命之伟大处得来的，我认为这是所有中国艺术的基本原则，甚至在中国佛教的雕塑、壁画与绘画，也不例外。

（三）如上所说，中国艺术的通性，乃在表现盎然的生意，如果更进一步说明，则可以看到更多的特性：第一，它是玄学性重于科学性，科学在其实际历程中，是把握分析的原则，来勾画各种自然现象的细密结构，据以导出最后综合的可能性；但是，玄学从一开始，就是以广大和谐的原则来玄览一致性，中国哲学家特别是如此。中国的艺术家尤擅于驰骋玄思，在创作中宣畅气韵生动[3]的宇宙机趣，所以他们透过艺术品所要阐述的，正是对宇宙之美的感受，在大化流衍之中，要将一切都点化成活泼神妙的生香活意。

再说，真正的中国艺术家与“匠”不同，他不能只在技巧下功夫，不能只透过科学的一隅之见来看生命与世界，或只以一些雕虫小技来处理作品，他应该是一个整合的心灵与创造的精神，其中包含了哲人的玄妙神思、诗人的抒情心灵、画家的透视慧眼、雕刻家的熟练驾驭，以及作曲家的创造能力，合而言之，乃是能够直透灵魂深处，把上述的所有慧心都融会贯通，据以展现全体宇宙的真相及其普遍生命之美，这种神妙奇异的艺术创作，真如巧夺天工一般，直把宇宙之美表现得淋漓尽致，了无遗蕴！

难怪，不论是哪一种中国艺术，总有一般盎然活力跳跃其中，蔚成酣畅饱满的自由精神，足以劲气充周，而运转无穷！所有这些都代表了一种欣赏赞叹，在颂扬宇宙永恒而神奇的生命精神。就是这种宇宙生意，促使一切万物含生，百化兴焉。中国艺术家正因能参赞化育，与此宇宙生命浑然同体，浩然同流，所以能昂然不朽于美的乐园之中。综观中国艺术，即使在技术"语言"的系统中，不论色彩、线条、轮廓、音质、距离与气韵，也都在尽情地表达这种宇宙观念，"它是对其整体性的一种观点，也是对人类私欲偏见的一种超脱，对精神怡然自得的一种提升"。这是所有中国艺术的通性，不限于绘画，也不限于某一时期、某一学派。除非人们能够把握这种玄妙精神，否则，对中国艺术的任何讨论与欣赏都将只是外行话，完全不得要领。

第二，从意味来讲，中国艺术是象征性的，很难传述。所谓象征性，一方面不同于描绘性，二方面接近于理想性。这可以拿一例子来说明，当艺术家们走过一处艺术场所时，极可能赏心悦目而怡然忘我，但其表达方式却永远是言在于此而意在于彼，以别的方式来表达，在中国艺术的意境中，正如其他所有的理想艺术，一方面有哲学性的惊奇，二方面也有诗一般的灵感。

……（略）

要之，中国艺术所关切的，主要是生命之美，及其气韵生动的充沛活力。它所注重的，并不像希腊的静态雕刻一样，只是孤立的个人生命，而是注重全体生命之流所弥漫的灿然仁心与畅然生机。相形之下，其他只重描绘技巧的艺术，哪能如此充满陶然诗意与盎然机趣？

……（略）

艺术和宇宙生命一样，都是要在生生不息之中展现创造机趣，不论一首诗词，一幅绘画，一座雕刻，或任何艺术品，它所表露的酣然生意与陶然趣机，乃是对大化流行、劲气充周的一种描绘，所以才能够超脱沾滞而驰骋无碍。然而这种宇宙的生命劲气，不论如何灿然展现，也都需要艺术心灵来钩深致远，充分发挥，其生命气象始能穆穆雍雍，宣畅无遗！

再说，诗词的语句，犹如大鹏展翼，扶摇直上而驰情入幻，遨游太虚，而臻于完美。中国的绘画在精神上就犹如"航天员"[4]，能够提神太虚，俯视万物，即是具体例证。试看画中的花儿含苞待放，婀娜生姿，面对旭日而吮吸神光，此时花光披离，娉婷植立，仿佛在流灵巧慧，耀露神采，处处沁人心脾；一旦和风徐吹，满园春花更是恣意摇情，妙香披拂，其花团锦簇恰似神思醉酡的女神，在展现一幅生动的生命酣醉图，透过青春、美丽、人性与自然，而尽情宣泄欢欣鼓舞之情，真是淋漓尽致，漪欤盛哉[5]！

要之，深远敦厚的仁心昭昭朗朗，弥纶天地，其中生生不息的自由精神更是驰骤奔放，芳菲蓊勃，蔚成诗艺般的化境，举凡理智之饱满清新、思想之空灵活泼、幻想之绮丽多彩、情韵之雄奇多姿，莫不都在此中充分表露，了无遗蕴，所以才能美感丰赡，机趣灿溢，包天含地，浩荡充周，这些深微奥妙之处书不尽言，言不尽意，只能透过艺术而曲为表达，挈情入幻，这就是中国艺术的根本特性……

由此可见，中国的艺术精神贵在钩深致远[6]，气韵生动，尤贵透过神奇创意，而表现出一个光辉灿烂的雄伟新世界，这个世界绝不是一个干枯的世界，而是一切万物含生，浩荡不竭，全体神光焕发，耀露不已，形成交光相网，流衍互润的一个“大生机”世界，所以尽可洗涤一切污浊，提升一切低俗，促使一切个体生命深契大化生命而浩然同流，共体至美，这实为人类哲学与诗境中最高的上胜义。著名的文评家钟嵘《诗品》中曾经说过：“气之动物，物之感人，故摇荡性情，形诸舞咏，照烛三才，晖丽万有；灵祇待之以致飨，幽微藉之以昭告，动天地，感鬼神，莫近于诗。”另在钟嵘评阮籍诗中又说：“可以陶性灵，发幽思，言在耳目之内，情寄八荒之表。”要之，在中国艺术品所表现的理想美，其内在深意，均在尽情宣畅生命劲气，不但真力贯注，而且弥漫天地。

第三，中国的艺术方法是真正的表现。这话表面上看来平常，但若仔细分析，便知寓意极深。首先，中国艺术家贵在表现事物的生香活态。像下述艺术家的真实故事便可作为证明：宋代一位名画家叫作米芾[7]，曾在安徽见到一个巨石，形状看来奇丑，他却反而大喜，具衣冠而拜之，并称之为兄。正因他有此罕见的天赋，所以作画多能气韵生动，将无生命的事物点化得机趣盎然；另外有一位诗人画家苏东坡，善画墨竹，而且往往从地一笔到顶，米芾曾问他：“何不逐节分？”他答道：“生竹时何尝逐节生？”此外，元朝的倪云林也曾说明他自己的画：“余之竹聊以写胸中逸气耳，岂复较其似与非，叶之繁与疏，枝之斜与直哉！”再者，第六世纪前叶，有位著名的画马专家韩干[8]，他在天宝年间初入宫，明皇令他师奉陈闳画马，干不奉诏，说道：“臣自有师，今阶闪下厩马，皆臣师也。”他所指的，正是师法活跃的生命，作为绘画对象。

要之，中国艺术家徜徉于自然之间，最能参悟大化生机而浑然合一。所以对事物的表象并不看重，在艺术品中，真正重要的乃是由事物表象所激发的神思，比如诗词中余蕴无穷，即是以美妙的技术来表现生命的动力，此所以毛诗大序[9]中说：“情动于中，而形于言，言之不足，故嗟叹之，嗟叹之不足，故咏歌之，咏歌之不足，不知手之舞之足之蹈之也。”

所以，在诗的领域中，一如其他各种艺术，总有一股神妙的机趣贯注其中，点化万物，激励人心，促使大家高尚其志，在嗟叹、歌咏、舞之蹈之中充分表露对生命的喜悦之情；这就是一种诗艺化境。另外，艺术性的直观也是美的本质，其要义乃在驰情入幻，透过创意，而将雄奇的理想融入作品，具体表现出生动活跃的气象。

方才我提到，中国艺术家擅于以精神染色相，浃化生命才情，而将万物点化成盎然大生机。但我所说的浃化宇宙生意，并不是指将主观的感受投射于外，如德国美学家有关“移情作用”的理论[10]便是如此，那只能称为主观主义，反会产生心理与物理的二元论，在身与心之间恒有鸿沟存在，在主体与客体之间也会有隔阂。另如科学唯物论的讲法也是如此，因为它只注重外在的客体。但中国思想却没有这种郁结，在中国文化的熏陶下，我们乃是生在一个广大和谐的宇宙中，与宇宙大生机浑然同体，浩然同流，而毫无间隔。

这种活跃创造的生命精神，若以艺术表现来驰骤宣畅，便是雪莱所说的“超乎自身之外，而与至美合一”，这一方面属于自身本性，二方面则与身外的大化浩然同流。若借布朗宁[11]的话来说，这是一种“近亲特有的脉动”，透过大自然的力量，我们在其中发现了“很像人的东西，在我心深处得其人性”。我即称此参赞化育，协和宇宙，足以陶铸众美，超拔俗流，进而振奋雄奇才情，高标美妙价值，据以放旷慧眼，摒除偏执，创造浩荡诗境，迈往真、善、美、纯与不朽的远景。在此精神意境之中，中国艺术家最能饱餐生命甘饴，而表现浓情似蜜的酣态，女词人管仲姬便是典型的例子，她曾以诗心点化世界之美，进而指出：你所有的善良本性，深契我心，我所有的芳洁本性，亦入你心。

所以，“表现”乃是活泼泼地勾画出一切美感对象，它把握了生命的黄金时刻，最擅于捕捉自然天真的态度与浑然天成的机趣。以下例证当可说明：张彦远在《历代名画记》云：“吴大帝孙权尝使曹不兴绘屏风，误落笔点素，因就以作蝇，既进，权以为生蝇，举手弹之。”另外，唐代张南本[12]善画人物，尤工画火，曾住成都金华寺，画八明火，时游僧升殿，见火势逼人，竟惊胆几仆！

上述这些故事，不是在讲中国艺术家专重写实，而是强调中国艺术注重跃然生意，因为中国的艺术家，尤其是画家，最注重钩深致远，直透内在的生命精神，发为外在的生命气象。他们之所以能够如此，乃因他们能透过慧心，而将自己生命悠然契合大化生命，所以才能深悟大化生命的雄奇，经过内心深处的孕育与构思，而终能浩荡宣畅，了无遗蕴。所以王维提到，画道之中，水墨最为上，因其肇自然之性，而达造化之功。在董源看来，艺术的表现必须上比天工，以宣泄神力，并且下触心灵，以激发趣机，所谓“外师造化，中得心源”[13]。到李白更说“揽彼造化力，持为我神通”，都可说是明显例证。

另外，这些看法还牵涉到中国艺术的另一问题，那就是“传神”的问题。关于这点，几乎难以言传。若是勉强从反面来讲，就是要化除滞碍，不以描绘精确为能事，换句话说，也就是对物质性的超升否定。宋朝著名的评论家沈括在《梦溪笔谈》中曾说：“书画之妙，当以神会，难可以形器求也。”若从正面来讲，则是以直觉来捕捉美的本质，透过神思创意而毫不做作。明代的屠隆[14]以及清代的黄崇惺[15]均曾强调这种必须自然、天趣自成，而毫无凿痕。屠隆《画笺》云：“画品全法气韵生动，不求物趣，以得天趣为高。”黄崇惺在《草心楼读画集》更说：“吾作山水树石，不知所谓阴阳向背也，得物之天也。”若是回溯到宋朝，则可看到邓椿在《画继》[16]（《学津讨原》本）中也提到：“画之为用大矣！盈天地之间者万物，悉皆含毫运思，曲尽其能，而其所以曲尽其能者，止一法耳，一法何也？曰传神而已矣。”

……（略）

第四，中国艺术妙契人文主义的精神。我所说的人文主义，不是像希腊Protagoras所说的“人是衡量一切的依据”，因为这将陷入主观主义与感性的怀疑主义中，一如柏拉图在Theaetetus[17]语录所指出的。另外，我所说的人文主义也不是像希腊艺术所谓的“以人体来设想所有事物的性质”或“以人形来表现众神”，因为，前者将使艺术只陷入主观的感性快乐中，而忽略了客观的精神指涉，后者则不论其表现如何完美，皆将使艺术只沦为描绘性。中国的艺术家并不只以人体来表现美，他们永远是以人类精神的活跃创造为特色，所以他们能将有限的体质点化成无穷的势用，透过空灵的神思而令人顿感真力弥满，万象在旁，充满了生香活意。

要之，中国人是有史以来所有民族中，最能生活在盎然趣机之中的，所以最能放旷慧眼，流眄万物，而与大化流行融镕合一。又因我们深悟广大和谐之道，所以绝不以恶性二分法来看自然；我们与自然一向是水乳交融，毫无仇隙的，所以精神才能自由饱满，既无黏滞，更无牵拘，如此以盎然生机点化一切，自感内心充实欢畅无比，所谓“超以象外，得其环中”[18]，自能冥同万物，以爱悦之情玄览一切。

对于自然，中国的艺术家将会告诉W. H. Hudson[19]：“一切的蓝天、棕土、草原、树木、野兽、风雨、星辰，在我都永远不会感到陌生，因为我生在其中，属于其中，与其同在；我的骨肉与土地合一，心血与阳光合一，热情也与风雨合一。”当Hudson发现了他失落的Rima[20]时，在《绿色大厦》一书中不禁叹道：“天呀天！难怪我常会恼怒与疑惑——因为你是你，我是我——这到底为什么？唯有当我们的灵魂彼此相近时，才有此问题，就好比两滴雨水，逐渐接近，更接近，直到它们接触了，才不再是两个，而是不可分别的一个了，这时，时间再也不能隔离它们，死亡再也不能破灭它们，连一切冶金术都分割不了它们。”

所谓Rima——可爱的，柔情的，灵敏的精神，弥漫整个自然，若用中国美学的术语来说，就是我前面所说的气韵生动，浩荡充周，既圣洁又灵活。在John Galsworth[21]说来，“它象征了人类灵魂的渴望，企盼在生命中达到完满的爱与美”，所以它足以化为陶然天趣，永恒地流注于一切万有之中。

总之，人与自然在精神上是不可分的，因为他们两者同享生命无穷的喜悦与美妙。自然是人类不朽的经典，人类则是自然壮美的文字。两者的关系既浓郁又亲切，所以自然为人类展示其神奇奥妙，以生生不息的大化元气贯注人间，而人类则渐渍感应，继承不绝，报以绵绵不尽的生命劲气，据以开创雄浑瑰伟的气象。因此，在中国艺术中，人文主义的精神，乃是真力弥漫的自然主义结合神采飞扬的理想主义，继而宣畅雄奇的创造生机。

……（略）

有关中国艺术的人文主义精神，诚如达·芬奇与Rubens[22]所说，人，作为创造主体，既是“生命创造的中心，足以臻入壮美意境”，也能绵延奔进，“直指天地之心”。所以从个体来看，艺术家一直在追求壮美，从宇宙来看，则其内心深感与宇宙生命脉动相连，所以合而言之，他才能酣然饱餐生命的喜乐，怡然体悟万物与我合一，盎然与自然生机同流，进而奋然振作人心，迈向壮美，凡此种种，正是中国艺术绵延不尽之大用！

（选自方东美《中国人生哲学》，台北黎明文化事业公司1980年版）

【注释】

［1］无言之美：指一种难以言喻的美。文艺作品言有尽而意无穷，无穷之意达之以有尽之言。作品的美，含蓄无穷的，尽在不言中。

［2］狂屈：即庄狂屈狷。庄指庄子，屈指屈原。这里意指孤洁者。《论语·子路》云：“狂者进取，狷者有所不为。”

［3］气韵生动：出自南朝时齐画家谢赫的《古画品录》：“画有六法……一气韵生动是也，二骨法用笔是也，三应物象形是也，四随类赋彩是也，五经营位置是也，六传移模写是也。”谢赫将“气韵生动”放在第一条，指出“气韵生动”是六法的灵魂，是绘画的内在神气和韵味，传达出人的内在生命精神和物的神韵气象。中国画的创作、批评和鉴赏都要遵循这一最高标准。

［4］航天员：意指道家艺术精神将人的心灵提升到像航天员一样在太空遨游的境界。

［5］漪欤盛哉：“漪欤”是叹词，表示赞叹，漪欤盛哉，意指多么盛大隆重啊！

［6］钩深致远：出自《易·系辞上》：“探赜索隐，钩深致远。”通常比喻探讨深奥的道理。

［7］米芾：米芾（1051—1107），北宋书法家、画家，“宋四家”（苏、黄、米、蔡）之一。

［8］韩干：生卒年不详，长安蓝田（今属陕西）人，唐代杰出画家。出身下层，受过王维资助，拜师学画十年，在唐玄宗时期，被召入宫廷封为“供奉”。擅长画人物、花竹、肖像，尤擅长画马。

［9］毛诗大序：汉人传诗本有四家，鲁诗（申培公所传）、齐诗（辕固生所传）、韩诗（韩婴所传）、毛诗（鲁国毛亨和赵国毛苌所注的古文《诗》）。毛诗后起，逐渐取代三家地位。《诗经》共有305篇，毛诗的每一篇下面都有小序，介绍本篇内容、意旨。第一篇诗《关雎》的下面，除有小序外，另有一篇总序，称为《诗大序》。《毛诗大序》主要说明了诗的教化作用、“美刺”作用，“上以风化下，下以风刺上”，要求诗必须温柔敦厚，“发乎情而止乎礼义”。

［10］德国美学家有关“移情作用”的理论：意指西方美学中的“移情说”，此说把人的主观感情移到外物之中去，使外物生命化，具有人的感情。“移情说”的代表有德国的里普斯、谷鲁斯等人。

［11］布朗宁：布朗宁（1812—1889），英国维多利亚时期代表性诗人之一，与丁尼生齐名。代表作有《戏剧抒情诗》《剧中人物》《指环与书》等。

［12］张南本：唐代僖宗时人。擅于画火，独得其妙，代表作《八明王》。

［13］外师造化，中得心源：是唐代画家张璪提出的艺术创作理论。认为艺术创作来源于对大自然的师法，但大自然的美必须经由艺术家内心的感悟才能升华为艺术的美。张璪的“外师造化，中得心源”，主张客观物象与主观感情的统一，成了画学的不朽名言，在中国美术史上意义重大。

［14］屠隆：屠隆（1543—1605），字长卿，浙江鄞州人，精通音律，擅于写戏编戏。他的《昙花记》《修文记》《采毫记》曾叫座京城。

［15］黄崇惺：原名崇姓，号次孙，徽州人，清道光、光绪年间著名诗人、书画家，著有《草心楼读画集》。

［16］邓椿在《画继》：邓椿，北宋末年至南宋时期的著名画论家、藏书家，所著《画继》是古代重要的绘画通史类著作。

［17］Theaetetus：柏拉图全集中的《泰安泰斯篇》。

［18］超以象外，得其环中：出自唐代司空图的《二十四诗品·雄浑》，这是指一种至高无上的艺术创造与艺术审美的理想心灵境界。艺术家穿透了人生世事众多物象之后，物象在一片混沌中升华为艺术家的主观意象，但此时的艺术家却又能不被众多物象所诱惑所搅浑，仍能把握住众象的精神和精髓。

［19］W. H. Hudson：威廉·亨利·哈德逊（1841—1922），出生在阿根廷的布宜诺斯艾利斯，1874年定居在英格兰。哈德逊是一位作家、博物学家、鸟类学家，最著名的小说是1904年出版的《绿色大厦》。

［20］Rima：指灵韵、韵致，一种弥漫在自然中的灵氛。

［21］John Galsworth：约翰·高尔斯华绥（1867—1933），是英国小说家和剧作家。1932年获得诺贝尔文学奖。

［22］Rubens：今译为彼得·保罗·鲁本斯（1577—1640），一位佛兰德斯巴洛克画家。他将文艺复兴绘画的技巧、人文主义思想与佛兰德斯古老的民族美术传统结合起来，形成一种气势宏伟、色彩丰富、具有强烈运动感的艺术风格。

【点评】

中国艺术在历史发展过程中，形成了独特的艺术风格和审美情趣。方东美认为“一切艺术都是从体贴生命之伟大处得来的。生命之所以伟大，即是因为它无论如何变化，无论如何进展，总是不至于走到穷途末路”。这是中国艺术的基本原则。方东美归结出中国艺术重要的特征为玄学性、象征性、表现性、妙契人文主义精神。

（一）玄学性：在方东美看来，玄学性思维不同于科学性思维，中国哲学或中国艺术均有重视玄学性的特征，中国艺术绝不将外在世界当作是一个与“我”无关的纯粹“物质”空间，而是视万物含生，宇宙间充盈着神奇的生命精神，无一物无生命，一花一草、一树一木均与人的生命相连。中国人从一开始便无意于用冷静的眼光来分割世界，无意于用客观的语言来言说世界，而是要用内心的直感和生命的完整性来体验世界。

（二）象征的意味：方东美认为中国艺术看重的是无言之美，从意味上讲必定是象征性的。他比较出象征的内涵是“所谓象征性，一方面不同于描绘性，二方面接近于理想性”。描绘性艺术需要精湛的艺术技巧，极尽铺陈渲染，从而穷形尽相到对象的每一个微小细节。而理想性艺术“一方面有哲学性的惊奇，二方面也有诗一般的灵感”，这种惊奇和灵感能够营造一种意境无穷、耐人寻味的“言在此而意在彼”艺术效果，从而充分激发人的联想与想象。

（三）表现的方法：方东美指出，与西方艺术注重对事物外在静态形相的摹写不同，中国艺术重“表现”，就是以消除对象的物质窒碍、彰显其含蕴的生命精神，活泼泼地勾画出一切美感对象，这是艺术家通过钩深致远的心灵而对宇宙生命进行的曲折表达。中国艺术“表现”的内容，是由宇宙生命精神所激发的一种心理感受状态，尤擅于“捕捉自然天真的态度与浑然天成的机趣”。

（四）妙契“人文主义精神”：方东美以中西比较的视域先谈论了西方的人文主义。古希腊普罗塔哥拉所说的“人是衡量一切的依据”，希腊艺术强调“以人体来设想所有事物的性质”或“以人形来表现众神”。方东美也分析了西方人文主义的弊端，之后依据中国文化的特有精神旨趣，对“人文主义”做了独特的阐释。他指出“在中国艺术中，人文主义的精神，乃是真力弥漫的自然主义结合神采飞扬的理想主义，继而宣畅雄奇的创造生机”。中国艺术的人文主义精神体现出个体生命与宇宙生命一体俱化，共同创进于无限生机之中。方东美认为，中国艺术的人文主义精神的根源仍需回溯到中国人广大和谐的生命精神中，“人与自然在精神上是不可分的，因为他们两者同享生命无穷的喜悦与美妙。自然是人类不朽的经典，人类则是自然壮美的文字。两者的关系既浓郁又亲切，所以自然为人类展示其神奇奥妙，以生生不息的大化元气贯注人间，而人类则渐渍感应，继承不绝，报以绵绵不尽的生命劲气，据以开创雄浑瑰伟的气象”。方东美进一步说到，“中国人是有史以来所有民族中，最能生活在盎然趣机之中的，所以最能放旷慧眼，流眄万物，而与大化流行融镕合一。又因我们深悟广大和谐之道，所以绝不以恶性二分法来看自然；我们与自然一向是水乳交融，毫无仇隙的，所以精神才能自由饱满，既无黏滞，更无牵拘，如此以盎然生机点化一切，自感内心充实欢畅无比……自能冥同万物，以爱悦之情玄览一切”。中国艺术人文主义精神的核心观念主张作为创造主体的人乃生命创造的中心，但也强调，艺术中的个体创造也是宇宙创化的一部分，能够“怡然体悟万物与我合一，盎然与自然生机同流”。

方东美确认，“和谐之美”作为中国艺术的最高境界，是艺术家通过对中国“大道”精神的体察、感悟并运用中国艺术独特的形式表现出来的，它体现在中国艺术的人文精神和基本准则上，则为气韵生动和虚实相生。气是宇宙万物的生成、运动之本，也是中国艺术作品的根本。而韵则是气在运行中呈现出的节奏和万事万物的秩序风貌，也是艺术作品通过人内心所显现的韵致风态，包含着艺术家对“大道”精神的体悟之理。因而气与韵结合在作品中又显示为虚与实的关系，虚实相生，才真正使艺术的气韵生动起来，才具有了艺术所要求的意境。不难看出，方东美的文艺理论研究，没有机械地套用西方文论来说明中国文论，而是始终植根于对于中国文化、中国艺术意蕴和中国人生实践的深度认识和发掘，通过十分具体和细致的分析，充分张扬了中国文化的美丽精神、中国艺术和美学的独特价值。

【链接】

1. 方东美：《中国人生哲学》，台北黎明文化事业公司 1980 年版。
2. 方东美：《坚白精舍诗集》，黄山书社 2011 年版。
3. 张世英：《进入澄明之境——哲学的新方向》，商务印书馆 1999 年版。
4. 龚鹏程：《文学散步》，世界图书出版公司 2006 年版。

道家的所谓道与艺术精神

徐复观

首先我应指出的是：老、庄所建立的最高概念是“道”；他们的目的，是要在精神上与道为一体，亦即是所谓“体道”，因而形成“道的人生观”，抱着道的生活态度，以安顿现实的生活。说到道，我们便会立刻想到他们所说的一套形而上性质的描述。但是究极地说，他们所说的道，若通过思辨去加以展开，以建立由宇宙落向人生的系统，它固然是理论地形上学的意义；此在老子，即偏重在这一方面。但若通过工夫在现实人生中加以体认，则将发现他们之所谓道，实际是一种最高地艺术精神；这一直要到庄子而始为显著。他们不曾用“艺术”这一名词，是因为当时之所谓“艺”，如《论语》“游于艺”“求也艺”之“艺”，及《庄子》“说圣耶，是相于艺也”（《在宥》）的“艺”字，主要指的是生活实用中的某些技巧能力。称礼、乐、射、御、书、数为六艺，乃是艺的观念的扩大。西汉初年，则以《六经》为六艺，故《汉书·艺文志》称刘歆“奏其《七略》，有《六艺略》”。《世说新语》卷下之上，列有《巧艺》一目，其性质与今日之所谓艺术相当。及魏收作《魏书》，将占候、医卜、堪舆诸人，列为《艺术列传》，唐初所修各史因之；虽其中也列有篆书音律，但大体上无异于陈寿《三国志》所创立之《方伎列传》。惟《新唐书·艺文志》中之《杂艺术类》，《通志》之《艺文略》，《通考·经籍考》之《艺术类》，其内容可谓系《世说新语·巧艺》内容的发展。而清初所修《图书集成》却仍视方伎为艺术，将其与书画等列在一起，这反而将上一发展的意义混淆了。近数十年来，因日本人用“艺术”一次，对译英文、法文的“Art”，而近代之所谓“Art”，已从技术、技能的观念中净化了出来，于是我们使用此一名词时，也才有近代的意义。在这以前，只有个别的名称，如绘画、雕刻、文学等等，而没有纯净地统一的名称。在现时看来，老、庄之所谓“道”，深一层去了解，正适应于近代的所谓艺术精神。这在老子还不十分显著；到了庄子，便可以说是发展得相当显著了。

不过在这里应当预先说明的是：儒道两家，虽都是为人生而艺术；但孔子是一开始便是意识地以音乐艺术为人生修养之资，并作为人格完成的境界。因此，他不仅就音乐的自身以言音乐；并且也就音乐的自身以提出对音乐的要求，体认到音乐的最高意境。因而关于先秦儒家艺术精神的把握，便比较显明而容易。庄子则不仅不像近代美学的建立者，一开始即以美为目的，以艺术为对象，去加以思考、体认，并且也不像儒家一样，把握住某一特定的艺术对象，抱定某一目的去加以追求。老子乃至庄子，在他们思想起步的地方，根本没有艺术的意欲，更不曾以某种具体艺术作为他们追求的对象。因此，他们追求所达到的最高境界的“道”，假使起老、庄于九泉，骤然听到我说的“即是今日之所谓艺术精神”，必笑我把他们的“活句”当作“死句”去理会。不错，他们只是扫荡现实人生，以求达到理想人生的状态。他们只把道当作创造宇宙的基本动力；人是道所创造，所以道便成为人的根源地本质；克就人自身说，他们先称之为“德”，后称之为“性”。从此理论的间架和内容说，可以说“道”之与艺术，是风马牛不相及的。但是，若不顺着他们思辨地形上学的路数看，而只从他们由修养的工夫所到达的人生境界去看，则他们所用的工夫，乃是一个伟大艺术家的修养工夫；他们由工夫所达到的人生境界，本无心于艺术，却不期然而然地会归于今日之所谓艺术精神之上。也可以这样的说，当庄子从观念上去描述他之所谓道，而我们也只从观念上去加以把握时，这道便是思辨地形而上的性格。但当庄子把它当作人生的体验而加以陈述，我们应对于这种人生体验而得到了悟时，这便是彻头彻尾地艺术精神，并且对中国艺术的发展，于不识不知之中，曾经发生了某程度的影响。但因为他们本无心于艺术，所以当我说他们所谓道的本质，实系最真实地艺术精神时，应先加两种界定：一是在概念上只可以他们之所谓道来范围艺术精神，不可以艺术精神范围他们之所谓道。因为道还有思辨（哲学）的一面，所以仅从名言上说，是远较艺术的范围为广的。而他们是面对人生以言道，不是面对艺术作品以言道；所以他们对人生现实上的批判，有时好像是与艺术无关的。另一是说道的本质是艺术精神，乃就艺术精神最高的意境上说。人人皆有艺术精神；但艺术精神的自觉，既有各种层次之不同，也可以只成为人生中的享受，而不必一定落实为艺术品的创造；因为“表出”与“表现”，本是两个阶段的事。所以老、庄的“道”[1]，只是他们现实地、完整地人生，并不一定要落实而成为艺术品的创造。但就此最高的艺术精神，实是艺术得以成立的最后根据。并且就庄子来说，他对于道的体认，也非仅靠名言的思辨，甚至也非仅靠对现实人生的体认，而实际也通过了对当时的具体艺术活动，乃至有艺术意味的活动，而得到深的启发。例如《齐物论》：“地籁，则众窍是已。人籁，则比竹是已。”而所谓道的直接显露的天籁，实际即是“自己”“自取”的地籁、人籁。并非另有一物，可称为天籁。所以天籁实际只是一种精神状态。但我们不妨设想，庄子必先有作为人籁的音乐（比如竹，即箫管等乐器）的体会，才有地籁的体会，才有天籁的体会。因此，便也可以说，庄子之所谓道，有时也是就具体地艺术活动中升华上去的。《庄子》一书，这种例子到处都是。正因为如此，所以如本文后面所述，庄子对艺术，实有最深刻的了解；而这种了解，实与其所谓“道”，有不可分的关系。现在先看庄子下面的一段文章[2]：

庖丁为文惠君解牛。手之所触，肩之所倚，足之所履，膝之所踦，砉然向然，奏刀騞然，莫不中音：合于《桑林》之舞（成《疏》：殷汤乐名），乃中《经首》之会（成《疏》：《经首》，《咸池》乐章名，则尧乐也）。文惠君曰：“嘻，善哉！技盖至此乎？”庖丁释刀对曰：“臣之所好者，道也；进乎技矣。始臣之解牛之时，所见无非牛者；三年之后，未尝见全牛也。方今之时，臣以神遇而不以目视，官知止而神欲行。依乎天理……动刀甚微，谍然已解，如土委地。提刀而立，为之四顾，为之踌躇满志；善刀而藏之。”

在上面的一段文章中，首先应注意道与技的关系。技是技能。庖丁说他所好的是道，而道较之于技是更进了一层，由此可知道与技是密切地关联着。庖丁并不是在技外见道，而是在技之中见道。如前所述，古代西方之所谓艺术，本亦兼技术而言。即在今日，艺术创作，还离不开技术、技巧。不过，同样的技术，到底是艺术性的？抑是纯技术性的？在其精神与效用上，实有其区别；而庄子，则非常深刻而明白地意识到了此一区别。就纯技术的意味而言，解牛的动作，只需计较其实用上的效果。所谓“莫不中音，合于《桑林》之舞[3]，乃中《经首》之会[4]”，可以说是无用的长物。而一个人从纯技术上所得的享受，乃是由技术所换来的物质性的享受，并不在技术的自身。庄子所想象出来的庖丁，他解牛的特色，乃在“莫不中音，合于《桑林》之舞，乃中《经首》之会”，这不是技术自身所需要的效用，而是由技术所成就的艺术性的效用。他由解牛所得的享受，乃是“提刀而立，为之四顾，为之踌躇满志”，这是在他的技术自身所得到的精神上的享受，是艺术性的享受。而上面所说的艺术性的效用与享受，正是庖丁“所好者，道也”的具体内容。至于“始臣之解牛之时”以下的一大段文章，乃庖丁说明他何以能由技而进乎道的功夫过程，实际是由技术进乎艺术创造的过程，这在后面还要提到。并且《庄子》一书，还有其他的由技进乎道的故事。

然则庖丁解牛，究竟与庄子所追求的道，在什么地方有相合之处呢？第一，由于他“未尝见全牛”，而他与牛的对立解消了，即是心与物的对立解消了。第二，由于他的“以神遇而不以目视，官知止而神欲行”，而他的手与心的距离解消了，技术对心的制约性解消了。于是他的解牛，成为他的无所系缚的精神游戏。他的精神由此而得到了由技术的解放而来的自由感与充实感；这正是庄子把道落实于精神之上的逍遥游的一个实力。因此，庖丁的技而进乎道，不是比拟性的说法，而是具有真实内容的说法。但上述的情境，是道在人生中实现的情境，也正是艺术精神在人生中呈现时的情境。

这里应另提出的问题是：像上面所说的由技进乎道的道，如何可以被庄子看作是人生、宇宙的根源，而赋予以“无”“一”“玄”[5]。最显著的例子是谢林的《艺术哲学》，他是想在宇宙论地存在论上，设定美和艺术。他把存在所以有差别相的原因，归之于展相[6]。展相有三：第一展相是“实在地形成的冲动”；第二展相是“观念的内而化的冲动”；二者都是差别化的展相。第三展相则是无差别的，是将世界、万有归入于“一”、归入于“绝对者”的展相。而可以给美及艺术以基础的，正是此第三展相。

在第三展相，是“一”，也可以说是“无”。而左尔格[7]便以为：“理念是由艺术家的悟性持向特殊之中，理念由此而成为现在的东西。此时的理念，即成为“无”；当理念推移移向‘无’的瞬间，正是艺术的真正根据之所在。”不过，在这里我得先声明一点，上面我引谢林和左尔格乃至以后还引到其他许多人的艺术思想时，不是说他们的思想，与庄子的思想完全相同；也不表示我是完全赞成每一个人的思想。而只是想指出，西方若干思想家，在穷究美得以成立的历程和根源时，常出现了约略与庄子在某一部分相似相合之点，则庄子之所谓道，其本质是艺术性的，可由此而得到强有力的旁证。……因此，我可以这样的指出，庄子所追求的道，与一个艺术家所呈现出的最高艺术精神，在本质上是完全相同的。所不同的是：艺术家由此而成就艺术的作品；而庄子则由此而成就艺术的人生。庄子所要求、所待望的圣人、至人、神人、真人，如实地说，只是人生自身的艺术话说罢了。费夏[8]认为，观念愈高，便含的美愈多。观念的最高形式是人格。所以最高的艺术，是以最高的人格为对象的东西。费夏所说，在庄子身上正得到了实际的证明。

（选自徐复观《中国艺术精神》，春风文艺出版社1987年版）

【注释】

[1] 老、庄的“道”：指的是老子、庄子所定义、阐释的“道”。“道”是中国乃至东方古代哲学的重要哲学范畴。“道”的概念是老子首次提出的，用以说明宇宙的本原、本体、规律、原理、境界、终极真理等。“道”的哲学含义丰富而复杂，在道家不同的哲学语境中，其侧重含义有所不同。老子之“道”是要寻找到万事万物不变的“常道”，而庄子则希求在变化的事物中寻求周游流转的“变道”。

[2] 庄子下面的一段文章：出自《庄子·养生主》。

[3]《桑林》之舞：“桑林”本是一种大型的、国家级的祭祀活动，性质与祭“社”（土地神）同，商汤时把“桑林”之祭所用的乐舞称为《桑林》。《庄子·养生主第三》中在描写庖丁解牛的动作、节奏、音响时，说庖丁“莫不中音，合于《桑林》之舞”，意在指庖丁的技艺已经像《桑林》乐舞一样既有节奏感又有美感。

[4]《经首》之会：《经首》是尧时的乐曲名。“《经首》之会”，大意是“符合《经首》乐曲的旋律”。庄子以此来形容庖丁解牛时技艺的娴熟，境界的超然。

[5]“无”“一”“玄”：中国古典哲学范畴，用以说明宇宙起源和世界的本原。

［6］展相：意即显示的观念。

［7］左尔格：又译索格尔（1780—1819），19 世纪德国重要的哲学家、美学家，代表作是对话体美学著作《艾尔文》（又译《艾尔温》）。

［8］费夏：又译费希尔（1807—1887），德国哲学家、美学家，西方“移情说”的先驱之一，著有《美学》。

【点评】

徐复观先生是现代新儒家的杰出代表，对中国哲学、文学、史学等都有极深的研究，在《中国艺术精神》一书中，他较为系统地提出了自己的文艺观点。他认为，中国艺术精神有孔子和庄子两种典型。庄子所谓“道”的艺术精神是纯艺术精神，是艺术精神的最高境界，是中国艺术精神的主流。本文是《中国艺术精神》一书第二章《中国艺术精神主体之呈现——庄子的再发现》中的第二节，第二章是徐复观阐释其“中国艺术精神”的理论核心，本篇是他系统阐释“中国艺术精神”的开端，探讨了庄子的“道”与艺术精神的关系，以及“道”何以成为艺术精神的最高境界，而代表了中国艺术精神的主流，是徐复观有关中国纯艺术精神理论的基点，被徐氏自称是对“庄子的再发现”。

文章首先指出，老庄之“道”有哲学思辨性和现实人生性，后一特性被庄子发挥得淋漓尽致。其次，徐氏认为，庄子本无心于艺术，其“道”与艺术精神最初并无直接关涉，但若把“道”落实到现实人生上，他思想中渗透的修养的功夫，实是艺术家在创作和欣赏时所具备的修养功夫，艺术家们由功夫达到的人生境界，不期然而然地会归于现代所谓的艺术精神之上。从这方面讲，可将“道”认定为“艺术精神”的最高境界。徐复观从《庄子》中撷取了“庖丁解牛”一例，并辅之以德国的谢林、左尔格等西方理论家的有关理论对此进行了佐证，形成了他的纯艺术观。

徐复观对庄子纯艺术观的挖掘与呈现，独具新意。从《中国人性论史·先秦篇》中对庄子自由精神的阐释到《中国艺术精神》对庄子艺术精神的发抉，徐复观对庄子的研究可谓不遗余力。本篇中，他将庄子精神的价值引向艺术领域，探索了庄子“道”的精神境界与“艺术精神”视域下的创作、欣赏以及效果方面的关系，深入阐释了“道”的“文艺气质”，对庄子思想进行了创造性的、文艺性的阐释，开风气之先。从这个角度上说，徐氏的努力丰富了中国古典文艺理论和美学理论。

再次，徐复观的庄子纯艺术观，是其“人性论”和“心的文化”思想的凸显和承续。“人性论”和“心的文化”是徐复观审视中国文化的视角。简单地说，二者都强调和重视人及其现实生活，强调“为人生而艺术”。可见，徐复观之所以强调庄子艺术精神的现实品格，即强调道家的艺术精神对现实是“反省式”的反映，对现实人生起批评、超越、救治的作用，与徐氏“人性论”和“心的文化”的理念是一脉相承的。从这方面讲，徐氏的庄子纯艺术精神论，是对庄子思想人性总体意义的有力阐释，这一观点避免了庄子精神在哲学领域的呓语，赋予了庄子思想鲜活的现实品格，客观上拓展了庄子研究的广度和深度。

应该说，徐复观对庄子美学中的“道”“境”“心斋”“坐忘”等范畴作了学理阐释。当然，徐复观对庄子的这种解读，也被有些论者认为是误读。例如张节末认为，徐复观把庄子美学诠释成中国艺术精神，不仅在一定程度上有违背庄子本意的嫌疑，而且他对美学观念的误读，如误将“道”比附成近代的所谓“艺术精神”，会造成徐氏理论本身在阐释上的矛盾；刘纲纪等人认为徐氏简单地将中国艺术精神归为庄子的“道”的精神境界，而轻视了儒家如孔子、孟子、荀子等的艺术理论，以偏概全，有归约主义倾向；也有学者认为徐氏在打通庄子美学与西方美学时，误读了一些西方美学家。客观地讲，这些看法有其合理之处，但笔者认为，任何一种文艺思想的产生都有其具体的学术背景和社会现实背景，如果结合这些背景，甚至结合徐氏本人的性格、经历，以及文本的宗旨、脉络，就会理解他对庄子的解读了。

【链接】

1. 徐复观：《中国艺术精神》，春风文艺出版社 1987 年版。

2. 林衡勋：《道·圣·文论——中国古典文论要义》，中国社会科学出版社 2001 年版。

3. 张晚林：《徐复观艺术诠释体系研究》，上海古籍出版社 2007 年版。

4. 汪涌豪：《中国古典美学风骨论》，中国人民大学出版社 1994 年版。

论中国艺术精神

唐君毅

吾人以上论中国之人生理想在生活之礼乐化，礼之义偏于道德，乐即可以统艺术。故吾人欲知中国文化之精神之具体表现，除知中国社会文化生活之形态外，即须知中国之艺术文学精神。中国之艺术文学之精神，皆与吾人上述之中国先哲之自然宇宙观、人生观，及社会文化生活之形态，密切相连者。艺术文学之精神，乃人之内心之情调，直接客观化于自然与感觉性之声色，及文字之符号之中，故由中国文学、艺术见中国文化之精神尤易。吾人当于此章先一论中国艺术精神下之自然观，次论中国文学、艺术精神与西方之不同，次略分论中国艺术精神。

中国艺术精神下之自然观

所谓中国艺术精神下之自然观，亦即中国哲学中之自然观，表现于中国人对自然之审美的感情者，吾人以前已论中国先哲之自然观，为视自然万物皆含德性（第五章），人与自然又直接感通，且人当对自然有情（第七章），人在日常生活亦重在顺自然而生活（第八章）诸义。故中国人恒能直接于自然中识其美善，而见物之德，若与人德相孚应。中国学者最能乐自然中之生活。“知者乐水，仁者乐山”[1]之语，早发于孔子之口。曾点之言“暮春者，春服既成，冠者五六人，童子六七人，浴乎沂，风乎舞雩，咏而归”亦为孔子所特加称许。庄子游心万化，更重观天地之大美。西方中古奥古斯丁[2]尝忏悔其好美术，有中世僧人，见瑞士山水之美，至不敢仰视，亦视山水为物界之诱惑，此乃一明显之对照。中国哲人之观自然，乃一方观其美，一方即于物皆见人心之德性寓于其中。此实至少为一种不私人心之德，以奉献于自然，而充量的客观化之于自然万物之大礼。故依中国先哲之教，君子观乎天，则于其运转不穷，见自强不息之德焉；观乎地，而于其广大无疆，见博厚载物之德焉；见泽而思水之润泽万物之德；见火而思其光明普照之德；此易教也。中国古以农立国，川原交错于野，于水观柔谦善下之德者，老子也；于水观其虚明如镜之德者，庄子也；于水观其泉源混混，不舍昼夜，放乎四海，如性德之流行者，孟子也；于水观其明察须眉，平中淮之德者，荀子也；而法家之言法，亦取乎水平之义。《荀子》载孔子尝答子贡“君子何以喜观大水”之言曰：“夫水遍与诸生而无为也，似德。其流也必循其理，似义。其洸洸乎不掘尽，似道。若有决行之，其应佚若声响。其赴百仞之谷不惧，似勇。主量必平，似法。盈不求概，似正。绰约微达，似察。以出以入，以就鲜絜，似善化。其万折也必东，似志。”此中国艺术精神下，先哲之所以观无生物之德也。

至于有生之物，则中国传统之言曰，马有武德，牛有负重之德，羊有善美之德，犬有忠德，鸡以五德闻。六畜之中，豕唯知眠食，独为缺德。植物之中，松柏有后凋之德，梅有清贞之德。自屈原以兰桂比君子，依其洁志以广称芳物，诗人之咏花卉之德者，不可胜数。中国园艺之闻名于世界，皆以其乐观花卉之载德也。中国动植之学之不尚解剖，皆以其于动植皆有情也。情之至也，念人中有圣人焉，充艺术性之想象，乃不私圣人为人中所独有，于是乃谓非人之禽兽中，亦有圣兽、圣禽。麒麟之不践生草，兽之圣也。“凤飞群鸟从以万数”，禽之圣也。西洋人言兽，恒称狐狸之狡与狮虎之猛，而中土小说，则化狐狸为多情之美人，中国之麒麟则传能击狮子。孔子作《春秋》止于获麟[3]，悲人之仁道之穷，亦悲兽中之失仁兽也。乐彼仁兽之在于兽，此人之大仁之心，不忍人中独有仁人也。西洋诗人咏鸟，多咏百灵鸟、夜莺，凤盖即孔雀与雕之和，而西洋人言孔雀，恒止于其羽毛之美，而不取其朋友之德。中国以麟凤龙龟，为走飞麟介四类动物中之四灵，介壳之物中，西人恒称甲壳虫之能御侮杀敌，而中国人独称龟之悠久无疆，含和抱德。龙即蛇也，西方人于蛇，只观其匍匐而行，居于阴暗，故以之为引诱亚当坠落之媒。中国则化蛇为龙，龙之为物，冬而潜渊，春而升天，自上而下，周行海陆空三界，《易经》以比君子之与时变化，不忍蛇之长居阴暗，故升蛇为龙以比君子。人为万物之灵，而物类亦各有其灵而具人之德，此在科学无可征信，然为依人之仁心，以观万物之审美精神所必至也。

夫仁者之心，必乐观万物之并育、并行而不悖，故中国人之视天地万物之关系，恒重其“连而不相及，动而不相害”一面，故其于自然界之动植物与无生物，亦喜其无争强斗胜之心者。动物中上言之麟凤龙龟，固皆与世无争。于草木中，中国人之特爱松竹梅，一方诚是爱其为岁寒之三友，一方亦是爱其不与万卉百花争荣。故菊之独荣于秋，亦见赏于君子。松柏与竹，直上直下，乃象征一无求于外，而通天地之精神。松柏之叶如针，上凌长空而生长极慢，如依其自然之性，以伸展上达，而无凌驾他物，或傲慢争雄之心者。西式公园，修剪树木，使不相犯，而迫柏树以如球、如角锥、如队队之人马，皆以人力制自然。而中国人则乐观松竹梅柏之疏朗萧散、朴素无华、与世无争。西方人恒喜赴荒郊蛮地以探险开荒，接触自然之原始生命力，爱高山峻岭，与瀑布之奔流，大海之波涛无既。康德、叔本华论美极于壮美，叔本华以为在狂风暴雨雷鸣电闪下，心无所动，见最高自然之壮美。康德谓壮美由伟大而显示。其论自然之伟大有数量性之伟大，有动力性之伟大。动力性之伟大，即由自然之无尽力之显示，而人之内心有对此无尽自然力之体验与精神之超拔感无限，遂有壮美感。然一切只表现力量之自然，恒不免是相迫协、相凌驾而相争之自然。此中人心灵之感一无限，亦即心灵赖自然力之推荡，而冒起于自然之上之高卓感。而中国古人对自然之审美意识，不向此而发展。中国文学哲学中，几从未有单纯赞颂自然力、自然生命力者。西方所谓自然生命力，中国名之为天地之“生机”或“生意”“生德”。谓之曰“命”、曰“力”，则用字已嫌粗放迫促，谓之曰“生机”“生意”“生德”，则舒徐而有情味。观天地万物之无限生机生德，并不须自物之表现强大之力量者上看，故周濂溪从窗前草不除而见天地生意[4]，程明道畜小鱼数尾而见万物自得意[5]。荒郊蛮地之中，唯见自然生命力之“争”，实与中国古代文人哲人之情调不合。中国人固未尝不能爱大海瀑布与高山峻岭，而尤能爱泉石与烟霞。中国人固未尝不善游名山大川，而亦能爱盆景。泉石烟霞盆景，皆不以力显，而与物无争。中国诗人视茂林丰草之可爱，亦在其与长空广漠相配，若无长空广漠，则茂林丰草，不如疏林春草矣。盘根错节之树，枝干互相凌驾，常必俟其成老树，乃入诗人之笔。老则力弱，而其夭矫非相争之势矣。牡丹之为“花王”，固可谓之生命力丰盈，然其花瓣团团围绕，富厚而无所凌压，故亦为中国人之所喜也。

中国诗人哲人之观自然，原不视自然为诸力争衡之场所，故亦不注重自表现自然力、自然生命力之景物观天地之大美。中国人所喜之自然与艺术美，皆期其物质材料最少者，故波西尔著《中国美术》[6]，曾特称美中国雕刻之精致。中国雕刻中，恒于小方金铜、玉石、象牙、犀角上雕精美之字画。而所谓神镌者，能于径寸之面积内，刻数百字或赤壁泛舟图。中国之书画，恒以寥寥之数种点线，表层出不穷之意境。中国音乐多以微弱之振动，达深厚之情。推而极之，遂有陶渊明之“但识琴中意，何劳弦上音”之音乐观。中国诗文，尤善于以文约义丰见长，绝诗二三十字，恒能出神而入化，故多以一字而为人师之故事。而人或以为崇尚此类之美，始于宋元以后，且表示中国民族精神力量、心力之衰弱，故不能摄受表现无尽生命力之自然美、艺术美。斯言非无理据，而不必尽然。盖艺术中之纳大于小，亦依于一至高度之精神力量与心力。即就自然之审美言，吾人亦可谓于最少物质，见更多之美，表现更丰富之精神活动或心之活动。魏晋人所谓“会心处不在远，翳然林水，便自有濠濮间想”[7]，乃一善于移情于物，使“小者亦大’之言。心力富而善移情者，故能视盆景如长林丰草，观流泉即瀑布长江，于一丘一壑，见泰山沧海。太虚之中，烟霞之里，皆为精神之所运，乃见山川灵气之往来，天地化机之流行。则谓此类美之崇尚，见中国人精神力、心力之衰弱，未必是也。依先秦哲人之教，儒者固言万物并育并行之道，庄子亦言，彼是双成，万物一体之意。循乎此教，则其表现于审美意识者，自当于人物之间，别之以理，亦通之以情。艺术精神之下，寄情万物，皆以养德。乐于观物之并育并行，而不喜观其相凌驾以相争。不重单纯之自然力、自然生命力之表现，而能于至小以观至大，于一物见一太极。于是于自然界无往而不见此心仁德之流行，而未尝见万物之相碍而相忍，此即为中国古人对自然之审美之最重要精神所在，而亦遥通于中国政教礼乐之大源者。

泛论中国文艺精神与西方之不同

言西方文化之高卓一面，必言其宗教精神。其宗教精神之高卓性，表现于其“上帝自无中创造天地万物”之信仰。上帝是否自无中创造世界，今非论究之所在。而上帝自无中创造世界之信仰，固足以使人精神凸显以高临，而若超越于天地万物之上。其引人上达之价值，乃不得否认。而西方哲学精神之伟大处，亦皆表现于其能追踪上帝之高卓性，而与之俱往，其运思乃能上际于天，下蟠于地。故西方文学、艺术家之最伟大之精神，亦在依一宛若从天而降之灵感，而使人超有限以达无限，而通接于上所论之宗教哲学精神。其未能直接通接于无限之神者，亦必其所示之理想，可使人精神扬升而高举，其想象之新奇，意境之浪漫，足诱引人对一生疏者、遥远者之向往，而其表现之生命力量，又足以撼动人心者，乃为真能代表西方文化特有之向上精神之第一流文艺作品。悖此者，谓之不足代表西方文化之特殊精神，唯表现人性所同然者可也。故艺术中，如中古时期高耸云际之教堂，上达神听之赞美诗；文学中，如写人依层级而历地狱天堂之但丁之《神曲》，写人之循序而行天路入天城之班扬之《天路历程》[8]，固为西方宗教性的文艺精神之代表作。近代之罗丹、米西尔朗格罗之雕刻，大力盘旋，赋顽石以生命。贝多芬、华格纳之交响乐，宛若万马奔腾，波涛澎湃。今日西方，有数十百层之高楼，及一切激发理想，开辟想象，而一往震撼人心，引生超越感之文学，皆可为西方文艺精神之代表。而西方之悲剧，则为此类文学中，世界无能相匹者。西方之悲剧吾尝括而论之，或为表现神定之命运之无可逃之希腊悲剧；或为表现内心之矛盾冲突、性格决定命运之莎士比亚之悲剧；或为表现一无限的自我肯定，自我否定之精神奋斗历程之歌德之《浮士德》悲剧；或为表现良心与私欲之罪恶之交战之托尔斯泰之悲剧；或为表现冷酷之自然、盲目之意志与机遇播弄人生之哈代[9]之悲剧；或为表现个人之自由与社会之冲突之易卜生之悲剧；或为表现一神秘梦寐凄凉之感之梅特林克[10]之悲剧。其悲剧之气魄之雄厚，想象之丰富，命意之高远，皆可引动人之深情；使人或觉一不可知之力之伟大，或觉此心若向四方分裂而奔驰，或觉登彼人生之历程，以上升霄汉而下沉地狱，恒归于引出一宗教精神中之解脱感、神秘感、人生道德价值之尊严感，吾皆尝读之而爱之，感佩作者之能引发吾之超越精神，而叹其为中国、印度之所未有也。

西方文艺表现之精神伟大，诚不可企及。然不能使人无憾。所憾者何，即吾人欣赏之时，不能无自己渺小之感是也。高耸云霄之教堂，与埃及之金字塔，数十百层之高楼，万马奔腾之交响乐，及西方之悲剧，伟大诚伟大矣，然皆震撼人之心灵，夺人之神志，而使人自感卑微渺小，而无以为怀也。西方之论美学者之言曰，当吾人立于伟大之物旁，而自感渺小卑微，则吾此心已联系于伟大之物，而分享其伟大，故立于奔流瀑布之旁，则吾心亦具千军万马之势，入于高耸云霄之教堂，吾心亦上与天齐。斯言是也，然此与彼俱伟大之心，仍依于吾人最初之自觉渺小之感。若渺小之感与伟大之感，不能相容而俱存，此中内在之矛盾不能自为消解，将不免或失此自觉渺小之感，而伟大之感亦失所依以俱泯，或则重归于渺小之感。彼伟大之物以其自身伟大，而锡人以渺小之感，是未尝真洋溢其伟大，以使人分享之，则非充实圆满之伟大。吾于是感西方文艺之伟大，多英雄豪杰式之伟大，而罕圣贤式、仙佛式之伟大[11]。英雄豪杰式之伟大，使人惟有崇敬之、膜拜之。舍崇敬膜拜，则我心无交代处，亦终不能无自己渺小，甘心为其臣仆之感。而圣贤式、仙佛式之伟大，乃可使人敬之而亲之，而涵育于其春风化雨、慈悲为怀之德性下，使吾人自身之精神，得生长而成就。夫然，故圣贤仙佛之伟大，乃不特其自身伟大，且若以其伟大赐予他人。他人之受其感召，日趋伟大，则反若见圣贤仙佛之未尝伟大，而只平凡。此乃圣贤仙佛之所以为真伟大。西方之文艺之伟大，盖罕至乎圣贤仙佛之化境，而中国文学艺术精神之伟大，则庶几近之矣。

吾人谓中国文学艺术之境界，较西方有更进一层处，首可由西方之美学名辞（注意：非指理论内容）以取证。西方美学之论美，柏拉图、亚里士多德皆以模仿为根本观念；康德则以超实际利害之观照为言；黑格尔、席勒以理性之表现于感性为言；叔本华以意志情绪之客观化或表现为言；里普斯以移情于物为言；现代之克罗齐则以直观表现之合一为言。吾昔亦尝综括艺术之精神于欣赏（观照）表现，以通物我之情，以为可以尽美学之蕴。夫通物我之情是矣，然言欣赏、观照，则有客观之物相对。言表现或表达，则有我在。言移情于物，将此注彼，直观表现合一，终未必能表物我绝对之境界。真正物我绝对之境界，必我与物俱往，而游心于物之中。心物两泯，而唯见气韵与丰神。孔子所谓游于艺[12]之游，与中国后代诗文书画批评中所谓神与气[13]，在西方皆无适当之名词足资翻译。谓游为游戏，神为想象力，气为表现力，皆落入主观，于其义犹未尽。此诸字之义，盖皆只可意会而不易言传。然要为完全泯除物我主观客观对待分别，不似模仿、欣赏、观照、表现之辞，不免物我对峙之意味，此乃人皆可读中国古代文艺批评之论神气者而知之者也。

中国各艺术精神之相通

吾昔年尝论中国艺术精神，尚有一种极堪注意之点，即重在各种艺术精神相互为用，以相互贯通。西洋之艺术家，恒各献身于所从事之艺术，以成专门之音乐家、画家、雕刻家、建筑家。而不同之艺术，多表现不同之精神。然中国之艺术家，则恒兼擅数技。中国各种艺术精神，实较能相通共契。中国书画皆重线条。书画相通，最为明显。如唐寅[14]谓“工画如楷书，写意如草圣”，王世贞[15]谓“画石如飞白，木如籀，画竹干如篆，枝如草，叶如真，节如隶”。故郭熙[16]之画树，文与可[17]之画竹，温日观[18]之画葡萄，皆自草法中得来。中国之图画，又与中国之建筑、雕塑相通。中国雕刻之倚山岩而雕，中国房屋建筑，不重高耸云霄，多围以树，恒使屋顶掩映于积翠重阴之下，皆所以含若隐若现似虚似实之画意。故中国古代宫殿庙宇，恒遍绘以各重花纹及其他图画于梁柱及屋檐。冯文潜[19]先生昔年尝著文论中国建筑之重门深院，阶梯之上下，回廊之曲折，乃最能表现音乐精神者（此文颇为人所注意，惜忘所载刊物）。叔本华尝以“西方建筑为凝固的音乐”，乃与音乐精神本身相反者。而中国之建筑则舒展的音乐，与音乐精神最相通也。中国人又力求文学与书画、音乐、建筑之相通。故人论王维之诗画曰“味摩诘之诗，诗中有画，味摩诘之画，画中有诗”。宋赵孟濚以画为无声之诗，邓椿以画为文极，此中国之画之所以恒题以诗也。中国文字原为象形，则近画。而单音易于合音律，故中国诗文又为最重音律者。诗之韵律之严整，固无论，而中国之文亦以声韵铿锵为主。故文之美者，古人谓之掷地作金石声。过去中国之学人，即以读文时之高声朗诵，恬吟密咏，代替今人之唱歌。故姚姬传谓中国诗文皆须自声音证入。西方歌剧之盛，乃瓦格纳[20]（Wagner）以后事。以前之歌剧，皆以对白为主。而中国戏剧则所唱者，素为诗词。戏中之行为动作，多以象征的手势代之，使人心知其意，而疑真疑幻，若虚若实。戏之精彩全在唱上，故不曰看戏，而曰听戏，是中国之诗文戏剧皆最能通于音乐也。中国之庙宇宫殿，及大家大户之房屋，恒悬匾与对联，则见中国人求建筑与诗文之意相通之精神。此种中国各种艺术、文学精神之交流互贯，可溯源于中国文学家、艺术家恒不以文学艺术之目的在表现客观之真美，或通接于上帝，亦不在尽量表现自己之生命力与精神，恒以文学、艺术为人生之余事（余乃充余之义），为人之性情胸襟之自然流露。然人之性情胸襟，原为整个者，则其流露于书画诗文，皆无所不可，而皆可表现同一之精神，亦自当求各种艺术精神之贯通综合，使各种文学、艺术之精神不相对峙并立，而相涵摄。然此各种艺术精神之互相涵摄，亦即可谓每种艺术之精神，能超越于此种艺术之自身，而融于他种艺术之中，每种艺术之本身，皆有虚以容受其他艺术之精神，以自充实其自身之表现，而使每一种艺术，皆可为吾人整个心灵藏修息游[21]所在者也。

（选自唐君毅《中国文化之精神价值》，台湾正中书局1953年版）

【注释】

[1] 知者乐水，仁者乐山：出自孔子《论语·雍也》。原文为“知者乐水，仁者乐山。知者动，仁者静”。智者的快乐，像水一样，悠然安详，活泼快乐。仁者的快乐，像山一样，崇高、伟大、沉静。

[2] 奥古斯丁：奥古斯丁（343—430），古罗马时期天主教思想家，欧洲中世纪基督教神学、教父哲学的代表人物，代表作有《忏悔录》等。

[3] 孔子作《春秋》止于获麟：《史记·孔子世家》记载，鲁哀公十四年春，鲁国捕获麒麟，孔子前去查看的时候，麒麟已经死亡。孔子认为，麒麟是灵兽，它的出现又死去，不是好的征兆，家国要遭殃。据《东周列国志》记述，七十一岁的孔子埋葬麒麟之后，感情难以控制，抚琴悲泣，作“获麟歌”。

[4] 周濂溪从窗前草不除而见天地生意：周敦颐不除窗前草。问之，云：“观天地生物气象，与自家意思一般。”周敦颐（1017—1073），字茂叔，号濂溪，世称濂溪先生。北宋理学的开山鼻祖。

[5] 程明道畜小鱼数尾而见万物自得意：程颢窗前有茂草覆砌，或劝之芟，曰：“不可！欲常见造物生意。”又置盆池小鱼数尾，时时观之，或问其故，曰：“欲观万物自得意。”程颢（1032—1085），字伯淳，河南洛阳人，学者称明道先生。北宋哲学家、教育家、诗人。曾和其弟程颐学于周敦颐，世称“二程”，皆为宋代理学的奠基者。

[6] 波西尔著《中国美术》：波西尔，19世纪英国艺术理论家，在其所著《中国美术》一书中，他称赞中国绘画、刺绣、书法、雕刻的高超与巧妙。

[7] 魏晋人所谓“会心处不在远，翳然林水，便自有濠濮间想”：出自南朝刘义庆《世说新语·言语》，彰显了魏晋名士悠然自得的会心和情趣。濠濮：古代二水名。

[8] 班扬之《天路历程》：约翰·班扬（1628—1688），英国著名作家、布道家。写有《天路历程》，内容讲述基督教徒及其妻子先后寻找天国的经历，语言简洁平易，被誉为“英国文学中的最著名的寓言”，开创了宗教寓言文学。

[9] 哈代：托马斯·哈代（1840—1928），英国诗人、小说家。代表作有《韦塞克斯诗集》《德伯家的苔丝》。

[10] 梅特林克：莫里斯·梅特林克（1861—1949），比利时剧作家、诗人、散文家。是象征派戏剧的代表作家，代表作有《青鸟》《盲人》等，被誉为“比利时的莎士比亚”。

[11] 仙佛式之伟大：道家成仙，释家成佛，指得道者或圣贤之人。

[12] 游于艺：孔子主张“志于道”“据于德”“依于仁”“游于艺”，“游于艺”，指凡是人才的培养、生活的充实，都要依六艺修养，艺不是狭义的艺术。过去讲“艺”，包

括礼、乐、射、御、书、数等六艺。

［13］诗文书画批评中所谓神与气：中国古代文艺批评家注重文艺作品的“传神”与“气韵”，以“神”与“气”作为“精神的活力”衡量品鉴文艺作品。故“神”与“气”是有特色的文论范畴。

［14］唐寅：唐寅（1470—1524），字伯虎，号六如居士，桃花庵主。苏州人。明代著名画家、书法家、诗人。

［15］王世贞：王世贞（1526—1590），号凤洲，又号弇州山人，江苏太仓人。明代文学家、史学家。明代“后七子”的领袖。著有《弇州山人四部稿》《弇山堂别集》等。

［16］郭熙：郭熙（1000—1090），北宋画家、画论家。作品意境雄阔而又灵动缥缈。存世作品有《早春图》《关山春雪图》《幽谷图》等，著有画论《林泉高致集》。

［17］文与可：文同（1018—1079），字与可，号笑笑居士，人称石室先生。北宋著名画家、诗人。他与苏轼是表兄弟，以学名世，擅诗文书画，尤善画墨竹，著有《丹渊集》。

［18］温日观：宋末元初画家，生卒年不详。华亭（今上海松江）人。宋亡后出家为僧。善草书，精画葡萄，自成一家特色。

［19］冯文潜：现代学者，字柳猗，著名诗人冯至的叔叔，曾任南开大学外文系教授，学贯中西，博古通今，治学严谨，诲人不倦。在古希腊哲学、德国古典哲学、美学史等方面造诣很深。

［20］瓦格纳：瓦格纳（1813—1883），德国作曲家，德国歌剧史上的音乐巨匠，开启了后浪漫主义歌剧作曲之潮流，作品有《仙女》《尼伯龙根的指环》《诸神的黄昏》等。

［21］藏修息游：语出《礼记·学记》：“君子之于学也，藏焉，修焉，息焉，游焉。”郑玄注：“藏，谓怀抱之；修，习也。”后以“藏修”指沉浸学习。息游：休憩、游乐，“游于艺”。

【点评】

在现代中国美学史上，宗白华、朱光潜、钱钟书、邓以蛰等一批学者是从理论上展开中西美学与艺术比较研究的卓越开路者。同样，唐君毅在这方面也厥功甚伟。他深入中国艺术的文化精神核心，剖析中国的艺术精神、艺术旨趣，在理论上达到了一个广大而深邃的思想高度。唐君毅认为中国艺术精神是中国哲人对自然宇宙观、人生观及社会文化生活形态的客观反映，也是中国人内心情调投射到自然和感性中的真实表达。他对中国艺术精神的阐发，建立在对中西文化异同观照的基础之上。

他首先分析了中国艺术精神下的自然观，在他看来，自然分为无生物自然和有生之物自然两大类。无生物自然特指自然万物，他强调自然万物皆含有德性，中国人能直接与自然感通，能随自然而生活，并在自然中发现美、感悟善，做到物我与共。一方面感受其展现的美的形态，另一方面又在大自然中感悟善的德性，将德性贯通到自然之美中。所以，孔子重视“智者乐山，仁者乐水”，庄子倡导“游心万物，感悟天地之大美”。所以中国古人很容易从自然中吸取力量转化为自己的德性，从天地间找到自强不息的精神动力和厚德载物的胸襟气度。在有生之物自然中，动物有动物的德性，各种动物都具有灵性，近乎人之德行，而人乃万物之灵长，人恰恰拥有仁心关注万物的审美精神。植物有植物的德性，各有情致。自然中的动植物，因为有情，人们在欣赏中自然赋予其丰富的情感和想象力。既关注外在的美的状态，还十分关注内在的德性，在美学中，强调“美善相兼”，以仁爱之心关注自然万物，让自然万物兼具人类的灵性和德性。中国古人有仁者之心，喜欢万物繁衍生息、并行不悖的状态，与世无争的自然境界。于是，中国人崇尚“岁寒三友”，在于它们通天地之精神，与世无争。存乎自然而融入自然，不刻意强调人力征服自然的能力。西方文化强调探险开荒，过于强调人内心对无尽自然力的超越。中国古人则不强调自然生命力的强弱，不把自然看成是弱肉强食之所，而是在大自然中找寻天地逸趣和万物自得。在自然审美中，常常纳大于小、以小观大、以点带面，以最少的物质载体，表现最多的精神生活。在艺术中，寄情万物，皆以养德，强调圆融完整。

唐君毅认为中国艺术精神与西方截然不同，西方艺术精神建立在西方宗教文化的根源上，强调上帝创造万物的神圣性，将人的精神超越在天地万物之上，超有限以达无限的状态，通接神秘的宗教精神，造成人们追踪上帝的高远和神秘，在艺术上往往想象新奇、意境浪漫，崇尚撼动心灵或表现极强的生命力。从高耸入云的建筑教堂到气势雄浑的赞美诗，从西洋乐曲的万马奔腾到西方雕刻的盘旋张力，极力张扬超越生命的力量，发展为超越的文学样式。尤其是西方的悲剧样式，无论是命运悲剧、性格悲剧抑或是时代悲剧，刻意塑造的是人四分五裂的内心焦虑，展现出人的渺小和卑微。西方文艺刻意将人和自然完全割裂开来。西方崇尚的伟大往往是英雄人物式的伟大，引导人们顶礼膜拜。中国的伟大在于引导人们在敬而亲之、在春风化雨中感受德性的力量，完善精神，完满地成长。中国艺术强调的是一种精神的感染和伟大力量的分享和奉献。西方美学中的很多名辞并不能完整地概括出艺术境界的确切意义，无论是柏拉图的模仿说、康德的观照说、黑格尔的绝对理念的感性显现，还是叔本华的表现说、里普斯的移情于物说、克罗齐的直观即表现等学说都有失偏颇，唐君毅认为，恰恰是一种只可意会不可言传的艺术欣赏境界最能体现出艺术的真正境界。

中国艺术精神十分注重在各种艺术精神相互关联中实现相互贯通，不同于西洋艺术家专门化的职业性发展趋向，中国艺术家往往兼善多种技艺于一身，他们认为艺术门类之间并非截然不同，尤其不是井水不犯河水，相反可以相互融通。中国书画同源同宗，都重视线条，书画相通，极为明显。所以有“诗中有画，画中有诗”的感悟，中国图画与建筑、雕刻相通，无论是雕刻时依山岩而雕，还是建筑楼宇上的雕梁画栋，反映了虚实相间、若隐若现的画意。中国建筑是无声的诗、流淌的音乐，充满音乐精神。中国人还在文学、书画、音乐、建筑等不同形式中相融相通，无论戏曲中的唱念做打，还是建筑中的匾额和对联，都体现了不同艺术精神的融会贯通，这都是人的精神情感的自然流露，于方寸之间显心灵栖息之所。

唐君毅阐述了中国艺术的精神特征：亲和性、境界性、兼容性与贯通性。他对中国艺术中最具代表性、最基本的，并且不同于西方传统美学的独特美学精神，包括它的理论、观念、范畴等的特质，做出宏观的整体性的系统研究与分析。在对中国古代文论和美学的现代转化中，唐君毅超越了传统美学的视界，也突破了西方美学研究的范畴来套中国美学的思路。

【链接】

1. 唐君毅：《中国文化之精神价值》，台湾正中书局1953年版。
2. 唐君毅：《生命存在与心灵境界》，中国社会科学出版社2006年版。
3. 陈鼓应：《老庄新论》，上海古籍出版社1992年版。
4. 刘绍瑾：《庄子与中国美学》，岳麓书社2007年版。

从“游于艺”到“心道合一”

余英时

《张充和[1]诗书画选》即将问世，我承命写序，既兴奋，又惶悚。兴奋，因为这无疑是中国现代艺术史上一件大事；惶悚，因为我实在不配写序。我说“不配”，并不是顺手拈来的一句客套话，我的理由是很充足的。中国传统的“精英文化”（elite culture）是在“士”[2]的手上创造和发展出来的，在艺术方面，它集中地体现在诗、书、画三种形式之中。这是艺坛的共识，至少唐代已然，所以“郑虔三绝”[3]的佳话流传至今。我对这三种艺术的爱虽不在人后，却对其中任何一门都没有下过切实的功夫。我偶然写诗，但属于胡钉铰[4]派；偶然弄墨，则只能称之为涂鸦。从专业观点说，我绝对没有为本书写序的资格，自不在话下。然则我为什么竟知其不可而为之呢？是亦有说。

宇文逌[5]《庾信集序》云：“余与子山夙期款密，情均缟纻，契比金兰，欲余制序，聊命翰札，幸无愧色。”宇文逌虽贵为亲王，且有文章行世，但以文学造诣言，自远不足以望庾子山[6]之项背。然以两人交谊深厚之故，卒制序而无愧色。有此例在前，我才敢大胆地接受了写序的任务。

……（略）

由于充和早年是在古典教育的熏陶之下成长起来的，她在不知不觉中便体现了“以通驭专”的精神。她在古典艺术的领域内“无所不能”、无施不可，是因为她不肯局促于偏隅，仅以专攻一艺自限。这当然符合孔子“博学于文”之教。但充和的能事虽多，所精诸艺却非各不相关，而毋宁构成了一个有机整体的不同部分。以本书而言，诗、书、画“三绝”显然已融合为一，并且在同一风格的笼罩之下，展现出艺术创作的鲜明个性。这便是庄子所谓“道通为一”或孔子所谓“吾道一以贯之”。

这部《张充和诗书画选》是中国艺术传统的结晶，既能推陈出新，又复能保存这一传统的精萃而无所走失。这当然是得力于充和早年所受到的古典训练。在这一意义上，本书不但直接体现了中国艺术的独特精神，而且也间接反映出中国古典文化的主要特色。

吾人认为，充和与中国古典艺术精神早已融化为一体。就这一方面而言，她在今天无疑是岿然独存的鲁殿灵光。正因如此，我感觉有必要稍稍扩大一下范围，对充和所代表的艺术精神提出进一步的观察。这里只准备谈两点：

第一，西方往往强调“为艺术而艺术”是一种最高的（但并非唯一的）境界。中国是不是也有类似的观点？第二，在中国文化传统中，对于艺术创造的精神源头这个基本问题是怎样看待和处理的？我相信，探究上述两个问题有助于我们对充和的艺术造诣的认识。

程明道有一句名言：“某写字时甚敬，非是要字好，只此是学。”这是理学家的态度，将艺术训练纳入了道德修养的途辙。艺术家则不然，无论是写字、赋诗或作画，其“敬”固与理学家无异，但同时也要求“字好”“诗好”“画好”。所谓“敬”，是指精神贯注的最高状态；在这一状态中，艺术家胸中不但没有一丝一毫尘世的杂念，如金钱、名誉、地位之类，甚至也泯除了一切分别相，包括“艺术”本身在内。初看之下，这一精神状态似乎即是“为艺术而艺术”的一种表现。其实不然，它来自中国“游于艺”的传统。这两个传统都要求艺术和人（艺术家）最后融为一体，然而其间有一个十分微妙而又基本的分歧。“为艺术而艺术”是以艺术为主体，人则融入艺术之中；“游于艺”的主体是人，艺术要靠人才能光大起来。我们可以肯定地说，“游于艺”的传统中也贯穿着“人能弘道”的精神。

“游于艺”从古义演变为今义是一个漫长的过程；在此过程中，道家思想，特别是庄子对中国艺术传统的形成发生了相当大的影响。这里我只想提出一个观察，即后世对于“游于艺”中“游”字的解读大致都是通过《庄子》而来，因为这是“游”字用得很多的一部子书。在此书中，“游”字往往指人的精神或心灵的一种特殊活动，并假定人的精神或心灵能够修炼到自由而超越的境界。《逍遥游》篇便提供了最生动说明，所以支遁[7]说：“逍遥者，明至人之心也。”篇中“神人游乎四海之外”句，成玄英注曰：“神超六合之表。”可知《庄子》开宗明义，即揭出人心的自由和超越。此外如《人间世》篇之“乘物以游心”和《骈拇》篇之“游心于坚白异同之间”[8]，则“游心”已合为一词，“游”之特指心体的活动，更无可疑。通过《庄子》以解《论语》的“游于艺”，我们于中国艺术的根本精神便“得其环中”了。

从“游于艺”追溯到“心”，我们恰好可以转入上面提出的第二个问题，即艺术创造的源头究在何处？首先我要指出，“心”在中国精神史上占据了极为特殊的地位，我们可以很肯定地说，中国的精神传统是以“心”为中心观念而逐步形成的。极其所至，则“心”被看作是一切超越性价值（即古人所谓“道”）的发源地；艺术自然也不可能是例外。关于这一层，后面再申说，现在应当交代一下，“心”为什么竟成为价值之源？

问题必须从春秋战国时代诸子百家的出现说起。这是精神世界空前大转变的时代，奠定了以下两千多年中国精神传统的基本形态，“心”为一切价值之源便是这一大转变的后果之一。所谓转变，指古代宗教信仰转变为后世哲学思维。在殷、周信仰中，“帝”或“天”高高在上，主宰人间的吉凶祸福，即所谓“天道”。欲知天道必须通过占卜，其事由王或天子主持，但却必须通过巫为中介，现代考古发现的大量卜辞便是最可信的物证。

但这一套信仰到了春秋时期已开始崩溃了，即所谓“礼坏乐崩”[9]。礼乐中原有很高的巫的成分，这时已受到诸子的怀疑和攻击。《庄子·应帝王》中列子之师——壶子和神巫季咸互争的故事，便最具象征意义。两人四次斗法，而神巫终于“自失而走”，这就表示哲学思维已取代了巫术在精神世界的地位。然而另一方面，诸子之所以能取得胜利则是因为他们不但趁着古代“天道”思想动摇之际摧毁了“巫”的信仰，而且将“巫”传统中某些具号召力的成分承继了下来并加以转化，然后纳入新的思维系统之内。

现在让我指出这一“化腐朽为神奇”的几个要点：第一，巫的最重要功能是沟通现实的人间世界和超越的鬼神世界。诸子仍然承认有两个世界，而且也完全肯定两个世界之间必须保持接触。但是他们的哲学思维却对超越世界进行了根本的改造；它不再是人格化的鬼神世界，而是一个生生不息和无所不在的精神实体。《老子》所谓“吾不知其名，字之曰‘道’”，便是指它而言。超越世界即转化为“道”，于是两个世界之间的关系及其沟通方式等等便一齐随着改变了。

第二，由于超越世界的性质已变，巫失去了他们长期垄断的中介资格。在诸子的哲学构思中，这个中介功能只能由“心”来承担，因为“心”是人的精神的总枢纽。孟子记载了孔子关于“心”的特写如下：“操则存，舍则亡；出入无时，莫知其乡。”（《告子上》）朱熹认为这几句话阐明了“心之神明不测”。不用说，这一“神明不测”的“心”可以自由自在地“出入”那个超越的“道”的世界，因而将两个世界纳入一种新的关系之中。

第三，作为鬼神世界和人间世界之间的中介，巫自称有通天法力，可使天神下降，附在他们的身上，以指示人间一切祸福休咎。但是为了迎神，巫必须先做一些重要的准备工作，如斋戒、沐浴、更衣之类。这就是说，巫必须先将自己一身打点得十分洁净整齐，才能为神提供一个暂时居留之所。《楚辞·九歌·云中君》：“浴兰汤兮沐芳，华采衣兮若英，灵连蜷兮既留”，便是关于降神的一段描述。当时各派思想家大概已不以严肃的态度看待这一“神话”，但却仍然受其暗示，因而在一个更高的精神层面上，发展出一套关于“心”的修炼功夫。扼要言之，他们以“道”代替了“神”，以“心”代替了巫，强调“心”必须净化至一尘不染的状态，然后“道”才留驻其中。试举几个例子：庄子说：“唯道集虚。虚者，心斋也。”（《人间世》）管子说：“修心静意，道乃可得。”（《内业》）荀子说：“人何以知道？曰：心。心何以知？曰：虚壹而静。”（《解蔽》）韩非也说：“虚心以为道舍。”（《扬权》）以上四家，流派各异，但论“道”与“心”之间的关系，竟如出一口。总结起来，其中涵摄了两个共同的假定：第一，“道”本来存在于一个超越的精神领域；

在这一假定之下，才会发生“心”如何“得道”或“知道”的问题。第二，将“心”比作房屋，并强调要把它打扫得干干净净（“虚”），让“道”可以住进来。（“道舍”，或《管子·内业》所谓“精舍”）这是假定人必须通过种种修炼功夫把超越的“道”收进“心”中。

但以上两个假定又建立在一个重大的价值判断之上：人必须与“道”保持经常的接触，（《中庸》：“道也者，不可须臾离也。”）才能赋予他的生活以精神价值和内在意义。这是春秋以下随着精神世界大转变而来的新境界。以前在巫文化[10]支配之下，如上面所已指出的，人虽也不断地追求与“天”或“天道”沟通，但他们想从“天”“帝”“神”或“天道”所得的指示，主要是关于吉凶祸福之事（钱大昕[11]说）。现代殷、周卜辞的发现大体上已证实了这一点。所以我们现在清楚地看到，诸子的哲学思维是中国精神史的一大突破，化巫之“腐朽”为道之“神奇”。收“道”于“心”，使“心”成为一切价值之源，这一基本原则便是在上述大突破的过程中建立起来的。它贯穿在近代以前的中国精神传统中，并且在中国文化的许多方面，包括艺术在内，都有或多或少的体现。

今天很多人都相信“天人合一”的观念是中国思想、甚至中国文化的一个重要的特征。当然，这一观念可以有种种不同的解释。但是在我个人的理解中，上面讨论的“道”与“心”的关系才是“天人合一”的精义所在。“道”属于“天”的一边，董仲舒“道之大原出于天”的名言相当准确地概括了春秋以来“道”和“天”的关系。“天”指超越的领域，“道”则是流行于其间的精神实体；二者实际上是分不开的。“心”属于“人”的一边，这是不成问题的。但其中有一层曲折，必须作进一步的澄清。前引荀子《解蔽》篇，说“心”一定要修炼到“虚壹而静”的状态才可以知“道”。反过来说，则未经修炼的“心”是无法和“道”接触的。因此他根据当时流行的一部《道经》提出“道心”与“人心”的分别，前者是经过修炼之“心”，后者则否。他极力鼓励求“道”之士去发展心体功夫（即《修身》篇所谓“治气养心”），以期达到“心与道合”的最高境界。“心与道合”则是“道心”常作“主宰”（均见《正名》篇），“天”和“人”至此便完全“合一”了。

以上我对于“心”何以成为价值之源的缘起和演变，作了一个提纲式的追溯。限于篇幅，其中无数复杂的转折，都只好一笔带过。但是这里还应该补充一句：上面的分析虽集中在春秋战国时代，我所拈出的“心与道合”（或“天人合一”）的特色却贯穿在以下两千年的中国精神传统之中。佛教的输入和禅宗[12]的兴起不过加强了这一传统，并未改变它的方向。朱熹说：

凡物有心而其中必虚……人心亦然。只这些虚处便包藏许多道理，弥纶天地，赅括古今。……心是神明之舍，为一身之主宰。性便是许多道理，得

之于天而具于心者。(《朱子语类》卷九十八)

很明显的，朱熹的基本概念和假定都直承先秦的精神传统而来，不过经过佛教的挑战以后，立说比过去远为繁复而曲折，姑不置论。这里必须特别指出的是朱熹“道理，得之于天而具于心”这一句话，把前面所说“心与道合”的观念表达得最为清楚，“道心”何以能成为一切价值之源，至此便不言而喻了。

最后我要从中国一般的精神传统转到艺术世界，以结束这篇序文。艺术是整体精神传统的一个组成部分，整体的特色也必然在其各组成部分中有所呈现。因此下面我将从“心与道合”或“天人合一”的特殊角度对中国艺术精神作一简略的概括。

前面曾引朱熹的话，“艺是合有之物”。既是“合有之物”，则必有其“合有”之“道”或“理”；而此“道”或“理”乃“得之于天而具于心”，自亦不在话下。这当然是一个十分重大的题目，不可能在此展开论证。不得已，我只能避重就轻，仅拈出中国艺术史上“心源”这一观念，来说明我的意思。

中国传统画论中有一句名言：“外师造化，中得心源。”前面四个字差可与西方古典艺论中“模仿真实世界”（mimesis）相拟，但后面四个字却在中国画史上特别受到重视。“心源”一词初因禅宗而流行，但移用于艺术世界，却恰好与“道心”互为表里，揭示了艺术价值创造的真源所在。文与可画竹，胸有成竹，黄庭坚诗“胸中原自有丘壑”，便是“心源”两字的最生动的注脚。当然“造化”与“心源”是艺术的一体两面，不容分割。不先经过“外师造化”的阶段，真实世界中任何事物都不可能在艺术中呈现出来，无论是竹还是丘壑。但艺术中呈现的事物并不是“造化”的简单重现，而是从艺术家“心源”中流出来的新创造，此李贺所以有“笔补造化天无功”之句也。总之，中国艺论与现代一度流行的反映论绝不相容，如果仅“师造化”而不“得心源”，艺术作品中所显现出来的事物即使与“造化”中的原型惟妙惟肖，在中国艺术家眼中也无多价值可言。此又苏轼所谓“论画以形似，见与儿童邻”也。

绘画固然离不开“心源”，作诗也是一样。元稹论杜甫诗云：

杜甫天才颇绝伦，每寻诗卷似情亲。
怜渠直道当时语，不著心源傍古人。

元诗当与他的《乐府古题序》合读，其义始明。微之[13]最推崇老杜能上承《诗经》“兴讽当时之事”的风格，“凡所歌行，率皆即事命篇，无复倚旁”。这“无复倚旁”四字即是“不著心源傍古人”之所指。但是我们特别注意的则是“心源”两字。推微之的用意，盖谓老杜所写歌行都是从“心源”中流出，故一扫依傍古人陈言旧体之习，而运用当时活的语言，以“兴讽当时之事”。因此“怜渠”以下两句当一口气读下，不得分断；“怜”者，爱羡之意，非怜悯也。细味此诗，便知诗的创作也必须“中得心源”，与画并无不同。

前面曾说，“心源”与“道心”互为表里，艺术创造发端于此。这不是我个人的臆说，现在我要请中国史上最杰出的文学理论家为此说作证。《文心雕龙·原道》篇曰：“玄圣创典，素王述训，莫不原道心、裁文章、研神理而设教。”又《赞曰》：“道心惟微，神理设教。”可见远在一千五百年前刘勰已毫不迟疑地断定：中国精神史上一切“创”与“述”都源于“道心”。他采用“文心”为书名，也许是因为此词可以理解为“道心”在“文”的领域中展现。明乎此，则中国艺术千门万户，包括诗、书、画在内，而无不贯穿着“天人合一”的特色，便丝毫不足惊诧了。

曲终奏雅，让我回到《张充和诗书画选》。

上面从“游于艺”到“心与道合”的讨论似有野马脱缰之嫌，但其实是题中必有之义。我在承诺写序之时，便早已决定不走省力的路，而就知解所及，将充和所体现的中国艺术精神尽量抉发出来。我希望我的一些初步观察或可使本书的读者在欣赏充和的绝艺之余，窥见其深厚的文化泉源于依稀仿佛之间。充和在长期“游于艺”的过程中，早已将心体磨炼得晶莹澄澈。1944 年她在重庆写《仕女图》，正值空袭警报大作之时。也在此时前后，她游峨眉山，佛光和尚一见便说她“有佛根，应皈依”（见充和《小园即事之四》自注语）。充和是否“有佛根”，我这个“外道”无从置辞。但是我不妨大胆推测，充和的心体功夫大约已到了“睟然见于面，盎于背，施于四体”[14]的境界，自然逃不过大和尚的法眼。

充和的“心源”如无尽藏[15]，这部选集不过是“流落人间者，泰山一毫芒”而已。我读她的自书诗词，如《结褵二十年赠汉思》[16]《小园即事》等，只觉一字一句都从她的“心源”中流出。如果将“怜渠直道当时语，不著心源傍古人”两句诗借赠给充和，我以为是再恰当不过的。

（选自余英时《中国文化史通释》，生活·读书·新知三联书店 2011 年版）

【注释】

[1] 张充和：张充和（1914—2015），生于上海，祖籍安徽合肥，擅长书法、昆曲、绘画及诗词，被誉为“民国闺秀”“最后的才女”。1948 年与美籍汉学家傅汉思结婚后迁

居美国。

［2］士：上古掌刑狱之官。先秦时最低级的贵族阶层。也是古代“四民”（士、农、工、商）之一。春秋时，士大多为卿大夫的家臣，有的以俸禄为生，有的以食田为生。战国以后，逐渐成为统治阶级中知识分子的通称，是脱离生产劳动的读书人。

［3］郑虔三绝：谓唐朝郑虔诗、书、画皆精妙，后世因以赞誉人善画山水或诗、书、画三者皆精妙。

［4］胡钉铰：本名胡令能，唐贞元、元和间人，名令能，以钉铰为业。能诗，不废钉铰之业，远近号为“胡钉铰”。清赵翼《赠说书黄周士》诗云：“张打油诗岂必工，胡钉铰句不嫌苟。”邓溥《自题废雅》诗云：“昔有胡钉铰，今无张打油。”

［5］宇文逌：宇文逌（？—580），字尔固突，北周文帝宇文泰第十三子，封腾闻王，谥号闻。所著文章，颇行于世。

［6］庾子山：庾信（513—581），又称庾开府。字子山，小字兰成，南阳新野（今属河南）人。南北朝时期诗人、文学家。有《庾子山集》传世。

［7］支遁：支遁（314—366），字道林，世称支公，亦曰林公，别号支硎。东晋高僧、佛学家、文学家。精通老庄之说，佛学造诣也很深，有诗文传世。

［8］游心于坚白异同之间：语出《庄子·骈拇》，为战国时名家学说的一个命题。坚，感觉，通过触觉才能感知，不可见。白，颜色，通过视觉才能感知。因此认为，坚、白不能判定为同时存在。

［9］礼坏乐崩：出自《汉书·武帝纪》：“盖闻导民以礼，风之以乐。今礼坏乐崩，朕甚闵焉。”礼，指“周礼”，即五经里面的《礼》；乐，指庙堂之乐。原为孔子对西周森严等级的分邦建国制度遭受诸侯征战日渐崩坏而引起的社会秩序混乱而发出的感叹，现可释义为伦理道德文化的日渐散失导致人心不古、世风日下的现象。

［10］巫文化：巫文化是人类早期充满神秘色彩的原始文化现象。上古时期，巫师作为鬼神与人之间的中介，在巫术及原始宗教中起着重要作用。中国早期巫文化经过演变，与道教、佛教、民间信仰有所融合，渗透到古代哲学、诗歌、音乐、舞蹈之中。

［11］钱大昕：钱大昕（1728—1804），字晓征，号辛楣，又号竹汀，晚号潜研老人。清代史学家、汉学家。钱大昕是清代最为渊博和专精的学术大师，是饮誉海内的著名学者，被公推为“一代儒宗”。著述繁富，有《音韵述微》《续文献通考》《廿二史考异》《诸史拾遗》《十驾斋养新录》等。

［12］禅宗：又名佛心宗、教外别传。它不是汉传佛教，又不离汉传佛教，是中国特色的本土佛教——汉族佛教（即禅宗），是中国汉传佛教中影响最大、传播最广、发展最成熟的一个宗派。创始人惠能，创顿悟成佛之学。

［13］微之：即唐朝著名诗人元稹（779—831），字微之。其创作以诗成就最大。名作有传奇《莺莺传》《菊花》《离思五首》《遣悲怀三首》等。

［14］睟然见于面，盎于背，施于四体：即心性修养清和润泽地显现在脸上，充满在体内，延伸到四肢。指有德者的仪态。

［15］无尽藏：“无尽”就是源源不断，没有穷尽。《维摩诘经·菩萨品》认为，“无尽”是不生不灭的“无为法”。又佛性广大无穷、妙用无边，谓之“无尽藏”。后亦以“无尽藏”泛指事物之无穷尽者。

［16］《结褵二十年赠汉思》：这是张充和为纪念她与丈夫傅汉思（美籍汉学家）结婚

二十周年所作的诗。

【点评】

任何艺术创造理想，总是建立在一定的美学观念之上，反映着一个时代、一个民族基本的审美趣味与普遍标准，也体现了人们对于艺术的基本认识。本文中，余英时探讨了民国才女张充和的艺术造诣所体现的中国艺术世界精神，其中贯穿了对中国传统文化命题“天人合一”“道艺合一”的思考。

在艺术理想方面，余英时青睐儒家的“志于道”与“游于艺。”从中国艺术思想史看，孔子曰：“志于道，据于德，依于仁，游于艺。”孔子的这段话，被后人典籍引用了无数次，亦是许多仁人志士开创事业包括从艺的座右铭。孔子这里的道，与老庄所讲的道的不同之处在于，孔子所论的根本是人道，主要是在社会政治伦理意义上的道，不是自然本体意义上的道。但儒家认为，艺是通于道的，“游于艺”，可实行道的志向。“志于道”与“游于艺”的道、艺观自孔子提出后，两汉、魏晋、唐宋以降，众多画论从形、神、理、法的不同角度对治探讨。道、艺关系成为绘画者必然涉及的内容。清代刘熙载《艺概》序曰：“艺者，道之行也。学者兼通六艺，尚矣”，认为艺就是道的表现形式，是道的具体化、展开化。一个人若兼通六艺，那就是一个了不起的人物。刘熙载如此把艺上升为与道同等的高度，沾溉后世。海外新儒家余英时就是其赓续者。

在余英时看来，“心”在中国精神史上占据了极为特殊的地位，中国的精神传统是以“心”为中心观念而逐步形成的。“心”被看作是一切超越性价值（即古人所谓“道”）的发源地。而艺术作为整体精神传统的一部分，“心与道合”（或“天人合一”）的观念必然存在于中国艺术创作中。唐代画家张璪提出的艺术创作理论“外师造化，中得心源”可谓道出了中国艺术的精髓。所谓“师造化”，即是不泥于古，不拘于法，而是以天地万物为师，以求取得对自然的观照与契合，即追求应物含道。而要体认和表现“道”，不是单凭“应目”于外物所能了然，还有赖“会心”。所谓“中得心源”，即是求诸画家的心灵感悟，获得万物之精妙玄奥之理。当然，这里的“心源”并不是一般意义上的作者的主观感情，而是指内心，即不受尘俗侵染的本心。它排除了世俗利害的考虑，抓住物象的精神实质，从而使物象进入人的“灵府”，使物与心、意与象融为一体。而非像一般画家仅仅停留在耳目知觉之上，易得物之形体，而难得物之精神。余英时认同张充和的“艺事”继承了中国古代的诗性智慧：感于目，会于心，发乎情，契于理，达乎灵，呈于境。

艺术旨趣是同艺术人格息息相关的。余英时认为，张充和便是这样一位淡泊名利、心性修养极高的才女。她自幼便徜徉于古典的精神世界，达至

"心与道合"的境地，"心源"如无尽藏，所创作的诗书画艺术作品造诣颇深，葆有中国传统文化的韵味，深刻地体现了中国古典艺术的精神。

人生的艺术化与艺术的人生化，代表了艺术创造的空灵与充实的境界。张充和做什么都是随兴而至，她说："我写字、画画、唱昆曲、作诗、养花种草，都是玩，从来不想拿出来给人家展览，给人家看。"余英时赞美张充和身上这种"游于艺"的精神，认为恰恰代表了中国传统文化的精髓。中国艺术的审美特点之一，就在于构成一个超象虚灵的诗情画境，使人涵泳在虚灵的空间中而又绸缪往复、盘桓周旋、抚爱万物、澄怀观道。以"追光摄影之笔，写通天尽人之怀"的艺术空间，就是中国艺术在审美创造领域的最后目标，即艺术要表现人生的灵境而探入生命的本源之道。应该说，余英时的这番文论话语，透过张充和的人生和艺术态度，诠释了中国艺术意境的创造特征，在一个侧面把握住了中国艺术的根本特质。

【链接】

1. 余英时：《中国文化史通释》，生活·读书·新知三联书店 2011 年版。

2. 成复旺：《神与物游——中国传统审美之路》，中国人民大学出版社 1989 年版。

3. 高友工：《美典：中国文学研究论集》，生活·读书·新知三联书店 2008 年版。

4. 宇文所安：《中国文论：英译与评论》，上海社会科学院出版社 2013 年版。

附录：现代新儒家学者小传

1. 梁漱溟

梁漱溟（1893—1988），原名焕鼎，字寿铭，后以漱溟行世，生于北京，祖籍广西桂林，顺天中学堂毕业，其后皆自学。中国现代思想家、教育家、社会活动家，有“中国最后一位儒家”之称。

梁漱溟于1911年加入同盟会京津支部，顺天中学堂毕业后任京津同盟会机关报《民国报》编辑兼记者。1916年任南北统一内阁司法总长秘书。1917年任北京大学印度哲学讲席。1924年辞离北大，赴山东主持曹州中学高中部。1928年任广州政治分会建设委员会主席。1929年任河南村治学院教务长并接办北平《村治月刊》。1931年与梁仲华等人在邹平创办“山东乡村建设研究院”，任研究部主任、院长，倡导乡村建设运动。抗日战争爆发后，任最高国防参议会参议员、国民参政会参政员。1939年参与发起组织“统一建国同志会”，1941年与黄炎培、左舜生、张君劢等商定将该会改组为“中国民主政团同盟”，任中央常务委员并赴香港创办其机关报《光明报》，任社长。1946年作为民盟的代表参加政协会议，是年再访延安，并以民盟秘书长身份，参与“第三方面”人士国共调停活动。1947年退出民盟后，创办勉仁文学院，从事讲学与著述。1950年初应邀来北京，历任第一、二、三、四届全国政协委员，第五、六届全国政协常委。1980年后相继出任中华人民共和国宪法修改委员会委员，中国孔子研究会顾问，中国文化书院院务委员会主席，中国文化书院发展基金会主席等职。

梁漱溟的一生经历了几乎一个世纪：从清末，到民国，再到新中国。他生性淡泊，又仗义执言，刚正不阿，一生穿行于儒佛之间，执著地宣扬东方文化。虽然他自己曾大声疾呼地说：“我不是一个书生！”然而他的学术著作却对学界产生了深远的影响。主要著作有《印度哲学概论》《东西文化及其哲学》《唯识述义》《乡村建设理论》《中国文化要义》《人心与人生》等。

2. 熊十力

熊十力（1885—1969），原名继智，号子真，晚年号漆园老人，湖北黄冈人。著名哲学家，新儒家开山祖师。幼时在家随兄读书，14岁从军，1905年考入湖北陆军特别小学堂，在校期间，加入武昌“科学补习所”“日知会”

等反清革命团体，武昌首义后参加光复黄州，后赴武昌，被任命为湖北军政府参谋。1917 年赴广州参加孙中山领导的“护法运动”。失败后，决意专心事从哲学研究。先后在武昌文华大学、天津南开中学、北京大学、浙江大学任教。全国解放后，他以“特别邀请人士”身份参加首届全国政治协商会议，后被选为全国政协一、二、三、四届委员。1968 年因病在上海逝世。

熊十力认为一个民族要生存下去，必须要有自己的文化、自己的哲学。为此，他殚精竭虑研究儒家学说，并写成《读经示要》等关于儒学的著作。他对胡适等人“全盘西化”的主张多有批判，但又不沉迷于圣贤经典，而是对传统儒学作较彻底的反思，并吞吐百家，熔铸儒佛，独创一种思辨缜密的中国化的哲学。1931 年他出版《新唯识论》（文言本），蜚声学界。1944 年，熊氏《新唯识论》语体本出版，此书是熊十力最主要的哲学著作，它标志着熊十力哲学思想体系的完全成熟。如果依据文言文本尚可把熊氏看成“新佛家”学者的话，那么，以语体文本为界，则应当视其为“新儒家”学者。他著有《新唯识论》《原儒》《体用论》《明心篇》《佛家名相通释》《乾坤衍》等书。其学说影响深远，港台新儒家的代表人物唐、牟、徐均是他的弟子，在哲学界自成一脉。《大英百科全书》称“熊十力与冯友兰为中国当代哲学之杰出人物”。

3. 张君劢

张君劢（1887—1969），名嘉森，字君劢，号立斋，别署世界室主人，上海宝山人，中国现代史上著名的政治家和思想家。

张君劢早年中过秀才，曾留学日本和德国，接触和学习了古今中外的多种思想和学问，既对中国传统文化有着深厚的感情，又对西方的文化思想有较深的了解。他一生徘徊于学术与政治之间，从事政治活动时不忘学术，从事学术研究时不忘政治，在中国现代学术史和政治史上有着极其重要的地位。在政治上，早年追随梁启超从事立宪活动，是政闻社的骨干人物，自 20 世纪 30 年代起先后组建过或参与组建过中国国家社会党、中国民主政团同盟、中国民主社会党，参加过两次宪政运动，是国防参议会参议员、国民参政会参议员、政治协商会议代表，并起草《中华民国宪法》，被誉为“中华民国宪法之父”。在学术上，他于 1923 年 2 月 4 日为即将出国留学的清华学校的学生做“人生观”的演讲，挑起了著名的“科玄论战”，在中国思想文化领域产生了深远影响。

张君劢思想很复杂，喜欢儒家思想及其心性哲学，是一个文化保守主义者，但同时又是一个政治上的自由主义者。张君劢后半生流寓国外，1969 年，这位徘徊于学术与政治之间的儒者，在美国旧金山一所疗养院去世。张君劢是现代新儒家的代表人物之一，著有《新儒家思想史》《义理学十讲纲要》

《明日之中国文化》《儒家哲学之复兴》《民族复兴之学术基础》等。

4. **冯友兰**

冯友兰（1895—1990），字芝生，河南唐河县人，中国现代著名哲学家、哲学史家和教育家。

冯友兰出生于官宦士大夫家庭，具有强烈的事功心，虽身在学校，却心系国家和社会。1918 年毕业于北京大学哲学系，1919 年入美国哥伦比亚大学研究院深造，1924 年获哲学博士学位。归国以后，长期担任清华大学教授、文学院长兼哲学系主任。1948 年被选为中央研究院院士。新中国成立以后担任北京大学教授、中国科学院学部委员、全国政协委员及常委。曾先后获得美国普林斯顿大学、印度德里大学、美国哥伦比亚大学名誉博士学位。

冯友兰受过西方教育，对西方哲学深有研究，他视野开阔，不仅吸收而且圆熟地运用西方的研究方法（特别是逻辑方法）。最重要的是，他对于中国文化情有独钟，把弘扬中国传统文化作为其一生的天职。“阐旧邦以辅新命，极高明而道中庸”，是冯友兰的人生理想与学术追求。“三史释今古，六书纪贞元”，冯友兰曾以此语概括他一生的学术成果。“三史”指《中国哲学史》《中国哲学简史》及《中国哲学史新编》，“六书”指《新理学》《新事论》《新世训》《新原人》《新原道》《新知言》。“三史”“六书”无论在内容还是形式上都具有中国本土特色，为我们留下了宝贵的精神财富。

5. **钱穆**

钱穆（1895—1990），字宾四，江苏无锡人，中国现代著名历史学家、思想家、教育家，被学界尊为“一代宗师”。

钱穆出生于贫寒的书香世家，七岁入私塾，习古文，其后分别就学于果育小学、常州府中学堂、南京私立钟英中学，1912 年 18 岁时辍学家居，矢志自学。同年任教于秦家渠三兼小学，开始了他的教育生涯。其后一直到 1922 年，担任乡村小学教师。1922 年赴厦门集美中学任教，为其长达九年的中教生涯之始。1930 年由顾颉刚推介，入北平燕京大学任教。后任北京大学、北平师范大学、国立西南联合大学、齐鲁大学、华西大学、四川大学、云南大学、江南大学教授。1949 年后移居香港，创办新亚书院，50 年代获香港大学名誉法学博士，60 年代讲学于美国耶鲁大学，并获名誉人文学博士称号。1967 年定居台北，1968 年膺选台湾“中央研究院”院士，1969 年任中国文化大学史学教授、台北故宫博物院特聘研究员。1986 年 6 月 9 日于素书楼讲最后一课，结束了长达 75 年的教读生涯。

钱穆先生爱民族、爱国家，始终对中国文化有信心，以阐扬中国文化为己任，为往圣继绝学，接续中国学术内在精神血脉并使之与当下的时代境况贯通整合。他一生以教育为业，勤勉不辍，尽到了一个中国书生应尽的责任。他学问渊博，擅长考据，一生著书七十余种，计一千四百余万字，主要著作有《刘向歆父子年谱》《先秦诸子系年》《中国近三百年学术史》《国史大纲》《中国文化史导论》《现代中国学术论衡》《晚学盲言》等。

6. **方东美**

方东美（1899—1977），名珣，字东美，安徽桐城人，是20世纪30年代进行中西文化哲学和美学比较研究的早期代表人物之一，有“哲性诗人”之称。著有《中国哲学之精神及其发展》《科学哲学与人生》《中国人生哲学》《坚白精舍诗集》等。

方东美1922年留学美国威斯康星大学，早年的研究兴趣主要是西方哲学，深受黑格尔、尼采、怀特海、柏格森等人的影响，后来在抗战中深感要弘扬中华民族文化，塑造所谓“中国心态”的重要性而转入对中国哲学和美学的研究。他以现代西方生命美学为参照，对中国传统哲学、美学进行重释和激活，融合会通了希腊智慧、近代欧洲智慧、印度智慧，建构出以本土文化为本位的智慧哲学—美学体系，有效推动了中国传统哲学和古代美学的创造性转型。

1948年方东美从南京到台湾讲学，此后就一直滞留在台湾。方东美任台湾大学哲学系主任期间，培育了大批哲学方面的学者，多次参加国际哲学会议，被聘为密西根州立大学客座教授。方东美尤擅英文，希望通过自己的努力以促进中外学术界的公平对话。他在国际哲学会议上显现出的深湛思想和强烈的学术自信，令国际哲学知名学者也为之敬佩。1964年，六十五岁的方东美去夏威夷参加第四届国际“东西方哲学家会议”，在会上，他宣读了一篇用英文撰写的题为《中国形上学中之宇宙与个人》的论文，日本禅学大师铃木大拙评价这篇论文说：“冠绝一时，允称独步，不愧精心结撰、压卷之作。”

方东美以渗透着生命体悟的沉雄而灵动的文字，追根溯源地提挈中国人的心灵，探寻中西之辨和古今之争的时代运会中人性与文化的难题。方东美以儒为本，融摄百家，他从原儒、原道、华严之中寻索民族文化的慧根，融诗、思于一炉，毕生倾心于生命境界的觉解。方东美生前，留下这样的诗句：“浩瀚晶莹造化新，无云无霰亦无尘，一心璀璨花千树，六合飘香天地春。”1977年7月13日，一代诗哲方东美病逝于台北，遵照他的遗嘱，他的骨灰撒在离大陆最近的金门海域。

7. **贺麟**

贺麟（1902—1992），四川省金堂县人，中国著名的哲学家、哲学史家、黑格尔研究专家。现代新儒家的早期代表人物之一。一方面，贺麟从小就受到儒学熏陶，尤其对宋明理学产生了浓厚的兴趣。另一方面，贺麟对西方哲学也有很深的造诣，对黑格尔、斯宾诺莎、怀特海等西方近现代哲学家都有深入的研究。他的思想结合了中西学说，为中国儒学的发展注入了新鲜血液。贺麟早年服膺儒家哲学思想，主张“心”是“最为根本”，人“不可离心而言物”，在30年代曾创立了与冯友兰“新理学”相对的“新心学”体系。40年代他倡导新儒家的学术，把以原始儒家和宋明儒家为代表的儒学，称为“中国文化的优良传统”，提出应该从哲学化、宗教化、艺术化三条途径出发，吸收西方思想文化的长处，来改造、补充和发挥儒家学说，以谋求“儒家思想的新开展”。贺麟早期的著作主要有《近代唯心主义简释》《文化与人生》《当代中国哲学》等。

但在1949年以后，贺麟放弃了自己的唯心论哲学，理论思考逐步转向辩证唯物论和历史唯物论，并且集中精力研究西方哲学和翻译西方哲学名著，主要译作有《小逻辑》、《黑格尔》、《黑格尔学述》、《哲学史演讲录》（与王太庆等合译）、《精神现象学》（与王玖兴合译）等。

8. **唐君毅**

唐君毅（1909—1978），四川宜宾人。中国现代著名思想家、哲学家、教育家，当代新儒家的主要代表。

1921年考入重庆联合中学，1925年考入北京大学哲学系，后转南京中央大学哲学系。毕业后历任四川、华西、中央等大学教授，四十年代末任无锡江南大学教务长。唐君毅早期作品有：《中西哲学思想之比较研究集》《人生之体验》《人生之体验续编》《道德自我之建立》，对中国文化特性与中国人生哲学有精纯深微的体验与分析。1949年4月，唐君毅远赴香港，与钱穆、张丕介等创办新亚书院，并兼任教务长、哲学系主任等职。1953年出版的《中国文化之精神价值》，这是一部深邃而明晰的文化思想史著作。1958年与徐复观、牟宗三、张君劢联名发表现代新儒家的纲领性文章《为中国文化敬告世界人士宣言》。1963年香港中文大学成立，受聘为该校首任文学院院长和哲学讲座教授，1967年任新亚研究所所长。1974年，以香港中文大学哲学系讲座教授荣休，继续任新亚研究所所长，次年任台湾大学哲学系客座教授。

唐君毅一生驰骋于哲学领域之中，为建立一个道德理想主义的人文世界而殚精竭虑，埋头笔耕，留下了数量惊人的著作，在现代中国哲学界属于凤毛麟角。他的众多著作，涉及范围广博，立论主题鲜明。依据唐氏本人的归缕，其著作大致分为四类：第一类为“泛论人生文化道德理性关系之著”。第二类为“评论中西文化、重建人文精神人文学术，以疏通当前时代之社会政治问题之一般性论文”。第三类为“专论中国哲学史中之哲学问题，如心、理、性命、天道、人道之著”。第四类为“鉴于个人对哲学信念之理解及对中西哲学之评论之著”。上述四类著作，在写作时间和所涉内容方面，均相当集中，十分明显地构成了唐氏思想的不同阶段的重要理论成果。《中国哲学原论》系列著作六大卷，对中国传统哲学作出系统的疏解与周密的诠释。1976年出版巨著《生命存在与心灵境界》，体大思精，整合中外诸种学说，使之相通无碍，乃是平生学思之综摄，标志其思想体系之成熟与圆融。

从“心之本体”到“心灵九境”，唐君毅的哲思脉络，以德性为旨归，拓展出一条道德理想主义的路径。他是20世纪中国最重要的哲学思想家之一。1978年2月2日，唐先生病逝于香港，享年70岁。1991年，《唐君毅全集》出版，共30册。

9. 牟宗三

牟宗三（1909—1995），字离中，山东省栖霞人。1927年考入北京大学预科，1929年升入哲学系，并于1933年毕业。曾在南京中央大学、华西大学、金陵大学、无锡江南大学任教。1949年往台湾。1960年往香港，先后在香港大学、香港中文大学新亚研究所任哲学教授及导师，退休后，定居台北。曾任教国立台湾师范大学、东海大学、国立台湾大学、中国文化大学、香港大学、香港中文大学新亚书院。

牟宗三主要学术思想有：（一）全面阐述“儒、释、道”三教的义理系统。牟先生以《才性与玄理》阐述魏晋阶段的玄学，属于道家的智慧；以《佛性与般若》阐述南北朝隋唐阶段的佛学，属于佛教的智慧；以《心体与性体》表述宋明阶段的理学，属于儒家的义理。（二）开显儒家外王学的新途径。秉承儒家的“由内圣通外王”的宗旨，牟宗三思考第三期儒家的发展问题，撰成新外王三书：《道德的理想主义》《历史哲学》《政道与治道》，试图本于内圣之学以彰显外王大义，进而解答中国文化中“政道、事功、科学”之问题。（三）积极消化康德的“真善美”之学说。他不但翻译康德《三大批判》，出版行世，而且随译随消化，分别撰著专书以融摄康德。以《现象与物自身》消化融摄康德的《纯粹理性批判》，以《圆善论》消化康德的《实践理性批判》，最后再以专论长文《真美善之分别说与合一说》，消化康德的《判断力之批判》。（四）致力于中国哲学之省察与中西哲学之会通，著有《中国哲学十九讲》《中西哲学之会通十四讲》《智的直觉与中国哲学》等。

牟氏哲学，代表了中国传统哲学在现代发展的新水平，影响力巨大。英国剑桥哲学词典誉之为“当代新儒家中最富原创性与影响力的哲学家”。

10. 徐复观

徐复观（1903—1982），湖北省浠水人。原名秉常，曾用名佛观，后遇师熊十力，熊师将其名改为复观，取《易·复卦》“复其见天地之心乎”之意。

20世纪中国现代新儒学的代表人物之一。

徐氏早年步入军政界。1943年在重庆勉仁书院遇恩师熊十力先生，随后逐渐走上学术文化研究的道路。1947—1949年创办《学原》杂志。徐复观借此刊物，接触不少学术研究领域的人物。熊十力、唐君毅、牟宗三等多次在此刊物上发表文章。1949年5月，徐复观离开大陆，定居于台中，1952年任教于台湾省立农学院，1955—1969年，任教于东海大学文学院。在东海大学任教的十五年间，徐复观一面进行教学工作，一面潜心于中国传统文化的学术研究，成果颇丰。主要著作有：《中国艺术精神》《中国思想史论集》《中国人性论史·先秦篇》《两汉思想史》《中国文学论集》《学术与政治之间》等。以其学术影响力，与唐君毅、牟宗三等人并称为港台新儒家的重要代表人物。1982年4月1日，病逝于台湾大学医院。

纵观徐复观先生一生，半生戎马与政治生涯，后又潜心于中国文化学术领域，跨界不可谓不大，但这两者之间却有共通之处：在他身上始终闪耀着的，是一颗爱国家爱民族的赤子之心。“茫茫坠绪苦爬搜，刿肝镌胆只自仇。瞥见庄生真面目，此心今亦与天游”，这首诗是徐复观先生在撰写《中国艺术精神》后所作，诚然是他在学术研究工作中的真实写照，从中我们可以看到作为一个中国文化探索者的坚韧勤恳的身影。

11. **余英时**

余英时（1930— ），安徽潜山人，1930年生于天津。当代华人世界著名历史学家、汉学家。海外新儒家的代表人物之一。

1949年考入北平燕京大学历史系，1955年就读于香港新亚书院及新亚研究所，师从钱穆先生，成为新亚书院文史系的首届毕业生。1956—1961年就读于哈佛大学，师从哈佛燕京学社的汉学家杨联升先生，获历史学哲学博士学位。曾任密歇根大学、哈佛大学、耶鲁大学教授，康奈尔大学第一任胡适讲座访问教授，香港新亚书院院长兼香港中文大学副校长。现任普林斯顿大学讲座教授，台湾中央研究院院士，美国哲学学会院士。2006年荣获美国国会图书馆颁发的有“人文诺贝尔奖”之称的克鲁格人文与社会科学终身成就奖。

余氏撰述丰厚，专著逾30部，纵横两千年人文历史传统，上起先秦，下迄清代，所涉及的方面也很宽广，包括社会史、文化史、思想史、政治史等。他虽长期身在海外，执教北美，却坚持以中文写作了大部分著作。他以史家的眼光、丰富的史料、内在的理路对中国文化的发展演变及其内在规律作了实证描述与客观考察。

其主要学术著作有：《从价值系统看中国文化的现代意义》《史学与传统》《历史与思想》《中国思想传统的现代诠释》《中国近代思想史上的胡适》

《汉代中外经济交通》《士与中国文化》《方以智晚节考》《论戴震与章学诚》《中国近代宗教伦理与商人精神》《红楼梦的两个世界》《犹记风吹水上鳞——钱穆与现代中国学术》《现代儒学论》等。在学界产生了很大的影响，具有现代学术典范的意义。大陆现有《余英时文集》十卷本行世。

12. **刘述先**

刘述先（1934— ），祖籍江西吉安，出生于上海。1949 年遵父命到台湾读高中，后入台湾大学哲学系，师从方东美，毕业后到台湾东海大学任教。1964 年赴美国南伊利诺大学攻读博士学位，后留校任教。讲授东方哲学、伦理学导论、西方哲学史等课程，并在研究院开设文化哲学和中国哲学的讨论班。1981 年移居香港，出任香港中文大学哲学系讲座教授兼系主任。1986—1988 年，出任国际中国哲学会主席。2000 年从香港中文大学退休。现任台北“中研院”研究员、东吴大学讲座教授。

刘述先省察不同的哲学思潮，为人生探寻意义，为文化觅取前途，孜孜于以心性治学为核心的儒学之重建。他从儒学现代化的角度提出了“内在超越”“理一分殊”“系统哲学”等哲学命题，指出在现代社会的精神危机中，应将儒学的仁道与生生精神作为现代人的终极关怀和宗教信念。其主要著作有：《中国哲学与现代化》《新时代哲学的信念与方法》《文化哲学的试探》《文化与哲学的探索》《中西哲学论文集》《大陆与海外——传统的反省与转化》《朱子哲学思想的发展与完成》《黄宗羲心学的定位》等。

在阐扬中国文化之内在智慧方面，刘述先义无反顾，既立足于中国文化的民族本位，而又以相当开放、平和的心态，对作为中国哲学之主流的儒家哲学的基本精神加载中做出了富有理论洞见的系统论述。这其中，对于“理一分殊”及其现代意义的创造性阐释，堪称构成了他有关思考的方法论基础。

13. **成中英**

成中英（1935— ），祖籍湖北阳新县，出生于江苏南京。1955 年毕业于台湾大学外文系，1958 年在获得华盛顿大学哲学与逻辑学硕士学位后，进入哈佛大学攻读哲学博士学位。20 世纪 70 年代曾任台湾大学哲学系教授兼主任，1983 年至今，执教于美国夏威夷大学哲学系。他是《中国哲学季刊》的创立者和主编，国际中国哲学学会、国际易经学会、中国哲学高级研究中心、远东高级研究学院等国际性学术组织的创立者和主席，国际中国管理与现代伦理文教基金会的奠基人，兼任东西方文化中心传播研究所高级顾问，美国耶鲁大学、美国纽约市立大学客座哲学教授。

置身于全球化的背景下，成中英既面临着新的困境，同时也面临着新的动力与历史契机，新的话语范式生长的可能性。成中英的知识系统、人文信念、价值预设，也找到了一个有效支点：文化中国与本体诠释。

成中英擅长中西哲学比较、儒家哲学及本体诠释学研究，长期致力于促进中国哲学的现代化与世界化和中西哲学的交流事业，在汉语学界享有盛誉，为海外新儒家的代表性学者之一。其主要著作有：《本体与诠释》《中国文化的新定位》《中西哲学精神》《知识与价值》《易学本体论》《戴震原善研究》《中国哲学与中国文化》《科学真理与人类价值》《周易策略与经营管理》《知识与价值：对和谐、真理与正义的探讨》《中国哲学的现代化与世界化》《世纪之交的抉择——论中西哲学的会通与融合》《文化、伦理与管理》《合外内之道》等。大陆现有《成中英文集》（四卷本）刊行。

14. **杜维明**

杜维明（1940—　），祖籍广东南海，出生于云南昆明。杜维明自述其在台湾的中学时代因受启蒙而走上诠释儒家传统的学术道路，在东海大学亲聆牟宗三和徐复观的教诲，促使他决心探究儒家人文精神。1961 年从台湾东海大学毕业，后获得哈佛—燕京奖学金赴美留学，在哈佛大学相继取得硕士、博士学位，以比较思想史为范围集中探索儒学传统的核心价值。此后，他抱定志向据此为业，经过了三十多年的风雨兼程，矢志不渝地注释、研究、传播儒家文化。先后任教于普林斯顿大学、伯克利加州大学，1981 年任哈佛大学中国历史和哲学教授，并曾任该校宗教研究委员会主席、东亚语言和文明系系主任。1988 年，获选美国人文社会科学院院士，自 1996 年开始出任哈佛燕京学社社长。

杜维明出版中、英文著作数十部，发表论文数百篇，大陆现有《杜维明文集》（五卷本）刊行。作为现代新儒家的新生代学人，杜维明把自己“看作一个五四精神的继承者”，将儒家文化置于全球化的背景中加以研究，借鉴哲学人类学、文化人类学、比较文化学、比较宗教学、知识社会学等交叉学科的研究方法，阐发了儒家思想的现代意义和儒家第三期发展的前景问题，勾画了现代新儒家理论的基本框架，力图建构“文化中国”的宏大叙述。

作为包容性的人文主义者，杜维明提出了四大理论议题：（一）个人的身体、心知、灵觉和神明如何融会贯通；（二）人与人之间如何通过家庭、社会、国家和世界形成健康的互动；（三）人类和自然如何取得持久的和谐；（四）人心与天道如何相辅相成。他期待也坚信儒家心学及其仁道哲学，必将成为人类 21 世纪探究和平发展不可或缺的参照。

后　记

在人文与社会科学领域，“学术”与“思想”，两者呼应，相辅相成，合则双美，离则两伤。没有“思想”的学术，往往只是材料的简单铺陈罗列，缺乏分析和综合，很少给人新的知识观念；而缺乏“学术”的思想，往往只是凭空发挥，没有坚实的基础，流于空泛。新儒家文论可以说是将两者结合的较好的佳制，其文论的动人之处，在于学力宏肆，意趣盎然，哲思深邃，融会贯通，一种既古典又现代的审美精神闪烁其间。其分析文学，往往感物造端，材智深美，能够进入文学的文化核心与内在理路，多有沦肌浃髓之论，在某些方面要比专门的文学研究者的文论言说，更有深度与气魄。而其渊然厚重的文论话语，是以中国传统文化的哲学修为和文艺素养为底蕴的。这一点，不可忽视。

编写一本现代新儒家文论名篇选读的教材，是我的夙愿。自从 1998 年以来我一直从事现代新儒家文化诗学和美学思想的学术研究，同时也在为本科生（高年级）、研究生开设的“中国文论专题”课程中讲述现代新儒家的文艺理论。学子中对新儒家感兴趣的人不少，课后常常同我切磋新儒学，索要有关研究材料。鉴于学界迄今尚无新儒家文论选读之类的书籍，我很想编一本新儒家的文论宝典，供学生们阅读自学。韩愈《进学解》有云：“补苴罅漏，张皇幽眇。寻坠绪之茫茫，独旁搜而远绍。”直到 2015 年夏天，这个夙愿才成为可期待的现实。编撰的队伍是我和我的硕士生、博士生，也吸收了校外两位青年学者参加。身在外地的门生，通过电话、邮件联系，交流问题。在校的门生，则现场讨论。

仲夏时节，烈日炎炎，树蝉嘶鸣。我和留在学校的几位硕士生、博士生，在独墅湖校区文科楼的那间不到十平方米的工作室内，有条不紊地从事现代新儒家文论名著导读的编写工作。我们根据拟定的篇章，对所选文论进行注释与点评，每条注释、每则点评，我们都认真对待，反复修改，直到较为满意为止。常常是从中午忙到晚上。当走出工作室时，我们才感到身体疲惫。夜空的星星在点亮，绽放出梦的光芒。我们披星戴月，行走在空旷的校园的石板路上，匆匆返回去休息。这样的治学经历，可以说是辛苦并快乐着。

中国文论的阐释建构，是一项“文心雕龙”的事业。徐复观指出：“学问是为人而存在，但就治学的个人来说，有时也应感到人是为学问而存在。我们每一个人的努力，都希望对知识的积累能有一点贡献。”杜维明也说过：

“有些事情你不做有的是人做，有些事情你不做没有人做。做了也不见得有效果，不见得被人称道。但是你做和不做，就不一样。”如今，《现代新儒家文论点评》已经编撰完毕，但愿它能彰显现代新儒家在古代文论的现代转化方面的总体实绩。书中的注释与点评文字，定有舛误之处，敬请方家批评指正。

侯　敏

2015 年 9 月 5 日